로고스와 영성으로 이야기하는

요 한 복 음

길동무 저

케노시스영성원
Κένωσις Spiritual House

저자 소개

감리교신학대학교 신학과 졸업
감리교신학대학교 대학원 졸업
케노시스영성원 원장
감리교회 목사

로고스와 영성으로 이야기하는

요 한 복 음

길동무 저

케노시스영성원
Κένωσις Spiritual House

로고스와 영성으로 이야기하는

요 한 복 음

초판인쇄| 2021년 2월 1일
펴낸 곳| 케노시스 영성원
경기도 군포시 둔대로 11번길 16(둔대동 433-2)
0502-111-1937, 010-3311-1937
Homepage www.kenosis.or.kr/ www.kenosis.kr
Email kenosis@hanmail.net

등록번호
ISBN 979-11-87682-10-3 03230
printed in korea.

값 20,000원

CONTENTS

머리글 ‖ 9

제 1 부 〈 로고스이신 예수님 〉

1

〈물음01〉 창조, 계약, 구속 서로 어떤 관계일까? 15
〈물음02〉 복음서의 순서, 서로 어떤 연관성이 있을까? 36
〈물음03〉 왜 예수님을 '로고스'라고 했을까? 44
〈물음04〉 요한복음의 로고스 사상, 그 특징은 무엇일까? 56
〈물음05〉 요한복음, 어떤 시각으로 보아야 하는가? 60
〈물음06〉 요한복음의 세례 요한, 그는 누구인가? 75
〈물음07〉 제자들과의 만남, 어떤 모임일까? 77

제 2 부 〈 옛 계약 파기의 길 〉

2

〈물음08〉 물로 포도주를 만드신 사건, 무엇을 말하고 있을까? 85
〈물음09〉 성전정화, 왜 사역 초기에 나오는가? 90
〈물음10〉 요한복음의 가장 중요한 주제, 무엇일까? 106
〈물음11〉 세례 요한, 왜 또 등장하는가? 123
〈물음12〉 사마리아 선교, 준비된 사람은 누구였을까? 127
〈물음13〉 두 번째 표적, 무엇을 말하고 있을까? 139

〈물음14〉 왜 38년 된 병자였을까? 145
〈물음15〉 도그마 신앙, 무엇이 문제인가? 154
〈물음16〉 오병이어 표적, 무엇을 말하는가? 161
〈물음17〉 제자들, 예수님을 누구로 다시 만나는가? 168
〈물음18〉 왜 예수님께서 생명의 떡인가? 174
〈물음19〉 내 살을 먹고 내 피를 마시라, 무슨 뜻일까? 180
〈물음20〉 너희도 가려느냐? 188
〈물음21〉 초막절 사역, 어떻게 시작하셨나? 192
〈물음22〉 유대인들과의 충돌, 어떻게 진행되었나? 195
〈물음23〉 초막절 끝날 설교, 어떤 말씀인가? 205
〈물음24〉 유대인의 올무, 어떻게 부메랑이 되게 하셨나? 209
〈물음25〉 왜 헌금함 앞에서 가르치셨을까? 214
〈물음26〉 진리와 자유, 무엇일까? 220
〈물음27〉 가장 귀한 대리자, 누구였을까? 239
〈물음28〉 초막절 마무리 설교, 무슨 뜻인가? 256
〈물음29〉 수전절, 어떤 사역을 하셨는가? 266
〈물음30〉 하나님의 준비, 어떤 것일까? 272
〈물음31〉 나사로 소생, 어떤 역할을 했는가? 279
〈물음32〉 유대교에 대한 심판, 어떻게 진행되나? 287
〈물음33〉 하나님의 방식, 어떤 것일까? 295
〈물음34〉 헬라인 등장, 무엇을 말하는가? 302
〈물음35〉 사역의 결과, 어떻게 되었나? 309

제 3 부 〈 새계약 체결의 길 〉

3

〈물음36〉 후반부, 무엇을 말하고 있는가? 317
〈물음37〉 성만찬, 왜 발 씻기심일까? 320
〈물음38〉 유다, 무슨 배반을 어떻게 했을까? 327
〈물음39〉 고별설교, 어떻게 시작하셨나? 333
〈물음40〉 첫 번째 고별설교, 무엇을 말하는가? 338
〈물음41〉 두 번째 고별설교, 무엇을 말하는가? 354
〈물음42〉 세 번째 고별설교, 무엇을 말하는가? 367
〈물음43〉 마지막 기도, 무엇을 위한 기도인가? 378

제 4 부 〈 죽으심과 부활 〉

4

〈물음44〉 요한복음의 수난 이야기, 무엇을 말하는가? 393
〈물음45〉 체포와 가야바 법정, 어떤 모습이었나? 396
〈물음46〉 본디오 빌라도, 어떤 재판을 했나?(1) 405
〈물음47〉 본디오 빌라도, 어떤 재판을 했나?(2) 409
〈물음48〉 십자가의 길, 어떻게 가셨는가? 417
〈물음49〉 예수님의 죽으심과 장례식, 어떤 의미가 있는가? 421
〈물음50〉 예수님의 부활, 어떻게 확인되었는가? 425
〈물음51〉 다시 오심, 무엇을 말하는가? 431
〈물음52〉 21장, 무엇을 말하며, 왜 중요한가? 442
〈물음53〉 요한복음, 오늘 우리에게 무엇을 말하는가? 454

머리글

요한복음은 공관복음과 왜 이렇게 다를까?

어느 기록이 사실일까?

아마도 복음서를 진지하게 읽는 사람들은 이 비슷한 생각을 하지 않을 수 없을 것이며, 동시에 그 대답을 찾기도 쉽지 않을 것이다. 요한복음은 성경을 가까이하는 이들에게 신앙적으로 많은 도움을 주기 때문에 많은 관심과 사랑을 받아왔다. 그런데 그 내용을 좀 더 깊이 들여다보려고 하면 쉬운 것 같으면서도 어렵다. 요한복음의 서문은 지금도 신약성경 가운데서 가장 많이 연구되고 있는 대상이며[1] 이에 대하여 다양하게 해석하고 있다. 이 책에서는 다음과 같은 방법으로 해석했다.

1. 영성의 관점

영성은 하나님에 대한 경험을 말한다. 요한복음에 대한 영성적인 해석은 무엇을 어떻게 하는 것일까? 영성의 과정에는 하나님과의 일치가 들어있다. 여기에 이르면 하나님과 마음이 일치되어 하나님 말씀을 일인칭 화법으로 선포하게 된다. 구약의 예언자들이 그런 사람들인데, 그들이 "여호와께서 가라사대"라는 화법을 사용한 것은 이런 영성 경험 때문이었다. 구약의 예언서들은 하나님의 말씀이면서 동시에 예언자들의 설교였다.

그런데 신약성경에서도 일인칭 화법으로 쓴 성경이 하나 있는데 요한복음이다. 요한복음의 설교가 공관복음과 판이하게 다른 이유

---

1) 전 세계에서 발표되는 신약 관계 서적을 요약, 소개하는 「New Testament Abstracts」에 의하면 요한복음 서문에 관한 논문과 전문서적이 끊임없이 발표되고 있다. 김동수, 「요한신학 렌즈로 본 요한복음」, 솔로몬, 2012, p.41.

는 저자 요한이 일인칭 화법의 상태에서 기록했기 때문이다. 이런 이유로 요한복음의 설교는 예수님의 말씀이면서 동시에 저자 요한의 설교이다. 성경이 영감으로 기록되었기 때문에 영감으로 해석해야 한다는 것은 이런 뜻이다.

필자는 어떤 기회에 이런 영성을 접할 기회가 있어서[2] 요한복음을 이렇게 볼 수 있었다. 요한복음을 계약의 관점에서 전면적으로 새롭게 해석할 수 있었던 가장 큰 이유는 이런 영성의 경험 때문이었다.

2. 계약의 관점

하나님과 영성으로 일치하는 상태에 이르면 하나님의 입장에서 대상을 보게 되는데 성경을 '계약'의 관점으로 보게 된다. 구약의 예언자들이 이스라엘을 계약위반죄로 고발하며 계약으로 돌아가라고 경고한 이유도 여기에 있다. 성경은 두 계약의 책인데 구약은 옛 계약이며, 신약은 새 계약이다. 영성의 상태에서는 성경을 계약의 입장에서 해석하게 된다. 그런데 성경만이 아니라 이 세상과 하나님의 관계 역시 계약에서 보게 된다. 필자가 공관복음에 이어 요한복음도 계약의 관점에서 해석하는 이유도 여기에 있다.

이런 영성의 상태는 하나님으로부터 배우는 교육과정이다. 성령의 인도하심에 따라 만물을 새롭게 보며 깨닫게 된다. 이런 경험에 기초하여 요한복음을 해석하려고 했다.

3. 재해석의 관점

일치에 이르는 영성의 경험은 성경을 두 시점에서 보게 한다. 하나는 성경에 들어있는 사건 당시의 의미와 기록 당시의 의미를 보게 한다. 이를 위해서는 사건 당시와 기록 당시의 역사적, 사회적인 정황에 대하여 많은 관심을 기울이게 된다. 필자의 경우 일치의 영성

2) 졸저 「비움의 길」은 이런 경험을 기초로 영성을 해석한 책이다.

을 경험한 이후 계약에 대하여 많은 관심이 생겨서 10여 년 동안 관련 서적을 읽으며 다시 정리했다. 다른 하나는 성경에 수록된 내용들에 대한 오늘의 의미를 발견하게 된다. 다시 말하면 하나님의 입장에서 재해석을 하게 된다. 이런 재해석의 대상은 성경뿐만 아니라 교리와 신학까지 포함된다. 신학과 설교가 사람의 말이면서 동시에 하나님이어야 하는 이유는 이런 일치에 있다. 이를 반대로 말한다면 영성의 일치가 아닌 설교는 하나님의 말씀이 될 수 없으며, 사람의 말에 불과하다는 뜻이다. 듣기 거북한 독단으로 들릴 수 있으나 사실이다. 하나님 면전에서 처음 받은 가장 큰 충격은 성경해석자와 설교자들에 대한 하나님의 진노와 심판과 저주의 말씀이었다. 그 두려움은 말로 표현할 수가 없다.

공관복음의 설교와는 판이하게 다른 방식으로 예수님의 설교를 기록해 놓은 요한복음 저자는 오늘 우리 설교자들에게 사람의 말을 말하지 말고, 하나님의 말씀을 말하라고 요청하고 있다. 지금 나는 무엇을 말하고 있는가?

어쩌다 보니 이 자리에 서서 감히 뭘 좀 경험했다 하고, 감히 하나님의 말씀을 말해야 한다는 주제넘은 말을 했습니다. 이 책이 나오기까지 많은 관심을 가지고 강좌 등에 참여해주신 분들과 교정, 기도 등에 큰 수고를 아끼지 않으신 분들에게 진심으로 감사를 드립니다. 여러분들 때문에 여기까지 왔습니다.

2021년 2월 1일,

길 동 무

제1부 : 로고스이신 예수님

물음 01~07(1:1~51)

로고스이신예수님

물음 01

창조, 계약, 구속, 서로 어떤 관계일까?[3)]

- 성경이 말하려는 핵심은 무엇일까?
- 성경에서 말하는 구원은 어떤 것일까?
- 왜 예수님을 통해서만 구원받을 수 있을까?

잘 아는 것 같지만 대답이 쉽지 않은 질문들이다. 이에 대하여 창조와 계약과 구속(救贖)의 상호 관계를 통하여 간략히 설명하고자 한다.[4)]

1. 창조

성경은 하나님께서 세상을 만드시는 이야기로 시작하고 있다. 하나님께서는 말씀으로 먼저 빛을 만드신 후 하늘과 땅, 바다와 육지를 비롯하여 만물을 만드시면서 각각의 위치와 역할을 정해 주셨다. 이로 인하여 우주 만물에는 질서와 조화가 깃들게 되었다. 만물의 질서와 조화를 다른 말로 하면 자연을 지배하는 법(法)이다. 만물은 하나님께서 만드신 법질서에 따라 각각 존재 양식을 가지게 되었다.

---

3) 〈물음01〉 창조, 계약, 구속, 서로 어떤 관계일까?〉와 〈물음02〉 복음서의 순서, 서로 어떤 연관성이 있을까? 이것은 복음서 이해에 있어서 기본이라고 생각되어 「마태복음」, 「마가복음」, 「누가복음」, 「요한복음」의 첫 시작에서 공통으로 다루었다.

4) 구속(救贖)은 대속과 관련이 있다. 대속(代贖)은 남의 죄를 대신하여 받는다는 의미인데, 예수님께서는 인간을 구원하기 위하여 죄를 대신 받으시고 십자가에 못 박혀 죽으셨다. 구속(救贖)은 예수님의 십자가 대속(代贖)을 통한 인간 구원을 말한다. 구속사(救贖史)는 예수님의 대속을 통한 인간 구원의 역사이다. 비슷한 의미로 쓰이는 속량(贖良)은 몸값을 받고 종을 자유인으로 놓아주는 것인데, 예수님께서 인류의 죄를 대신하여 십자가에 못 박혀 죽으심으로 대속하신 행위이다.

만물을 만드신 다음에 마지막으로 사람을 만드셨다. 사람을 마지막에 만드신 이유는 사람이 살아갈 환경이 필요했기 때문이다. 하나님께서는 하나님의 모양과 형상을 따라 사람을 만드셨는데, 이를 위해 직접 흙으로 육체를 빚으시고 코에 생기를 불어 넣으셨다. 최초의 인간을 '아담'(אָדָם)이라고 했는데 '사람'을 뜻한다. 즉 아담은 고유명사이자 보통명사이다.

하나님께서는 아담에게 동물들의 이름을 짓게 하시고, 하나님을 대신해서 만물을 관리하고 다스리게 하셨다. 인간과 자연환경의 관계에서 자연환경은 인간을 위해서 만들어졌고 인간의 관리를 받게 되었다. 이것이 본래의 창조 질서이다.

하나님께서는 사람 즉 아담을 에덴동산이라는 낙원에 살게 하셨는데, 그 동산 한가운데 선악을 알게 하는 나무를 만드시고 선악과(善惡果)만은 먹지 말라고 하셨다. 선악과는 문자 그대로 선과 악의 열매이며, 사람이 에덴동산에서 살아가면서 지켜야 할 법도를 말한다. 본능에 따라 살아가는 다른 피조물과는 달리 사람에게는 악을 멀리하며 선을 행해야 할 법, 즉 윤리와 도덕이 주어진 것이다. 선악과를 먹지 말라는 뜻은 사람에게 주어진 법을 지키라는 뜻이다.

그런데 아담(사람)은 선악과를 먹음으로써, 즉 지켜야 할 도리와 법을 지키지 않음으로 낙원에서 쫓겨났다. 그 후에는 온갖 고생을 하며 살다 죽은 후 다시 흙으로 돌아가게 되었다.

이상은 성경의 첫 책인 창세기 1~3장의 이야기를 간추린 것이다. 이런 창조 이야기는 계약과 어떤 관련이 있을까?

2. 계약 관계

'계약'(베리트 בְּרִית, 디아데케 διαθήκη)이라는 용어는 쌍방 관계를 표현하는 용어이다.[5] 창조주와 피조물의 관계, 그리고 구약성경과 신약성경은 계약이라는 용어로 설명해야 그 의미가 명확해지는데 이에 대해 몇 가지로 나누어 설명하고자 한다.[6)]

❶ 세상과의 계약

창조 이야기에 의하면 하나님께서 세상 만물을 지으실 때 그들에게 존재하는 방법을 주시고 그 법대로 살게 하셨다. 따라서 하나님과 세상의 모든 피조물은 서로 계약 관계이며, 하나님도 창조의 법을 지키실 뿐만 아니라 법 자체이시다. 자유의지가 없이 본능으로 살아가는 생물과, 태양계와 지구와 산과 바다 등 주어진 법대로 존재하는 무생물들도 창조주 하나님과 계약 관계에 있다. 이들은 비록 비인격적이며 일방적인 계약 관계이지만 단순히 기계적인 관계가 아닌 창조주 하나님과 어떤 교감과 소통이 이루어지며 우주와 생태계도 일종의 생명체와 같은 기능을 가지고 있다. 인격과 자유의지가 없는 이런 피조물은 주어진 법대로 살아가기 때문에 계약파기란 있을 수가 없다.

❷ 사람과의 계약

그러나 사람의 경우는 다르다. 하나님께서는 사람을 하나님의 모양과 형상대로 만드시고 자유의지와 인격을 주셨다. 따라서 하나님과 사람의 관계는 특별한 관계이며, 인간에게만 주어진 선악과는 이런 특별한 계약 관계를 말해준다. 사람에게는 인격과 선택의 자유가 주어졌으므로 하나님과 사람의 계약은 서로 계약 조건을 이행할 책임을 지는 진정한 쌍방 계약이다.

---

5) 베리트(בְּרִית)는 '쪼개다' 라는 뜻으로, 계약을 체결할 때 짐승을 쪼개 놓고 그 사이를 지나가면서 계약을 체결했는데, 계약을 어기면 짐승처럼 쪼개어 죽임을 당한다는 뜻을 담고 있다.

6) 아이히로트(Walther Eichrodt 1890~1978)은 계약의 관점에서 구약신학을 전개했다. 그의 대표적인 저서인 「구약성서 신학」 Theologie des Alten Testaments (2권, 1933~35)은 구약성서신학의 새로운 지평을 연 책으로 평가를 받고 있다. 그는 이 책을 3부로 나누어 1부에서는 하나님과 그의 백성, 2부는 하나님과 세계, 3부는 하나님과 인간 등 세 측면에서 계약을 다루고 있다.

계약파기

선악과는 계약을 말하는데, 아담이 선악과를 먹었다는 것은 계약을 지키지 않았다는 뜻이다. 인격에 기초한 쌍방 계약은 어느 한쪽이 계약을 어기면 당연히 파기되게 마련이다. 계약을 파기한 아담은 에덴동산에서 쫓겨났으며 모진 고생을 하다 죽어갈 운명에 처했다.

아담의 계약파기는 자연에도 영향을 주어 땅은 저주를 받았다. 아담의 계약파기가 자연환경에 영향을 준 이유는 자연환경이 본래 인간을 위하여 만들어졌고 아담은 동물의 이름을 지으며 관리하는 등 창조에 일정 부분 동참했기 때문이다. 창조 질서와 계약에 의하면 인간은 단순히 피조물이 아니라 창조의 동역자이고 피조물을 관리해야 할 하나님의 대리자이다. 그런데 계약파기로 인하여 사람은 죄의 지배를 받는 죄인으로 전락했으며, 또 자연환경을 바르게 관리하던 위치에서 반대로 자연의 지배를 받거나 자연을 파괴하다가 결국 흙이 되어 자연으로 돌아가게 되었다. 성경에 의하면 구원의 대상은 인간만이 아니라 인간을 위하여 지음 받은 자연환경도 포함된다.[7)]

형벌

계약을 파기한 사람에게 주어진 형벌은 구체적으로 무엇일까? 이렇게 기록되어 있다.

> 아담에게 이르시되 … 땅은 너로 말미암아 저주를 받고 너는 네 평생에 수고하여야 그 소산을 먹으리라 땅이 네게 가시덤불과 엉겅퀴를 낼 것이라 … 네가 흙으로 돌아갈 때까지 얼굴에 땀을 흘려야 먹을 것을 먹으리니 네가 그것에서 취함을 입었음이라(창3:17~19)

---

7) 이에 대하여 사도 바울은 다음과 같이 말했다.

> 모든 피조물은 하나님의 자녀들이 나타나기를 애타게 기다리고 있습니다. 비록 모든 피조물이 허무한 데 굴복하고 말았지만, 그것은 스스로의 선택에 의해서가 아니라 그렇게 굴복하게 하신 분의 뜻에 따른 것입니다. 그러나 모든 피조물에게도 소망이 있는데, 그 소망은, 피조물 자신도 장차 썩어질 것의 종살이에서 해방되어, 하나님의 자녀가 누릴 영광스러운 자유에 함께 참여하는 것입니다. 그리하여 우리는, 모든 피조물이 지금까지 함께 신음하면서 함께 해산의 고통을 겪어왔다는 것을 알고 있습니다(롬8:19~22, 새번역)

사람에게 주어진 가장 큰 형벌은 양식을 얻기 위한 수고였다. 그 이유는 땅이 저주를 받아 이제는 더 이상 양식을 내어주지 않았기 때문이다. 육체는 양식을 매일 먹어야 하는데 이제 땅은 가시덤불과 엉겅퀴를 내며 양식을 주지 않아 땀 흘려 일을 해야 먹고 살게 되었다. 그러면 이런 형벌 이전에는 양식을 어떻게 얻었을까?

> 하나님이 이르시되 **내가 온 지면의 씨 맺는 모든 채소와 씨 가진 열매 맺는 모든 나무를 너희에게 주노니 너희의 먹을 거리가 되리라**(창1:29)

이 말씀은 사람을 만드신 직후에 주신 말씀인데 타락 이전에는 여러 가지 곡식과 열매, 채소 등이 늘 먹거리로 주어져 있어 아무 때나 어디에서든지 먹고 싶은 것을 마음대로 먹을 수 있었다. 그런데 에덴동산에서 쫓겨난 이후에는 이런 자연적인 먹거리가 사라지고 땀 흘려 일해야 겨우 먹거리를 구할 수 있었다.

자연환경의 여러 문제에 시달리며 살다가 흙으로 돌아가야 하는 인간의 불행을 지켜보시던 하나님께서는 사람을 이런 불행에서 구해내실 계획을 세우셨다. 그 방법이 무엇일까?

구원의 방법과 계약 실천

아담이 계약을 지키지 않아 계약이 파기되어 불행이 왔으므로 그 불행을 근원적으로 해결하는 방법은 계약을 회복시키는 길뿐이다. 다른 방법은 있을 수 없다. 인간 구원과 계약 준수는 떼려야 뗄 수 없는 관계이다. 따라서 그 어떤 경우에도 계약을 지키지 않으면서 구원을 운운하는 것은 이치에 맞지 않다. 구원을 받기 위해서는 다시 계약으로 돌아가서 계약을 회복시켜야만 한다.

계약의 실현성

하지만 계약을 통해서만 구원을 받을 수 있다고 할 때 다음과 같은 의문이 생긴다.

첫째, 하나님께서는 인간이 계약을 지키지 못할 것을 다 아시면서 왜 계약을 맺으셨는가?

흔히 이런 질문을 한다. 미리 다 아시는 하나님께서 아담이 선악과 먹을 것을 아시면서 왜 만들어 놓았을까? 누구나 물을 수 있는 질문이다. 이 질문에 대답하려면 하나님의 인격에 대하여 먼저 이해해야 한다. 하나님은 우리 인간과 비슷한 수준이 아니라 완전하신 분이시다. 그 완전성 중의 하나가 인격이다. 완전하신 하나님의 완전한 인격은 어떤 것일까? 하나님의 완전성은 그 존재의 본성에서만이 아니라 다른 인격체인 사람과의 관계에서도 완전하시다. 불완전한 인격을 지닌 인간은 약속을 완전하게 지킬 수 없다. 아무리 지키려고 해도 지킬 수 없는 상황이 생길 수 있기 때문이다. 따라서 상대방을 완전하게 신뢰할 수 없다. 서로가 불완전하기 때문이다.

하지만 완전한 인격을 지니신 하나님은 사람을 완전하게 신뢰하신다. 따라서 아담과 계약을 맺으실 때 선악과를 먹을 것을 하나님께서 미리 아셨다는 말은 하나님에게는 성립되지 않는다. 그런 생각은 불완전한 인격을 지닌 사람의 의심에서 나오는 생각일 뿐이다. 하나님께서는 지금도 모든 사람을 완전하게 믿으시며 누구도 결코 의심하지 않으신다.

예수님과 가룟 유다와의 관계도 마찬가지이다. “유다가 배반할 것을 아시면서 왜 제자로 삼으셨는가?”라는 물음은 성립되지 않는다. 배반할 가능성은 유다만이 아니라 자유의지를 가진 인간 모두에게 동일하게 있다. 그런데 예수님께서는 인간에게서 실패하고 배반할 가능성이 아닌 완전해질 가능성만을 보신다. 비록 유다가 잘못된 길을 선택했을 때에도 끝까지 신뢰하시며, 안타까워하시며 마지막 순간까지 호소하고, 기다리시며, 믿으셨다. 유다만이 아니라 베드로를 비롯한 모든 제자들을 그렇게 대하셨다. 예수님께서는 지금도 모든 인간을 이렇게 대해 주신다.

하나님의 인격은 본성에서만이 아니라 사람과의 관계에서도 완전하셔서 인간의 인격을 완전히 믿으시기 때문에 인간과 계약을 맺으신다. 그리고 끝까지 인격으로 대해주신다. 완전하신 하나님에게 의심이란 있을 수 없다.

둘째, 불완전한 인간이 완전하신 하나님과 쌍방 계약을 맺는 것이 가능한가?

자유의지와 인격이 없는 동식물과는 쌍방 계약을 맺을 수 없다. 하나님의 법에 따라 주어진 본능대로 사는 일방 계약이 있을 뿐이다. 그러나 자유의지와 인격을 지닌 인간과의 관계는 쌍방 관계가 된다. 선택할 수 있는 자유의지와 인격이 있다는 말은 동시에 책임도 있다는 뜻이다. 따라서 해야 할 도리는 반드시 지켜야 한다. 계약관계에서 지키지 않은 것을 묵과할 수는 없으며 또 대신해 줄 수도 없다. 자기 일은 자신이 해야 한다. 인격체 사이의 관계는 곧 쌍방 관계이며, 관계의 유지는 곧 계약 실천에 있다. 따라서 하나님과 인간의 관계는 쌍방 계약 관계일 수밖에 없다.

셋째, 타락 이전의 아담도 지키지 못한 계약을 죄의 지배를 받는 우리가 어떻게 지킬 수 있는가?

하나님께서는 사람을 누구보다 잘 아신다. 완전하신 하나님께서 불완전한 인간에게 지키지 못할 조건을 요구하지 않으신다. 지킬 수 있는 것을 지키라고 하신다. 아담의 불순종 이후 비록 인간의 인격과 도덕성이 크게 손상되었지만 아직 자유의지와 합리적인 판단력이 어느 정도 남아있기 때문에 실천 가능한 범위에서 요구하신다. 모세에게 사명을 주실 때에 "네가 가진 것이 무엇이냐?"라고 물으셨으며, 모세가 가지고 있던 양치는 지팡이로 시작하게 하셨다. 후일 이스라엘에게 주신 계약법도 마음만 먹으면 지킬 수 있는 조항들이었다. 하나님께서는 사람에게 가능한 것을 할 수 있는 정도까지만 요구하신다. 그러면 사람이 한 일로 계약의 목적이 완성될 수 있는가? 전혀 아니다. 그러면 어떻게 되는가?

그 나머지는 다 하나님 몫이다. 인간이 할 수 없는 부분은 하나님께서 책임지고 완성시키신다. 또 인간의 몫도 계약을 지키려고 노력하면 지킬 수 있도록 도와주신다. 따라서 하나님께서 인간과 맺어주시는 쌍방 계약은 결국 은혜의 계약이다. 사람에게 할 수 있는 데까지를 요구하시고 도와주시며 나머지는 다 하나님께서 하시기 때문이다. 오병이어의 이야기를 보면 사람이 한 일은 가진 것의 전부인 보리떡 다섯 개, 물고기 두 마리를 드리는 것이었고, 예수님께서 축사하시고 돌려주신 다음에 사람들에게 나누어 주었을 뿐이다. 그 나머지는 예수님께서 남자만 오천 명 이상이 먹고도 열두 바구니나 남게 하셨다. 성경에 등장하는 초자연적인 기적의 이야기들은 하나님께서 계약을 지키시는 이야기들이다. 성경의 초자연적인 이야기들은 모두 계약과 관련이 있다.

하나님과 인간의 계약이 쌍방 관계이지만 인간에게 지킬 수 있는 데까지만 요구하실 뿐만 아니라 또 지킬 수 있도록 도와주시기 때문에 사실상 은혜로 맺어진 계약이다.

❸ 시내산 계약

하나님께서는 인간과 계약을 체결하심으로써 인간을 구원하신다. 그런데 누구와 어떻게 계약을 체결해야 하나? 계약이 잘 지켜질 수 있는 가장 현실적인 방법은 무엇일까?

한 사람 선택

계약 대상이 갖추어야 할 우선적인 조건은 그 계약 정신에 동의할 뿐만 아니라 기꺼이 실천하기를 원하는 사람이어야 한다. 하나님께서는 그런 사람을 찾고 또 찾으신다. 계약 정신은 이기적인 욕심을 버리고 모든 사람이 같이 잘 살게 하려는 마음이다. 성경에서는 이런 가치를 실천하려는 사람을 가리켜 '의인'이라고 한다.

세상 사람들을 지켜보시던 하나님께서는 드디어 한 사람을 찾으셨다. 그 사람이 누구일까? 아브라함이다. 이런 이유로 아브라함을 '믿음의 조상, 복의 근원'이라고 한다. 아브라함에게 "너와 네 후손을 통하여 모든 민족이 복을 받으리라."(창12:3)라고 말씀하신 이유는 그가 모든 사람이 복 받고 행복하게 살기를 누구보다도 더 원했기 때문이며, '네 후손을 통하여'라고 하신 이유는 아브라함의 그 큰 뜻을 그 후손들이 이어받았기 때문이다.[8)]

그 후손과 계약체결

아브라함의 후손인 이스라엘 사람들은 애굽에서 400년간 종살이를 하고 있었는데, 하나님께서는 약속대로 이스라엘을 해방시킨 후 시내산에서 그들과 세상 구원을 위한 계약을 체결하시고 계약법을 주셨다. 하나님께서는 그들에게 가나안에 들어가서 신분, 지위, 빈부의 격차가 없는 이상적인 나라를 만들라고 당부하셨다.

보여주는 선교

계약공동체가 할 일은 특별한 무엇이 아니라 가나안에서 공동체 구성원끼리 서로 도우며 이상적인 삶을 사는 것이다. 그러면 무슨 일이 일어나는가? 주변에 있는 다른 민족과 나라들이 보고 따라 배울 수밖에 없다. 지극히 단순한 방법이다.

이같이 하나님께서 이스라엘과 계약을 맺으심으로써 아담의 불순종으로 파기된 계약이 다시 회복되고 이 땅에 하나님 나라의 모형을 실현할 수 있는 길이 열렸다. 이스라엘과 하나님이 시내산에서 맺은 계약을 옛 계약이라고 하며, 구약성경은 옛 계약공동체에 관한 이야기이다.

---

8) 창조의 이야기와 선악과, 아브라함, 이삭, 야곱, 요셉 등에 대해서는 졸저 「창세기」에서 상세하게 설명했다.

❹ 계약 실현 방법

구약의 율법서는 계약공동체를 통하여 이 땅에 하나님 나라를 세우기 위한 계약법이다. 하나님과 인간이 맺은 이 계약은 인격과 자유의지에 기초한 쌍방 계약이다. 계약 이행은 무엇을 어떻게 하는 것일까?

계약공동체

하나님께서 사람과 맺으신 시내산 계약의 대상은 개인이 아니라 공동체다. 그 이유는 계약공동체가 이상적인 나라를 만들어 세상에 보여주는 방법이 가장 현실적이기 때문이다. 따라서 계약공동체의 실천 범위는 일차적으로 계약공동체 내에 국한된다. 세상 모든 사람을 향해서 이상적인 윤리를 실천한다는 것은 불가능하기 때문이다.

계약공동체가 만들어야 할 나라는 신분, 지위, 빈부의 격차가 없는 공평한 나라인데, 이런 나라를 구약성경에서는 '거룩한 나라'라고 한다. 구약의 율법은 이를 위한 계약법인데, 십계명을 비롯한 안식일, 안식년, 희년 등은 이런 거룩한 나라를 만들기 위한 실천 방법이다. 계약공동체 신앙의 특징은 특별히 구별된 성전에서 제사와 화려한 종교의식으로 하나님을 섬기는 데 있지 않고, 계약법을 똑바로 배우고 가르쳐서 공동체의 모든 사람들이 골고루 행복하게 잘 살게 하는 데에 있다. 예수님께서 말씀하신 이웃사랑은 계약공동체 내에서 실천해야 할 법이다.

계약공동체에 주어진 역할은 이런 거룩한 하나님 나라의 모형을 만들어 세상에 보여주어 세상으로 구원받게 하는 '보여주는 선교'이다.

하나님

하나님께서는 계약을 맺은 공동체가 이 땅에서 하나님 나라의 모형을 만들도록 구체적으로 도우신다. 우선 계약공동체가 계약을 실천하여 하나님 나라의 모형을 만들 수 있도록 땅을 주신다. 옛 계약공동체인 이스라엘에게는 가나안을 주셨고, 새 계약공동체인 교회에는 로마제국을 주셨다. 그러나 계약공동체가 이 땅에서 사람의 힘만으로 하나님 나라의 모형을 만드는 것은 불가능하다. 이런 사실을 잘 아시는 하나님께서는 필요할 때 초자연적인 방법으로 도우셔서 계약공동체에는 용기와 힘을 주시며, 세상 사람들에게는 살아계신 하나님께서 계약공동체와 함께하심을 알려 주신다.

계약과 경제정의

구약의 계약법인 율법서의 중심은 안식년과 희년이다. 예수님께서는 희년(주님의 은혜의 해)을 실현하러 오셨고(눅4:18~19), 복음의 대상은 가난한 자들이며(마11:5, 눅7:22), 예루살렘에서 교회가 시작되면서 재산 공유를 실천으로 옮겼다. 새 계약에서도 경제 문제가 핵심이다. 계약법에서 경제 문제가 중심인 이유는 창세기에서 아담이 계약을 어겨 에덴동산에서 쫓겨날 때 받은 형벌과 관련이 있다. 아담에게 주어진 형벌은 먹거리 자력 해결이었으며,[9] 그 결과 경제 문제가 인간이 해결하기 가장 어려운 문제가 되었다. 이런 이유로 계약 회복을 시도하는 계약공동체에서는 먹거리 문제 해결이 일차적인 과제가 된다. 주기도문에서도 일용할 양식의 해결이 가장 중요한 기도이며, 구약 예언자들의 표어인 "공의가 강같이 흐르게 하라!"에서 공의는 경제정의를 말한다.

경제 문제 해결은 개인과 가정, 사회와 국가에서 기본이 되지만 해결하기 가장 어려운 문제이며, 인류 역사의 마지막 과제이기도 하다. 계약공동체에서 계약법 실천과 경제정의 실현은 뗄 수 없는 관계이며 가장 중요한 과제다. 국가도 해결하기 어려운 역사의 과제인 경제정의를 어떻게 실현해야 하나?

---

9) 아담에게 이르시되 … 땅은 너로 말미암아 저주를 받고 너는 **네 평생에 수고하여야 그 소산을 먹으리라** 땅이 네게 가시덤불과 엉겅퀴를 낼 것이라 … **네가 흙으로 돌아갈 때까지 얼굴에 땀을 흘려야 먹을 것을 먹으리니** 네가 그것에서 취함을 입었음이라(창3:17~19)

계약과 초자연

경제정의 실현은 사람의 힘만으로는 불가능하다는 것을 하나님께서 더 잘 아시기 때문에 하나님께서는 계약공동체와 함께하시며, 필요한 경우에는 초자연을 동원하셔서 그 일이 반드시 되게 하신다. 성경에 기록된 초자연의 이야기 모두가 계약체결이나 계약 실천과 관련된 이유는 여기에 있다. 자연을 대상으로 하는 기적들은 하나님께서 계약공동체로 하여금 계약을 실천해서 세상을 구원하도록 도우시는 구체적인 방법이다.

구약에는 이스라엘 민족이 애굽에서 탈출하여 계약의 땅인 가나안에 들어가는 과정에 많은 기적들이 있었다. 그 다음에는 계약대로 살도록 이끌어가는 사사와 선지자들의 활동 속에 기적의 사건들이 집중되어 있다. 신약에는 새로운 계약을 체결하시는 예수님의 활동과 예루살렘에서 교회가 탄생하여 로마제국으로 확산되는 과정에 많은 기적이 일어났다.

근대 이후 역사비평에서는 성경의 이적 이야기들을 신화로 취급하였고, 또 사실성보다는 비유처럼 그 의미에 초점을 맞추어 해석하고 있다. 현대에 이르러 성경 해석에서 가장 큰 논란의 대상은 늘 기적의 문제였다. 그런데 계약의 입장에서 보면 전혀 다르게 보인다. 성경의 초자연적인 사건들은 계약이 실현되도록 도우시는 하나님의 손길이며 방법이다.

계약과 자연환경

자연환경은 본래 인간을 위하여 먼저 만들어졌으며, 아담이 관리했지만 아담이 계약을 어김으로 인해 인간은 자연환경에 대한 통제력을 잃어버리고, 반대로 자연환경의 지배를 받게 되고 말았다. 그런데 이제라도 사람이 계약을 잘 지키면 본래의 질서가 회복되어 자연환경이 인간에게 적합한 환경으로 바뀌어질 수 있다. 예언자들은 동풍(더운 바람), 기근, 가뭄, 메뚜기, 황충 등을 하나님의 징계라고 했다. 또 예수님께서 풍랑이는 바다 등 자연환경을 다스리는 이적을 보여주신 이야기들도 계약의 맥락에서 보아야 명확하게 이해된다. 자연환경과 인간은 다 같이 하나님과 계약 관계에 있기 때문에 인간이 계약을 충실히 지키면 인간과 자연환경이 서로 공존하는 길이 열릴 수 있다.

❺ 옛 계약(구약) 파기

옛 계약공동체인 이스라엘은 가나안에 정착한 후 왕정기에 이르러 계약을 저버리고 말았다. 그 결과 BC 586년 나라가 멸망하고 포로로 끌려가 다시 노예로 전락했다. 그러나 신명기 예언자들의 헌신으로 유대인들[10]이 회개하고 다시 율법(계약법)을 지키려고 하자 하나님께서는 한 번 더 기회를 주셔서 BC 538년 귀환할 수 있었다. 귀환한 유대인들은 계약을 지키려고 했으나 안타깝게도 잘못된 방법으로 지켜 또 계약이 파기될 지경에 이르고 말았다. 포로기 이전의 왕정기에는 계약법을 소홀히 여기며 지키지 않다가 계약이 파기되었다. 반면에 포로기 이후에는 계약을 철저히 지키려고 했으나 잘못된 방법으로 지켜서 계약이 파기되었다. 오늘 우리는 유대인의 시행착오에서 무엇이 문제였는지를 배워야 한다.

계약법을 잘못 이해하여 잘못 지키던 유대인들이 결국 돌이키지 않음으로 인해 AD 70년에 옛 계약은 파기되고 말았다. 유대인은 다시 로마제국에 나라가 멸망당하고 저항하던 사람들은 포로로 잡혀갔으며, 나머지는 쫓겨나 전 세계로 흩어지고 말았다.

이스라엘(유대인)의 실패는 이스라엘만의 문제가 아니라 이스라엘을 통한 세상 구원의 실패였다. 아담과 이스라엘의 불순종으로 말미

10) 솔로몬 이후 이스라엘은 북왕국 이스라엘과 남왕국 유다로 분열되었는데, 북 이스라엘은 BC 721년 앗수르에 멸망당했고, 남유다는 BC 586년 바벨론에 멸망당한 후 포로로 끌려갔다. 그 이후 바벨론 포로에서 귀환한 이스라엘 사람들을 유다인(유대인)이라 부른다.

암아 옛 계약은 완전히 파기되었으며, 이제는 세상이 구원받을 길이 사라지고 말았다. 하나님께서 세상을 구원하시는 방법은 계약이며, 계약이 아니고서는 구원이 성립될 수 없기 때문이다.

아담의 불순종(계약위반)을 해결하기 위하여 아브라함의 후손 이스라엘과 맺었던 계약이 수포로 돌아감으로써 더 이상 계약을 추진할 수 없게 되었고, 동시에 세상 구원의 길도 사라졌다. 이 문제를 어떻게 풀어야 하나?

3. 예수님의 구속(救贖)

예수님의 구원 사역을 이해하려면 앞에서 설명한 구원과 계약의 관계를 먼저 이해해야 한다. 다시 말하지만 구원의 방법은 곧 계약 조건의 실천이며, 구원과 계약은 뗄 수 없는 관계이기 때문이다.

계약공동체인 이스라엘과 맺으셨던 계약이 이스라엘의 불순종으로 말미암아 파기되어 인간이 구원받을 길이 사라져 버리고 말았다. 그러자 하나님께서는 하실 수 있는 마지막 수단을 사용하셨다. 그 마지막 방법이 무엇일까?

❶ 인간으로 오심(成肉身)

계약의 한 축이던 하나님께서는 인간이 지키지 못한 계약파기의 책임을 떠안으시고 계약파기의 댓가인 죽음을 대신 하기로 하셨다. 달리 방법이 없기 때문이다. 이를 위해서는 하나님께서 인간의 죽음을 죽으셔야 하므로 먼저 인간으로 오셔서 인간과 똑같은 삶을 사셨다. 하나님께서 인간으로 태어나시는 방법이 동정녀를 통한 성령잉태였다. 성령잉태와 동정녀에게서의 탄생이 사도신경에 들어가 있는 이유는 이 교리가 인간의 구원과 직접 관련이 있기 때문이다. 이런 이유로 성경에서는 인간의 구원을 위하여 하나님께서 인간으로 태어나셨다고 말한다. 그분이 예수님이시다.

❷ 십자가의 대속(代贖)

하나님이시면서 인간으로 오신 예수님께서는 인간이 계약을 지키지 못한 죄를 위하여 대신 죽으시되 가장 고통스러운 죽음, 지옥의 형벌을 대신하는 죽음을 죽으셨다. 그 죽음이 십자가 형벌이었다. 십자가형은 로마제국에서 반역자를 가장 참혹하게 죽이는 방법이었다. 예수님께서는 십자가에서 인간이 계약을 지키지 못한 죄의 대가를 대신 치르셨다. 예수님의 십자가 대속은 옛 계약공동체의 '계약파기 죄'를 대신 받으심이다. 예수님께서 십자가에서 대신 죽으심으로 계약과 상관없이 개개인의 죄들이 다 용서되고 구원이 완성된다는 뜻이 아니다. 이 부분에서 오해하지 말아야 한다.

❸ 새로운 계약의 길

예수님의 십자가 대속으로 말미암아 파기된 계약을 다시 체결할 길이 열렸다. 이에 대해서는 예수님께서 성만찬 예식사에서 분명하게 말씀하셨다. 공관복음에 기록된 본문을 보면 다음과 같다.[11)]

> 이것은 죄 사함을 얻게 하려고 많은 사람을 위하여 흘리는 바 **나의 피 곧 언약의 피니라**(마26:28)
>
> 이것은 많은 사람을 위하여 흘리는 **나의 피 곧 언약의 피니라**(막14:24)
>
> 이 잔은 **내 피로 세우는 새 언약이니** 곧 너희를 위하여 붓는 것이라(눅22:20)

죽음을 앞두고 예수님께서는 대속의 죽으심이 계약체결을 위한 피 흘림이라고 하셨다. 누가복음의 기록과 같이 예수님의 대속의 죽으심으로 새로운 계약이 가능해졌으며, 예수님은 새로운 계약을 체결하기 위하여 피를 흘리셨다. 이스라엘과 맺은 옛 계약이 파기되어 더 이상 구원받을 길이 없어졌는데, 이제 예수님의 대신 죽으심으로 새로운 계약, 즉 구원의 길이 열린 것이다. 계약과 상관없이 구원의 길이 열린 것이 아니다. 다시 말하건대 이 부분을 오해하지 말아야 한다.

---

11) 요한복음에는 성만찬 예식사가 제자들의 발을 씻기시는 이야기로 대신하고 있으며, 예식사는 6장의 오병이어 설교에 나오고 있다.

❹ 죄 사함의 방법

마태복음의 "죄 사함을 얻게 하려고 많은 사람을 위하여 흘리는 바"라는 구절은 십자가로 말미암아 개인의 죄가 무조건 용서받는다는 뜻이 아니라 이제 계약을 지킴으로 죄 용서함 받을 길이 열려졌다는 뜻이다. 성경에서 말하는 죄는 계약을 지키지 못한 죄이다. 복음서 어디에도 계약과 상관없이 십자가를 통해서 직접 죄 사함을 받는다고 말씀하신 구절이 단 한 곳도 없는 이유는 여기에 있다. 세례 요한은 예수님께서 사역을 시작하기도 전에 '죄 사함을 받게 하는 회개의 세례'를 주었다.[12] 요한이 시작한 세례는 계약을 지키지 못한 죄를 회개하고 새로운 계약공동체의 일원이 되는 의식이다. 예수님께서 말씀하신 죄 사함과 관련된 말씀을 열거해보면 다음과 같다.

> 우리가 우리에게 죄 지은 자를 사하여 준 것 같이 우리 죄를 사하여 주시옵고(마6:12)
>
> 너희가 사람의 잘못을 용서하면 너희 하늘 아버지께서도 너희 잘못을 용서하시려니와 너희가 사람의 잘못을 용서하지 아니하면 너희 아버지께서도 너희 잘못을 용서하지 아니하시리라(마6:14~15)
>
> 진실로 너희에게 이르노니 무엇이든지 너희가 땅에서 매면 하늘에서도 매일 것이요 무엇이든지 땅에서 풀면 하늘에서도 풀리리라(마18:18)
>
> 서서 기도할 때에 아무에게나 혐의가 있거든 용서하라 그리하여야 하늘에 계신 너희 아버지도 너희 허물을 사하여 주시리라 하셨더라(막11:25)
>
> 비판치 말라 그리하면 너희가 비판을 받지 않을 것이요 정죄하지 말라 그리하면 너희가 정죄를 받지 않을 것이요 용서하라 그리하면 너희가 용서를 받을 것이요(눅6:37)
>
> 너희는 스스로 조심하라 만일 네 형제가 죄를 범하거든 경계하고 회개하거든 용서하라 만일 하루 일곱번이라도 네게 죄를 얻고 일곱번 네게 돌아와 내가 회개하노라 하거든 너는 용서하라(눅17:3~4)
>
> 너희가 누구의 죄든지 사하면 사하여질 것이요 누구의 죄든지 그대로 두면 그대로 있으리라(요20:23)

---

12) 세례 요한이 광야에 이르러 죄 사함을 받게 하는 회개의 세례를 전파하니(막1:4, 눅3:3)

예수님께서 언급하신 죄 사함의 방법은 모두가 사람들과의 관계를 통한 용서다. 다시 말하면 계약공동체에서 사람들과의 관계와 죄의 용서는 직접 관련이 있다. 왜냐하면 사람이 짓는 죄의 대부분은 사람에게 지은 죄이기 때문이다. 사람에게 먼저 용서받고 용서하지 않으면서 하나님께만 용서받는다면 이는 모순이다. 다시 말하건대, 복음서에는 예수님의 십자가를 통하여 죄 사함을 받는다는 말씀이 단 한 구절도 없다는 사실을 명심해야 한다. 우리 기독교는 그동안 이 부분에서 큰 착오를 빚었다.

❺ 구원의 방법

한 율법사가 예수님을 찾아와서 "내가 무엇을 하여야 영생을 얻으리이까?"라고 물었다. 이 질문은 중요하기에 세 복음서(마19:16~26, 막10:17~27, 눅18:18~30)에서 상세하게 기록해 놓고 있는데 예수님께서는 뭐라고 대답하셨는가?

> **네가 생명에 들어가려면 계명들을 지키라** 이르되 어느 계명이오니이까 예수님께서 이르시되 살인하지 말라, 간음하지 말라, 도둑질하지 말라, 거짓 증언 하지 말라, 네 부모를 공경하라, 네 이웃을 네 자신과 같이 사랑하라 하신 것이니라(마19:18~19)

예수님께서는 영생에 이르는 길은 십계명, 즉 계약의 말씀을 지키는 데에 있다고 하셨다. 영생을 얻는 방법에 대해서는 더 이상 논란의 여지가 없을 만큼 명확하게 말씀하셨다. 그런데 왜 그동안 우리는 이에 대하여 침묵했을까? 기독교 역사 2천 년의 가장 큰 수수께끼는 여기에 있다. 이에 대하여 뭐라고 대답해야 하나?

4. 구속사와 계약사

구속사와 계약사의 관계는 대단히 중요하며, 또 기독교 역사에서 가장 큰 오류를 빚은 부분이므로 이를 다시 정리해보면 다음과 같다.

❶ 계약과 언약

성경에는 '계약'을 뜻하는 단어(베리트 בְּרִית, 디아데케 διαθήκη)가 295회나 나온다. 이 단어를 라틴어로 번역할 때 유언을 뜻하는 '테스타멘툼'(Testamentum, 영어 Testament)으로 번역해서 그 이후 구약과 신약의 이름에 Testmantum이 사용되고 있다. 라틴어 Testamentum으로 번역한 이유는 예수님의 말씀과 죽으심을 구속사적인 측면에서 거룩한 약속으로 이해했기 때문이며, 우리 말 성경에는 주로 '언약'으로 번역되었다.[13]

계약(契約)은 일정한 법률적 효과의 발생을 위해 쌍방의 합의로 이루어지는 법률 행위이지만, 언약(言約)은 문자 그대로 말로 한 약속이며 아무런 법적인 효력이 없다. 기독교 신학에서 계약보다 언약을 선호하는 이유는 하나님과 인간의 관계에서 하나님의 은혜와 약속을 중요하게 여기며 이에 대한 믿음을 강조하기 때문이다. 그러나 성경에서 본래 사용된 단어는 계약이다.

❷ 구속사(救贖史)

기독교 초기부터 구원론의 기초는 예수님의 십자가 대속 사건이었으며, 구속사를 중심으로 성경과 역사의 전반을 해석했다. 구속사로 성경을 보면서 구약성경의 사건들과 말씀들을 예수님에 대한 예표나 예언으로 해석했다. 즉 구약성경은 오실 예수님에 대한 예언과 언약의 책이며, 예수님의 오심과 십자가의 죽으심으로 구약의 모든 예표와 예언은 성취되고 구원은 완성되었다고 보고 있다.

구속사에서는 예수님께서 우리 모두의 죄를 대신 짊어지고 십자가에서 죽으셨다는 사실을 믿음으로 받아들이면 누구나 구원받은 것이며 이 믿음으로 세상을 살다가 죽은 다음 천국에 가게 된다. 십

---

13) 구약의 베리트(בְּרִית)와 디아데케 (διαθήκη)를 계약으로 번역한 한글성경 역본은 현대어, 현대인의 성경, 공동번역, 가톨릭성경 등이고 나머지는 언약으로 번역했다. 영어성경은 대부분 covenant 로 번역했다.

자가를 통해서 값없이 주시는 은혜로 사죄(赦罪)와 구원이 주어지며, 어떤 행위로 구원을 받는 게 아니라고 한다.

교회는 이미 구원받은 사람들이 모인 친교와 선교 공동체이며, 교회가 해야 할 지상과제는 온 세상으로 나가 사람들에게 예수님을 영접시키는 영혼 구원을 위한 선교와 이웃을 사랑하는 사랑의 실천이다. 그리고 이 세상은 죄로 말미암아 심판받을 멸망의 대상으로 본다. 구속사에 기초한 이런 세계관 때문에 교회가 아무리 많아져도 세상은 변화되지 않았다. 세상의 변화는 고사하고 중세기독교 시대는 암흑기가 되었고 기독교 국가에서 계몽주의가 등장하는 모순이 벌어졌다. 역사의 교훈을 똑똑히 살펴보아야 한다.

구속사에서 보면 인간은 아담의 범죄로 말미암아 원죄를 지녔기 때문에 십자가를 통한 사죄와 구원의 대상이다. 또 인간을 무한히 사랑하시는 하나님께서는 인간을 구원하시기 위하여 예수님을 통해 한없는 용서의 은총을 베푸시고 죽음 이후에 천국으로 인도하셔서 영원한 삶과 복락을 누리게 하신다. 인간은 하나님에게 용서와 구원과 사랑의 대상에 불과하다.

그런데 계약사에서 보면 어떻게 보일까?

❸ 계약사(契約史)

앞에서 이미 본 바와 같이 계약사에서 보면 기존의 기독교 신학과 구원론이 전혀 다르게 보인다.

하나님의 창조 자체가 계약체결이었고, 아담의 타락은 계약위반이며, 하나님께서 죄의 지배 가운데 있는 인간을 구원하시는 방법은 계약을 지킬 기회를 주시는 것이었다. 구약성경의 아브라함과 그 후손 이스라엘의 이야기는 하나님께서 그들에게 계약을 지킬 기회를 주시고 그들을 통해서 세상을 구원하시는 이야기이다.

복음서에 의하면 예수님께서는 계약을 위반하여 파기 직전에 이른 이스라엘에게 마지막으로 경고하셨다. 그러나 이스라엘이 받아들이지 않았기 때문에 그들은 버림받았고, 인류 구원의 길은 사라지고 말았다. 이에 예수님께서는 계약위반의 형벌을 대신 받으시고 죽으심으로써 새로운 계약체결의 길을 열어 놓으셨다. 그리고 예수님의 대속으로 말미암아 새로운 계약공동체인 교회가 탄생되었다. 이제 교회를 통하여 계약을 지키는 사람들에게 구원이 주어진다.

교회가 할 일은 옛 계약공동체인 이스라엘의 실패를 거울삼아, 하나님의 나라를 이 땅에 실현하기 위하여 최선을 다하는 것이다. 이 큰 일을 위하여 교인들은 누구나 자기를 부인하고 자기 십자가를 지고 죽기까지 예수님을 따라가야 한다. 사도들을 비롯한 초기 교인들은 복음을 위하여 순교의 길을 가거나 순교적인 삶을 살았다. 그 결과 AD 313년 로마제국이 계약 실천의 땅으로 주어졌다.

교회는 이 땅에 하나님 나라를 실현하기 위한 계약공동체이며, 하나님을 대신하여 역사와 세상을 이끌어가야 할 하나님의 대행 기관이다. "진실로 너희에게 이르노니 무엇이든지 너희가 땅에서 매면 하늘에서도 매일 것이요 무엇이든지 땅에서 풀면 하늘에서도 풀리리라."(마18:18)라는 예수님의 말씀은 이런 뜻이다. 하나님은 교회를 통해서, 교회의 기도를 통해서 세상과 역사를 이끌어 가신다.

구속사 시각으로 보면 인간은 구원과 사죄와 사랑의 대상에 불과하다. 그러나 계약사로 본다면 인간은 역사와 세계를 이끌어가는 하나님의 대행자이며 이 세상을 유업으로 이어받을 하나님의 아들과 딸이다.

❹ 계약사와 구속사의 관계

계약사는 예수님의 구속사를 배제하지 않는다. 단지 계약사 속에서 구속사를 해석할 뿐이다. 예수님의 구속사가 없으면 새 계약이 불가능하기 때문에 대속의 사건은 가장 중요하다. 구속사 자체가 문제가 아니라 계약 실천과 상관없이 예수님의 십자가 대속으로 용서받아 구원에 이른다고 해석하는, 계약이 배제된 구속사가 문제일 뿐이다.

회심 경험과 계약사

구속사의 핵심에는 회심의 경험이 들어있다. 이 경험을 통해서 사죄의 경험과 구원의 확신이 주어진다. 계약사에서도 이 경험은 대단히 중요하다. 왜냐하면 이 경험을 통해서 비로소 계약공동체에 들어와 계약을 실천할 수 있기 때문이다. 이 경험없이 구원공동체가 형성된다면 신앙공동체가 아니라 사회운동 공동체로 흘러가게 된다.

지난 교회사에서 빚은 오류의 근본 원인은 계약이 배제된 구속사에 있었다. 이제 이것을 바로잡는 것이 우리의 시급한 과제다.

5. 창조와 계약과 구원의 원리

창조주 하나님과 모든 피조물의 관계는 계약 관계이며, 계약은 모든 피조물의 존재 원리이자 창조의 원리이다. 자연 만물에 들어있는 질서와 조화는 만물에 들어있는 존재 양식의 법 때문이며, 이 법이 곧 계약법이다. 계약이 파기되면 피조물은 존재할 수 없다. 죄는 계약이 파기된 상태를 말한다. 이런 계약파기의 죄는 자유의지를 지닌 인격체만 범할 수 있다. 인간이 피조물 중에서 최상위에 있는 이유는 자유의지와 인격 때문이다. 그런데 아담(사람)이 죄를 지으므로 계약이 파기되고 죄의 지배를 받으며 멸망에 이르게 되었다.

이런 인간이 구원을 받으려면 계약으로 돌아가서 계약을 지키는 길 뿐이다. 하나님께서 세상을 구원하기 위하여 먼저 이스라엘과 계약을 맺으셨으나 그들이 계약을 파기하여 인간이 구원받을 길이 사라지고 말았다. 이 문제를 해결하기 위하여 하나님께서 인간으로 오셔서 계약을 파기한 죄를 짊어지고 대신 죽으심으로 이제 마지막으로 계약이 한 번 더 체결되어 구원받을 길이 열렸다. 예수님으로만 구원받는다는 말씀은 예수님으로 말미암아 다시 한번 계약을 체결하게 되었다는 뜻이다.

구원의 법은 곧 계약 실천이며 계약 실천과 구원은 뗄 수 없다. 계약은 창조의 원리이자 만물의 존재 원리이며 구원 원리이다. 따라서 계약 실천을 제외하고 구원을 말하면 창조의 원리와 모순된다.

물음 02 복음서의 순서, 서로 어떤 연관성이 있을까?

성경은 인간 역사에서 수천 년 동안 수십 명의 사람들에 의해 기록되었는데 왜 성경을 하나님의 말씀이라고 할까? 이에 대하여 기독교에서는 하나님께서 기록자에게 영감을 주셨기 때문이라고 설명한다. 이 영감설(靈感說)은 현대의 역사비평[14]이 등장하기 이전에는 이론(異論)의 여지가 없었으며, 지금도 기독교 정통신앙에서는 그대로 받아들여지고 있다. 성경의 기록 과정에 하나님께서 영감으로 개입하셨다면 정경화(定經化)[15] 과정에도 영감이 작용했다고 인정해야 한다.

신약의 복음서는 수십여 권이 기록되었지만[16] 우여곡절 끝에 마

14) 성경이 쓰인 역사적인 과정을 연구하는 학문

15) 쓰인 여러 문서 중에서 경전으로 결정하는 작업. 구약성경은 대략 2세기 중엽에 유대인들에 의해 결정되었고, 신약성경은 동방교회에서는 367년 알렉산드리아의 교부 아타나시우스(Athanasius)때에, 그리고 서방교회에서는 405년 로마교황 이노센스(Innozenz) 1세 때 결정되었다.

태복음, 마가복음, 누가복음, 요한복음 네 권만 성경으로 인정되었다. 그러면 복음서의 배열 순서에도 어떤 의미를 부여할 수 있을까? 마태복음을 맨 앞에 배치한 이유는 정경화 당시에는 마태복음이 가장 먼저 기록되었다고 생각했기 때문이며, 마가복음은 마태복음의 축소판이라고 보아서 그 다음에 놓았다. 요한복음이 맨 뒤에 놓인 이유는 가장 늦게 쓰이기도 했거니와 공관복음서와는 판이하게 내용이 다르기 때문이었다. 역사를 이끌어가시는 하나님께서는 비명시적인 섭리를 통해 자연스럽게 하나님의 뜻을 실현시키신다. 복음서가 현재의 순서대로 배열되는 과정에도 하나님의 섭리를 인정한다면 그 배열에 담겨있는 의미를 물어볼 필요가 있다. 네 복음서의 핵심을 간추리면서 그 의미를 물어보면 다음과 같다.

1. 마태복음 – 새 계약의 복음서

마태복음은 유대인을 대상으로 쓰였다고 알려졌다. 유대인들은 옛 계약의 대상들이므로 마태복음은 계약법, 즉 율법서와 깊은 연관이 있다. 성경은 두 계약의 책이므로 성경을 해석할 때 계약의 시각이 가장 중요하다. 성경은 구약(옛 계약)과 신약(새 계약)을 중심으로 이야기와 그 역사가 전개된다. 구약(옛 계약)은 하나님께서 이스라엘과 시내산에서 맺으신 계약이다. 계약 조건은 이스라엘 공동체의 모든 구성원이 신분과 지위, 빈부의 격차없이 행복하게 살면서, 이 땅에 하나님 나라의 모형을 만들어 모든 사람들이 이스라엘을 보

---

16) 외경(外經)으로 남아있는 복음서는 다음과 같다. 「나사렛인들의 복음서」(*The Gospel of the Nazaraeans*), 「에비온 복음서」(*The Gospel of the Ebionites*), 「히브리인의 복음서」(*The Gospel of the Hebrews*), 「이집트인의 복음서」(*The Gospel of the Egyptians*), 「베드로 복음서」(*The Gospel of Peter*), 「진리의 복음서」(*The Gospel of Truth*), 「도마 복음서」(*The Gospel of Thomas*), 「빌립 복음서」(*The Gospel of Philip*), 「마가의 비밀복음서」(*The Secret Gospel of Mark*), 「니고데모 복음서」(*The Gospel of Nicodemus*), 「야고보의 원복음서」(*Protevangelium of James*), 「유다 복음서」(*The Gospel of Judas*), 「마리아의 복음서」(*The Gospel of Mary*), 「도마의 유아복음서」(*The Infancy Gospel of Thomas*)

고 구원받게 하려는 것이었다. 그러나 이스라엘은 계약의 땅인 가나안에 입주한 후 다윗과 솔로몬에 이르러 성전을 짓고 우상화하며 그 계약을 지키지 않았고 그 때문에 나라가 분열되었다. 그리고 계약파기의 결과로 앗수르와 바벨론에 멸망당하고 포로로 끌려갔다. 예언자들의 피나는 노력으로 포로 현장에서 가까스로 회개하자 하나님께서 다시 기회를 주셔서 본국으로 돌아왔으나 결국 또 계약에서 빗나가 AD 70년 로마제국에 다시 멸망당하고 말았다. 나라의 멸망은 계약파기의 증거였다.

마태복음은 이런 유대인들을 향해 그들이 계약을 지키지 않아 계약이 파기되었으며, 이제 예수님으로 말미암아 새로운 계약이 체결되었음을 설명하고 있다. 마태복음에는 예수님의 설교가 다섯 편으로 편집되어 있다. 이는 구약성경의 모세오경을 염두에 둔 편집이며, 예수님의 설교는 모세오경의 재해석이자 새 계약법이라는 의미이다. 이런 이유로 첫 설교에서 예수님께서는 "나는 너희에게 이르노니"라는 형식으로 구약의 계약법을 다시 해석하셨다. 따라서 마태복음의 다섯 편의 설교는 새로운 계약법이다. 마태복음을 비롯한 복음서의 주제가 하나님 나라라는 데에는 대부분의 학자들이 동의한다. 그러나 불행하게도, 하나님 나라는 하늘에 있으며, 죽은 다음에 가는 것으로 해석되어 왔다.

그런데 마태복음을 다시 해석해보면 하나님 나라는 내세에서가 아니라 지금 여기서 계약공동체인 교회를 통해서 실현되는 나라이다.[17] 세례 요한과 예수님께서 "회개하라 천국이 가까이 왔다."라고 선언한 말씀은 옛 계약이 폐기되고 새로운 계약을 통하여 지금 여기서 하나님 나라가 시작되고 있다는 뜻이다. 그러나 그 나라는 이 땅에서 사람에 의해 시작되지만 사람에 의해 완성되지는 못하며, 하나님의 초자연적인 개입에 의해 완성된다. 그때를 성경에서는 종

17) 졸저 「마태복음」은 계약의 관점에서 이렇게 해석했다.

말이라고 하는데, 종말은 이 세상의 파멸이 아니라 이 땅에 하나님 나라가 세워지는 것을 방해하는 악한 세력의 파멸을 말한다. 그때는 계약공동체를 통해 시작된 하나님 나라가 완성되는 때이다.

마태복음은 옛 계약의 폐지로 인한 이스라엘의 멸망을 다루면서 예수님으로 말미암은 새로운 계약공동체인 교회의 등장을 선언하고 있다.[18)]

2. 마가복음 – 이적의 복음서

마가복음은 일명 '이적의 복음서'라고 한다. 그 이유는 전체 16장 중 8장까지는 예수님께서 행하신 20여 가지의 이적을 중심으로 기록되었기 때문인데, 9장 이후에는 수난사로 이어진다. 마가복음에서는 왜 예수님의 행적을 이적 중심으로 기록했는지에 대하여 많은 연구가 진행되었고, 또 다양한 의견들이 제시되었다. 그런데 그 의미를 마태복음의 연장 선상에서 생각해 보면 단순하게 이해된다.

마태복음의 주제인 계약공동체가 지상에서 시도하는 하나님 나라의 실현은 사람의 힘만으로는 불가능하며 하나님의 초자연적인 개입이 있어야만 가능한데, 마태복음 다음의 책인 마가복음의 이적은 이것을 말하고 있다. 죄악이 지배하는 이 땅에서 하나님 나라의 실현은 하나님의 초자연적인 도움없이는 불가능하다. 서양의 계몽주의 이후 현대에 이르러 하나님을 배제하고 혁명과 과학기술로 지상천국을 시도했으나 결국 실패하고 말았다. 현대문명이 많은 혜택을 주었지만 연이은 세계대전과 대량살상 무기, 빈부격차 등의 문제를 해결하지 못했을 뿐만 아니라 자연환경을 파괴하여 인류의 생존이 심각한 위기를 맞고 있다.

마가복음은 전반부의 이적 이야기에 이어 나머지 후반부는 예수

18) 이에 대해서는 졸저 「마태복음」에서 상세하게 설명했다.

님의 수난사로 채워져 있다. 그동안 예수님의 십자가는 인간의 죄를 용서하기 위한 대속의 죽으심으로 해석했다. 그런데 복음서 순서에 따른 이야기의 연결 과정으로 보면 다르게 해석된다. 마가복음 전반부에서 예수님의 이적 이야기가 하나님의 초자연적인 도우심과 개입이라면, 후반부의 예수님께서 가시는 십자가의 길은 이제 계약공동체가 이 땅에 하나님 나라를 실현하기 위하여 걸어가야 할 길이다. 이 땅에서 하나님 나라라는 가장 큰 가치를 실현하려면 계약공동체는 자기 십자가를 지고 예수님을 따라가야만 한다. 이제 십자가는 예수님에게만 해당 사항이 아니라 계약공동체 모든 구성원이 따르고 가야 할 길이다. 가장 큰 가치의 실현을 위해서는 가장 귀한 생명을 바쳐야만 한다. "누구든지 나를 따라오려거든 자기를 부인하고 자기 십자가를 지고 나를 따를 것이니라."(막8:34)라는 말씀은 이를 말한다.

마가복음을 마태복음과의 관계와 배열 순서에서 보면 이런 해석이 가능해진다. 인간의 방법으로 시도했던 지상천국 운동이 수포로 돌아가고 인류의 멸종이 거론되는 이 시점에서 마가복음은 우리에게 중요한 의미를 준다.

3. 누가복음 - 경제의 복음서

마가복음 뒤에 나오는 누가복음에서는 경제 문제를 가장 중요하게 다루고 있다. 누가복음에 의하면 예수님께서 이 세상에 오신 목적은 경제정의의 대명사인 희년(禧年)을 실현하시기 위함이었다. 그러므로 다음과 같이 선언하셨다.

> 주님의 성령이 내게 임하셨으니 이는 가난한 자에게 복음을 전하게 하시려고 내게 기름을 부으시고 나를 보내사 포로 된 자에게 자유를, 눈먼 자에게 다시 보게 함을 전파하며 눌린 자를 자유롭게 하고 **주의 은혜의 해(희년)를 전파하게 하려 하심이라**(4:18~19)

이런 이유로 누가복음에는 부자와 나사로, 두 아들(탕자), 불의한

청지기 등 경제와 관련된 비유와 말씀들이 많다. 누가복음에서 중요하게 다루는 경제 문제는 복음서의 배열에서는 어떤 의미를 지닐까?

마태복음에서는 계약공동체가 이 땅에서 실현해야 할 하나님 나라를 다루고 있고, 마가복음에서는 그 나라의 실현은 공동체 구성원들이 이 일을 위해 생명을 내놓고 십자가의 길을 갈 때, 하나님의 초자연적인 이적의 개입을 통해 실현된다고 말하고 있다. 그런데 이제 누가복음에서는 이 땅에 실현될 하나님 나라의 중심에는 경제 문제 해결, 즉 희년의 성취가 있다고 말한다. 지나간 인류 역사의 경험에 의하면 경제정의의 실현이 여전히 가장 어려운 과제로 남아있다. 현대에 이르러 신분과 인권 문제는 어느 정도 해결되었지만 경제정의의 실현은 아직도 까마득한 과제이다. 그런데 누가복음에서는 경제정의의 실현을 하나님 나라의 핵심으로 다루면서 그 실현은 오직 신앙의 차원 즉 계약공동체에서만 가능하다고 말한다. 이런 측면에서 마태복음과 마가복음 다음에 놓인 누가복음의 위치는 대단히 중요하다.

4. 요한복음 – **재해석의 복음서**

요한복음을 이해하려면 구약의 신명기(申命記)[19]를 먼저 이해할 필요가 있다. 출애굽과 40년 광야 생활의 경험을 기초로 하는 신명기는 모세의 세 편의 설교이다. 신명기는 이스라엘 사람들이 애굽의 종살이에서 탈출하여 시내산에서 하나님과 계약을 맺을 때 받은 출애굽기의 계약법전(출20:22~23:33)과, 성막 봉헌식 말씀으로 주어진 레위기의 성결법전(레17~26장)에 대한 모세의 재해석인데, 모세는 신명기에서 가나안을 향하는 이스라엘 사람들에게 지금 자기가 다시 해석해주는 말씀대로 살아야 한다고 누누이 강조한다. 즉

19) 신명기(申命記, 히브리어 데바림 דְּבָרִים, 그리스어 데우테로노미온 Δευτερονόμιον)는 '설교'로 보는 것이 본래의 뜻에 가장 가깝다.

가나안에 입주한 후에, 출애굽기와 레위기와 민수기에 있는 말씀이 아니라 모세가 신명기에서 다시 해석해준 말씀대로 살아야 한다는 뜻이다. 이런 사실은 출애굽기(20:1~17)에 기록된 십계명과 신명기(5:6~21)의 십계명을 비교해보면 모세의 재해석이 잘 드러나는데, 특히 4계명과 5계명에서 많은 차이가 난다. 모세는 시내산과 광야에서 출애굽 세대와 맺었던 계약의 말씀을 40년 뒤에 광야 세대들에게 다시 해석해주면서, 자신이 다시 해석해준 말씀대로 살아야 함을 반복해서 강조하고 있다.

이런 측면에서 볼 때 요한복음은 신약의 신명기에 해당된다. 사도들 중 가장 늦게까지 살았던 요한은 바울서신과 복음서들이 다 쓰인 후 사도시대를 마감하는 시점에서 1세기의 신앙을 총정리하며 교회가 나아갈 방향을 제시하고 있다. 요한복음은 공관복음에 대한 재해석이기 때문에 공관복음과 많은 차이가 난다. 따라서 오늘 우리가 복음서를 해석할 때에는 이런 배열과 요한복음의 재해석을 염두에 두어야 한다.

요한복음에 의하면 예수님은 하나님과 동일한 분(독생자)이며, 우주의 원리이자 법(말씀 λογος)이시고 진리이다. 성령은 이 진리를 깨닫게 하시며 또 믿게 하시는 진리의 영이시다. 요한복음에 의하면 예수님을 그리스도로 고백하는 믿음에서 한 걸음 더 나아가 하나님 자신으로, 만물의 근원과 원리, 우주적인 진리로 깨달아야 한다. 성령은 이를 도와주시는 분(보혜사)이시다. 부활하신 주님을 만난 도마는 "나의 주님이시요, 나의 하나님이시니이다."라고 고백했다. 요한복음에서는 계약법의 설계자요 구현자이신 예수님이 곧 우주의 원리이자 근본이고 진리이며, 성령은 계약법을 올바로 깨달아 실천하게 하시는 분이다. 이를 위해 예수님은 인간의 몸으로 이 땅에 오셨던 하나님이시다.

5. 사도행전 - 경제공동체 탄생의 복음서

사도행전은 본래 누가복음과 한 책이었으므로 복음서의 한 부분으로 보아야 한다. 이런 이유로 누가복음과 사도행전을 합쳐서 누가행전이라고 부른다. 누가복음에서는 계약공동체인 교회가 지상에서 하나님 나라를 실현하는 방법이 희년 실천이라고 했는데, 누가복음 후편인 사도행전에서는 그 희년이 교회를 통해서 어떻게 실천되어 확산되고 있는가를 보여주고 있다.

최초의 교회인 예루살렘 교회에서는 교인들이 삼천 명, 오천 명이 회심한 후 사도들의 가르침을 따라 서로 떡(양식)을 나누어 먹으며 재산 공유를 실천으로 옮겼다. 예루살렘 교회의 이런 전통은 그 후 박해시대에도 계속 이어져 교회에 나오는 사람들은 재산을 공유하며 순교의 길을 갔다.

6. 율법서와 복음서

구약성경의 시작에 모세오경이라 불리는 다섯 권(창세기, 출애굽기, 레위기, 민수기, 신명기)의 옛 계약법이 있다면 신약성경에는 복음서 다섯 권(마태복음, 마가복음, 누가복음, 요한복음, 사도행전)의 새 계약법이 있다. 구약성경과 신약성경에 이와 같이 율법서와 복음서가 배열된 것은 결코 우연이 아니다. 하나님의 섭리와 영감으로 인정해야 한다.

이상에서 간략히 복음서의 배열 순서에 들어있는 그 의미를 살펴보았다. 역사의 현장에서 여러 가지 사건들이 얽히면서 자연스럽게 복음서가 선택되고 또 순서가 정해졌는데, 그 배열에 들어있는 의미를 살펴볼 때 이는 결코 우연이라고 할 수 없다. 성경 본문의 한 구절 한 구절의 치밀한 해석도 중요하지만 그 역사적인 정황과 흐름

속에 들어있는 전체적인 의미도 놓치지 말아야 한다. 전체를 먼저 알아야 부분의 의미를 정확하게 파악할 수 있다.

물음 03 왜 예수님을 '로고스'라고 했을까?

본문 〈 1:1 〉

【●】 1 태초에 말씀이 계시니라 이 말씀이 하나님과 함께 계셨으니 이 말씀은 곧 하나님이시니라

요한복음은 공관복음과 여러 부분에서 전혀 다른 특징을 띠고 있다. 그중에서도 가장 두드러진 곳은 그 시작 부분인데 예수님을 말씀, 즉 '로고스'(λόγος)라고 선언하고 있다. 로고스는 고대 그리스 철학에서 사물의 변화를 가능하게 하는 '근원', '원리', '이성' 등을 뜻한다. 우리말 성경에서 로고스를 '말씀'으로 번역한 이유는 로고스가 '말하다'라는 동사 '레게인'(λέγειν)의 명사이기 때문이다.

요한복음의 서두에서는 예수님을 로고스일 뿐만 아니라 하나님이자 창조주이신데 인간의 육체를 입고 오셨다고 말하고 있다. 예수님의 선재(先在)와 신성(神性)을 강조하는 선언은 요한복음 연구에서 가장 중요하게 다루어질 뿐만 아니라 신약성경 전체에서도 가장 많은 관심을 가지고 연구하는 대상이다. 요한복음에서는 왜 예수님을 로고스라고 말하고 있으며, 또 어떻게 그렇게 말할 생각을 했을까? 로고스 사상이 당시 헬라인들에게 널리 알려져 있었고 또 헬라화된 유대인들이 즐겨 사용했다고 하지만, 예수님을 로고스라고 말하는 것은 예수님을 하나님의 아들, 또는 그리스도라고 고백하고 있는 공

관복음에 비추어 볼 때 이는 파격적이며 혁명적인 사고의 전환이라고 할 수 있다.

도대체 요한복음의 저자는 어떻게 예수님을 로고스라고 표현할 생각을 했으며 또 그렇게 말해야 할 이유가 무엇이었을까? 이에 대해서는 요한복음 전문가들이 여러 각도에서 연구해서 다양한 해석들을 내놓고 있다. 그런데 대부분 영지주의의 구세주 신화, 유대인 철학자 필로(Philo, BC 25~AD 50년경), 헬라철학, 그리스 로마세계의 문학 등에서 영향을 받았으리라고 추정하고 있다. 그러나 이런 연구들은 요한복음 저자가 예수님을 로고스라고 말해야만 했던 현실적인 필요성을 설명하기에는 미흡하다. 도대체, 무엇 때문에 요한복음 저자는 예수님을 로고스라고 해석할 생각을 했을까? 이에 대하여 지극히 단순하게, 또 전승과 성경을 기초로 접근해 보고자 한다.

1. 사도 바울의 역할

전통적인 견해에 따르면 요한복음은 사도 요한에 의하여 에베소에서 기록되었다고 한다.[20] 이 전승에 의하면 요한복음의 기록과 예수님을 로고스로 해석한 배경에는 '에베소 교회'가 중요한 역할을 했다고 볼 수 있다. 사도행전 (18:18~20:38)에 의하면 에베소 교회는 사도 바울에 의하여 세워졌고 바울은 3차에 걸친 동방 선교여행 중에서 에베소 선교에 가장 큰 심혈을 기울였다. 그 이유는 바울의 선교 전략이 대도시 중심의 거점선교였는데, 에베소는 당시 로

20) 교회사가 유세비우스(Eusebius, 약 260-339)의 글에 의하면 히에라폴리스 교회의 감독 파피아스 (Papias of Hierapolis, AD 60-163)와 사도 요한의 제자였던 서머나교회의 감독 폴리캅(Polykarp, 약 69-155)과 리옹의 감독 이레니우스(Irenaeus, 약 135~203) 등의 전승을 인용하는데, 요한복음은 사도 요한에 의하여 에베소에서 기록되었다고 한다. 현대의 진보신학자들은 이를 근거가 불확실하다고 하여 거부하고 있다. 그러나 이를 거부할 만한 이유가 명확하지 않고 또 여러 정황으로 볼 때 전승의 기록이 사실에 가깝다고 생각된다.

마제국의 4대 도시 중 하나였다.[21] 사도 바울의 선교는 대성공을 거두어서 마술의 도시 에베소에서 마술인들이 스스로 불태운 마술책이 은화 5만 개에 해당되며,[22] 로마제국에서도 손꼽힐 만큼 유명한 에베소의 아데미 신전이 쇠퇴될 정도였다.[23] 바울의 에베소 선교는 어떻게 해서 이런 큰 성과를 거둘 수 있었을까?

바울은 초기에는 에베소의 유대인 회당에서 3개월 동안 말씀을 선포했다. 그러나 회당에서 별 반응이 없자 생각과 방법을 바꾸어서 '두란노 서원'에서 2년 동안 매일 오전 11시부터 오후 4시까지 성경을 강론하며 토론을 벌였다.[24] 두란노 서원은 헬라철학과 문화전파를 위해 세워진 기관이었다. 알렉산더 대왕은 헬라문화를 전파하기 위하여 경기장과 원형극장, 문화원 등을 각 지역에 세워놓아서 그 결과 단시간에 헬라문화가 세계화될 수 있었다. 그런데 대도시 에베소에서 바울은 헬라 문화원을 빌려 선교를 했다. 당시 유대인들은 이방인이나 이방문화에 대해서는 대단히 배타적이었다. 따라서 바울의 이런 선교 방법은 지극히 파격적인 방법이었다. 요즘으로 말한다면 기독교가 타종교의 포교당을 빌려 선교하는 것과 비슷하다. 바울은 어떻게 이런 생각을 할 수 있었을까?

바울의 포용적인 자세가 이를 가능하게 했다. 그는 유대인에게는 유대인처럼, 율법없는 자에게는 율법없는 자처럼, 헬라인에게는 헬

21) 로마제국의 가장 큰 도시는 로마였고 그 다음은 이집트의 알렉산드리아였으며, 그 다음은 시리아의 중심지 안디옥과 소아시아의 중심지 에베소였다.

22) 새번역에서는 오만 드라크마로 번역했다. 그리스 화폐인 드라크마는 움켜쥔다는 뜻이며, 화살 한 움큼의 가치였다. 드라크마는 시기에 따라 가치가 달라지는데, 대략 하루 품삯인 데나리온과 비슷하다. 이를 기초로 오만 일의 일당을 하루 10만 원으로 환산하면 50억 원에 해당되는 거금이다.

23) 아데미 신전은 세계 7대 불가사의 중 하나인데, 전각의 길이가 127.5m, 폭이 66m, 높이가 18m이며, 127개의 대리석 기둥이 있었다.

24) 어떤 사본에 의하면 바울은 오전 11시부터 오후 4시까지 성경을 가르쳤다고 한다. (행19:9, 새번역) 그 시간은 너무 뜨거워서 대부분의 기관이 사실상 휴무였기 때문에 가능했다.

라인처럼 접근했다.[25] 그리고 성경을 해석할 때 문자에 매이지 않았고 할례와 아브라함의 후손 등에 대하여 표면적 의미와 이면적 의미를 구분했으며(롬2:28), 이방인에게 주어진 양심은 유대인에게 주어진 율법과 다를 바 없다고 했다.(롬2:13~15) 바울의 이런 포용적인 자세는 만물이 하나님에게서 나와 하나님에게로 돌아간다는 하나님 중심 신앙과[26], 만물은 하나님에게서 나왔기 때문에 만물에는 하나님을 알만한 계시가 들어있다는 생각 때문에 가능했다.[27]

이런 신앙과 사고방식을 가졌던 바울은 헬라문화원인 두란노 서원에서 헬라문화를 배우러 오는 사람들에게 성경을 가르치면서 예수님을 무어라고 소개했을까? 유대인에게는 유대인처럼 접근하던 바울은 헬라인들에게는 헬라인처럼 접근했다. 당시에 '헬라인'이란 종족이 아니라 헬라문화로 살아가는 사람들을 말하는데 당시 로마제국을 지배하는 문화는 헬라문화였기 때문에 로마제국 내의 이방인들은 다 헬라인이라고 해도 과언이 아니었다.[28] 바울은 고대 그

25) 내가 모든 사람에게서 자유로우나 스스로 모든 사람에게 종이 된 것은 더 많은 사람을 얻고자 함이라 유대인들에게 내가 유대인과 같이 된 것은 유대인들을 얻고자 함이요 율법 아래에 있는 자들에게는 내가 율법 아래에 있지 아니하나 율법 아래에 있는 자 같이 된 것은 율법 아래에 있는 자들을 얻고자 함이요 율법 없는 자에게는 내가 하나님께는 율법 없는 자가 아니요 도리어 그리스도의 율법 아래에 있는 자이나 율법 없는 자와 같이 된 것은 율법 없는 자들을 얻고자 함이라 약한 자들에게 내가 약한 자와 같이 된 것은 약한 자들을 얻고자 함이요 내가 여러 사람에게 여러 모습이 된 것은 아무쪼록 몇 사람이라도 구원하고자 함이니 내가 복음을 위하여 모든 것을 행함은 복음에 참여하고자 함이라(고전 9:19~23)
거기에는 헬라인이나 유대인이나 할례파나 무할례파나 야만인이나 스구디아인이나 종이나 자유인이 차별이 있을 수 없나니 오직 그리스도는 만유시요 만유 안에 계시니라(골 3:11)

26) 바울의 서신에는 이런 신앙이 도처에 스며들어 있다.(행14:15, 롬11:36, 고전8:6, 15:28, 엡1:10, 4:6 등)

27) 하나님을 알 만한 일이 사람에게 환히 드러나 있습니다. 하나님께서 그것을 환히 드러내 주셨습니다. 이 세상 창조 때로부터, 하나님의 보이지 않는 속성, 곧 그분의 영원하신 능력과 신성은, 사람이 그 지으신 만물을 보고서 깨닫게 되어 있습니다. 그러므로 사람들은 핑계를 댈 수가 없습니다.(롬1:19~20, 새번역)

28) 헬라문화란 알렉산더대왕으로 말미암아 세계화된 고대 그리스 아테네의 문화를 말하는데, '헬라'라는 말은 아테네 문화를 일군 사람들인 헬라스(Hellas)에서 유래되었다.

리스 철학에 정통한 헬라인들에게 그들이 만물의 근원이자 원리라고 생각하는 '로고스'가 바로 예수님이라고 소개했다. 이렇게 단정 짓는 이유는 다음과 같다.

❶ 요한복음 서문(1:1~18)의 로고스 찬가와 비슷한 내용과 문장을 바울서신에서 찾아볼 수 있기 때문이다.

> 태초에 말씀이 계시니라 이 말씀이 하나님과 함께 계셨으니 이 말씀은 곧 하나님이시니라 그가 태초에 하나님과 함께 계셨고 만물이 그로 말미암아 지은 바 되었으니 지은 것이 하나도 그가 없이는 된 것이 없느니라 그 안에 생명이 있었으니 이 생명은 사람들의 빛이라 빛이 어둠에 비치되 어둠이 깨닫지 못하더라 참 빛 곧 세상에 와서 각 사람에게 비추는 빛이 있었나니 그가 세상에 계셨으며 세상은 그로 말미암아 지은 바 되었으되 세상이 그를 알지 못하였고 자기 땅에 오매 자기 백성이 영접하지 아니하였으나 영접하는 자 곧 그 이름을 믿는 자들에게는 하나님의 자녀가 되는 권세를 주셨으니 이는 혈통으로나 육정으로나 사람의 뜻으로 나지 아니하고 오직 하나님께로부터 난 자들이니라 말씀이 육신이 되어 우리 가운데 거하시매 우리가 그의 영광을 보니 아버지의 독생자의 영광이요 은혜와 진리가 충만하더라(요1:1~5, 9~14)

> 너희 안에 이 마음을 품으라 곧 그리스도 예수의 마음이니 그는 근본 하나님의 본체시나 하나님과 동등됨을 취할 것으로 여기지 아니하시고 오히려 자기를 비워 종의 형체를 가지사 사람들과 같이 되셨고 사람의 모양으로 나타나사 자기를 낮추시고 죽기까지 복종하셨으니 곧 십자가에 죽으심이라 이러므로 하나님이 그를 지극히 높여 모든 이름 위에 뛰어난 이름을 주사 하늘에 있는 자들과 땅에 있는 자들과 땅 아래에 있는 자들로 모든 무릎을 예수의 이름에 꿇게 하시고 모든 입으로 예수 그리스도를 주라 시인하여 하나님 아버지께 영광을 돌리게 하셨느니라(빌2:5~11)

> 그는 보이지 아니하는 하나님의 형상이시요 모든 피조물보다 먼저 나신 이시니 만물이 그에게서 창조되되 하늘과 땅에서 보이는 것들과 보이지 않는 것들과 혹은 왕권들이나 주권들이나 통치자들이나 권세들이나 만물이 다 그로 말미암고 그를 위하여 창조되었고 또한 그가 만물보다 먼저 계시고 만물이 그 안에 함께 섰느니라 그는 몸인 교회의 머리시라 그가 근본이시요 죽은 자들 가운데서 먼저 나신 이시니 이는 친히 만물의 으뜸이 되려 하심이요 아버지께서는 모든 충만으로 예수 안에 거하게 하시고 그의 십자가의 피로 화평을 이루사 만물 곧 땅에 있는 것들이나 하늘에 있는 것들이 그로 말미암아 자기와 화목하게 되기를 기뻐하심이라(골1:15~20)

> 크도다 경건의 비밀이여, 그렇지 않다 하는 이 없도다 그는 육신으로 나타난 바 되시고 영으로 의롭다 하심을 받으시고 천사들에게 보이시고 만국에서 전파되시고 세상에서 믿은 바 되시고 영광 가운데서 올려지셨느니라(딤전 3:16)

> … 그는 만물 위에 계셔서 세세에 찬양을 받으실 하나님이시니라 아멘(롬9:5) 이는 만물이 주에게서 나오고 주로 말미암고 주에게로 돌아감이라 그에게 영광이 세세에 있을지어다 아멘(롬11:36)

> 그러나 우리에게는 한 하나님 곧 아버지가 계시니 만물이 그에게서 났고 우리도 그를 위하며 또한 한 주 예수 그리스도께서 계시니 만물이 그로 말미암고 우리도 그로 말미암았느니라(고전8:6)

위에서 본 바와 같이 요한복음의 로고스 찬가와 유사한 내용은 바울이 50년대 후반에 쓴 빌립보서와 골로새서 등에 들어 있으며, 다른 서신에는 예수님을 하나님과 창조주로 고백하는 구절이 다수 들어있다. 이런 사실로 미루어 볼 때 예수님을 로고스라고 최초로 가르친 사람은 바울이라고 할 수 있다. 기독교의 역사를 돌이켜 볼 때 사도 바울이 예수님을 로고스라고 재해석했다는 사실은 대단히 놀라운 일이다. 사도 바울이었기 때문에 이런 혁신적인 해석이 가능했다고 생각된다.

❷ 바울은 예수님을 로고스라고 해석해야 할 필요가 있었다. 앞에서 언급한 바와 같이 바울의 에베소 선교는 헬라문화원인 두란노서원에서 헬라인들에게 2년 동안 매일 복음을 전하는 일로 진행되었다. 헬라인들에게 가장 큰 관심은 만물의 근원과 원리였는데, 바울은 헬라인들이 찾는 만물의 근원과 원리인 로고스가 곧 예수님이라고 가르친 것이다. 또 고대 헬라철학자 가운데서 로고스론을 말한 헤라클레이토스(Heraclitus, BC 535~475년경)가 마침 에베소 출신이었다. 바울은 에베소의 헬라 문화원에서 에베소가 배출한 유명한 철학자인 헤라클레이토스의 로고스 사상을 활용하여 복음을 전했다. 헬라의 로고스 사상이 아무리 널리 알려져 있었다고 해도 예수님을 로고스와 연결시키는 것은 어떤 특별한 이유와 목적이 있어

야만 한다. 그런데 바울의 에베소 선교에는 이를 위한 조건이 충족되어 있었고 또 놀라운 성과가 있었다. 바울이 두란노 서원에서 매일 복음을 전할 때 귀신들이 쫓겨나가고 바울이 사용했던 수건을 통해서도 온갖 기적이 일어났다는 사실은 하나님께서 바울의 독특한 해석을 인정하셨다는 외적인 증거였다.

❸ 사도 시대의 인물 중 헬라철학을 통하여 복음을 재해석할 수 있는 소양을 갖춘 사람은 바울이 유일했다고 할 수 있다. 바울이 이방인 선교사로 부름 받은 이유는 그가 유대교 율법과 헬라철학에 정통했으며 로마시민권을 가지고 있었기 때문이다. 실제로 아테네에서 에피큐로스와 스토아철학자들과 논쟁을 벌였으며 아레오바고 법정에서 헬라철학자들에게 헬라철학을 이용하여 복음을 전했다.(행 17장) 예수님을 로고스로 재해석한 것은 구약의 율법과 예수님의 복음, 그리고 헬라철학에 두루 능통하지 않으면 할 수 없는 고도의 학문적인 작업이다. 그런데 신약성경을 통해서 접근할 수 있는 사도 시대의 인물 중 바울 이외에는 이를 해낼 수 있는 사람을 달리 찾아볼 수 없다.

❹ 예수님을 로고스로 해석하기 위해서는 그것을 뒷받침할 수 있는 신앙 경험이 있어야 한다. 헬라철학을 이용하여 복음을 재해석하기 위해서는 학문적인 소양만으로는 한계가 있다. 바울의 재해석에 초자연적인 일들이 일어났다는 것은 그의 해석은 단순히 학문적인 해석이 아니었다는 반증이다. 그리스도인들을 이단이라고 생각하여 그들을 체포하기 위하여 다메섹을 향하여 가다가 예수님을 그리스도로 만났던 바울은 고향으로 돌아가서 10여 년 넘는 시간을 보내면서 예수님을 하나님으로 새롭게 만나는 경험을 했다. 이에 대한 증거는 그의 서신에서 예수님을 하나님이자 창조주로 고백하는 구절들에서 찾아볼 수 있는데 앞에서 열거한 바와 같다.

예수님에 대한 신앙 경험에는 두 단계가 있다. 첫 번째 단계는 예수님을 구세주이신 그리스도로 만나는 경험이다. 이 경험에서는 예수님의 십자가를 통한 사죄의 경험과, 예수님이 구세주로 믿어지는 구원의 확신을 경함하는데 이를 중생, 회심이라고 한다. 그다음 단계는 예수님을 하나님으로 만나는 경험이다. 흔하지 않은 이 경험은 회심한 사람들 중에서 성경의 핵심에 대한 기본적인 이해, 하나님과 관심의 일치, 많은 기도 등의 조건이 갖추어질 때 가능해진다. 이 경험을 하고 나면 이 세상과 성경을 하나님의 관점에서 보게 되며 사물의 원리와 이치에 대하여 눈을 뜨게 된다. 바울은 이런 경험을 통해서 예수님을 만물의 원리인 로고스로 해석할 수 있었다.

2. 사도 요한과 에베소 교회, 요한복음

교회의 전통적인 전승에 의하면 요한복음은 사도 요한에 의하여 에베소에서 기록되었다고 한다.[29] 그러나 현대의 역사비평가들은 이를 거부하며, 요한복음은 한 개인이 아니라 요한 공동체에 의해 완성된 것으로 보고 있다.[30] 요한복음 본문을 살펴볼 때 요한공동체의 흔적을 찾아볼 수 있다. 비록 요한복음이 현재의 모습으로 완성되는 과정에는 공동체가 개입되었다고 해도 예수님의 직계 제자였던 '사랑하시는 제자'가 주요 저자이며, 그는 사도 요한이라고 생각된다. 이를 기초로 추정해 보면 다음과 같다.

사도 바울에 의해 50년대 후반에 세워진 에베소 교회는 규모도 컸을 뿐만 아니라 초대교회에서 대단히 중요한 비중을 차지했다. 에베소 교회를 통하여 인근에는 수많은 지교회들이 생겨났고 후일 요한계시록도 에베소 교회를 중심으로 쓰였다. 에베소 교회의 이런 큰 비중 때문에 바울이 떠난 후 얼마 있다가 사도 요한이 에베소 교회에 와서 수명을 다할 때까지 장로(전담 목회자)로 있었다. 사도 요

29) 각주 19 참조.

30) 요한복음의 저자가 요한 학파, 요한 공동체 등에 의존되었다는 연구는 마틴(J. Louis Martyn)에 기원을 두고 있다.

한은 바울서신과 공관복음 등 신약성경의 대부분이 기록되고 난 다음 90년대에 요한복음을 기록했다.

3. 바울과 사도 요한

신학자 가운데에는 요한을 바울의 제자라고 할 만큼 요한은 바울에게 많은 영향을 받았다고 말하는 이들도 있다. 반면 바울서신과 요한복음에서 나타나는 신학적인 차이점 때문에 반대하는 이들도 많이 있지만, 사도 요한이 에베소 교회에서 사역했다면 그는 바울의 영향을 받지 않을 수 없었을 것이다. 앞에서도 언급한 바와 같이 바울은 에베소 교회를 세우기 위하여 3년여에 거쳐 심혈을 기울였는데 두란노 서원에서 매일 오전 11시부터 오후 4시까지 성경을 강론하였다. 그 결과 소아시아 뿐만 아니라 로마제국에 널리 알려져 있던 아데미 신전이 쇠락할만한 선교의 성과를 거두었고 사도 바울에 의하여 에베소 교회에는 이미 여러 명의 장로들이 세워져 있었다. (행20:17)

에베소 교회의 특징과 전통은 두란노 서원과 깊은 관련이 있다. 앞에서 말한 바와 같이 두란노 서원 강의를 통해 바울은 예수님을 하나님이자 창조주이며, 만물의 근원과 원리인 로고스라고 재해석했는데 이는 헬라철학에 기초한 것이다. 이런 전통을 지닌 에베소 교회에 부임한 사도 요한은 바울에 의해 시작된 에베소 교회의 신학적인 전통을 이어받았다고 보인다. 로고스론을 중심으로 하는 요한복음 서두의 말씀들이 그 증거이다. 바울의 신학적인 특징은 복음에 대한 재해석인데 요한복음의 특징 또한 예수님에 대한 역사적인 서술이 아니라 재해석이다. 비록 사상적인 부분에서는 바울서신과 요한복음에서 차이가 있지만 재해석이라는 공통의 방법을 사용하고 있다.

이상에서 살펴본 바와 같이 요한복음 서두에 등장하는 로고스론은 바울에 의하여 에베소 교회에서 기초가 놓여졌고 사도 요한에게 계승되어 현재와 같은 형태로 기록되었다고 볼 수 있다. 요한복음을 로고스론으로 시작하는 이유는 예수님은 선재하신 하나님이자 창조주이시며, 또 만물의 근원과 원리인 로고스라는 독특한 기독론이 요한복음 전체의 주제이기 때문이다.

4. 헬라문화의 로고스 사상

요한복음이 쓰일 당시 로고스 사상은 헬라인들뿐만 아니라 헬라화 된 유대인들에게도 널리 알려져 있었다. 바울과 요한은 헬라의 이런 로고스 사상을 적극 활용하여 성경을 해석하고 복음을 전하는 도구로 활용하였다. 당시의 로고스 사상을 간략히 살펴보면 다음과 같다.

❶ 헤라클레이토스

"같은 강물에 발을 두 번 담글 수 없다.","태양은 매일 새롭다." 라는 말로 유명한 헤라클레이토스(Heraclitus, BC 535~475년경)는 에베소 출신이었다. 그는 만물의 변화와 유전(流轉)에 주목했고, 불을 만물과 변화의 근원으로 보았다.[31] 헤라클레이토스는 만물의 변화를 말하면서 동시에 그 변화의 배후에서 만물의 생성과 소멸을 가능하게 하는 세계 이성이며 자연의 원리인 '로고스' (λόγος)가 존재한다고 했다. 헤라클레이토스가 주장한 만물 변화의 원리인 로고스 사상은 그 이후의 그리스와 헬라철학에 지대한 영향을 미쳤다.[32]

---

31) 에베소의 헤라클레이토스와 달리 엘레아(Elea)의 파르메니데스(Parmenides, BC 515~445년경)는 반대로 존재와 비존재를 엄격히 구분하여, 비존재는 존재하지 않으므로 사유의 대상이 될 수 없고, 비존재는 존재하지 않으므로 존재의 차이는 있을 수 없으므로 유일한 존재인 일자(一者)와 만물의 불변을 강조하고 변화를 거부했다.

32) 로고스는 '말'을 의미할 뿐만 아니라, 말과 관련되는 다른 어떤 것이나 말로써 나타

❷ 스토아 철학과 필로

알렉산더 이후의 헬라철학에서 중요한 역할을 했던 스토아철학에서는 근본 자체에 대한 지식을 추구하기 보다는 인간의 실생활에 관심을 기울였다. 그 결과 로고스는 우주와 만물의 질서를 지배하는 실용적인 원리로 이해되었다.

알렉산드리아에 살았던 유대인 철학자 필로(BC 15~AD 50년)는 유대교와 헬라철학의 조화를 시도했으며, 로고스라는 용어를 그의 저서에서 1300여 회 이상 사용했다고 한다.[33] 필로는 예수님과 동시대인이어서 주목의 대상이 되었다. 유대인이었던 그는 헬라철학의 로고스 사상에 신적인 개념을 추가했다. 필로는 스토아 철학의 '로고스'를 구약의 '말씀'으로 보았으며, 로고스가 초월자 하나님과 자연질서의 중간적인 역할을 한다고 생각했다.

요한복음이 쓰여질 당시 로고스 사상은 헬라인들뿐만 아니라 헬라화된 유대인들에게도 널리 알려져 있었다. 바울과 요한은 헬라의 이런 로고스 사상을 적극 활용하여 예수님을 로고스로 재해석하고 복음을 전하는 도구로 활용하였다.

5. 헬레니즘과 헤브라이즘

구약성경의 율법서를 경전으로 하는 종교문화를 '헤브라이즘'(Hebraism)이라고 하며, 고대 그리스철학을 기반으로 하는 합리적인 문화를 '헬레니즘'(Hellenism)이라고 하는데, 이 두 문화가 서양 정신문화의 양대 산맥이며 다음과 같은 대조적인 특징을 띈다.

낼 수 있는 어떤 것을 의미하므로 설명, 담화, 논증, 명성, 이성, 공식, 형(型), 원리 등이 모두 포함된다. 이 중에서도 헤라클레이토스가 발견한 로고스와 관련해서 우리 말로 번역할 때 이견을 최소화할 수 있는 단어는 아마 '원리'일 것이다. 전재원, '로고스와 필로소피아', 경북대학고 출판부, 2-14, p. 214.

33) G. Kittel, *Theological Dictionary of the New Testament IV*, p.88.

❶ 일원론과 이원론

헬라사상과 히브리 사상의 가장 큰 차이점은 만물의 근원에 대한 이해에서 비롯된다. 헤브라이즘은 만물의 근원이 하나님 한 분이라고 본다. 그러나 헬라사상에서는 선과 악의 근원이 별도로 존재한다고 했다. 악의 근원을 인정한 이유는 선에서는 악이 나올 수 없다는 생각에서였다. 이런 이원론은 물질 세계에서 거룩함과 속됨을 구분했고 또 인간의 영혼과 육체를 나누어 영혼은 선하고 불멸하며, 육체는 악하다고 생각했다. 죄와 악이 지배하는 보이는 현실 감각의 세계(현상계)는 불완전한 반면, 보이지 않는 이데아의 세계(관념계)는 완전하다고 생각했다.

일원론과 이원론은 헤브라이즘과 헬레니즘의 가장 두드러진 특징이자 차이점이다.

❷ 초월과 인격

헬레니즘에서 물질과 육체를 악하다고 보기 때문에 초월의 대상이 되었으며 동시에 악한 육체는 선한 영혼의 감옥이라 생각하여 고행과 금욕을 통한 학대와 극복의 대상으로 보았다. 그리고 참 신과 참 선은 초월 세계(이데아 세계)에 있다고 생각했다. 그래서 참 신은 완전 초월자이므로 물질 세계를 만든 창조주는 결코 참 신일 수 없으며 중간 단계의 신에 불과하다고 여겼다.

반면에 헤브라이즘의 일원론에서는 신을 초월적인 존재로만 보지 않고 초월과 내재를 겸한 인격(人格)을 지닌다고 생각한다. 인격을 지닌 성경의 하나님에게는 이 세상과 인간이 무엇보다도 중요할 뿐 아니라 하나님의 존재의미이자 존재이유이다. 이는 마치 젖먹이를 둔 엄마에게는 아이가 엄마의 전부인 것과도 같다.

❸ 현세와 내세

헬레니즘에서는 성(聖)과 속(俗), 영(靈)과 육(肉)을 구분하여 영혼은 내세에서도 불멸하되, 인간의 육체와 물질 세계는 언젠가 파멸

할 대상이므로 등한히 여긴다. 그러나 헤브라이즘에서는 성과 속, 영과 육을 일치된 하나로 보기 때문에 내세와 현세를 구분하지 않으며 육체와 세상은 완성되어야 할 대상으로 본다. 구약성경의 율법에 영혼과 내세 사상을 언급하지 않은 이유는 여기에 있다. 세상에 대한 심판과 파멸, 내세의 영혼구원에 치우친 기독교의 구원론은 헬라사상의 영향이며 성경에 대한 바른 해석이 결코 아니다.

사도 바울과 요한은 고대 그리스의 로고스 사상을 빌어 복음을 해석했지만 헬라사상을 그대로 답습하지 않고 로고스 사상에 대해서 많은 수정을 가하였다. 예수님을 우주와 만물의 원리인 로고스라고 보는 요한복음의 사상은 헬라의 로고스 사상과는 많은 차이가 난다. 앞에서 지적한 내용들을 염두에 두면서 요한복음의 본문을 통해서 로고스 사상을 간략히 살피고자 한다.

물음 04 요한복음의 로고스 사상, 그 특징은 무엇일까?

본문 〈 1:1~3, 14 〉

1 태초에 말씀이 계시니라 이 말씀이 하나님과 함께 계셨으니 이 말씀은 곧 하나님이시니라

2 그가 태초에 하나님과 함께 계셨고

3 만물이 그로 말미암아 지은 바 되었으니 지은 것이 하나도 그가 없이는 된 것이 없느니라

14 말씀이 육신이 되어 우리 가운데 거하시매 우리가 그의 영광을 보니 아버지의 독생자의 영광이요 은혜와 진리가 충만하더라

현대에 이르러 요한복음의 로고스론에 대하여 많은 연구가 있었는데 초기에는 요한복음의 로고스론의 배경은 헬라철학이라고 생각

했다. 또 빛과 어두움, 영과 육 등과 같은 용어들은 헬라문화의 영지주의 사상의 영향 때문이라고 보았다.[34] 그러다가 1947년 이스라엘의 사해 부근에서 쿰란 공동체라는 유대인 공동체가 사용하던 사해사본이 발견되었는데, 이 사해사본에는 요한복음에서 사용된 용어와 비슷한 용어들이 많이 들어있었다. 그리고 사해사본을 통해 헬라문화보다는 유대교 문화가 요한복음에 더 큰 영향을 준 것이 확인되어서 그 이후 연구자들은 요한복음과 유대교 문헌과의 관계에 많은 관심을 기울이고 있다.

그러나 여기서는 앞에서 지적한 바와 같이 요한복음의 로고스론은 바울이 길을 열어 놓았고 사도 요한이 이를 계승했다는 전제하에 요한복음의 로고스론을 헬라의 로고스론과 비교해보고자 한다.

1. 선재(先在)

【•】 1 **태초에** 말씀이 계시니라 …

요한복음은 '태초에' (*Ἐν ἀρχῇ*)라는 단어로 시작하고 있다. 요한복음뿐만 아니라 같은 요한문서인 요한1서 역시 "태초부터 있는 생명의 말씀"이라는 구절로 시작하고 있다. 왜 요한은 '태초에' 라는 용어로 시작할까?

요한복음의 가장 큰 주제는 "예수님은 누구이신가?"이며, 예수님은 구약성경의 창조주 하나님 바로 그분이라고 말하고 있다. 이 구절은 히브리어와 헬라어 구약성경 창세기의 첫 구절인 '태초에' (בְּרֵאשִׁית, *εν αρχη* LXX)와 동일하다. 이를 염두에 둔다면 요한은 구약성경 창세기의 첫 구절인 '태초에' 를 염두에 두었으리라고 추정된

34) 현대의 요한복음 연구에 가장 큰 영향을 끼친 신학자는 불트만이다. 그는 역사적 사실과 기적을 중심으로 기록한 공관복음과 달리 표적과 그 의미를 위주로 다룬 요한복음이야 말로 초대교회에서 탈신화화를 시도한 케리그마라고 보았다. 이런 이유로 그는 요한복음에 지대한 관심을 가지고 연구하여 요한복음의 신학적 의미를 밝히려고 시도했다. 특히 요한복음 서두의 로고스론은 영지주의의 구속자 신화를 본뜬 것이라고 했다.

다. 또 아르케(ἀρχή)에는 '시작'이라는 뜻과 더불어 만물의 '근본'과 '근원'이라는 뜻도 있다. 로고스는 앞에서 말한 바와 같이 만물의 원리이다. 만물의 근본, 근원, 원리 등은 인문학에서 다루는 가장 큰 주제들이다. 그런데 요한은 '태초에'라는 한 구절을 통하여 예수님은 태초부터 선재(先在)하시는 하나님이자 만물의 근원과 원리라고 말하고 있다.

요한복음은 첫 구절에서 예수님은 인간의 언어로 표현할 수 있는 가장 크고 중요한 분이라고 선언하고 있다.

2. 신성(神性)

【•】 1 … 이 말씀이 하나님과 함께 계셨으니 이 말씀은 곧 하나님이시니라

"예수님은 누구이신가?"라는 질문에 대하여 공관복음에서는 "그리스도이시며 하나님의 아들"이라고 말하는 반면에 요한복음에서는 "로고스(말씀)이시면서 구약의 하나님과 동일한 분"이라고 예수님의 신성(神性)을 일관되게 강조하고 있다. 요한복음에서 예수님의 신성을 강조하는 이유는 헬라의 로고스에는 만물의 합리적인 원리와 세계를 지배하는 이성(理性)이 있을 뿐 신성이 배제되어 있기 때문이다. 바울과 요한은 헬라인들에게 익숙한 용어인 로고스를 사용하고 있지만 그 용어의 개념에는 많은 변화를 주었다.

3. 창조주(創造主)

【•】 3 만물이 그로 말미암아 지은 바 되었으니 지은 것이 하나도 그가 없이는 된 것이 없느니라

헬라사상의 두드러진 특징은 초월성에 있다. 헬라사상에 지대한 영향을 준 플라톤 학파는 참과 진리는 죄와 악이 지배하는 육체와 물질세계에는 있을 수 없고 오직 현상세계를 초월한 이데아의 세계에 있다고 생각했다. 이런 헬라사상에서 참 신은 현상세계를 완전히

초월한 존재여서 이 세상과는 아무런 상관이 없었다. 그 결과 이 세상을 창조한 신이 있기는 하지만 그 신은 완전한 신이 아니라 불완전한 중간적인 위치를 차지하는 신에 불과하다고 했다.[35)]

그런데 요한복음에서는 만물의 원리인 로고스는 이 세상을 만든 창조주라고 말하고 있다. 창조주가 완전하고 선한 신이라는 개념은 헬라사상에서는 생소한 것이다. 헬레니즘 신관의 특징은 **초월**(超越)에 있고 헤브라이즘 신관은 **인격**(人格)에 있다. 헬레니즘에서는 인간의 육체와 물질세계는 악하기 때문에 금욕이나 방종, 파멸의 대상이지만 성경에서는 부활과 하나님 나라의 임재를 통한 완성의 대상이다.

4. 인성(人性)

【●】 14 말씀이 육신이 되어 우리 가운데 거하시매 …

헬라인들은 육체는 악하고 영혼은 선하다고 생각한 반면 요한복음에서는 로고스인 예수님께서 인간의 육신(σὰρξ)을 입고 이 세상에 오셨다고 한다. 헬라인들은 참 신이 창조주이실 뿐만 아니라 특히 육체를 지닌 인간이었다는 사실을 받아들이기가 쉽지 않았다. 요한1서에 의하면 헬라인으로서 기독교인이 되었던 초기의 교인들 가운데에서도 예수님의 완전한 인간성을 인정하지 않는 이들이 있었다.[36)] 기독교 최초의 이단은 예수님의 완전한 인성(人性)을 거부하는 사람들이었다. 이런 사실은 요한복음에서 말하는 로고스론이 헬라의 로고스론과 얼마나 다른지를 잘 보여주는 실례이다.

---

35) 플라톤의 제자 아리스토텔레스는 플라톤과는 반대로 접근하여 사물의 본질, 근본은 개체 속에 들어있다고 했다. 신은 어떤 인격체가 아니라 제일 원인, 부동의 동자이며, 현실태, 형상인, 목적인이다. 따라서 신은 내재적이면서 동시에 초월적이다.

36) 이로써 너희가 하나님의 영을 알지니 곧 예수 그리스도께서 육체로 오신 것을 시인하는 영마다 하나님께 속한 것이요(요일:2)

미혹하는 자가 세상에 많이 나왔나니 이는 예수 그리스도께서 육체로 오심을 부인하는 자라 이런 자가 미혹하는 자요 적그리스도니(요이1:7)

하나님과 동일하신 창조주, 신성과 인성을 동시에 가지신 하나님의 아들 등을 강조하는 요한복음의 이런 로고스론은 후일 삼위일체 신론과 양성(兩性)기독론에 지대한 영향을 주었다.

물음 05 요한복음, 어떤 시각으로 보아야 하는가?

본문 〈 1:1~5, 9~14, 16~18 〉

1 태초에 말씀이 계시니라 이 말씀이 하나님과 함께 계셨으니 이 말씀은 곧 하나님이시니라

2 그가 태초에 하나님과 함께 계셨고

3 만물이 그로 말미암아 지은 바 되었으니 지은 것이 하나도 그가 없이는 된 것이 없느니라

4 그 안에 생명이 있었으니 이 생명은 사람들의 빛이라

5 빛이 어둠에 비치되 어둠이 깨닫지 못하더라

9 참 빛 곧 세상에 와서 각 사람에게 비추는 빛이 있었나니

10 그가 세상에 계셨으며 세상은 그로 말미암아 지은 바 되었으되 세상이 그를 알지 못하였고

11 자기 땅에 오매 자기 백성이 영접하지 아니하였으나

12 영접하는 자 곧 그 이름을 믿는 자들에게는 하나님의 자녀가 되는 권세를 주셨으니

13 이는 혈통으로나 육정으로나 사람의 뜻으로 나지 아니하고 오직 하나님께로부터 난 자들이니라

14 말씀이 육신이 되어 우리 가운데 거하시매 우리가 그의 영광을 보니 아버지의 독생자의 영광이요 은혜와 진리가 충만하더라

16 우리가 다 그의 충만한 데서 받으니 은혜 위에 은혜러라

17 율법은 모세로 말미암아 주어진 것이요 은혜와 진리는 예수 그리스도로 말미암아 온 것이라

18 본래 하나님을 본 사람이 없으되 아버지 품 속에 있는 독생하신 하나님이 나타내셨느니라

요한복음을 읽어보면 내용과 구성, 단어와 문체 등에서 공관복음과 판이하게 다르다는 것을 누구나 알 수 있다. 또 본문들은 쉬운 듯하면서도 대단히 어렵게 느껴진다. 전문가들이 요한복음을 연구할 때 공관복음과의 차이는 가장 중요한 주제 중의 하나지만 그 원인을 설명하기가 쉽지 않다. 요한복음의 자료가 공관복음의 것과 다르다는 설명이 설득력을 얻고 있지만 예수님을 직접 경험한 사람들에게서 비롯된 자료가 어떻게 서로 판이하게 다를 수 있는지에 대해서는 침묵하고 있다. 설명이 어렵기 때문이다. 또 이런 차이는 서론과 사역(1~17장)에 국한되며, 수난과 부활(18~21)에 대한 증거는 공관복음과 그 성격이 비슷한데 그 이유는 더더욱 설명이 어렵다. 그런데 그 이유를 명확하게 설명할 수 있는 방법이 있다. 무엇일까?

1. 일인칭 화법

영성의 길을 가다 보면 다양한 경험들이 일어나는데, 그 절정에 이르렀을 즈음에 나타나는 현상 중의 하나가 하나님과의 직접소통이다. 그 이전 단계는 언어적인 소통이다. 즉 인간이 사용하는 언어와 문장의 형태로 소통이 이뤄진다. 그런데 여기서 조금 더 가면 마음으로 의사 전달이 되기 시작한다. 하나님의 마음과 감정 등이 전달되는 것이다. 이를 전달받은 사람들이 외부에 이를 표현할 때는 자신이 가지고 있는 언어, 단어, 특정 양식, 지식수준으로 말을 한다. 여기에 도달한 사람들은 하나님께서 직접 말하는 일인칭 화법으로 하나님의 말씀을 선언한다. 그 대표적인 예가 구약의 선지자들이다. 그들이 "여호와께서 가라사대"(כה אָמַר יהוה;코흐 아마르 야웨)라는 형식으로 선포한 말씀들은 이런 영성 경험의 결과이다. 일인칭 화법은 설교자가 임의로 할 수 있는 게 아니라 하나님과 어떤 독특한 영적인 상태가 되어 있을 때에만 가능해진다. 어떤 문제에 대하여 선포자와 하나님의 마음이 서로 일치할 때에 이런 현상이 일어난다. 즉 하나님께서 "지금 너의 생각과 마음이 나와 동일하니, 그것을 내 이름으로 선포해라."라고 할 때에 그런 상태가 된다. 이런 이유로 선지자들의 설교는 하나님의 말씀이면서 동시에 선지자의 설교이다.

이런 것들은 직접 경험하지 않으면 이해가 쉽지 않다. 하지만 실제로 이런 경험을 하면 성경이 전혀 다르게 보인다. 성경은 하나님을 경험한 만큼 보인다. 그 이상도 그 이하도 아니다. 이런 경험이 있다고 해서 성경의 모든 부분이 다 보이는 것은 아니다. 이 경험이 있고 나면 어떤 분야에 관심이 생기고 필요한 경우 관련 서적들을 읽게 된다. 필자의 경우 이런 경험이 있은 후 제일 먼저 생긴 관심 분야가 계약이었다. 이 분야의 책들을 읽으면서 이해의 폭이 넓혀졌고 기도하면서 읽은 내용들이 다시 정리되었다. 기도를 통한 경험 이후 세미나와 책을 쓰기까지 10여 년을 각 분야에 대하여 다시 해석해야 했다.

요한복음의 서문에서 예수님을 로고스라고 해석한 것과 또 표적 이후에 하신 많은 말씀들과 대화, 고별설교와 고별기도 등은 요한복음 저자가 영성의 경험을 통하여 전달된 예수님의 마음을 자신의 언어 형태로 기록한 것이다. 요한복음 저자는 구약의 선지자들과 마찬가지로 영성의 경험을 통하여 예수님과 그 사역을 해석하고 일인칭 화법으로 예수님의 설교와 기도문을 기록했다. 공관복음에 기록된 예수님의 말씀들이 역사성에 기초했다면 요한복음에는 저자의 영성 경험과 그 해석이 반영되어 있다. 공관복음과 요한복음이 많은 부분에서 큰 차이가 나는 이유는 여기에 있다.

요한복음은 신약성경에 유일하게 코흐 아마르 야웨(일인칭 화법) 방식으로 기록된 성경이다.

이런 요한복음을 여러 관점에서 볼 수 있겠지만 본서에서는 '계약' 이라는 관점에서 보고자 한다. 요한복음 본문에는 계약, 또는 언약이라는 용어는 물론 계약과 관련된 하나님 나라나 교회라는 단어조차 사용되지 않고 있다.[37] '하나님 나라' 는 공관복음에 나타난 공통의 주제이다. 그러나 〈물음02〉에서 언급한 바와 같이 요한복음이 공관복음을 재해석한 것이라면 비록 용어와 다루는 방법은 다를지라도 공관복음의 중심주제인 계약신앙이 빠졌을 리 없다. 요한복음의 주요 주제인 로고스, 표적, 영광, 생명, 영생, 하나님의 자녀, 새 계명, 진리, 보혜사 등은 물론 수난과 부활도 계약의 관점에서 볼 때 그 의미가 더 명확해진다. 공관복음은 예수님의 역사성에 비중을 두고 있는 반면에 요한복음은 그에 대하여 추상적인 의미를 부여한 신학적인 해석이기 때문에 자칫 수수께끼처럼 느껴진다. 그러나 계약의 관점은 추상적인 개념을 구체적인 개념으로 느끼게 해줄 뿐만 아니라 그 의미를 더 깊고 풍부하게 해 줄 수 있다.

서문(요1:1~18)에서 세례 요한과 관련된 부분을 제외하고 계약의 시각으로 해석하면 다음과 같다.

2. 로고스와 창조주

【•】 1 태초에 말씀이 계시니라 이 말씀이 하나님과 함께 계셨으니 이 말씀은 곧 하나님이시니라 2 그가 태초에 하나님과 함께 계셨고 3 만물이 그로 말미암아 지은 바 되었으니 지은 것이 하나도 그가 없이는 된 것이 없느니라

"태초에 말씀이 계시니라"(Ἐν ἀρχῇ ἦν ὁ λόγος)로 시작하는 요한복음 첫 구절에는 헬라철학에서 근본을 뜻하는 '아르케' (ἀρχῇ) 와 만물의 변화 원리를 뜻하는 '로고스' ((λόγος)사상이 들어있다.[38] 아르케와 로고스는 고대 그리스철학에서 가장 관심을 가지고

37) "요한복음에 '교회론' 이 있는가?" 라는 문제는 요한복음 연구에 있어서 주요 관심사 중의 하나이며 찬반 양론으로 나뉘어 있다.

38) 아르케는 물을 만물의 근원이라고 보았던 탈레스(Thales BC 640~546)로 대표되는 이오니아 학파가 찾는 질문이었고, 로고스는 불을 근원으로 보던 헤라클레이토스

추구한 사상이며 자연 만물에 들어있는 원리와 법칙이다. 이 자연법을 계약의 입장에서 보면 어떻게 보일까?

〈물음01〉에서 이미 본 바와 같이 만물에 들어있는 존재 원리와 법칙들은 창조주가 부여한 것으로 계약관계의 반영이기에 계약법이라고 할 수 있다. 창세기에 의하면 인간에게만 주어진 선악과는 인격적인 계약을 뜻하며 다른 피조물들에게 주어진 존재 양식들은 일반적인 계약관계를 말한다. 따라서 요한복음 첫 구절의 로고스는 곧 계약법을 말한다. 피조물을 존재하게 하는 창조는 피조물에게 존재 양식을 부여하는 것이기에 창조는 곧 계약법 부여이다. 태양에게 낮을, 달에게는 밤을 주관하게 하는 말씀은 존재 양식의 부여이며, 존재 양식은 계약관계를 말한다. 따라서 창조와 계약은 뗄 수 없으며, 창조가 곧 계약이다. 로고스(말씀)가 태초부터 하나님께 함께 계셨으며, 만물이 로고스(말씀)로 말미암아 지은 바 되었으며, 로고스(말씀)가 곧 하나님이라는 구절은 창조와 계약법의 관계로 설명된다.

요한복음 서문에서 말하는 로고스는 계약법을 말한다. '로고스'(λόγος)를 '말씀'으로 번역한 이유는 로고스가 '말하다'라는 동사 '레게인'(λέγειν)의 명사이기 때문이다. 말씀 역시 계약의 말씀, 곧 계약법을 말한다. 계약의 측면에서 보면 요한복음은 첫 구절부터 계약으로 시작하고 있으며, 주요 사건과 말씀들을 계약으로 해석할 때 그 의미가 분명하게 드러난다.

요한복음에서는 또 로고스를 예수님이라고 말하는데, 이는 앞에서 언급한 바와 같이 바울에게로 거슬러 올라간다. 바울은 에베소의 헬라문화원인 두란노 서원에서 아르케와 로고스를 찾고 있는 헬라인들에게 창세기와 계약법(율법)에 기초하여 예수님을 아르케와 로고스라고 설명했다. 물론 헬라인들의 개념 그대로가 아니라 성경의

(Heraclitus, BC 535~475년경)의 사상이다. 헤라클레이토스는 만물의 변화에 관심을 가졌으며, 그 변화를 가능하게 하는 원인을 로고스라고 했다.

계약법에 기초하여 그 의미를 보충해 주었다. 바울의 에베소 선교가 큰 성과를 거둘 수 있었던 이유는 이런 재해석 때문이었다.

3. 사람이 되신 하나님

【•】 14 말씀이 육신이 되어 우리 가운데 거하시매 …

요한복음에서는 로고스이신 예수님께서 왜 인간이 되셨다고 말할까? 헬라인들의 영육이원론이나 영지주의자들을 염두에 두었을 수도 있다. 그러나 그보다는 계약으로 보아야 그 의미가 더 명확해진다. 본문을 계약으로 이해하려면 성경에서 말하는 계약의 개념과 그 역사에 대한 기본적인 이해가 필요하다. 이를 간략히 설명하면 다음과 같다.

성경은 두 계약의 책이다. 구약은 하나님께서 이스라엘과 맺으신 계약의 책이며, 신약은 교회와 맺으신 계약의 이야기이다. 그런데 하나님께서는 왜 계약을 두 번이나 체결하셨을까? 첫 계약의 대상인 이스라엘 사람들이 계약을 지키지 않아서 계약이 파기되었기 때문이다. 계약 대상인 이스라엘은 한 특정 민족에 국한된 것이 아니라 모든 민족을 대신하는 대표성을 지닌다. 하나님께서는 계약법 정신을 중요하게 여기던 아브라함과 그 후손들에게 먼저 계약을 체결하시고 그들을 통하여 온 세상을 구원하시려고 했다. 구약성경의 창세기와 출애굽기 등 율법서(계약서)는 이런 내용을 담고 있다.

애굽에서 400여 년 동안 노예로 살아가다가 하나님의 특별한 방법으로 출애굽한 히브리인들은 광야의 시내산에 이르러 하나님과 계약을 체결했다. 그리고 40여 년 동안 그 계약법대로 사는 훈련을 마치고 계약의 땅 가나안에 들어갔다. 그러나 다윗과 솔로몬 등 왕정기에 이르러 계약법을 왜곡하여 성전을 건축하고 성전과 제사 중심의 신앙으로 치닫다가 나라가 남북으로 분열되고 말았다. 선지자들이 등장하여 성전과 제사 중심의 신앙은 계약위반이자 범죄행위라고 규탄하며 회개를 촉구했으나 듣지 않다가 나라가 멸망하고 메소포타미아 지역으로 전쟁포로로 끌려가서 다시 노예살이를 해야했다. 포로기를 보내면서 선지자들의 도움으로 다시 계약법으로 돌아오자 하나님께서는 다시 한번 계약법대로 살 기회를 주셔서 귀환할 수 있었다. 그러나 귀한 이후에 또 성전과 제사, 그리고 안식일법 등 조항으로 만들어진 유대교 율법 위주로 신앙생활을 하며 계약을 위반하고 말았다. 복음서에 기록된 예수님의 주요 행적들은 계약을 위반한 유대교에 대한 책망과 심판의 경고이다. 그러나 유대인들은 예수님과 사도들의 경고를 무시하다가 결국 AD 70년 로마제국에 멸망했다. 이 멸망은 계약위반에 대한 심판이다.

이스라엘과 맺은 첫 번째 계약의 실패는 이스라엘 민족만의 문제가 아니라 온 인류가 구원받을 길이 사라졌음을 의미한다. 일사부재리(一事不再理)는 모든 법의 기본정신이다. 무한정 재심(再審)을 반복할 수는 없기 때문이다. 구원받을 가능성이 사라진 인간에게 구원의 기회가 주어질 특단의 방법이 하나 있었다. 계약의 한 주체인 하나님께서 인간이 지키지 못한 계약위반의 책임을 대신 짊어지시고 죽으시는 방법이 그것이다. 네 복음서에서 예수님의 수난과 죽으심을 특별히 다루고 있는 이유는 여기에 있다. 예수님의 십자가에는 계약을 지키지 못한 죄를 대신 지신 대속의 죽으심과, 새로운 계약 체결을 위한 희생양의 피 두 사건이 동시에 들어있다. 예수님께서는 성만찬 예식사에서 예수님의 피는 새로운 계약의 피라고 명확하게 말씀하셨다.

예수님의 십자가로 말미암아 인간의 구원이 다 완성된 것이 아니라 이제 새로운 계약을 체결하고 그 계약법을 지킴으로써 구원의 길이 열린 것이다. 전통적인 십자가 구원론의 문제는 계약의 사건을 무시한 채 십자가를 통하여 사죄와 구원이 완성되었다고 말하는 데에 있다. 이는 기독교 역사와 신학에서 가장 큰 비극이며 시급히 수

정해야 할 과제다. 작금의 기독교는 무슨 개혁을 운운할 것이 아니라 기독교 신학의 근간이 잘못되었음을 깨닫고 그 신학부터 바로잡아야 한다.

위와 같이 성경의 계약에 대하여 기본적인 이해를 가지고 있으면 요한복음 서두에서 왜 예수님을 로고스라고 말하는지, 또 예수님은 하나님이시면서 동시에 인간이심을 강조하고 있는지를 쉽게 이해할 수 있다. 예수님께서는 새로운 계약을 체결하시고 계약법을 주셨을 뿐만 아니라 로고스, 즉 계약법 자체이시다. 예수님께서 사람이 되신 하나님이신 이유는 인간이 계약을 지키지 않은 책임을 대신 지시고 죽으시기 위함이었다. 이 대속으로 말미암아 인간에게는 새로운 계약체결의 길이 열리게 되었다. 성경에 의하면 계약법은 세상 만물의 창조원리이면서 동시에 구원원리이다. 만물의 존재원리와 인간의 구원원리가 서로 다르다면 이는 모순이다. 인간이 살아가는 도리(道理)는 자연의 법칙에 기초해야 하듯이 인간이 영원한 삶에 이르는 구원의 원리 역시 자연의 원리와 이치에 부합해야 한다. 자연과학과 인문학은 그 원리에서 서로 다르지 않다.

요한복음에서 예수님을 로고스, 하나님, 인간이라고 말하고 있지만 이는 단순히 논리적인 귀결이 아니라 신앙의 경험에 의한, 다시 말하면 사실에 기초한 결론이다. 신앙의 경험이 어떻게 객관적인 사실일 수 있느냐라고 반문할 수 있다. 자연은 과학적인 관찰과 실험의 대상이지만 신앙, 즉 하나님의 세계는 과학의 대상이 아니라 신앙의 대상이다. 과학에서 실험은 반복과 재현으로 그 객관성이 인정된다. 마찬가지로 신앙의 경험에서도 여러 사람들의 경험을 통하여 반복과 재현이 가능해진다. 요한복음을 비롯한 성경에서 말하는 신앙의 진리가 인류의 역사와 더불어 많은 사람들에게 영향을 끼치는 이유는 그 신앙 경험에서 보편성을 지니며, 그 경험이 재현되기 때문이다.

4. 법(法)과 말씀

【•】 1 태초에 **말씀이 계시니라** …

각국의 성경에서 로고스는 다양한 용어로 번역이 가능한데, '말씀'이 가장 적절하다고 생각된다. 로고스(λόγος)가 '말하다'라는 동사 '레게인'(λέγειν)의 명사이기에 말씀이 자연스러우며 또 성경에서는 '말씀'이 대단히 중요한 비중을 차지하기 때문이다. 창세기 1장을 보면 하나님께서 '말씀'으로 세상을 만드셨다. 하나님의 말씀은 곧 결과이기 때문에 요한복음에서는 말씀은 곧 하나님이라고 했으며, 예수님은 사람이 되신 말씀이었다. 요한복음에는 '표적'과 '말씀'이 중요한 역할을 차지하는데, 표적은 예수님께서 하시는 말씀의 의미를 깨닫게 한다. 요한복음에서는 말씀을 깨닫는 것이 곧 길이요 진리요 생명이고 믿음이라고 말하고 있다.

성경은 두 계약법이다. 계약법은 하나님께서 만드신 창조의 원리를 반영한다.(롬1:20) 〈물음01〉에서 본 바와 같이 창조주와 피조물의 관계는 계약의 관계이기 때문에 자연을 지배하는 법은 계약법이다. 로고스는 만물의 근원과 원리, 즉 만물을 지배하는 자연의 '법'(法)이므로 이는 곧 성경에서 말하는 '계약법'과 같은 의미가 된다. 계약법은 창조의 원리와 이치, 하나님과 피조물의 관계를 인간의 언어로 표현한 것이므로 '말씀'과 '계약'은 결국 같은 의미이다. 따라서 요한복음은 그 서두에서부터 계약법의 말씀을 선언할 뿐만 아니라 예수님은 곧 인간으로 오신 창조의 원리 곧 계약법이시며 사람이 되신 계약의 말씀이라고 소개하고 있다.

5. 모세와 예수님

【•】 17 율법은 모세로 말미암아 주어진 것이요 은혜와 진리는 예수 그리스도로 말미암아 온 것이라

이 본문에서 모세와 예수님을 대비시키는 이유는 단순하다. 첫 번째 계약은 모세를 통해서 체결되었지만 두 번째 계약은 예수님을 통해서 체결되었기 때문이다. 계약체결에서 모세가 한 역할은 중재자로서 양의 피를 뿌리며 계약을 체결한 것이다.

그러나 두 번째 계약에서 예수님의 역할은 단순히 중재자에 그치지 않는다. 첫 계약을 지키지 않은 책임을 대신 짊어지시기 위하여 하나님이시면서 사람으로 오셔서 대신 죽으시고 당신의 피로 계약을 맺으셨다. 예수님께서 베풀어주신 은혜보다 더 큰 은혜는 있을 수 없으며 이보다 더 큰 진리 또한 있을 수 없다. 이런 이유로 은혜와 진리는 예수님을 통해서 주어진다고 말하고 있다.

6. 생명과 빛

【•】 4 그 안에 생명이 있었으니 이 생명은 사람들의 빛이라 9 참 빛 곧 세상에 와서 각 사람에게 비추는 빛이 있었나니

예수님 안에 생명이 있는 이유는 예수님께서 생명 자체이시기 때문이다. 그러나 이보다 더 큰 이유가 있다. 무엇일까? 예수님께서 우리에게 생명 즉 구원의 길을 주시기 위하여 대신 죽으심으로 두 번째 계약을 체결해 주셨기 때문이다. 이제 예수님으로 말미암아 체결된 두 번째 계약을 통해서 구원받을 수 있는 길이 열렸다.

빛은 어두움에서 벗어나 바른 길을 가게 하는 계몽의 역할을 한다. 그런데 인간에게 가장 중요한 길은 생명에 이르는 구원의 길이다. 예수님을 통해서 체결된 새로운 계약, 이보다 더 크고 더 중요한 길은 없다. 예수님께서는 인간에게 생명에 이르는 길을 만들어 알려주시기 위하여 이 세상에 생명의 빛으로 오셨다.

7. 자기 백성의 거부

【•】 5 빛이 어둠에 비치되 어둠이 깨닫지 못하더라 10 그가 세상에 계셨으며 세상은 그로 말미암아 지은 바 되었으되 세상이 그를 알지 못하였고 11 자기 땅에 오매 자기 백성이 영접하지 아니하였으나

구약의 이스라엘이 계약을 위반할 때 예언자들이 등장하여 계약 위반을 지적하며 파국을 경고했지만 받아들이지 않았다. 빛이신 예수님께서는 계약을 맺은 자기 백성들에게 오셔서 계약에 대하여 말씀하셨을 뿐만 아니라, 여러 표적을 통하여 하나님을 나타내 보였으나 세상은 물론 계약 백성들조차도 이를 알지도 못했고 또 영접하지도 않았다.

빛이 어둠에 비췬다는 말씀에서 어둠은 두 상태를 말한다. 먼저 세상은 구원받을 길을 알지 못하여 어둠에 있다는 것이고, 다음으로 계약을 맺은 이스라엘은 계약을 위반하여 계약이 파기될 지경에 이르렀으나 이를 알지 못하고 계약을 잘 지키고 있다는 착각에 빠져 어둠의 상태에 있음을 말한다. 지난 역사를 보면 계약이 파기될 때 나타난 현상은 헛된 열심과 거짓 확신에 가득 찬 신앙생활을 했다는 데에 있다. 오늘 우리 기독교인들도 계약파기가 목전에 다다랐는데 이를 전혀 깨닫지 못하고 구원받았다는 헛된 확신에 빠져서 주님의 재림을 기다리고 있다. 유대인들도 계약 이행은 등한히 한 채 '주님의 날'을 기다렸으나 그 날은 구원의 날이 아니라 심판과 파국의 날이었다. 마찬가지로 기독교인들이 기다리는 주님의 재림의 날도 구원이 아니라 심판의 날이다. 주님의 재림에 대한 이해가 잘못되었기 때문이다. 주님의 재림의 날은 계약 불이행에 대한 책임을 묻는 날이기 때문이다.

8. 자녀의 권세

【•】 12 영접하는 자 곧 그 이름을 믿는 자들에게는 하나님의 자녀가 되는 권세를 주셨으니 13 이는 혈통으로나 육정으로나 사람의 뜻으로 나지 아니하고 오직 하나님께로부터 난 자들이니라

바울서신과는 달리 요한복음에서는 '하나님의 아들'은 예수님을 지칭하며 '하나님의 자녀'는 '형제', '친구'와 더불어 예수님을 믿

는 공동체 구성원을 말한다. 그런데 예수님을 영접하고 그 이름을 믿는다는 것은 무엇을 어떻게 한다는 것일까?

첫째, 예수님께서 말씀하신 계약파기의 경고에 귀를 기울이고 돌이키는 것을 말한다. 성경에서 말하는 이스라엘이 범한 '죄'는 계약위반의 죄를 말한다. 그들은 하나님과 계약을 맺은 사람들이기 때문이다. 또 '회개'란 계약을 지키지 않은 죄를 뉘우치고 돌이키는 것이다. 세상의 윤리 도덕을 염두에 둔 막연한 죄, 두리뭉실한 회개를 말하는 게 아니다. 성경에서 말하는 심판도 마찬가지로 계약을 지키지 않은 죄에 대한 심판이다. 따라서 심판의 대상은 하나님과 계약을 맺은 사람들이다. 아직 하나님을 알지도 못하고 믿지도 않는 사람들은 심판의 대상이 아니라 파멸의 대상일 뿐이다. 예수님 당시의 유대인들은 자신들은 구원의 대상이고 세상이 심판의 대상이라고 착각했다. 오늘 우리 기독교인들은 뭐가 좀 다를까? 별반 다르지 않다. 믿는 자는 구원 받고 세상은 멸망 받는다고 생각한다. 이런 착각은 계약파기가 임박했을 때 나타나는 공통된 현상이다. 잘 믿는 줄 알고 있다가, 잘하고 있는 줄 알다가 갑자기 파국이 닥쳐왔었다. 예수님을 영접하고 믿는다는 것은 이런 거짓 신앙과 확신에서 벗어나 회개하고 돌이키는 것이다. 그리고 다음으로 이어져야 한다.

둘째로, 예수님을 통해 체결된 새로운 계약공동체에 참여하여 그 계약법을 지켜야 한다. 요한복음에서는 새로운 계약법을 '새 계명' 이라고 했다.(요13:34) 예수님을 영접하고 그 이름을 믿는다는 것은 곧 새로운 계약법인 새 계명을 지키는 것이다. 예수님께서 나의 모든 죄를 짊어지시고 십자가에서 대신 죽으셨기 때문에 십자가를 통하여 죄를 사함받고 죽은 후에 영혼이 하나님 나라에 들어간다고 믿는 것을 말하는 것이 아니다. 복음서에서는 이런 믿음과 구원을 말하는 구절이 단 한 곳도 없다. 거짓 구원, 거짓 확신과 정신 나간 착각에서 속히 깨어나야 한다.

하나님의 자녀란 새로운 계약공동체 구성원을 말하며 이들에게는 특별한 '권세'(ἐξουσία)가 주어진다. 무엇을 위한 어떤 권세일까? 하나님께서는 계약공동체를 통하여 세상을 구원하시며 역사를 주관하신다. 계약공동체는 하나님의 대행 기관이며 하나님께서는 계약공동체의 기도에 응답하시는 방식으로 일하신다. 제자들에게 주어진 마지막 고별설교에 "내게 무엇이든지 구하라. 그리하면 이루어 주리라!"는 말씀이 누차 반복되는 것은 이런 연유이다. 계약공동체는 하나님의 대행기관이며 그 구성원들은 하나님의 대행자들이다. 이런 특별한 관계를 요한복음에서는 '하나님의 자녀가 되는 권세'라고 했다. 요한복음에서는 '하나님 자녀'라는 용어가 비록 두 번 (요1:12, 11:52) 사용되고 있지만 특별한 의미를 가지고 있다.

이런 관계는 세상의 다른 어떤 것으로도 불가능하다. 오직 물과 성령으로 거듭나고 예수님을 구세주로 영접하며 그 이름을 믿는 사람들에게서만 가능하다. 다음 구절은 이를 말한다.

> 이는 혈통으로나 육정으로나 사람의 뜻으로 나지 아니하고 오직 하나님께로부터 난 자들이니라(요1:13)

9. 하나님의 자기계시

> 【•】 14 … 우리가 그의 영광을 보니 아버지의 독생자의 영광이요 은혜와 진리가 충만하더라 16 우리가 다 그의 충만한 데서 받으니 은혜 위에 은혜러라 18 본래 하나님을 본 사람이 없으되 아버지 품속에 있는 독생하신 하나님이 나타내셨느니라

로고스론에서 본 바와 같이 요한복음에 의하면 예수님은 하나님 바로 그분이시므로 육체로 계시는 예수님의 모습은 곧 하나님의 모습이다. 이와 같은 하나님의 자기계시에 대하여 요한은 독특한 용어들을 사용하고 있다.

❶ 영광

요한복음에는 '영광'(δόξα)이라는 단어가 자주 나오며 또 독특한 의미를 지니고 있는데 그 의미 파악이 쉽지 않다. 구약에서 영광은

하나님 현현(顯現)과 임재(臨在)를 나타낼 때 사용 된다.(출33:22, 신5:24, 왕상8:11) 또 예언서에서는 영광이 하나님의 종말론적인 활동과 관련이 있다.(사60:1, 합2:14) 그런데 요한복음에서 영광은 하나님께서 예수님을 통해 자기 모습을 드러내시는 현현을 뜻하는 경우가 많이 있다.[39] 즉 예수님은 하나님의 자기계시이시다.

❷ 독생자

요한복음(요1:14, 3:16, 18)과 요한1서(4:9)에만 나오는 '독생자'(μονογενής)의 의미는 '유일한', '유일무이'(唯一無二)한 아들이다. '아버지의 독생자의 영광'이란 예수님만이 하나님의 유일한 자기계시라는 뜻이다. 하나님께서는 어떤 다른 방법을 통해서도 당신을 드러내지 않으신다. 바울서신과 달리 '하나님의 아들'이라는 용어도 요한복음에서는 독생자와 더불어 예수님에게만 적용된다.

❸ 은혜

누가행전과 바울서신에 많이 등장하는 '은혜'(χάρις)라는 단어가 요한복음에서는 1장(14, 16, 17)에만 쓰이는데, '진리'(ἀλήθεια)와 같이 쓰이며 그 의미가 매우 독특하다. 본문의 "은혜와 진리가 충만하더라."라는 구절은 구약에서 하나님께서 모세에게 당신을 계시하시는 모습을 표현할 때 사용한 '인자와 진실이 많은'과 같은 의미이다.[40]

> 여호와께서 그의 앞으로 지나시며 선포하시되 여호와라 여호와라 자비롭고 은혜롭고 노하기를 더디하고 <u>인자와 진실이 많은</u> 하나님이라(출34:6)

다시 말하면 예수님을 통하여 나타난 하나님의 모습은 구약에서 모세에게 나타나실 때 보여주신 모습과 동일하다. 이런 측면에서 본다면 16절의 "그의 충만한 데서 받으니 은혜 위에 은혜러라."라는

---

39) 요2:11, 11:40, 12:16, 23, 41, 14:13, 15:8, 16:14, 17:10.

40) '인자와 진실이 많은'이라는 구절의 헬라어 πλήρης χάριτος καὶ ἀληθείας와 히브리어 וְרַב־חֶסֶד וֶאֱמֶת׃ 는 그 의미가 같다.

표현도 하나님의 자기계시에 대한 이중적인 표현이라고 할 수 있다.

❹ 유일한 계시

육체를 지닌 인간은 다른 차원에서 영으로 계시는 하나님을 볼 수가 없다. 그런데 이제 인간은 예수님을 통하여 하나님을 볼 수가 있게 되었다. 본문의 "본래 하나님을 본 사람이 없으되 아버지 품속에 있는 독생하신 하나님이 나타내셨느니라."라는 말씀은 이런 뜻이다. 요한복음에서 "나를 본 자는 아버지를 보았거늘"(요14:9), "나와 아버지는 하나"(요10:30), "아버지께서 내 안에 계시고 내가 아버지 안에 있음"(요10:38) 등과 비슷한 표현들이 수없이 반복되는 이유는 예수님이 하나님의 자기계시이기 때문이다.

❺ 나는 나다

요한복음에는 에고 에이미(Ἐγώ εἰμι)가 자주 나오는데 그 뜻은 "나는 나다."(요4:26, 6:20, 8:24, 28, 58, 13:19, 18:5, 8), "나는 ~이다."(생명의 떡/요6:35, 생명의 빛/8:12, 양의 문/10:7, 선한 목자/10:11, 부활과 생명/11:25, 길 진리 생명/14:6, 포도나무/15:1)라는 뜻으로 쓰인다. 특히 "나는 나다."라는 표현은 구약에서 하나님께서 모세에게 말씀하신 "나는 스스로 있는 자이다."(אֶהְיֶה אֲשֶׁר אֶהְיֶה)와 동일하며, 70인역에서도 에고 에이미로 번역되었다.(εγω ειμι ο ων) 예수님께서는 "나는 나다."라는 독특한 표현방식을 통하여 자신이 곧 구약성경의 하나님과 동일한 분이라고 말씀하신다.

요한복음에 의하면 하나님께서는 예수님을 통해서만 당신을 드러내시며 다른 길은 결코 있을 수 없다.(요14:6) 예수님만이 하나님과 동일하시기 때문이다. 따라서 예수님께서 하시는 말씀, 하신 일은 물론이고 예수님의 모습 그 자체가 곧 하나님을 드러내는 단 한 번의 유일한 계시였으며 이는 다시 반복될 수 없는 마지막 계시이다.

물음 06 요한복음의 세례 요한, 그는 누구인가?

본문 〈 1:6~8, 15, 19~34 〉

6 하나님께로부터 보내심을 받은 사람이 있으니 그의 이름은 요한이라

7 그가 증언하러 왔으니 곧 빛에 대하여 증언하고 모든 사람이 자기로
말미암아 믿게 하려 함이라

8 그는 이 빛이 아니요 이 빛에 대하여 증언하러 온 자라

15 요한이 그에 대하여 증언하여 외쳐 이르되 내가 전에 말하기를 내 뒤
에 오시는 이가 나보다 앞선 것은 나보다 먼저 계심이라 한 것이 이
사람을 가리킴이라 하니라

19 유대인들이 예루살렘에서 제사장들과 레위인들을 요한에게 보내어 네
가 누구냐 물을 때에 요한의 증언이 이러하니라

20 요한이 드러내어 말하고 숨기지 아니하니 드러내어 하는 말이 나는
그리스도가 아니라 한대

21 또 묻되 그러면 누구냐 네가 엘리야냐 이르되 나는 아니라 또 묻되
네가 그 선지자냐 대답하되 아니라

22 또 말하되 누구냐 우리를 보낸 이들에게 대답하게 하라 너는 네게 대
하여 무엇이라 하느냐

23 이르되 나는 선지자 이사야의 말과 같이 주의 길을 곧게 하라고 광야
에서 외치는 자의 소리로라 하니라

24 그들은 바리새인들이 보낸 자라

25 또 물어 이르되 네가 만일 그리스도도 아니요 엘리야도 아니요 그 선
지자도 아닐진대 어찌하여 세례를 베푸느냐

26 요한이 대답하되 나는 물로 세례를 베풀거니와 너희 가운데 너희가
알지 못하는 한 사람이 섰으니

27 곧 내 뒤에 오시는 그이라 나는 그의 신발끈을 풀기도 감당하지 못하
겠노라 하더라

28 이 일은 요한이 세례 베풀던 곳 요단 강 건너편 베다니에서 일어난

일이니라

29 이튿날 요한이 예수께서 자기에게 나아오심을 보고 이르되 보라 세상 죄를 지고 가는 하나님의 어린 양이로다

30 내가 전에 말하기를 내 뒤에 오는 사람이 있는데 나보다 앞선 것은 그가 나보다 먼저 계심이라 한 것이 이 사람을 가리킴이라

31 나도 그를 알지 못하였으나 내가 와서 물로 세례를 베푸는 것은 그를 이스라엘에 나타내려 함이라 하니라

32 요한이 또 증언하여 이르되 내가 보매 성령이 비둘기 같이 하늘로부터 내려와서 그의 위에 머물렀더라

33 나도 그를 알지 못하였으나 나를 보내어 물로 세례를 베풀라 하신 그이가 나에게 말씀하시되 성령이 내려서 누구 위에든지 머무는 것을 보거든 그가 곧 성령으로 세례를 베푸는 이인 줄 알라 하셨기에

34 내가 보고 그가 하나님의 아들이심을 증언하였노라 하니라

요한복음에서는 세례 요한에 관한 기록을 중요하게 다루고 있다. 그 이유는 요한복음을 기록할 당시인 90년대에도 세례 요한의 비중이 컸기 때문일 수도 있다. 그런데 요한복음에서는 세례 요한의 역할이 공관복음과는 전혀 다르다. 공관복음에 의하면 세례 요한은 회개를 촉구하는 설교자와 죄 사함의 세례를 베푸는 세례자로서의 역할을 했다. 하지만 요한복음에서는 오로지 예수님에 대한 증언자로만 세 번이나 반복해서 등장한다.

첫 번째 증언은 요한복음에서 가장 중요한 비중을 차지하는 서문인 1~18절에서 반복된 저자의 해석을 통한 증언이다. 6~8절은 요한은 빛이 아니라 빛이신 예수님에 대한 증언자라는 증언이며, 15절은 인간으로 오신 하나님이신 예수님의 선재에 대한 증언이다.

두 번째 증언은 예루살렘의 유대교 당국자들이 보낸 조사단들에게 한 세례 요한의 직접 증언인데(요1:19~28), 자신은 메시아가 아니라 광야의 소리에 불과하며 자신과는 비교도 되지 않는 큰 분이 오시리라는 증언이다. 요한복음에서 세례 요한은 증언자일 뿐이고 사람들에게 설교하며 세례 주는 모습은 찾아볼 수 없다.

마지막으로 예수님을 만났을 때의 세례 요한의 증언인데(요 1:29~34), 사람들에게 하나님의 어린 양이신 예수님을 소개하고 있다. 그는 자신이 세례를 주는 이유는 예수님을 이스라엘에 나타내기 위함이라고 말하고 있다. 또 예수님에게는 하늘로부터 성령이 임했기 때문에 성령으로 세례를 주실 분이시며, 또 하나님의 아들이라는 것을 알았다고 증언했다.

공관복음에 의하면 예수님께서 세례를 받고 올라오실 때 하늘로부터 "이는 내 사랑하는 아들이요 내 기뻐하는 자라."(마3:17, 막1:11, 눅3:22)라는 음성이 들려와서 예수님을 증거했다. 그러나 요한복음에서는 예수님이 세례 요한에게 세례받았다는 이야기는 생략된 채, 반대로 요한이 예수님을 반복해서 세 번이나 증거했다는 사실만 강조하고 있다.

물음 07 제자들과의 만남, 어떤 모임일까?

본문 〈 1:35~51 〉

35 또 이튿날 요한이 자기 제자 중 두 사람과 함께 섰다가
36 예수께서 거니심을 보고 말하되 보라 하나님의 어린 양이로다
37 두 제자가 그의 말을 듣고 예수를 따르거늘
38 예수께서 돌이켜 그 따르는 것을 보시고 물어 이르시되 무엇을 구하느냐 이르되 랍비여 어디 계시오니이까 하니 (랍비는 번역하면 선생이라)
39 예수께서 이르시되 와서 보라 그러므로 그들이 가서 계신 데를 보고 그 날 함께 거하니 때가 열 시쯤 되었더라
40 요한의 말을 듣고 예수를 따르는 두 사람 중의 하나는 시몬 베드로의 형제 안드레라

41 그가 먼저 자기의 형제 시몬을 찾아 말하되 우리가 메시야를 만났다 하고 (메시야는 번역하면 그리스도라)

42 데리고 예수께로 오니 예수께서 보시고 이르시되 네가 요한의 아들 시몬이니 장차 게바라 하리라 하시니라 (게바는 번역하면 베드로라)

43 이튿날 예수께서 갈릴리로 나가려 하시다가 빌립을 만나 이르시되 나를 따르라 하시니

44 빌립은 안드레와 베드로와 한 동네 벳새다 사람이라

45 빌립이 나다나엘을 찾아 이르되 모세가 율법에 기록하였고 여러 선지자가 기록한 그이를 우리가 만났으니 요셉의 아들 나사렛 예수니라

46 나다나엘이 이르되 나사렛에서 무슨 선한 것이 날 수 있느냐 빌립이 이르되 와서 보라 하니라

47 예수께서 나다나엘이 자기에게 오는 것을 보시고 그를 가리켜 이르시되 보라 이는 참으로 이스라엘 사람이라 그 속에 간사한 것이 없도다

48 나다나엘이 이르되 어떻게 나를 아시나이까 예수께서 대답하여 이르시되 빌립이 너를 부르기 전에 네가 무화과나무 아래에 있을 때에 보았노라

49 나다나엘이 대답하되 랍비여 당신은 하나님의 아들이시요 당신은 이스라엘의 임금이로소이다

50 예수께서 대답하여 이르시되 내가 너를 무화과나무 아래에서 보았다 하므로 믿느냐 이보다 더 큰 일을 보리라

51 또 이르시되 진실로 진실로 너희에게 이르노니 하늘이 열리고 하나님의 사자들이 인자 위에 오르락 내리락 하는 것을 보리라 하시니라

요한복음에서는 열두 사도들이 공관복음과 다르게 소개되고 있다. 우선 '사도'라는 용어가 단 한 번도 사용되지 않으며, '열둘'도 사용되기는 하지만(6:67, 70, 71, 20:24) 열두 제자의 명단은 나오지 않고 어떤 특별한 역할이나 비중을 차지하지도 않는다. 단지 '제자'라는 용어가 널리 사용되는데, 그 또한 열두 제자에 국한된 것도 아니다. 제자들이 부름받는 모습도 공관복음과는 많이 다르다. 안드레를 비롯한 두 제자는 세례 요한의 제자였으며 베드로는 안드레의 안내로 예수님의 제자가 되었다.

1. 증인

【●】 38 예수께서 돌이켜 그 따르는 것을 보시고 물어 이르시되 무엇을 구하느냐 이르되 랍비여 어디 계시오니이까 하니 (랍비는 번역하면 선생이라) 41 그가 먼저 자기의 형제 시몬을 찾아 말하되 우리가 메시야를 만났다 하고 (메시야는 번역하면 그리스도라) 49 나다나엘이 대답하되 랍비여 당신은 하나님의 아들이시요 당신은 이스라엘의 임금이로소이다

부름 받은 제자들의 역할은 세례 요한과 마찬가지로 예수님에 대한 증언이다. 세례 요한의 권고로 예수님을 따른 두 제자는 예수님을 '랍비'라 부르고(요1:38), 예수님과 하루를 같이 보냈던 안드레는 형 베드로에게 예수님을 '메시아'라고 소개했다. 빌립은 예수님을 율법과 예언서에 기록된 분이라고 했으며, 빌립의 소개로 예수님을 만난 나다나엘은 예수님을 향하여 "랍비여, 당신은 하나님의 아들이시요 당신은 이스라엘의 임금이로소이다."라고 신앙을 고백하고 있다.

요한복음의 가장 큰 주제는 "예수님은 누구이신가?"인데 1장에서는 예수님에 대하여 3중으로 증언하고 있다. 첫째는 저자의 증언이다. 저자는 예수님은 로고스이시며, 하나님과 동일한 분이시고, 만물을 창조한 창조주이시다. 하나님이신 예수님은 인간의 육체를 입고 세상에 빛으로 오셨다. 그리고 예수님을 영접하는 자에게는 하나님의 자녀가 되는 권세를 주셨다. 저자의 이런 간략한 증언은 계약의 관점에서 보면 그 의미가 명확해진다. 둘째는 세례자 요한의 증언이다. 증언자로서의 세례 요한의 역할을 몇 차례 나누어 반복 기록해 놓았다. 마지막으로 제자들 역시 예수님에 대한 증언자이자 신앙 고백자로 등장하고 있다. 요한복음에서는 마지막까지 예수님은 누구이신가에 대하여 표적, 말씀, 일 등을 통하여 다양한 증언으로 일관하고 있다.

2. 이스라엘

【•】 47 예수께서 나다나엘이 자기에게 오는 것을 보시고 그를 가리켜 이르시되 보라 이는 참으로 이스라엘 사람이라 그 속에 간사한 것이 없도다 48 나다나엘이 이르되 어떻게 나를 아시나이까 예수께서 대답하여 이르시되 빌립이 너를 부르기 전에 네가 무화과나무 아래에 있을 때에 보았노라 49 나다나엘이 대답하되 랍비여 당신은 하나님의 아들이시요 당신은 이스라엘의 임금이로소이다

요한복음에는 '이스라엘'이라는 단어가 5번 쓰인다.(요1:31, 47, 49, 3:10, 12:13) 구약성경에서 이스라엘은 하나님과 계약을 맺은 공동체의 이름이다. 예수님께서 나다나엘을 향하여 '참 이스라엘 사람'이라고 하셨는데 이는 나다나엘은 계약 이행에 충실한 사람이란 뜻이고, '이스라엘의 임금'이라는 나다나엘의 고백은 예수님은 계약을 완성하러 오신 분이라는 뜻이다. 따라서 본문의 '참 이스라엘 사람', '이스라엘의 임금' 등은 계약공동체를 염두에 둔 표현이다.

공관복음의 대주제는 하나님 나라이지만 요한복음에는 하나님 나라, 교회 등은 물론 교회 직분과 관련된 용어들이 사용되지 않는다. 요한복음의 특징은 역사성을 그대로 반영하지 않고 그 의미를 말하고 있기 때문에 단지 그런 용어들이 등장하지 않을 뿐 요한복음이야말로 계약, 하나님 나라, 교회 등에 대하여 그 의미를 충실히 설명해주고 있다. 본문에서는 참 이스라엘, 이스라엘의 임금 등의 용어를 통하여 예수님 자신이 새 이스라엘이시며, 새 계약공동체를 출범시키러 오셨음을 암시하고 있다.

3. 가족공동체

【•】 39 예수께서 이르시되 와서 보라 그러므로 그들이 가서 계신 데를 보고 그 날 **함께 거하니** 때가 열 시쯤 되었더라

요한복음에는 '거하다'(μένω)라는 단어가 자주 쓰이며 또 중요한 비중을 차지한다. '거하다'라는 단어는 '알다'(γινώσκω)와 동의어

이며, 예수님과 제자들 간의 긴밀한 관계를 설명할 때 쓰인다. 이 단어는 15장의 포도나무 비유에서 4~10절에 무려 10번이나 사용되고 있다. 구약성경에는 하나님과 계약을 맺은 이스라엘을 포도나무나 포도원으로 비유하는 이야기가 많다.[41] 그러나 이스라엘은 좋은 포도를 맺지 않고 들포도를 맺음으로써 멸망하고 말았다. 요한복음에서 '거하다' 라는 단어는 계약공동체를 구성하는 용어이다.

공관복음의 '하나님 나라' 를 요한복음에서는 '하나님의 가족' 으로 대신한다. 본문에 의하면 예수님께서는 제자들과 처음 만나 함께 거하시며 숙식을 함께하시는 가족공동체 사역을 시작하셨다. 그 이유는 예수님께서는 새로운 계약을 체결하러 오셨기 때문에 제자들에게 계약법을 철저하게 훈련시키기 위함이었다. 요한복음에 등장하는 이 공동체의 특징은 '가족공동체' 이다. 요한복음에 등장하는 아버지(하나님), 아들(예수님), 자녀 등은 가족공동체에서 쓰이는 용어들이다. 이에 대해서는 관련 본문에서 다시 자세하게 다룬다.

제자들은 3년 이상의 이런 가족공동체 훈련을 통하여 예수님께서 부활 승천하신 후 예루살렘에서 새 계약공동체인 교회를 시작할 수 있었다. 예루살렘교회가 단순히 예배드리는 공동체가 아니라 재산을 서로 공유하는 가족공동체였던 이유는 예수님을 통한 가르침과 훈련 때문이었다.

제자들과 가족공동체를 구성한 예수님께서는 이제 본격적인 사역의 길로 나섰다. 그 첫 사역은 무엇이었을까?

---

41) 시 80:8, 사5:1~7, 27:2~5, 렘 2:21, 12:10~17, 겔15:1~8, 17:1~21, 19:10~14, 호10:1~2.

제2부 : 옛 계약 파기의 길

물음08~35(2:1~12:50)

옛
계
약
파
기

물음 08
물로 포도주를 만드신 사건, 무엇을 말하고 있을까?

본문 〈 2:1~11 〉

1 사흘째 되던 날 갈릴리 가나에 혼례가 있어 예수의 어머니도 거기 계시고
2 예수와 그 제자들도 혼례에 청함을 받았더니
3 포도주가 떨어진지라 예수의 어머니가 예수에게 이르되 저들에게 포도주가 없다 하니
4 예수께서 이르시되 여자여 나와 무슨 상관이 있나이까 내 때가 아직 이르지 아니하였나이다
5 그의 어머니가 하인들에게 이르되 너희에게 무슨 말씀을 하시든지 그대로 하라 하니라
6 거기에 유대인의 정결 예식을 따라 두세 통 드는 돌항아리 여섯이 놓였는지라
7 예수께서 그들에게 이르시되 항아리에 물을 채우라 하신즉 아귀까지 채우니
8 이제는 떠서 연회장에게 갖다 주라 하시매 갖다 주었더니
9 연회장은 물로 된 포도주를 맛보고도 어디서 났는지 알지 못하되 물 떠온 하인들은 알더라 연회장이 신랑을 불러
10 말하되 사람마다 먼저 좋은 포도주를 내고 취한 후에 낮은 것을 내거늘 그대는 지금까지 좋은 포도주를 두었도다 하니라
11 예수께서 이 첫 표적을 갈릴리 가나에서 행하여 그의 영광을 나타내시매 제자들이 그를 믿으니라

예수님께서 물로 포도주를 만드신 이야기는 기독교인이 아닌 이들에게도 널리 알려져 있고 이에 대하여는 다양한 해석들이 난무하

고 있는데, 본서에서는 앞에서와 마찬가지로 이것도 '계약'의 관점에서 보고자 한다.

1. 사흘째 되던 날

【●】 1 사흘째 되던 날 갈릴리 가나에 혼례가 있어 예수의 어머니도 거기 계시고

본문은 왜 '사흘째 되던 날'이라는 단어로 시작하고 있을까? 성경은 마치 운문과 같아서 세세한 설명을 하지 않고 중요한 내용들이 은폐, 함축, 암시되어 있다. 성경은 오랜 기간의 구전을 통해서 형성된 이야기이므로 은폐, 함축, 암시를 풀어서 이야기로 엮어내는 것이 성경해석의 기본이다. 사흘째 되던 날은 무엇을 암시하고 있을까?

'사흘째 되던 날'은 앞의 이야기와 연결되어 있으므로 먼저 언제로부터 사흘인지를 꼽아 보아야 한다. 1장 후반부를 보면 예수님께서 사역을 시작하신 후 '이튿날'이 세 번 반복되고 있다.(요1:29, 35, 43) 이를 계산해 보면 가나 혼인잔치에 참석하신 날은 예수님께서 사역을 시작하신 지 6일째 되는 날이었다.[42] 요한복음은 예수님 사역의 시작과 마지막을 한 주일에 맞추어 놓았다.[43] 사흘째 되던 날은 사역을 시작하신 지 '6일째 되던 날'인데, 이 구절을 통하여 요한복음은 무엇을 말하려고 했을까?

2. 태초에

【●】 2 예수와 그 제자들도 혼례에 청함을 받았더니

〈물음04〉에서 살펴 본 바와 같이 요한복음과 창세기는 동일하게 '태초에'라는 단어로 시작하고 있다. 먼저 '태초에'로 시작된 창세

42) 첫째 날(1:19~28), 둘째 날(1:29~34), 셋째 날(1:35~42), 넷째~다섯째 날(1:43~51), 여섯째 날(2:1)

43) 예루살렘의 마지막 사역은 유월절 엿새 전에(요12:1) 시작하셨다.

기 1장의 천지창조 역시 한 주일 동안 진행되었다.

하나님께서는 첫째 날 빛을 만드시는 것을 시작으로 한 주일 동안 천지를 창조하셨는데, 마지막 여섯째 날에 사람을 만드시고 칠일째 되는 날에는 쉬시며 그날을 복되고 거룩하게 하셨다.(창2:3) 그런데 왜 사람을 맨 나중에 만드셨을까? 이치는 단순하다. 사람이 살아갈 환경이 먼저 마련되어야 하기 때문이다. 다시 말하면 하나님께서 천지를 만드신 이유는 마지막에 만드신 사람 때문이었다. 창세기는 하나님을 위해서가 아니라 사람을 위하여 세상을 만드셨다고 말하고 있다. 하나님은 완전하신 분인데 그 하나님을 위하여 세상을 만드셨다는 것은 이미 말이 되지 않는다. 성경의 하나님이 인격신이며 사랑이라는 것은 인간과 인간이 살아가는 이 세상이 하나님에게 존재 이유와 목적이라는 뜻이다. 이 세상이 하나님의 영광을 위하여 존재한다는 말에 익숙한 이들은 이 말이 의아할 수 있다. 그러나 하나님께서 인간을 구원하시기 위하여 친히 하나님이시기를 포기하시고 인간이 되셔서 대신 죽으셨다는 말씀을 곰곰이 생각해 보면 이해가 될 것이다.

사람을 위하여 세상을 먼저 만드신 하나님께서는 사람을 만드시되 남자와 여자로 만드셨다. 왜 그러셨을까? 첫 사람은 하나님께서 직접 흙을 빚어 만드셨지만 그 다음부터는 생명의 탄생을 남녀의 결혼, 즉 가정에 맡기셨다. 동식물 세계 역시 마찬가지로 하나님께서 생명의 재탄생을 암수에 위임하시고 그 생태계 관리를 인간에게 맡기셨다. 생태계와 인간의 가정이 성경의 계약법에서 가장 중요하게 여겨지는 이유는 여기에 있다.

창세기 1장의 이야기는 긍정적인 인간론의 극치이다. 인간을 이보다 더 크고 중요하게 볼 수는 없다. 인간은 한낱 피조물에 불과한 것이 아니라 하나님의 형상과 모양으로 지음을 받았으며, 하나님의 존재 이유와 목적이다. 이런 관계를 성경에서는 아버지와 자녀의 관계로 표현한다. 특히 요한복음에는 하나님을 아버지라고 부른 경우가 138회나 된다.

이제 요한복음에서 말하는 '태초에'를 살펴보고자 한다. 요한복음에서는 예수님이 만물의 원리인 로고스이자 창조주 하나님이라는 선언으로 시작하며, 그 하나님께서 인간이 되셨는데 그 이유는 새로운 계약을 체결하기 위함이었다. 새로운 계약을 체결하여 구원의 길을 열어 놓으러 오셨던 예수님께서 하신 일은 태초의 '새 창조'에 해당된다고 요한복음은 말하고 있다. 요한복음은 신약의 창세기와 같은데, 그 이유는 다음과 같다.

3. 혼인 잔치 참석

【•】 2 예수와 그 제자들도 혼례에 청함을 받았더니

요한복음에 의하면 제자들과 가족공동체를 구성하신 예수님께서 처음으로 하신 사역은 한 가정의 탄생인 결혼식 참석이며 이는 창세기의 창조 사역에 해당된다. 왜냐하면 천지창조는 결국 한 가정의 탄생이었으며 또 창조 사역 마무리는 새로운 가정에 복을 빌어주시는 일이었는데(창1:28, 2:3), 예수님께서도 사역을 시작한 지 6일째 되던 날 결혼식에 참석하셔서 축하해주셨기 때문이다. 그런데 마침 포도주가 떨어졌다. 당시의 결혼식은 한 주일 동안 진행되었는데 포도주가 가장 중요한 역할을 했다. 이에 예수님께서는 물로 최고 품질의 포도주를 만들어 주심으로써 그 결혼식을 복되게 하셨다.

예수님께서 결혼식에 참석하셔서 물로 포도주를 만드신 사건은 창세기 천지창조의 재현이었다. 또 예언서에 의하면 결혼식은 하나님과의 관계 회복을 뜻한다.(사62:4~5) 따라서 결혼식 참석으로 시작하신 예수님의 사역은 새 계약체결이며 또 새 창조에 해당된다.

이런 사실은 다음의 구절에서도 다시 확인된다.

4. 첫 번째 표적

【•】 11 예수께서 이 첫 표적을 갈릴리 가나에서 행하여 …

요한복음에서 예수님은 일곱 표적을 행하시는데 가나의 혼인 잔치에서 행하신 이 일을 첫 번째 표적이라고 했다. 예수님께서 하신 여러 일들 중에서 가나 혼인 잔치에 참여하셔서 물로 포도주를 만들어 주신 사역이 가장 중요한 의미를 지닌다는 뜻이다. 이 사건이 가장 중요한 이유는 앞에서 설명한 바와 같이 새 계약체결이자 새 창조이기 때문이다.

5. 영광과 신현(神顯)

【•】 11 … 그의 영광을 나타내시매 제자들이 그를 믿으니라

요한복음에서 자주 쓰이는 '영광'(δόξα)이라는 단어에는 〈물음 05〉에서 말한 바와 같이 하나님의 현현(顯現)이라는 의미가 있다. 첫 번째 표적은 곧 하나님 자신을 드러내시는 사건이었고 제자들은 그 현현을 보고 예수님께서 하시는 일이 곧 하나님의 일이며 예수님이 곧 하나님이시라는 것을 믿게 되었다.

요한복음의 가장 큰 주제는 "예수님이 누구이신가?"이며, 예수님은 곧 하나님 바로 그분이라는 것이 그 대답이다. 요한복음은 서두의 선언과 더불어 첫 번째 사역, 첫 번째 표적부터 예수님께서는 하나님이시라고 말하고 있다.

물음 09 성전정화, 왜 사역 초기에 나오는가?

본문 〈 2:12~25 〉

12 그 후에 예수께서 그 어머니와 형제들과 제자들과 함께 가버나움으로 내려가셨으나 거기에 여러 날 계시지는 아니하시니라
13 유대인의 유월절이 가까운지라 예수께서 예루살렘으로 올라가셨더니
14 성전 안에서 소와 양과 비둘기 파는 사람들과 돈 바꾸는 사람들이 앉아 있는 것을 보시고
15 노끈으로 채찍을 만드사 양이나 소를 다 성전에서 내쫓으시고 돈 바꾸는 사람들의 돈을 쏟으시며 상을 엎으시고
16 비둘기 파는 사람들에게 이르시되 이것을 여기서 가져가라 내 아버지의 집으로 장사하는 집을 만들지 말라 하시니
17 제자들이 성경 말씀에 주의 전을 사모하는 열심이 나를 삼키리라 한 것을 기억하더라
18 이에 유대인들이 대답하여 예수께 말하기를 네가 이런 일을 행하니 무슨 표적을 우리에게 보이겠느냐
19 예수께서 대답하여 이르시되 너희가 이 성전을 헐라 내가 사흘 동안에 일으키리라
20 유대인들이 이르되 이 성전은 사십육 년 동안에 지었거늘 네가 삼 일 동안에 일으키겠느냐 하더라
21 그러나 예수는 성전된 자기 육체를 가리켜 말씀하신 것이라
22 죽은 자 가운데서 살아나신 후에야 제자들이 이 말씀하신 것을 기억하고 성경과 예수께서 하신 말씀을 믿었더라
23 유월절에 예수께서 예루살렘에 계시니 많은 사람이 그의 행하시는 표적을 보고 그의 이름을 믿었으나
24 예수는 그의 몸을 그들에게 의탁하지 아니하셨으니 이는 친히 모든 사람을 아심이요
25 또 사람에 대하여 누구의 증언도 받으실 필요가 없었으니 이는 그가 친히 사람의 속에 있는 것을 아셨음이니라

가나 혼인 잔치에 참석하셨던 예수님께서는 이제 제자들을 데리고 다니시면서 본격적인 계약공동체 활동을 시작하셨다. 예수님께서 그다음으로 행하신 중요한 사역은 무엇이었을까?

1. 예루살렘

【●】 12 그 후에 예수께서 그 어머니와 형제들과 제자들과 함께 가버나움으로 내려가셨으나 거기에 여러 날 계시지는 아니하시니라

공관복음에 의하면 예수님의 활동 무대는 갈릴리 가버나움의 해변이었다. 그 이유는 효과를 극대화하기 위함이었는데, 단시간에 많은 사람들에게 복음을 전하기 위하여 사람들이 소문을 듣고 예수님께로 찾아오게 하는 방법이었다. 가버나움 해변의 낮은 언덕은 마치 원형극장과 비슷한 지형을 이루고 있어서 수만여 명의 사람들에게 해풍을 이용하여 말씀을 전하실 수가 있었다. 또 예수님께서 자주 옮겨 다니시면 사람들이 예수님을 찾아올 수가 없었기 때문에, 예수님께서는 특별한 경우가 아니면 가버나움에 계시면서 찾아오는 사람들에게 3년여 동안 사역하셨다. 그리고 마지막으로 유월절 절기에 맞추어 예루살렘에 올라가셨다가 돌아가셨다.

그런데 요한복음은 전혀 다르게, 예수님의 주 활동 무대를 갈릴리가 아니라 예루살렘으로 기록하고 있다. 요한복음은 예수님의 역사성에 맞추어 기록하기보다는 무언가 특별한 의미를 전달하기 위하여 독특하게 사건들을 전개시키고 있다. 그중에는 공관복음에 없는 이야기나 말씀들이 많이 들어있다. 본문의 이야기가 그 대표적인 경우이다.

2. 종교 정화

【●】 13 유대인의 유월절이 가까운지라 예수께서 예루살렘으로 올라가셨더니 16 … 내 아버지의 집으로 장사하는 집을 만들지 말라 하시니 17 제자들이 성경 말씀에 주의 전을 사모하는 열심이 나를 삼키리라 한 것을 기억하더라

요한복음에 의하면 예수님께서는 주로 절기에 맞추어 예루살렘의 성전에서 활동하셨다. 본문도 유월절에 예루살렘에서 활동하신 이야기이다. 요한복음은 왜 무대를 공관복음과 정반대로 설정했을까? 그 이유는 요한복음의 기록 목적과 관련이 있다. 신약성경 중에서 마지막에 기록된 요한복음은 2세기 이후를 내다보면서 예수님이 누구시며 앞으로 교회가 어떤 방향으로 가야 하는가를 말하고 있다. 이를 위하여 요한복음은 예수님의 활동과 말씀을 이에 맞추어 재구성해 놓았다.

공관복음에 의하면 예수님께서 유월절 절기에 맞추어 예루살렘에 올라가셔서 성전을 정화하시고 한 주일 사역을 하시다가 돌아가셨고 이것이 사실에 가깝다고 할 수 있다. 그런데 요한복음에는 성전에 대한 언급이 13번이나 나오며,[44] 성전은 예수님의 가르침이 전해지는 특별한 장소로 나타난다. 예수님께서는 유월절에 예루살렘에서 성전정화로 사역을 시작하셨다. 요한은 이런 재구성을 통하여 도대체 무엇을 말하려고 했을까?

❶ 교회의 갈 길

성경과 그 역사는 하나님과 계약을 맺었던 공동체인 이스라엘과 교회가 계약을 제대로 지키지 못하다가 어떻게 비참한 말로를 맞이했는가를 보여주는 책이다.[45] 요한복음에는 AD 70년에 첫 계약의 대상자인 유대인들이 계약파기로 말미암아 로마에 비참하게 멸망당하는 과정을 생생하게 지켜본 이후에, 새 계약의 대상자인 교회는 결코 같은 비극을 반복하지 않기를 바라는 사도 요한의 염원과 당부가 담겨있다. 이를 강조하기 위하여 요한은 예수님의 사역 중에서 예루살렘 성전을 정화하며 계약파기를 선언하시던 말씀을 사역의

44) 마태 11번, 마가 9번, 누가 14번, 행전 25번, 바울 1번.

45) 졸저 「하비루의 길」과 「죄인의 길」은 이스라엘 역사와 교회 역사를 이런 관점에서 해석했다.

출발점으로 삼고 있다.

그러나 안타깝게도 그 후 교회는 요한의 간절한 염원과는 달리 반대 방향으로 치닫다가 파국을 맞고 말았다. 그런데 더 안타까운 것은 오늘 우리는 지난날의 교회와 지금의 교회가 무엇이 어떻게 잘못되었는지를 전혀 파악하지 못할 뿐만 아니라 오늘 우리 교회가 무엇을 어떻게 해야 하는지, 어디로 가야 하는지 방향 감각마저 상실했다는 것이다. 이 노릇을 어찌할꼬! 요한복음 저자는 교회가 바른 방향으로 가기를 바라는 간절한 마음을 이렇게 기록하고 있다.

주의 전을 사모하는 열심이 나를 삼키리라

❷ 말씀, 오직 말씀

계약공동체가 실패한 가장 큰 이유는 계약법을 올바르게 깨닫지 못했기 때문이었다. 올바로 가르치지도 배우지도 못한 것이 가장 큰 원인이었다. 이에 요한복음은 예수님을 계약법 자체(로고스), 사람이 되신 계약법(화육), 계약공동체 자체(성전된 자기육체)라고 말하고 있으며 예수님과 그 말씀을 올바르게 깨우치는 것이 무엇보다도 중요하다는 것을 다양한 방법으로 강조하고 있다.

요한복음은 선교 2세기를 바라보면서 옛 계약공동체인 유대교의 멸망을 거울삼아 교회는 같은 오류를 반복하지 않기를 바라는 마음으로 예수님의 활동 무대를 유대교 신앙의 중심지인 예루살렘과 그 성전으로 잡았다. 그리고 예수님의 활동을 표적과 말씀을 통하여 계약법을 바르게 깨우치는 데에다 초점을 맞추고 있다.

❸ 종교 정화

인류사는 종교사라고 할 만큼 인류 역사에서 종교가 차지하는 비중은 크다. 고대에는 자연현상을 신들의 활동으로 보고 그 신들에게 잘 보여야 복을 받는다고 생각했으며, 그 신들을 위하여 거대한 신전을 짓고 신의 형상을 만들어 섬겼다. 이를 우상종교, 미신, 기복종교라고 한다. 시간이 지나면서 자연의 변화는 신들의 작용 때문이 아니라 자연의 현상일 뿐이며 그 현상의 배후에 그것을 가능하게 하는 자연법이 있다는 것을 발견했다. 이를 자연철학이라 하며 자연을 대상으로 하는 과학이 발달하기 시작하여 지금에 이르렀다. 그러나 아직 기복신앙의 잔재는 없어지지 않고 그 영향력을 발휘하고 있다.

예수님께서는 세상을 구원하러 오셨다. 우상종교, 미신, 기복신앙, 또는 예수님 당시의 유대교와 같이 도그마로 왜곡된 종교 등 인간의 정신을 피폐하게 하고 불행을 자초하는 잘못된 종교들을 바로잡는 것이 곧 복음사역이다. 요한복음에서 말하는 구체적인 종교 정화는 어떤 것일까?

3. 성전 거부

【●】 19 예수께서 대답하여 이르시되 너희가 이 성전을 헐라 내가 사흘 동안에 일으키리라

고대로 올라갈수록 신앙생활은 신전, 신상, 제사와 관련이 깊었다. 고대 불가사의에 해당되는 거대한 건축물들은 대부분 신전과 관련이 있다. 개인, 부족, 국가 등은 자신들이 지을 수 있는 가장 거대한 신전과 신상을 만들어 놓고 성대한 제사로 신을 섬겨야 복을 받는다고 생각해서 그런 것들을 만들었다. 고대에 그런 건축물을 지으려면 한 나라의 돈과 인력을 다 투입하는 것은 물론 주변 나라를 침략하여 물자를 약탈하고 또 사람들을 노예로 끌고와서 동원해야 했다. 고대의 왕들이 그런 초대형 신전에 심혈을 기울인 이유는 그 신전에서 왕권의 이념(이데올로기)이 주어졌기 때문이다. 반면에 백성들은 갖은 고초를 다 겪어야 했다. 이런 우상신앙이 백성들을 불행하게 하는 가장 큰 원인이었다.

그런데 성경의 계약법에 의하면 계약법이 등장하던 시기인 BC 1500여년 경에 이미 이런 신전과 신상, 제사를 거부했다. 참 신이라면 백성을 도탄에 빠지게 하는 것들을 원할 리 없을 뿐만 아니라

오히려 사람들을 행복하게 하는 신앙을 원하실 것이기 때문이다. 그러나 이스라엘 역사에서 다윗과 솔로몬이 왕권을 강화하기 위하여 성전을 짓고 제사로 하나님을 섬기기 시작했다. 이에 선지자들이 등장하여 이는 계약위반이라고 지적하며, 성전을 헐어버리고 제사를 중단하지 않으면 하나님께서 강포한 이방인들을 동원하여 나라를 멸망시키고 성전을 헐어버리며 제사를 드리지 못하게 하리라고 경고했다. 그러나 이스라엘은 돌이키지 않았고 결국 패망하고 말았다. 이스라엘 역사는 계약체결, 계약위반, 계약파기, 계약회복, 계약 재위반, 계약 재파기의 역사로 이어지고 말았다. 이런 계약의 역사가 구약성경의 핵심이며 이스라엘의 역사이다. 이를 놓치지 말아야 한다.

세례자 요한은 성전이 아닌 광야에서 설교했고, 예수님께서는 성전을 헐어버리라고 말씀하셨다. 그 이유는 예수님께서는 율법과 선지자를 완성시키러 오셨기 때문이다.

구약성경을 이렇게 이해하려면 신명기를 먼저 알아야 할 필요가 있다. 신명기는 계약법과 성결법, 즉 출애굽기와 레위기, 민수기 등 출애굽 이후의 광야 생활에 대한 재해석이자 하나님과의 계약갱신의 법이다. 출애굽기에서는 성막을 만드는 이야기가 길게 나오며(출 25~40장) 레위기에서는 제사장의 직분과 제사에 대한 언급들이 많다. 그러나 신명기에서는 성막이나 제사에 대한 언급이 거의 없다. 이스라엘 사람들이 광야에서 40년 동안 머문 이유는 계약법을 배우고 실천하는 훈련의 기간이었는데 성막과 제사 의식 등은 이런 훈련을 위한 실물 교육 재료였다. 이제 출애굽세대에서 광야세대로 세대교체가 일어났고, 또 가나안에서 살아야 하기 때문에 이에 맞추어 율법을 다시 해석한 것이 신명기이다. 이런 이유로 모세는 신명기에서 출애굽기나 레위기의 말씀이 아니라 지금 자신이 다시 해석한 말씀대로 살아야 한다고 수없이 반복해서 강조하고 있다. 출애굽기나 레위기는 하나님의 말씀이고 신명기는 모세의 세 편의 설교, 즉 하나님의 말씀에 대한 재해석이다. 신명기에서 하나님의 말씀보다 모세의 설교가 더 비중이 컸던 이유는 성경은 원론이고 설교는 현실에 맞추어 다시 해석한 각론이기 때문이다. 그 이후의 이스라엘 역사에서 신명기가 가장 큰 영향을 끼친 이유도 여기에 있다. 신명기의 특징을 간략히 살펴보면 다음과 같다.

❶ 성막과 제사 폐기

앞에서 언급한 바와 같이 출애굽기에는 성막을 만드는 이야기가 길고 장황하게 나오며 레위기에는 제사에 대한 여러 규정이 들어있다. 그러나 신명기에 이에 대한 언급이 거의 없는 이유는 가나안에 들어가서는 성막이나 제사중심의 신앙생활을 하지 말라는 뜻이었다. 다윗과 솔로몬 이후 성전을 짓고 제사 중심의 신앙생활로 치우치자 선지자들은 신명기에 기초하여 이는 계약위반이라고 질타했다. 율법서에서 어떤 주제를 다룰 때에는 각 책의 관련 내용을 병렬로 보고 구절을 나열할 것이 아니라, 마지막으로 신명기에서 어떻게 재해석 되었는지를 보고 신명기의 해석을 결론으로 받아들여야 한다. 예를 들면 십계명이 출애굽기(출20:1~17)와 신명기(신5:6~21)에 들어 있는데 그 내용에서 중요한 차이가 있다.[46] 하지만 오늘 우리는 신명기보다는 출애굽기의 십계명을 선호하는데 이는 큰 오류이다. 그리고 우리가 현재 사용하는 성경책들의 속표지에는 출애굽기의 십계명이 들어있는데 이는 무지의 소산이다.

다윗은 성전을 짓기 위한 기초 작업으로 계약궤를 예루살렘으로 옮기려고 했으나 계약궤를 실은 수레를 끌던 소들이 날뛰고, 운반자 웃사는 그 자리에서 즉사하고 말았다.(삼하6:6~7) 솔로몬이 성전을 짓고 제사 위주의 신앙으로 치우치면서 계약법 정신은 사라지고 이스라엘은 분열에 이어 패망의 길로 접어들었다. 왕들과 제사장들

46) 졸저 「십계명과 주기도문 다시 보기」 참조.

이 성전과 제사 신앙을 선호한 이유는 왕권 강화와 재정 수입에 지대한 도움을 주며, 부자들에게 면죄부를 주기 때문이었다.

❷ 레위인과 안식일

계약법에 의하면 레위지파를 구별하여 성직자로 세우게 되어있다. 왜 인구의 약 1/10에 해당하는 많은 인원을 성직자로 두었으며, 그 많은 사람들이 무엇을 했을까? 이 많은 사람들이 모두 제사 업무에 종사했다는 것은 앞뒤가 맞지 않는다. 이방종교와 달리 계약법에 의하면 레위인들의 주업무는 계약법 교육이었다. 이들은 한 지파에 네 지역, 즉 이스라엘의 48지역에 흩어져서 지방성소와 도피성과 안식일 행사 등을 운영해야 했다. 당시 이스라엘 땅의 넓이는 우리나라 강원도보다 조금 큰 정도였다. 안식일은 제사드리는 날이 아니었다. 그러면 뭘 했을까? 모여서 계약법을 공부했다. 예수님 당시에도 안식일에는 사람들이 회당에 모여 성경을 공부했음을 알 수 있다.

이로 미루어 보면 레위인은 계약법을 가르치는 교사였고 안식일은 계약법을 배우는 날이었다. 고대에 서민은 교육을 받을 길이 없었다. 그런데 이스라엘 체제에서는 안식일이면 전국민이 의무적으로 레위인들에게 계약법을 배워야 했고 또 가정으로 돌아가서는 가족들 특히 자녀들에게 가르쳐야 했다. 이는 전국민 의무교육제도였다. 인류 역사에서 의무교육제도는 근대 이후에 국가제도로 정착되었음을 감안한다면 계약법이 얼마나 우수한 제도인지를 알 수 있다.

❸ 헌금과 절기

신명기에서 모세는 매년 맏물(신26장)과 십일조(신12장, 14장), 매 3년 십일조(신26장)와 각종 제물 등의 헌금을 지방성소에 드리게 했다. 이런 헌금의 용도는 우선 레위인의 생계 대책이었는데 이는 교육비에 해당된다. 땅을 분배받지 못한 레위인들은 교육자였기 때문이다. 또 이런 헌금은 각 지방성소를 중심으로 생계 대책이 없는 사람들을 위하여 쓰였다. 당시에는 잦은 전쟁과 질병 등으로 수시로

고아와 과부 등이 되거나 또는 불의의 사고, 재앙 등으로 생계를 유지할 수 없는 사람들이 생겨났는데, 이런 사람들의 생계를 유지하는데 헌금이 사용되었다. 따라서 하나님께 드린 헌금은 결국 자신을 위한 헌금, 즉 요즘 말로 하면 생계 대책 보험과 같은 역할을 했다. 모세가 제정한 헌금제도는 교육비와 생활 보장 보험인 셈이다.

또한 이스라엘의 독특한 절기들은 자녀들을 위한 교육의 일환으로 지켜졌다. 어린 자녀들로 하여금 매년 두 차례 한 주일씩 가장 가난한 자들의 삶을 직접 체험하게 하고 또 그들을 손수 대접하게 함으로써 계약공동체로 부름 받은 이스라엘의 역할을 깨우쳐주었다.[47] 즉 여호와를 하나님으로 섬기는 공동체에서는 가난한 사람이 없이 골고루 행복하게 살아가야 한다는 것을 경험으로 체득하게 했다.

레위기에도 헌금과 절기에 대한 규정이 나오지만(레23장), 신명기의 규정처럼 가난한 자들을 섬기는 내용은 들어있지 않고 단지 무노동을 강조할 뿐이다. 모세는 신명기에서 출애굽기와 레위기에 들어있는 여러 규정들을 그대로 반복하지 않고 본래의 정신에 비추어 다시 해석해 주었다. 오늘 우리가 구약의 율법서를 해석할 때에 신명기의 규정을 염두에 두어야 하는 이유는 여기에 있다.

❹ 신명기의 역할

다윗과 솔로몬 이후 왕들과 제사장, 궁중 예언자들은 신명기를 무시하고 출애굽기와 레위기의 규정에 따라 성전을 짓고 성전과 제사 중심의 신앙을 강조했다. 그러나 왕이 세운 어용 예언자와 달리

47) 가난한 자들은 무교병과 쓴 나물을 먹었다. 무교병을 먹은 이유는 하루 일당을 받아서 통밀을 구입하여 맷돌로 갈아 저녁을 해 먹어야 했기 때문에 고운 밀가루를 부풀려서 해 먹는 유교병을 먹을 수 없었기 때문이다. 이들은 농지가 없기 때문에 야생초를 뜯어다 반찬을 해 먹었는데 이를 쓴 나물이라 한다. 유월절에는 이런 가난한 자들의 양식을 한주일 동안 먹으며 그들의 애환을 직접 경험했다. 초막절에는 집 밖에 나가 초막을 대충 만들어 놓고 낮에는 더위에 밤에는 추위에 한 주일 동안 시달리며 집 없는 사람들의 고초를 또 직접 경험해야 했다. 신명기의 이런 절기들은 가난한 자들의 삶을 몸으로 겪으면서 그 해결 방법을 모색하게 하는 특별 교육 프로그램이었다.

하나님께서 직접 세우신 예언자들은 신명기를 기초로 성전/제사 신앙은 계약위반이라고 하나님의 이름으로 책망했다. 어떤 내용이 성경에 있느냐 없느냐보다 어떤 성경을 어떻게 해석하느냐가 중요하다. 신명기 보다 출애굽기-레위기를 더 중시하던 왕정기의 신앙은 하나님의 심판으로 파국을 맞았지만 신명기 전승을 이어가는 예언자 운동은 포로기의 위기를 극복했으며, 예수님과 기독교로 이어졌다. 요한복음에 가장 큰 영향을 주고 있는 율법서는 신명기이다. 그 단적인 증거는 예수님께서는 성전과 제사를 거부하시고 절기에 맞추어 예루살렘에서 활동하셨다는 데에 있다.

4. 제사 거부

【•】 14 성전 안에서 소와 양과 비둘기 파는 사람들과 돈 바꾸는 사람들이 앉아 있는 것을 보시고 15 노끈으로 채찍을 만드사 양이나 소를 다 성전에서 내쫓으시고 돈 바꾸는 사람들의 돈을 쏟으시며 상을 엎으시고 16 비둘기 파는 사람들에게 이르시되

예수님 당시 유대인들은 유월절을 출애굽기에 근거하여 250여만 명의 사람들이 양을 잡아 제사드리는 거국적인 행사로 치렀다. 이를 위해서 유대교 당국자들은 일 년 동안 유월절 준비를 했으며, 수만 명의 레위인들이 동원되었다. 수십여만 마리 양을 제물로 드렸고, 그 양들은 성전에서 독점 판매되었는데, 시중가의 열 배 안팎으로 비쌌다. 제사장들은 이틀 품삯에 해당되는 성전세와 환전료, 제물 등으로 폭리를 취했다.

이를 염두에 두면 왜 요한복음에서 성전정화 이야기를 예수님의 첫 번째 공식행사로 중요하게 기록해 놓았는지 이해할 수 있다. 세상 구원의 사역과 세상 종교를 바로잡는 것은 뗄 수 없는 관계이다. 예수님께서는 제사 중심의 유월절 행사를 중단시키고 한 주일 내내 사람들에게 계약법을 가르치셨다. 이는 전적으로 신명기에 기초한 활동이었다.

5. 종교행사 – 절기

【•】 23 유월절에 예수께서 예루살렘에 계시니 많은 사람이 그의 행하시는 표적을 보고 그의 이름을 믿었으나

요한복음에 의하면 예수님께서는 예루살렘에서 주로 절기에 활동하셨는데 유월절에 세 번(요2:13, 6:4, 12:1), 초막절(요7:2), 수전절(요10:22), 기타(요5:1) 등이다. 공관복음에는 예수님께서 마지막으로 유월절에 맞추어 예루살렘에 올라가신 것으로 기록되어 있다. 그런데 요한복음에서는 왜 이처럼 주로 절기에 활동하신 것으로 기록해 놓고 있을까? 그 이유는 예수님 당시의 유대교를 비롯한 세상의 모든 잘못된 종교의식과 행사를 바로잡는 것이 교회가 앞으로 해야 할 일이며 나갈 길이라는 것을 말하기 위함이다.

세상에는 사람이 어떻게 살아야 하는가에 대하여 윤리와 도덕, 철학, 속담과 격언 등의 가르침이 있다. 그런데 그중에서 종교적인 가르침이 가장 크다고 볼 수 있다. '종교'(宗敎)라는 용어는 가장 큰 가르침이라는 뜻이다. 고등종교로 분류된 각 종교에서는 저마다 최고의 가치와 선을 추구하며 그 실천방안을 제시한다. 대표적 종교인 유교에서는 인(仁)과 효(孝), 불교에서는 자비(慈悲)와 깨달음(覺), 기독교는 사랑(愛)과 구원(救援)을 제시한다. 각 종교의 이런 가치관을 언어, 윤리, 도덕의 기준으로 보면 비슷하게 보인다. 하지만 그 종교가 가장 중요한 비중을 두고 실천으로 옮기는 종교 행사를 보면 그 종교가 추구하는 가치관이 어떠한지가 명확하게 드러난다.

기독교의 경전인 성경에서 말하는 가장 중요한 종교행사는 무엇일까? 앞에서 말한 바와 같이 안식일, 유월절, 초막절, 헌금(만물과 십일조) 등이다. 성경에서 말하는 이런 종교행사가 지닌 의미들은 세상의 그 어떤 성인군자와 철인(哲人), 종교가 제시하는 가치보다 더 크다. 인간이 추구하고 제시할 수 있는 그 어떤 가치도 이보다

더 클 수 없다.

그런데 오늘 우리 기독교가 역점을 두고 실행하고 있는 종교행사는 어떤 것일까? 주일예배와 십일조 헌금, 그리고 부활절, 추수감사절, 성탄절 등이다. 주일예배는 안식일제도에, 십일조와 감사헌금은 맏물과 십일조 등에 기원을 두고 있지만 그 의미는 퇴색했고 가장 중요한 행사인 유월절과 초막절은 행사에서 흔적도 없이 사라져 버렸다. 게다가 성탄절과 추수감사절은 성경(계약법)에 기원을 두고 있지도 않다. 오늘의 기독교가 가장 중요하게 여기며 추구하는 가치는 성대한 예배와 영혼을 구원하는 전도와 사회사업 수준의 사랑 실천이다. 이를 다시 요약하면 예배와 선교, 사회사업이다. 십일조와 헌금이 강조되고 있지만 그 의미가 상실되다 보니 교회 유지를 위한 방책으로 전락하고 말았다. 또 교회마다 심혈을 기울이는 성전이라고 부르는 예배당 건축을 위한 헌금 등은 교인들에게 재정적인 부담만 주고 있다.

이는 예수님 당시 유대교의 유월절 행사가 교인들에게 재정적인 부담을 주었던 것과 비슷하다. 유월절 정신은 사라지고 예루살렘 성전에서 이틀 품삯에 해당되는 성전세와 환전료, 시중가보다 10여배 비싼 양을 사서 제사를 드려야 했다. 또 그 행사를 위하여 예루살렘까지 오가며 행사 내내 체류하는 비용까지 합하면 유월절은 교인들에게 대단히 큰 재정적인 부담이었다. 그러나 반대로 행사를 주관하는 당국자들에게는 천문학적인 금액의 수입원이 되었다.

오늘 우리 교회가 왜 이 모양 이 꼴이 되었으며, 사회로부터 지탄의 대상이 되었고 쇠퇴일로에 들어섰을까? 소금이 짠맛을 잃어서 발에 밟히고 있기 때문이다. 왜 짠맛을 잃었으면서도 짠맛을 잃은 것조차도 모르며 무슨 개혁만을 운운하고 있을까? 예수님께서는 유대교의 신학자요 설교자인 사두개인, 서기관, 바리새인들을 향하여 "너희가 성경도 하나님도 모르고 있다."(마22:29, 막12:24), '맹인 된 인도자'(마23:16, 24)라고 책망하셨다. 마찬가지로 오늘 성경을 가르치고 설교하는 이들이 성경에 대하여 무식하기 때문이다. 성경을, 신학을 몰라도 너무 모르면서 안다는 착각에 빠져서 잘 알고, 잘 가르치고, 잘하고 있으며, 이미 구원은 물론이요 상급을 기대하며 주님 오실 날만 목 빠지게 기다리고 있다. 이런 교회지도자들은 어떤 사람들일까? 예수님의 말씀을 빌어서 표현한다면 "천국문을 가로막고 저도 못 가고 남도 못 가게 하는 자들"(마23:13), "교인 하나를 얻기 위하여 산과 바다를 두루 다니다가 하나를 얻으면 배나 더 지옥 자식이 되게 하는 자들"(마23:15), "하루살이는 걸러내고 낙타는 삼키는 자들"(마23:24), "회칠한 무덤들"(마23:27), "지옥의 판결을 피하지 못할 뱀들과 독사의 새끼들"(마23:33)이다.

6. 표적과 믿음

【•】 11 예수께서 이 첫 표적을 갈릴리 가나에서 행하여 그의 영광을 나타내시매 제자들이 그를 믿으니라 23 유월절에 예수께서 예루살렘에 계시니 많은 사람이 그의 행하시는 표적을 보고 그의 이름을 믿었으나

공관복음에 비하여 요한복음에는 '표적'과 '믿음'이라는 용어가 많이 등장할 뿐만 아니라 그 의미가 독특하기 때문에 이에 대한 이해가 필요하다.

요한복음 전반부(1~12장)에는 일곱 번의 표적 이야기가 나오는데.[48] 표적(세메이온 σημεὶων)이라는 단어를 17회[49], 표적과 같은 의미인 '일'(에르곤 ἔργον)이 27회나 사용되고 있다. 이 단어들은

48) 브라운(R. E. Brown)은 전반부는 표적의 책, 후반부는 영광의 책이라고 했다. 일곱 표적에 대하여 일반적으로 물로 포도주를 만드심(2장), 왕의 신하의 아들 치료(4장), 베데스다 연못가의 38년 병자치료(5장), 오병이어(6장), 바다 위를 걸으심(6장), 맹인치료(9장), 나사로 소생(11장) 등을 인정하지만, 어떤 이들은 예수님의 부활과 고기잡이(21장)를 포함시키거나 또는 바다 위를 걸으신 사건을 제외시키기도 한다.

49) 공관복음에서는 두나미스(δύναμις), 테라스(τέρας) 등이 같이 쓰인다. 그러나 요한복음에는 세메이온만 쓰이고 있다.

25회 사용된 "나는 ~이다."(Ἐγώ εἰμι)와 더불어 예수님의 신성(神性)을 드러내는 대표적인 용어들이다.

로고스론에서 본 바와 같이 요한복음의 대주제는 예수님은 누구이신가에 대한 물음과 더불어 예수님은 하나님이라는 대답인데 표적, 영광, 나는 ~이다 등은 이를 밝혀주는 대표적인 방법들이다. 요한복음 전반부에서는 일곱 번의 표적과 더불어 표적과 연결되는 긴 설교를 통하여 예수님은 곧 하나님이시라는 사실을 드러내고 있다.

요한복음에는 '믿음'에 대하여 98번 언급하는데 특징은 명사형(πίστις)이 아니라 동사형(πιστεύω)을 사용한다. 공관복음이나 바울서신에서는 믿음이 명사형으로 쓰인 반면[50] 요한복음에서는 주로 동사형으로 사용된 이유는 믿음과 실천의 관계를 강조하기 위함이다. 믿음의 대상이 하나님인 경우는 두 번이고(요12:44, 14:1) 나머지는 예수님이 믿음의 대상이다. 예수님과 하나님의 관계, 예수님의 신성 등에 대하여 믿을 때에는 전치사(εἰς, ἐν)와 같이 쓰이며(요2:23, 3:36 등), 믿음의 내용과(요11:42, 14:11, 16:27, 17:8 등) 어떤 사건의 결과를 설명할 때에는(요2:22, 4:53, 6:69 등) 전치사 없이 쓰인다.

예수님의 신성과 정체성을 드러내는 표적은 믿게 하기 위함이다. "영접하는 자 곧 그 이름을 믿는 자", "첫 표적을 행하여 그의 영광을 나타내시매 제자들이 그를 믿으니라."(요2:11), "그의 행하시는 표적을 보고 그의 이름을 믿었으나"(요2:13) 등에서 보는 바와 같이 요한복음에서는 표적과 믿음이 서로 연관이 있으며 믿음은 영접, 아는 것, 보는 것 등과 동의어로 쓰이고 있다. 믿음은 표적을 보거나 말씀을 듣고 예수님께서 하나님이라는 사실을 깨달아 아는 것이다.

요한복음에서는 믿음이라는 용어를 유독 많이 사용하고 있지만

---

50) 공관복음 20회, 바울서신 140회

구속사로 이해하는 믿음, 즉 예수님의 십자가 대속을 믿기만 하면 구원받는다고 말하는 믿음과는 거리가 멀다. 예수님은 세상 만물의 근원과 원리이시며, 자연세계를 지배하는 법이자 이성일 뿐만 아니라 더 나아가 창조주 하나님 자신이시다. 예수님이 세상의 빛과 진리이심을 깨달아 아는 것이 곧 믿음이며 영생과 생명에 이르는 길이다. 보혜사 성령은 이를 깨달아 알게 하고 믿어서 영생에 이르게 하려고 예수님께서 보내시는 하나님의 영이다.

그렇다면 예수님의 대속을 통하여 구원에 이른다는 십자가 구속사 믿음과는 어떤 관계인가? 요한복음은 물론이고 공관복음에도 예수님의 십자가 대속을 통하여 구원받는다는 이야기는 없다. 〈물음 01〉에서 언급한 바와 같이 창조주와 피조물의 관계는 계약관계이므로 만물을 지배하는 원리와 이치, 자연의 법은 곧 계약법이다. 파기된 옛 계약이 다시 체결되기 위하여 쌍방계약의 한 축인 하나님께서 친히 인간으로 오셔서 계약 불이행의 죄를 대신 짊어지고 죽으셔야 했다. 예수님의 대신 죽으심으로 새로운 계약이 체결되었고, 이제 새로운 계약법을 실천함으로 구원받을 수 있는 길이 열렸다. 예수님의 십자가 대속으로 새로운 계약이 체결된 것이지 인간 구원의 길이 완성된 것이 아니다. 행위는 아무 필요 없고 대속으로 완성된 구원을 믿기만 하면 된다는 말은 그 자체가 이미 모순이다. 이에 대해서는 졸저 「마태복음」, 「마가복음」, 「누가복음」 등에서 누누이 설명한 바와 같다.

그러나 바울서신에서는 오직 예수님의 십자가를 통한 대속과 그 대속을 믿는 믿음으로 구원받는다고 말하지 않는가? 대부분 이렇게 알고 있는데 이는 바울서신에 대한 오해에서 비롯된 비극이다. 바울이 율법의 행위가 아니라 복음에 대한 믿음으로 의롭다함을 얻는다고 말한 것은 당시의 유대교를 염두에 두고 한 설명이었다. 유대인들은 안식일법을 중심으로 할례, 정결례 등의 조항 율법을 만들어

지키면서 그런 실천으로 의롭다함을 얻는다고 생각했다. 유대인들의 이런 율법 조항은 구약성경 율법서에서 말하는 율법과는 전혀 다르다. '율법'이라는 용어는 같지만 전혀 다른 뜻이었다. 인간이 하나님 앞에서 의롭다함을 얻는 방법은 유대교의 율법 조항 실천이나 인간의 어떤 행위가 아니라 예수님의 십자가에서 주어지는 대속의 은혜인 복음을 통해서 의롭다함을 얻을 수 있다고 했다. 50년대 전후에 활동했던 바울은 유대교와 기독교가 어떻게 다른지를 설명하기 위하여 유대교 율법과 행위를 기독교의 복음과 은혜와 대비시켰다.

오늘 우리 기독교는 십자가 대속 구원론을 말하고 있다. 그러나 그런 구원신학과 교리는 있지만 성경 어디에도 그런 구원을 말하는 본문은 없다. 복음서에 보면 "어떻게 해야 영생에 이를 수 있습니까?"라는 몇 번의 질문에 대하여 예수님께서는 계약법의 십계명을 지켜야 한다고 거듭 말씀하셨다.(마19:16~26, 막10:17~27, 눅10:25~28, 눅18:18~30) 예수님께서 십계명을 지켜야 구원받는다고 말씀하신 이유는 계약법 실천이 곧 구원의 길이기 때문이며 이는 지금도 마찬가지이다.

서양기독교의 구원론은 복음서에서는 근거를 찾지 못하고 단지 바울서신의 일부 구절들을 근거로 제시하지만 이마저도 바울신학에 대한 오해일 뿐이다. 오늘 우리 기독교의 정통 구원론은 성경과 아무 상관이 없고 헬라철학을 기초로 만들어진 구원교리와 신학에 불과하다. 요한복음에서 믿음을 명사형이 아닌 동사형을 쓰는 이유는 정적인 믿음이 아니라 동적인 실천을 강조하기 위함이다.

7. 요한복음 1장과 2장

구약의 천지창조는 한 가정을 만드시는 이야기이고, 안식일, 안식년, 희년, 절기 등을 강조하는 계약법은 가정을 지켜주기 위한 안전장치이다. 성경은 왜 이렇게 가정을 중요하게 여기고 있을까? 인간은 가정을 떠나서는 존재할 수 없기 때문이다. 가정에서 태어나고, 가정에서 자라며 교육을 받고, 성장해서는 새 가정을 꾸리고 가정에서 생을 마감한다. 이런 시각으로 본다면 요한복음 1장과 2장은 구약의 천지창조와 계약법을 요약하고 있으며, 더 나아가 요한복음 전체를 압축하고 있다.

요한복음 서두(1:1~18)의 로고스론에 대하여서는 지금까지 많은 관심을 가지고 연구해오고 있다. 이 로고스론이 요한복음 전체 내용을 요약한 것으로 보기 때문이다. 그런데 이를 좀 더 확대하여 1장의 로고스론과 가족공동체 형성, 그리고 2장의 혼인잔치 참석 이야기와 성전정화 이야기까지를 포함해야 그 의미가 더 분명해 진다. 1장과 2장에는 요한복음에서 말하려는 핵심이 들어있다.

3장부터는 무슨 이야기가 전개될까?

물음 10 요한복음의 가장 중요한 주제, 무엇일까?

본문 〈 3:1~21 〉

1 그런데 바리새인 중에 니고데모라 하는 사람이 있으니 유대인의 지도자라

2 그가 밤에 예수께 와서 이르되 랍비여 우리가 당신은 하나님께로부터 오신 선생인 줄 아나이다 하나님이 함께 하시지 아니하시면 당신이 행하시는 이 표적을 아무도 할 수 없음이니이다

3 예수께서 대답하여 이르시되 진실로 진실로 네게 이르노니 사람이 거듭나지 아니하면 하나님의 나라를 볼 수 없느니라

4 니고데모가 이르되 사람이 늙으면 어떻게 날 수 있사옵나이까 두 번째 모태에 들어갔다가 날 수 있사옵나이까

5 예수께서 대답하시되 진실로 진실로 네게 이르노니 사람이 물과 성령으로 나지 아니하면 하나님의 나라에 들어갈 수 없느니라

6 육으로 난 것은 육이요 영으로 난 것은 영이니
7 내가 네게 거듭나야 하겠다 하는 말을 놀랍게 여기지 말라
8 바람이 임의로 불매 네가 그 소리는 들어도 어디서 와서 어디로 가는지 알지 못하나니 성령으로 난 사람도 다 그러하니라
9 니고데모가 대답하여 이르되 어찌 그러한 일이 있을 수 있나이까
10 예수께서 그에게 대답하여 이르시되 너는 이스라엘의 선생으로서 이러한 것들을 알지 못하느냐
11 진실로 진실로 네게 이르노니 우리는 아는 것을 말하고 본 것을 증언하노라 그러나 너희가 우리의 증언을 받지 아니하는도다
12 내가 땅의 일을 말하여도 너희가 믿지 아니하거든 하물며 하늘의 일을 말하면 어떻게 믿겠느냐
13 하늘에서 내려온 자 곧 인자 외에는 하늘에 올라간 자가 없느니라
14 모세가 광야에서 뱀을 든 것 같이 인자도 들려야 하리니
15 이는 그를 믿는 자마다 영생을 얻게 하려 하심이니라
16 하나님이 세상을 이처럼 사랑하사 독생자를 주셨으니 이는 그를 믿는 자마다 멸망하지 않고 영생을 얻게 하려 하심이라
17 하나님이 그 아들을 세상에 보내신 것은 세상을 심판하려 하심이 아니요 그로 말미암아 세상이 구원을 받게 하려 하심이라
18 그를 믿는 자는 심판을 받지 아니하는 것이요 믿지 아니하는 자는 하나님의 독생자의 이름을 믿지 아니하므로 벌써 심판을 받은 것이니라
19 그 정죄는 이것이니 곧 빛이 세상에 왔으되 사람들이 자기 행위가 악하므로 빛보다 어둠을 더 사랑한 것이니라
20 악을 행하는 자마다 빛을 미워하여 빛으로 오지 아니하나니 이는 그 행위가 드러날까 함이요
21 진리를 따르는 자는 빛으로 오나니 이는 그 행위가 하나님 안에서 행한 것임을 나타내려 함이라 하시니라

거듭남과 영혼 구원, 믿음으로 인한 구원 등에 관심있는 이들에게 이 본문은 대단히 중요하게 여겨진다. 그런데 이 본문을 계약의 시각으로 본다면 어떤 의미를 지닐까? 요한복음의 두드러진 특징은 어떤 인물이나 사건을 대상으로 대화와 논쟁을 전개하다가 결론을 내는 방법이다. 니고데모(3:1~21), 세례 요한(3:22~36), 사마리

아 여인(4:1~42) 등으로 이야기가 이어진다. 니고데모의 이야기는 앞의 성전정화 이야기와 연결되어 있다.

1. 유월절 사역의 결과

【●】 23 유월절에 예수께서 예루살렘에 계시니 많은 사람이 그의 행하시는 표적을 보고 그의 이름을 믿었으나 24 예수는 그의 몸을 그들에게 의탁하지 아니하셨으니 이는 친히 모든 사람을 아심이요

예수님께서는 성전정화를 통하여 종교의 기능이 무엇인가를 말씀하셨다. 그리고 성전정화와 더불어 여러 표적을 행하시자 많은 사람이 예수님을 믿었다. 그러나 표적을 보고 믿는 그들의 믿음 상태는 아직 온전하지 못해서 예수님께서는 그들에게 의탁하실 수가 없었다. 저자 요한은 예수님을 받아들인 많은 사람들 중에서 대표로 한 사람을 찾아냈는데, 그가 바로 니고데모였다. 그는 어떤 사람이었을까?

2. 니고데모

【●】 1 그런데 바리새인 중에 니고데모라 하는 사람이 있으니 유대인의 지도자라 2 그가 밤에 예수께 와서 이르되 랍비여 우리가 당신은 하나님께로부터 오신 선생인 줄 아나이다 하나님이 함께 하시지 아니하시면 당신이 행하시는 이 표적을 아무도 할 수 없음이니이다

그는 유대교의 수도사라 할 수 있는 바리새인이며 또 로마의 식민지배를 받던 유다의 자치기구인 71명으로 구성된 산헤드린 공회의 회원이었다. 대표적인 지도자인 니고데모는 신앙에 대해서도 편협하거나 고정관념에 사로잡히지 않았다. 그래서 예수님은 하나님께서 보내신 분이며 예수님의 표적은 하나님께서 하신 일이라고 받아들일 수 있었다. 그가 밤에 찾아온 이유는 유대교 당국자들이 예수님에 대하여 적대적이었기 때문에 그들의 눈을 피하거나, 또는 조용한 시간에 예수님과 진지한 대화를 나누기 위함이었을 것이다. 실제로 서기관들은 늦은 밤에 율법을 연구하는 데에 익숙해 있었다.

이런 니고데모를 기꺼이 맞아 예수님께서는 그날 밤을 새우며 신앙 문제에 대하여 진지하게 이야기를 나누셨다. 그 결과는 성공적이어서 니고데모는 후일 예수님을 장례 치르는 일에 앞장 섰다.(요 19:39) 예수님께서는 니고데모와 무슨 이야기를 나누셨을까?

3. 오해와 질문, 역반응

【•】 3 예수께서 대답하여 이르시되 진실로 진실로 네게 이르노니 사람이 거듭나지 아니하면 하나님의 나라를 볼 수 없느니라 4 니고데모가 이르되 사람이 늙으면 어떻게 날 수 있사옵나이까 두 번째 모태에 들어갔다가 날 수 있사옵나이까 … 9 니고데모가 대답하여 이르되 어찌 그러한 일이 있을 수 있나이까 10 예수께서 그에게 대답하여 이르시되 너는 이스라엘의 선생으로서 이러한 것들을 알지 못하느냐

요한복음 전반부(1~12장)에는 일곱 표적과 더불어 표적 이후에는 긴 설교가 나오며, 또 여러 대화가 나오고 있다. 그런데 매번 사람들이 예수님의 말씀을 오해하여 엉뚱한 질문을 반복하다가 결국에는 예수님의 말씀을 거부하거나 심지어 돌로 치려고 했다. 그런데 예수님의 말씀을 가장 크게 오해하는 사람들은 유대교 지도자들이었다. 오히려 일반 군중들은 예수님의 말씀을 이해하고 믿었다. 예수님께서는 극렬하게 반발하는 유대교 지도자들을 향하여 지금 하시는 말씀은 하나님께서 직접 하시는 말씀이며, 이를 거역하면 심판을 면할 수 없다고 호소했지만 오히려 유대인들은 예수님을 죽이려고 했다. 요한복음에서는 왜 유대인들의 오해와 예수님의 호소를 자세하게 또 반복해서 기록하고 있을까?

❶ 계약파기 증거

본문에 등장하는 니고데모 역시 유대교 랍비이면서 공회회원이다. 니고데모는 유월절에 행하신 예수님의 말씀을 인정하고 받아들인 제자였다. 그런데도 예수님께서 지금 하시는 말씀을 전혀 못 알아 듣고 있다. 왜 이렇게 못 알아 들을까?

요한복음에서 이런 오해의 이야기들은 그 어떤 주제보다 더 중요하다고 할 수 있다. 흔히 요한복음의 가장 중요한 주제는 기독론이라고 한다. 요한복음에서 로고스론으로 시작하는 기독론은 공관복음과는 많이 다르며 독특하기 때문이다. 그러나 그보다 훨씬 더 중요한 것이 유대인들의 오해다. 왜냐하면 이 오해는 하나님과 맺은 계약이 파기되었다는 증거이기 때문이다. 하나님과 계약을 맺은 사람들에게 계약파기 보다 더 심각하고 중요한 문제는 없다. 계약이 파기되면 나라가 멸망하고 포로가 되거나 쫓겨나서 유랑생활을 해야 하기 때문이다. 이스라엘 역사에서 가장 큰 비중을 차지하는 사건은 앗수르와 바벨론에 나라가 멸망당하고 포로와 나그네가 된 것인데, 이는 계약파기의 결과였다.

그렇다면 예수님의 말씀을 오해하는 게 왜 계약파기의 명확한 증거일까? 보아도 보지 못하며 들어도 듣지 못하기 때문이다. 이는 도그마 신앙이 대물림되기 때문에 나타나는 현상인데 어렸을 때부터 정통신앙이라는 이름으로 세뇌된 결과다. 요한복음 3장에서는 니고데모와의 대화를 길고 자세하게 다루면서 오해가 얼마나 심각한지를 지적해주고 있다. 네 복음서에서 모두 가장 중요하게 다룬 구절은 보아도 보지 못하고 들어도 듣지 못한다는 말씀의 인용이다. 그 이유는 계약파기를 지적하기 위함이다.

❷ 간절한 호소

유대인들, 특히 성경을 가르치는 지도자들은 예수님의 말씀을 전혀 알아듣지 못하고 엉뚱한 질문을 늘어놓지만 예수님께서는 인내심을 가지고 알아듣기 쉽도록 비유를 들어가며 끝까지 설명하신다. 요한복음에는 예수님의 설교가 많이 나오는데, 이런 현상은 설교 때마다 반복된다. 그 이유는 무엇일까?

90년대에 쓰인 요한복음의 저자 요한은 유대인들이 70년에 계약이 파기되어 비참하게 멸망하는 과정을 똑똑히 지켜보았다. 그러면서 선교 2세기를 맞이하는 교회를 향하여 새로운 계약공동체인 교회는 옛 계약공동체인 유대인들의 비극을 반복하지 않기를 바라는 간절한 마음으로 오해에 관한 이야기를 끊임없이 반복하고 있다.

오늘 우리는 어떨까? 정통 구속사 신앙으로 굳어진 이들 가운데에는 계약사로 접근하는 해석을 전혀 못 알아듣고 쉽게 받아들이지 못하거나 아니면 전혀 무관심한 경우가 많이 있다. 이런 현상은 오늘 우리도 계약파기의 상태에 있다는 것을 반영한다. 계약 공동체에게 계약파기보다 더 심각한 위기는 없다. 오늘 우리가 당면한 현주소이다.

4. 거듭남

【●】 5 예수께서 대답하시되 진실로 진실로 네게 이르노니 사람이 물과 성령으로 나지 아니하면 하나님의 나라에 들어갈 수 없느니라 6 육으로 난 것은 육이요 영으로 난 것은 영이니 7 내가 네게 거듭나야 하겠다 하는 말을 놀랍게 여기지 말라 8 바람이 임의로 불매 네가 그 소리는 들어도 어디서 와서 어디로 가는지 알지 못하나니 성령으로 난 사람도 다 그러하니라 9 니고데모가 대답하여 이르되 어찌 그러한 일이 있을 수 있나이까 10 예수께서 그에게 대답하여 이르시되 너는 이스라엘의 선생으로서 이러한 것들을 알지 못하느냐

예수님께서는 니고데모와 대단히 진지하게 이야기를 나누셨다. 그 증거는 "진실로 진실로 네게 이르노니"(Ἀμὴν ἀμὴν λέγω)라는 구절에 들어있다. 유대교 랍비들은 자신이 한 말에 대하여 그 진실성을 특별히 강조할 때 '아멘'(Ἀμὴν)이라고 했다. 그런데 예수님께서는 '아멘'(진실로)을 두 번 반복하셨는데, 요한복음 이외의 당시 유대교 어떤 문서에서도 찾아볼 수 없는 독특한 화법이다. 또 다른 증거는 '하나님 나라'에 있다. 요한복음에서는 '하나님 나라'가 두 번 나오는데 이 본문에서만 사용된다. 다른 본문에서는 '영생', '생명' 등의 용어가 하나님 나라와 동일한 의미로 쓰이고 있다. 이로

비추어 보면 요한복음에서는 예수님과 니고데모와의 대화를 특별히 중요하게 다루고 있음을 알 수 있다. 이 본문에서는 무엇을 그렇게 중요하게 다루고 있을까?

❶ 내면의 변화

사회에서 종교의 기능은 어떠해야 할까? 또한 개인의 삶에서 신앙은 어떤 역할을 해야 할까? 개인과 사회를 바른 방향으로 변화시켜야 한다. 요한복음은 물론 공관복음, 더 나아가 바울서신의 종교적인 배경은 유대교인데 당시의 유대교는 내면의 변화와는 아무런 상관이 없었다. 안식일법을 비롯한 여러 율법 조항을 지키며 유월절과 같은 종교행사에 열심히 참여하는 데에 비중을 두었을 뿐 인간의 변화에 대해서는 아무런 관심도 없었다. 이런 이유로 예수님께서는 유대교 최고의 지도자 중의 하나인 니고데모에게 내면의 변화인 거듭남이 하나님 나라에 들어가는 데에 가장 중요하다고 말씀하셨다.

그러자 니고데모는 예수님의 말씀을 전혀 알아듣지 못하고 오해하여 어떻게 어머니의 뱃속에 다시 들어갔다가 나올 수 있느냐고 되물었다. 그는 유대교 최고의 랍비였지만 거듭남에 대하여 들어보지도, 생각해보지도 못했기 때문이다. 이에 예수님께서는 다시 강조하여 말씀하시기를 사람이 물과 성령으로 나지 않으면 하나님 나라에 들어갈 수 없으며, 그런 거듭남은 바람을 볼 수 없듯이 겉으로는 드러나지 않는다고 자세히 설명하셨다. 그래도 니고데모는 이해가 되지 않아서 어떻게 그런 거듭남이 가능한지를 물었다. 이에 예수님께서는 이스라엘의 랍비가 어떻게 이를 모를 수 있느냐고 탄식하셨다. 이는 니고데모 개인뿐만이 아니라 하나님과 계약을 맺은 이스라엘을 향한 탄식이자 비판이었다. 예수님께서 말씀하신 물과 성령으로 거듭난다는 것은 무슨 뜻이었을까? 오늘 우리 기독교는 이를 바르게 이해하고 있을까?

이에 대하여 세례 요한은 물세례와 성령(불) 세례로 설명했다.(마

3:11, 막1:8, 눅3:16, 요1:33) 네 복음서에 모두 언급한 것을 보면 이를 대단히 중요하게 다루고 있다는 뜻이다. 물세례와 성령(불) 세례를 살펴보고자 한다.

❷ 물세례

물로 세례를 주고 있는 세례 요한에 대하여 예수님께서는 '여자가 낳은 자 중에 가장 큰 자'(마11:11, 눅7:28)라고 하셨다. 왜 이렇게 가장 높은 평가를 하셨을까? 요한이 한 일 때문이다. 그는 광야에서 회개를 촉구하는 설교를 했고 회개하는 사람들에게 죄 사함의 세례를 주었다. 왜 이 일이 그토록 중요할까? 광야설교와 죄 사함의 세례 때문이다.

광야의 설교는 성전(신전)을 정면으로 거부하는 도전이다. 당시에 설교를 당연히 성전이나 신전에서 해야지 허허벌판의 땡볕에 사람들을 불러놓고 한다는 것은 있을 수 없는 일이지만 세례 요한은 이를 감행했다. 또 설교자들이 입는 거룩한 옷을 거부하고 야인들이 걸치는 낙타털옷을 입고 가죽띠를 매었다. 왜일까? 성전이라는 건물이, 그 건물에 빌붙어 있는 성직자들이 인류 역사에서 인간을 가장 불행하게 만들었기 때문이다. 당시 이스라엘 성전은 헤롯이 왕권을 발동하여 46년째 짓고 있었다. 인류 역사에 남아있는 불가사의에 해당되는 건물들은 다 고대의 신전 건물이었다. 그런 건물을 짓기 위하여 자국민은 물론이고 주변 나라를 약탈하고 사람들을 붙들어다가 강제노역에 동원해야 했다. 중세기독교는 각 지역마다 성당 크게 짓기 경쟁이 벌어져서 있는 돈을 다 쏟아 붓고도 모자라 죽은 자를 위한 면죄부까지 팔아먹다가 파국을 맞았다. 로마의 바티칸 성당을 비롯한 유럽 도처에 널려있는 성당 건물들은 파국의 증거물로 우뚝 서서 인간을 비참하게 한 위용을 자랑하며, 건물의 크기와 예술성에 압도되어 넋을 잃은 구경꾼들을 조롱하고 있다. 요한은 이런 정신 나간 짓거리에 대하여 광야의 땡볕에서 낙타털옷으로 맞섰다.

거대한 신전에서는 그 건물에 걸맞은 군중을 동원하여 성대한 제사의식을 거창하게 집행한다. 예수님 당시 유월절에는 250여만 명이 동원되었으며, 한 주일 내내 수십만 마리의 양을 잡아 제사 드렸다. 이 행사를 위해 수만 명의 제사장과 레위인이 동원되었고, 성전으로 가는 길을 단장하며 무덤에 회칠을 하는 등 야단법석을 떨며 일 년 내내 준비를 해야 했다. 이런 꼴사나운 종교 사기극에 대하여 세례 요한은 도끼가 이미 나무뿌리에 놓여있다고 심판을 선언하며 두 벌 옷과 먹을 것이 있는 자는 없는 자와 나누며, 군인(공무원)들은 권력을 남용하지 말고 월급 이상을 바라지 말라고 야단치며 회개를 촉구했다.

거대한 신전 건물과 신상, 성대한 제사와 예배 의식을 거부하고 그 자리를 광야에서 회개를 촉구하는 설교로 대체한 세례 요한의 위업은 세계 종교사에서 새로운 신기원에 해당된다. 이런 이유로 예수님께서는 그를 여자가 낳은 자 중 가장 큰 자라고 하셨다.

요한은 자신의 설교에 동의하고 회개하는 사람들에게 물로 세례를 주었다. 물세례의 기원을 유대교나 쿰란 공동체에서 그 비슷한 흔적을 더듬어 볼 수도 있을 것이다. 그러나 계약의 관점에서 보면 세례의 의미가 지극히 단순하며 명확하다. 계약공동체의 계약법에 동의하고 회원이 되는 입회식이다. 성경은 두 계약의 책이다. 첫 계약의 대상인 이스라엘은 성전신앙과 제사신앙에 치우쳐서 계약을 위반하여 이제 그 계약이 파기되기에 이르렀다. 새 계약의 길을 준비하는 역할을 맡은 세례 요한은 성전과 제사의식을 거부하고 회개의 설교에 화답하는 자들에게 물로 세례를 주며 새 계약의 길을 닦아 놓았다. 세례 요한은 새로운 계약으로 인도하는 안내자였다. 그러나 그는 자신이 하는 역할과 그 한계를 알았다. 물로 세례를 받는 것만으로는 새로운 계약공동체에서 새 계약법을 지킬 수가 없기 때문이다. 이를 위한 그 무엇이 필요했다. 무엇일까?

❸ 성령세례

성경은 하나님과 계약공동체의 계약의 책이며 성경의 신앙은 쌍방계약에 기초한 계약신앙이다. 쌍방계약이기 때문에 인간이 지켜야 할 부분이 있고 또 하나님께서 해 주셔야 할 영역이 있다. 또 인간이 지킬 부분도 인간 스스로의 힘으로는 한계가 있기 때문에 하나님께서 도와주셔야 한다. 성령세례는 이때 하나님께서 도와주시는 방법이다.

쌍방계약이기 때문에 사람의 입장에서는 계약 조건에 대하여 충분히 이해하고 동의하며 지키려고 결단해야 한다. 하지만 계약의 대상이 하나님이고, 계약의 조건이 이 세상에서 하나님의 역할을 대신하며 하나님 나라를 나타내 보여주어야 하는데 이는 사람의 힘만으로는 불가능하다. 그러면 어떻게 해야 할까? 하나님의 도우심을 요청하면 하나님께서 도와주시기 위하여 성령을 그 마음속에 보내주신다. 이를 성령세례라고 한다. 특히 요한복음에서는 성령의 이런 도우심의 역할을 대단히 중요하게 여기며 '보혜사'(παράκλητος)라는 독특한 단어를 사용하는데, 여러 의미가 있지만 '도우미'가 적절하다고 생각된다.

성령 보혜사가 임하면 예수님을 하나님의 아들 그리스도로 경험하게 하시고, 또 예수님을 통하여 하나님을 직접 만나게 하실 뿐만 아니라 하나님과 성경의 말씀들을 깨닫게 하시며 내면에 변화가 일어나도록 도와주신다. 이런 경험에 기초한 깨달음과 내면의 변화는 혈통이나 육정 즉 사람의 방법으로는 불가능하고 오직 성령의 도우심으로만 가능하다. 이런 깨달음과 내면의 변화는 바람을 느끼기는 하지만 볼 수 없듯이 드러내 보여줄 수 없지만 그런 경험이 일어난 사람은 알 수 있으며 또 그런 경험이 일어난 사람들끼리는 어떤 공감대가 형성된다. 이를 본문에서는 물과 성령으로 거듭난다고 말했다.

❹ 하나님 나라

물과 성령으로 거듭나야만 하나님 나라에 들어간다는 말씀은 무슨 뜻일까? 요한복음에서 '하나님 나라'라는 단어는 여기에만 나오며 다른 본문에서는 영생과 생명이 같은 의미로 쓰인다. 요한복음의 종말론은 미래가 아닌 현재, 내재 종말론이다. 하나님 나라나 영생은 죽음 이후 내세가 아니라 지금 여기서 시작된다. 그렇다면 지금, 여기서 하나님 나라에 어떻게 들어갈 수 있는가? 계약으로 이해하면 그 뜻이 명확해진다.

하나님 나라는 어떤 공간이라기보다는 하나님의 통치가 임하는 곳이다. 하나님과 계약을 맺고 그 계약법을 지키는 곳에는 하나님의 통치가 임하기 때문에 하나님 나라라고 할 수 있다. 그런데 어떤 사람이 계약공동체에 들어올 수 있을까? 물과 성령으로 거듭난 사람만이 대상이 된다. 계약공동체가 지켜야 할 법에 대하여 충분히 이해하고 물로 세례 받기를 동의하고 계약법을 지키려고 하는 사람, 그 사람에게 하나님께서는 성령을 허락하셔서 예수님을 하나님의 아들과 구세주로 경험하게 하시고 또 예수님을 통하여 성경과 하나님을 더 깊이 깨달아 알게 하신다. 그 사람이 비로소 계약공동체 회원이 될 수 있다. 그리고 그 사람은 지금 여기서 하나님의 통치를 받으며 그 나라를 삶으로 보여주게 된다. 이 사람이 구원받은 사람이다.

그렇다면 십자가와 대속은 구원에서 어떤 역할을 하는가?

5. 십자가의 역할

【●】 14 모세가 광야에서 뱀을 든 것 같이 인자도 들려야 하리니 15 이
는 그를 믿는 자마다 영생을 얻게 하려 하심이니라 16 하나님이 세상
을 이처럼 사랑하사 독생자를 주셨으니 이는 그를 믿는 자마다 멸망하
지 않고 영생을 얻게 하려 하심이라 17 하나님이 그 아들을 세상에 보

내신 것은 세상을 심판하려 하심이 아니요 그로 말미암아 세상이 구원을 받게 하려 하심이라

본문에서는 십자가의 역할에 대하여 명확하게 설명하고 있다.

❶ 모세가 광야에서 뱀을 든 것 같이

이 본문을 이해하려면 먼저 민수기의 이야기를 알아야 한다.

백성이 호르 산에서 출발하여 홍해 길을 따라 에돔 땅을 우회하려 하였다가 길로 말미암아 백성의 마음이 상하니라 백성이 하나님과 모세를 향하여 원망하되 어찌하여 우리를 애굽에서 인도해 내어 이 광야에서 죽게 하는가 이 곳에는 먹을 것도 없고 물도 없도다 우리 마음이 이 하찮은 음식을 싫어하노라 하매 여호와께서 불뱀들을 백성 중에 보내어 백성을 물게 하시므로 이스라엘 백성 중에 죽은 자가 많은지라 백성이 모세에게 이르러 말하되 우리가 여호와와 당신을 향하여 원망함으로 범죄하였사오니 여호와께 기도하여 이 뱀들을 우리에게서 떠나게 하소서 모세가 백성을 위하여 기도하매 여호와께서 모세에게 이르시되 불뱀을 만들어 장대 위에 매달아라 물린 자마다 그것을 보면 살리라 모세가 놋뱀을 만들어 장대 위에 다니 뱀에게 물린 자가 놋뱀을 쳐다본즉 모두 살더라(민21:4~8)

이스라엘 사람들이 광야 40년의 생활을 마치고 가나안의 여리고로 들어가기 위하여 가까이 갔다. 그런데 길목에는 에돔 사람들이 있어서 그들에게 대표자를 보내서 통행료도 내고 또 피해를 전혀 주지 않을 테니 지나가게 해 달라고 요청했다. 그러나 이스라엘 사람들에게 위협을 느낀 에돔 사람들은 요청을 거부했다. 이에 모세는 에돔 지역을 우회하여 돌아가자고 했지만 이스라엘 사람들은 이를 거부하고 하나님과 모세를 원망했다. 그러자 난데없이 등장한 불뱀이 공격해서 사람들이 물려 죽어 나가기 시작했다. 그제서야 이스라엘 사람들은 자신들의 잘못을 뉘우치고 회개하며 용서를 구했다. 이에 하나님께서는 놋으로 불뱀 모양을 만들어 높은 장대에 매달아 놓고 쳐다보게 하셨고 보는 사람들은 나았다. 그런데 요한복음에서는 왜 모세가 광야에서 뱀을 든 것같이 예수님께서 십자가에 매달리셔야 한다는 말씀을 세 번이나 반복하셨을까?[51]

51) 모세가 광야에서 뱀을 든 것 같이 인자도 들려야 하리니(요3:14)

뱀에 물린 이스라엘 사람들은 무엇을 회개한 것일까? 이스라엘 사람들은 에돔 사람들이 길을 내주지 않으니 좀 고생스럽더라도 오른 쪽으로 우회하여 사람이 살지 않는 사막으로 돌아서 가자는 모세의 말에 분노를 터뜨렸다. 자신들의 세력이 에돔사람보다 더 강하므로 자신들의 요청을 거부하는 에돔 사람들을 힘으로 밀어 붙여야지 왜 힘들게 사막으로 돌아가느냐는 것이었다. 남이야 어떻게 되건 말건 상관없다는 생각이었다. 그런데 장대에 매달린 뱀을 본 사람들은 어떻게 나았을까? 놋뱀에서 무슨 신비한 치유의 능력이 나와서 나은 것일까?

장대에 매달린 놋뱀을 보면서 사람들은 무슨 생각을 했을까? 아무 죄도 없는 사람들에게 달려들어 물어 죽게 하는 독뱀의 모습을 보면서 자신의 모습과 다르지 않음을 발견했다. 에돔 사람들에게 자신들은 곧 불뱀과 같았던 것이다. 불뱀을 보면서 이스라엘은 자신들이 잘못했음을 알고 철저히 회개했다. 장대에 매달린 뱀을 통하여 자신 속에 들어있는 불뱀을 본 것이다. 그리고 그 진정한 회개 속에 치유와 구원의 능력이 들어있었다.

❷ 인자도 들려야 하리니

예수님은 하나님의 유일한 자기계시여서, 예수님을 통해서만 하나님을 만난다. 그런데 실제로 이런 만남이 어떻게 일어나는 것일까? 예수님께서 매달려 계시는 십자가의 능력은 신비한 거울과 같아서 자기 내면의 감추어진 죄를 드러나게 한다. 윤리와 도덕 강령이나 양심의 가책 등은 다른 곳에서도 경험될 수 있다. 이런 것 말고 오직 십자가를 통해서만 만날 수 있는 내면에 감추어진 자아의 진면목이 있다. 무엇일까? 뱀 즉 악마(惡魔)의 모습이다. 마귀가 거하는 소굴이 다른 어떤 곳이 아니라 내 안이다. 내 안에서 마귀의

이에 예수께서 이르시되 너희가 인자를 든 후에 내가 그인 줄을 알고 (요8:28)
내가 땅에서 들리면 모든 사람을 내게로 이끌겠노라 하시니(요12:32)

실상을 보며 마귀의 거처를 경험한다.

예수님을 통하여 하나님을 만나는 장소는 어디일까? 역시 내 안이다. 악마가 자리잡고 있는 내 안에서 어떻게 하나님을 만나며, 마귀의 화신(化身)인 내가 어떻게 성령이 거주하시는 성전이 될 수 있을까? 먼저 내 안에서 악마의 실상을 만나기 때문에 가능해진다. 내 안에서 마귀의 실상을 보면 무슨 일이 일어날까? 자기를 인정하고 신뢰하던 자기 긍정을 버리고 전적으로 자기를 부정하게 된다. 하나님 면전(面前)에 이르는 영성 체험의 절정은 이와 같은 절대 자기부정이다. 완전 무자격자 의식, 절대 자기부정에 이르면 대반전이 일어나서 하나님의 긍정으로 이어진다. 자기부정을 통한 하나님의 긍정이 곧 하나님을 만나는 경험이다.

> 모세가 광야에서 뱀을 든 것 같이 인자도 들려야 하리니(요3:14), 내가 땅에서 들리면 모든 사람을 내게로 이끌겠노라(요12:32)

내가 지금까지 경험하고 깨달은 바에 의하면 단순해 보이는 이 말씀에는 이런 깊은 뜻이 들어있다고 생각된다.

❸ 믿는 자

요한복음에는 믿음의 동사인 '믿는다'라는 말이 98번이나 나온다. 15절과 16절에서 "이는 그를 믿는 자마다 영생을 얻게하려 하심이라."라고 말하면서 믿는 자의 구원을 반복하고 있다. 여기서 말하는 믿는 자는 어떤 사람일까? 이에 대해서는 다음 구절에서 말하고 있다.

> 모세가 광야에서 뱀을 든 것 같이 인자도 들려야 하리니 이는 그를 믿는 자마다…(요:14~15)

앞에서 설명한 바와 같이 예수님의 십자가를 통하여 자신 속에서 마귀의 모습을 보고 자기부정을 통하여 하나님의 긍정에 도달하는 사람들을 말한다. 즉 자신의 죄악상에 대하여 철저하게 회개하고 하나님으로부터 죄의 용서를 받고 죄의 지배로부터 벗어나며, 예수님을 통해서 시작된 새 계약공동체에서 새 계약법을 기꺼이 지키는 사람들이 예수님을 믿는 자이다.

> 16 하나님이 세상을 이처럼 사랑하사 독생자를 주셨으니 이는 그를 믿는 자마다

예수님을 하나님의 독생자로, 즉 유일무이한 하나님의 자기계시로 만나는 사람들을 말한다. 하나님의 자기계시는 요한복음을 비롯한 복음서의 말씀들을 통하여 새로운 계약공동체와 계약법으로 드러나며 이 계시를 만나는 사람들은 그 계약법을 실천으로 옮기게 되어있다. 또 실천으로 옮길 만한 사람들에게 그런 계시가 드러난다. 요한복음에서 믿음이 명사형이 아닌 동사형으로 쓰인 이유는 실천을 전제하기 때문이다. 요한복음의 믿음은 실천하는 믿음이며, 믿는 자는 계약법을 실천하여 세상에 보여주는 자를 말한다. 예수님께서는 보이지 않는 하나님의 보이는 형상이었듯이, 예수님을 믿는 자는 보이지 않는 예수님의 보이는 형상이어야 한다. 이런 이유로 요한복음의 마지막 당부는 다음의 말씀이다.

> 아버지께서 나를 보내신 것 같이 나도 너희를 보내노라(요17:18, 20:21)

하나님께서 이렇게 보여주시는 방법을 사용하시는 이유는 세상을 심판하기 위함이 아니라 구원하기 위함이다.

6. 구원과 심판

> 【•】 18 그를 믿는 자는 심판을 받지 아니하는 것이요 믿지 아니하는 자는 하나님의 독생자의 이름을 믿지 아니하므로 벌써 심판을 받은 것이니라 19 그 정죄는 이것이니 곧 빛이 세상에 왔으되 사람들이 자기 행위가 악하므로 빛보다 어둠을 더 사랑한 것이니라 20 악을 행하는 자마다 빛을 미워하여 빛으로 오지 아니하나니 이는 그 행위가 드러날까 함이요 21 진리를 따르는 자는 빛으로 오나니 이는 그 행위가 하나님 안에서 행한 것임을 나타내려 함이라 하시니라

하나님께서 세상을 구원하시는 방법과 원리는 무엇일까?

❶ 구원과 계약법

창조주 하나님께서 만드신 세상 만물에는 하나님을 깨달아 알만한 존재 원리와 법이 들어있다. 바울은 이를 다음과 같이 말했다.

> 창세로부터 그의 보이지 아니하는 것들 곧 그의 영원하신 능력과 신성이 그가 만드신 만물에 분명히 보여 알려졌나니 그러므로 그들이 핑계하지 못할지니라(롬1:20)

또 인간의 내면에는 인격을 지닌 인간이 따르며 살아야 할 법인 양심이 주어져 있다. 바울은 이 양심이 곧 율법이라고 했다.

> 율법 없는 이방인이 본성으로 율법의 일을 행할 때에는 이 사람은 율법이 없어도 자기가 자기에게 율법이 되나니 이런 이들은 그 양심이 증거가 되어 그 생각들이 서로 혹은 고발하며 혹은 변명하여 그 마음에 새긴 율법의 행위를 나타내느니라(롬2:14~15)

이스라엘과 맺은 계약법은 하나님께서 만물에 주신 법과 인간에게 주어진 양심을 좀 더 쉽게 알 수 있도록 인간의 문자로 기록해 놓은 것이다. 이렇게 주어진 율법 즉 계약법은 구원의 법과 다르지 않으며 다르지 않아야 한다. 계약법을 압축 요약한 것이 십계명이다. 예수님께서 영생의 길을 묻는 자들에게 십계명을 지키라고 하신 이유는 여기에 있다.(마19:16~19, 막10:17~19, 눅10:25~28, 18:18~20) 구원의 법과 자연의 법, 구원론과 우주론은 같은 원리와 법의 지배를 받아야 한다.

❷ 계약법이신 예수님

이스라엘 사람들이 가나안의 여리고에 들어갈 때 제사장들이 나팔을 불면서 법궤를 메고 요단강 하류에 들어서자 요단강물이 멈추어서 상류까지 물바다가 되었고 또 동일한 방법으로 나팔을 불면서 법궤를 메고 여리고성을 하루 한 차례씩 일주일을 돌았다. 무엇을 말하는 것일까? 가나안에서 적용될 계약법을 모든 사람이 알 수 있도록 온 지역에 널리 알리는 공포식이었다. 어떤 법이 효력을 발휘하려면 모든 사람들에게 충분히 알려야 한다.

요한복음은 예수님이 로고스이시며, 인간이 되셨다고 한다. 다시 말하면 로고스 곧 계약법이신 예수님께서 그 법을 보여주시기 위하여 인간으로 오셨고, 유대인들이 계약을 지키지 않으므로 옛 계약법을 폐기하시고 교회와 새로운 계약을 맺으셨다.

갈릴리는 물론이고 예루살렘에서 유대인들이 250여만 명이나 모이는 세 번의 유월절과 초막절, 수전절 등 명절에 예수님께서 보여주신 일곱 표적들, 말씀들은 새로운 계약법의 선포식이었으며 마지막으로 유월절에 십자가에서 목숨을 바치시면서 한 번 더 확인시키셨다. 삼 년이 넘는 기간 동안 예수님의 소문은 온 유대는 물론 인근 외국까지 널리 퍼져서 이제는 유대인 중 어느 누구도 예수님에 대한 소문을 듣지 못한 사람은 아무도 없었다. 다시 말하면 누구도 예수님의 말씀, 즉 새로운 계약법을 들어본 적이 없다고 핑계 댈 수 없게 되었다.

지금 이 세상 사람들은 예수님에 대하여 들어본 적이 없다고 말할 수 없을 만큼 복음은 널리 알려져 있다. 이는 결코 우연이 아니다. 법이 효력을 발휘하려면 모든 사람들에게 알려져야 한다.

❸ 자업자득

당시 유대인들은 주의 날이라는 묵시적인 심판의 날을 기다리고 있었다. 그날 하나님께서는 정의로 이스라엘의 원수들을 심판하시고 이스라엘을 구원하시며 새로운 시대를 열어간다고 생각했다. 그런데 요한복음에 의하면 그 심판이 이제 예수님께 위임되었지만 예수님께서는 심판자가 아니라 구원자로 오셨다. 예수님을 통해서 나타나는 심판과 구원은 예수님께서 보여주시는 표적들과 일, 말씀 등에 대한 반응에 따라 결정된다. 이를 받아들이는 사람에게는 구원이, 거부하는 사람들에게는 심판이 지금 주어지는 것이다. 따라서 요한복음에서는 영접과 믿음이 동의어이며 보는 것과 아는 것도 같은 의미로 쓰인다.

예수님으로 말미암아 빛으로 나오는 사람과 어둠에 머물러 있는 사람, 구원받은 사람과 심판받는 사람들로 양분되었다. 예수님을 통해서 드러난 독생자의 계시로 말미암아 구원과 심판은 아직 일어나지 않은 미래의 사건이 아니라 이미 일어난 현재의 사건인 이유는 지금 여기서 내가 어떻게 하느냐에 달려있기 때문이다. 농사에서 심는 대로 거두는 법은 구원과 심판에도 그대로 적용된다.

요한복음의 저자는 예수님의 성전정화 이야기에 이어서 예수님과 니고데모와의 이야기 속에 요한복음에서 말하고자 하는 중요한 내용들을 담아 놓았다.

물음 11 세례 요한, 왜 또 등장하는가?

본문 〈 3:22~36 〉

22 그 후에 예수께서 제자들과 유대 땅으로 가서 거기 함께 유하시며 세례를 베푸시더라

23 요한도 살렘 가까운 애논에서 세례를 베푸니 거기 물이 많음이라 그러므로 사람들이 와서 세례를 받더라

24 요한이 아직 옥에 갇히지 아니하였더라

25 이에 요한의 제자 중에서 한 유대인과 더불어 정결예식에 대하여 변론이 되었더니

26 그들이 요한에게 가서 이르되 랍비여 선생님과 함께 요단 강 저편에 있던 이 곧 선생님이 증언하시던 이가 세례를 베풀매 사람이 다 그에게로 가더이다

27 요한이 대답하여 이르되 만일 하늘에서 주신 바 아니면 사람이 아무것도 받을 수 없느니라

28 내가 말한 바 나는 그리스도가 아니요 그의 앞에 보내심을 받은 자라

고 한 것을 증언할 자는 너희니라
29 신부를 취하는 자는 신랑이나 서서 신랑의 음성을 듣는 친구가 크게 기뻐하나니 나는 이러한 기쁨으로 충만하였노라
30 그는 흥하여야 하겠고 나는 쇠하여야 하리라 하니라
31 위로부터 오시는 이는 만물 위에 계시고 땅에서 난 이는 땅에 속하여 땅에 속한 것을 말하느니라 하늘로부터 오시는 이는 만물 위에 계시나니
32 그가 친히 보고 들은 것을 증언하되 그의 증언을 받는 자가 없도다
33 그의 증언을 받는 자는 하나님이 참되시다는 것을 인쳤느니라
34 하나님이 보내신 이는 하나님의 말씀을 하나니 이는 하나님이 성령을 한량 없이 주심이니라
35 아버지께서 아들을 사랑하사 만물을 다 그의 손에 주셨으니
36 아들을 믿는 자에게는 영생이 있고 아들에게 순종하지 아니하는 자는 영생을 보지 못하고 도리어 하나님의 진노가 그 위에 머물러 있느니라

요한복음에서는 예수님의 첫 번째 예루살렘 사역에 대하여 반응을 보인 사람들 가운데서 대표로 두 사람을 다루는데 한 사람은 앞에서 언급한 니고데모이다. 니고데모를 다룬 이유는 그가 유대교의 대표적인 지도자이면서 예수님의 첫 사역인 성전정화에서 감명을 받고 찾아와 예수님의 말씀을 듣고 제자가 되었기 때문이었을 것이다. 그리고 또 한 사람은 세례 요한을 다시 언급하고 있다. 왜 세례 요한을 다시 언급하고 있을까?

〈물음06〉에서 본 바와 같이 요한복음에서 세례 요한은 예수님에 대한 증언자 역할을 한다. 1장에서는 세례 요한이 증언한 내용을 중심으로 기록했다. 그런데 여기서는 증언자로서 세례 요한의 자세에 대하여 기록하고 있다. 본문에 의하면 세례 요한의 제자들과 유대인 사이에 유대인의 정결례에 대한 논쟁이 벌어졌다. 유대인들에게는 손과 발을 자주 씻는 전통적인 정결 예식이 있었다. 그러나 세례 요한처럼 사람의 전신을 물에 잠그는 침례 예식은 없었기 때문에 빚어진 논쟁이라고 보인다. 더 자세히는 알 수 없으나 논쟁의 결과 유대

인들에게 세례 요한 제자들의 설명이 먹혀들어가지 않아서 사람들이 예수님께로 몰려가고 말았다. 아마도 예수님께서도 세례에 대하여 어떤 언급을 하셨는데 유대인들에게는 예수님의 설명이 더 설득력이 있었던 것 같다. 이에 세례 요한의 제자들은 스승에게 가서 사람들이 전부 예수님에게 몰려가고 있다고 우려 섞인 보고를 했다. 이에 대하여 요한은 무어라고 말했을까?.

1. 증언자의 자세

【•】 28 내가 말한 바 나는 그리스도가 아니요 그의 앞에 보내심을 받은 자라고 한 것을 증언할 자는 너희니라

"내가 이미 말하지 않았느냐? 나는 단지 그의 길을 준비하기 위하여 보냄을 받았다. 내가 그리스도가 아니고 그분이 그리스도라고 증언해야 할 사람들은 바로 너희들이다." 요한은 자신이 누구이며, 무슨 일을 해야 하는지를 정확하게 알고 있었다. 자신에게 오던 사람들이 예수님께 몰려가는 상황에서 이렇게 말한다는 것은 쉬울듯하지만 전혀 쉽지 않다. 그런데 세례 요한은 복음을 전하는 사람, 설교하는 사람, 교회에서 사역하는 사람들이 어떤 자세를 가져야 하는지를 보여주고 있다. 또 요한복음서 저자는 요한의 이런 자세를 기록해 놓고 있다. 그런데 세례 요한은 더 놀라운 말을 하고 있다.

2. 하나 되게 하는 자

【•】 30 그는 흥하여야 하겠고 나는 쇠하여야 하리라 하니라

영국에서 18세기에 감리교 운동이 일어났을 때 선두 주자는 죠지 휫필드였다. 옥스퍼드 대학의 경건모임 회원 중에서 그는 먼저 회심의 경험을 했고 그의 야외예배 설교에는 수천여 명의 사람들이 모여들었다. 그런데 같은 경건모임 회원 중에 요한 웨슬리라는 사람이 있었는데 그는 뒤늦게 회심 체험을 했고 또 야외예배에 대하여 거부감을 가지고 있었다. 휫필드가 웨슬리를 감리교 운동에 합류하게 하려고 많은 노력을 기울여서 결국 웨슬리는 뒤늦게 감리교 운동에 뛰

어들었다. 얼마 후 웨슬리의 집회에 사람들이 더 많이 모이게 되었다. 그러자 휫필드를 따르던 제자들은 스승에게 웨슬리를 견제해야 한다고 강력하게 건의했다. 그러나 휫필드는 자신보다는 웨슬리가 더 출중한 적임자라고 생각하여 제자들에게 이렇게 말했다. "죠지 휫필드의 이름은 영원히 사라지게 해라!" 이 말과 함께 그는 영국에서 떠나 신개척지 미국으로 무대를 옮겼다. 그 결과 그 후 감리교회에는 분열을 거부하는 전통이 뿌리를 내려서 지금까지 전세계의 감리교회가 한 교단을 유지하고 있다.

요한복음에 의하면 예수님께서 십자가에서 죽으신 목적은 교회가 분열되지 않고 하나 되게 하시기 위함이었으며, 제자들을 향한 마지막 설교와 기도에서 예수님과 하나님이 하나이듯이 교인들이 하나님 안에서 하나가 되어야 함을 반복해서 말씀하셨다. 몇 구절을 옮겨보면 다음과 같다.

> … 흩어진 하나님의 자녀를 모아 하나가 되게 하기 위하여 죽으실 것을 미리 말함이러라(요11:52)
>
> … 거룩하신 아버지여 내게 주신 아버지의 이름으로 그들을 보전하사 우리와 같이 그들도 하나가 되게 하옵소서(요17:11)
>
> 아버지여, 아버지께서 내 안에, 내가 아버지 안에 있는 것 같이 그들도 다 하나가 되어 우리 안에 있게 하사 세상으로 아버지께서 나를 보내신 것을 믿게 하옵소서(요17:21)
>
> 내게 주신 영광을 내가 그들에게 주었사오니 이는 우리가 하나가 된 것 같이 그들도 하나가 되게 하려 함이니이다(요17:22)
>
> 곧 내가 그들 안에 있고 아버지께서 내 안에 계시어 그들로 온전함을 이루어 하나가 되게 하려 함은 아버지께서 나를 보내신 것과 또 나를 사랑하심 같이 그들도 사랑하신 것을 세상으로 알게 하려 함이로소이다(요17:23)

계약공동체인 교회의 기본적인 정체성은 '하나 됨'이다. 보이지 않는 하나님의 보이는 형상이어야 하는 교회에서 분열을 거듭한다는 것은 말이 되지 않는다. 교회와 교단의 분열은 그 어떤 변명으로도 용납되지 않는다. 이런저런 명분들을 내세우고 있지만 결국은 주도권 싸움 때문에 교회에서 분열이 일어난다.

사도 시대의 마지막 길목에서 요한복음의 저자 요한은 3장에서 왜 니고데모와 더불어 세례 요한을 대표적인 표본으로 제시할까? 세례 요한이 '그는 흥하여야 하겠고 나는 쇠하여야 하리라'고 한 말이 이방인 교회 시대를 맞은 교회가 가야 할 영원한 사표이기 때문이다. 왜 예수님께서는 여자가 낳은 자 중에 세례 요한보다 큰 자가 없다고 하셨을까? 그가 한 이 말과 더불어 광야설교와 죄 사함의 세례 때문이다.

그는 흥하여야 하겠고 나는 쇠하여야 하리라!

물음 12 사마리아 선교, 준비된 사람은 누구였을까?

본문 〈 4:1~42 〉

1 예수께서 제자를 삼고 세례를 베푸시는 것이 요한보다 많다 하는 말을 바리새인들이 들은 줄을 주께서 아신지라

2 (예수께서 친히 세례를 베푸신 것이 아니요 제자들이 베푼 것이라)

3 유대를 떠나사 다시 갈릴리로 가실새

4 사마리아를 통과하여야 하겠는지라

5 사마리아에 있는 수가라 하는 동네에 이르시니 야곱이 그 아들 요셉에게 준 땅이 가깝고

6 거기 또 야곱의 우물이 있더라 예수께서 길 가시다가 피곤하여 우물 곁에 그대로 앉으시니 때가 여섯 시쯤 되었더라

7 사마리아 여자 한 사람이 물을 길으러 왔으매 예수께서 물을 좀 달라 하시니

8 이는 제자들이 먹을 것을 사러 그 동네에 들어갔음이러라

9 사마리아 여자가 이르되 당신은 유대인으로서 어찌하여 사마리아 여자인 나에게 물을 달라 하나이까 하니 이는 유대인이 사마리아인과 상종하지 아니함이러라

10 예수께서 대답하여 이르시되 네가 만일 하나님의 선물과 또 네게 물 좀 달라 하는 이가 누구인 줄 알았더라면 네가 그에게 구하였을 것이요 그가 생수를 네게 주었으리라

11 여자가 이르되 주여 물 길을 그릇도 없고 이 우물은 깊은데 어디서 당신이 그 생수를 얻겠사옵나이까

12 우리 조상 야곱이 이 우물을 우리에게 주셨고 또 여기서 자기와 자기 아들들과 짐승이 다 마셨는데 당신이 야곱보다 더 크니이까

13 예수께서 대답하여 이르시되 이 물을 마시는 자마다 다시 목마르려니와

14 내가 주는 물을 마시는 자는 영원히 목마르지 아니하리니 내가 주는 물은 그 속에서 영생하도록 솟아나는 샘물이 되리라

15 여자가 이르되 주여 그런 물을 내게 주사 목마르지도 않고 또 여기 물 길으러 오지도 않게 하옵소서

16 이르시되 가서 네 남편을 불러 오라

17 여자가 대답하여 이르되 나는 남편이 없나이다 예수께서 이르시되 네가 남편이 없다 하는 말이 옳도다

18 너에게 남편 다섯이 있었고 지금 있는 자도 네 남편이 아니니 네 말이 참되도다

19 여자가 이르되 주여 내가 보니 선지자로소이다

20 우리 조상들은 이 산에서 예배하였는데 당신들의 말은 예배할 곳이 예루살렘에 있다 하더이다

21 예수께서 이르시되 여자여 내 말을 믿으라 이 산에서도 말고 예루살렘에서도 말고 너희가 아버지께 예배할 때가 이르리라

22 너희는 알지 못하는 것을 예배하고 우리는 아는 것을 예배하노니 이는 구원이 유대인에게서 남이라

23 아버지께 참되게 예배하는 자들은 영과 진리로 예배할 때가 오나니 곧 이 때라 아버지께서는 자기에게 이렇게 예배하는 자들을 찾으시느니라

24 하나님은 영이시니 예배하는 자가 영과 진리로 예배할지니라

25 여자가 이르되 메시야 곧 그리스도라 하는 이가 오실 줄을 내가 아노니 그가 오시면 모든 것을 우리에게 알려 주시리이다

26 예수께서 이르시되 네게 말하는 내가 그라 하시니라
27 이 때에 제자들이 돌아와서 예수께서 여자와 말씀하시는 것을 이상히 여겼으나 무엇을 구하시나이까 어찌하여 그와 말씀하시나이까 묻는 자가 없더라
28 여자가 물동이를 버려 두고 동네로 들어가서 사람들에게 이르되
29 내가 행한 모든 일을 내게 말한 사람을 와서 보라 이는 그리스도가 아니냐 하니
30 그들이 동네에서 나와 예수께로 오더라
31 그 사이에 제자들이 청하여 이르되 랍비여 잡수소서
32 이르시되 내게는 너희가 알지 못하는 먹을 양식이 있느니라
33 제자들이 서로 말하되 누가 잡수실 것을 갖다 드렸는가 하니
34 예수께서 이르시되 나의 양식은 나를 보내신 이의 뜻을 행하며 그의 일을 온전히 이루는 이것이니라
35 너희는 넉 달이 지나야 추수할 때가 이르겠다 하지 아니하느냐 그러나 나는 너희에게 이르노니 너희 눈을 들어 밭을 보라 희어져 추수하게 되었도다
36 거두는 자가 이미 삯도 받고 영생에 이르는 열매를 모으나니 이는 뿌리는 자와 거두는 자가 함께 즐거워하게 하려 함이라
37 그런즉 한 사람이 심고 다른 사람이 거둔다 하는 말이 옳도다
38 내가 너희로 노력하지 아니한 것을 거두러 보내었노니 다른 사람들은 노력하였고 너희는 그들이 노력한 것에 참여하였느니라
39 여자의 말이 내가 행한 모든 것을 그가 내게 말하였다 증언하므로 그 동네 중에 많은 사마리아인이 예수를 믿는지라
40 사마리아인들이 예수께 와서 자기들과 함께 유하시기를 청하니 거기서 이틀을 유하시매
41 예수의 말씀으로 말미암아 믿는 자가 더욱 많아
42 그 여자에게 말하되 이제 우리가 믿는 것은 네 말로 인함이 아니니 이는 우리가 친히 듣고 그가 참으로 세상의 구주신 줄 앎이라 하였더라

유대교 당국자들, 특히 서기관과 바리새인들은 예수님에 대하여 적대감을 가지고 있었다. 예수님께서는 유월절에 예루살렘에서 성

전을 정화하신 후 유대인들의 적대감이 높아지자 요단 건너편으로 피해가셨다. 그런데 예수님에게 몰려오는 사람들이 세례 요한에게 가는 사람보다 더 많아졌고, 이 소문이 바리새인들에게 전해지자 예수님께서는 더 멀리 갈릴리로 피하시기로 하셨다.

예수님 당시 유대인과 사마리아인은 같은 지역에 살면서 같은 하나님을 믿고 있었지만 서로 상종하지 않을 만큼 갈등과 반목이 심했다. 그 이유는 그들의 오랜 역사와 관련이 있다. 사마리아 지방은 유대와 갈릴리 사이에 있었지만 유대인들은 사마리아 지역을 통과하지 않으려고 왕의 대로라 불리는 요단강 건너편의 협곡이나 또는 지중해 지역의 해안로로 우회했고, 사마리아인들도 유대인의 통과를 거부하고 있었다. 공관복음에 의하면 이런 사실을 잘 아시는 예수님께서는 사마리아에 특별한 관심을 가지고 선교를 시도하셨으나 사마리아인들이 거부했다.(눅9:51~56) 그런데 요한복음에서는 예수님의 사마리아 선교에 대하여 기록하고 있다. 예수님께서는 사마리아 선교를 어떻게 하셨을까?

1. 준비된 사람

【●】 3 유대를 떠나사 다시 갈릴리로 가실새 4 사마리아를 통과하여야 하겠는지라 5 사마리아에 있는 수가라 하는 동네에 이르시니 야곱이 그 아들 요셉에게 준 땅이 가깝고 6 거기 또 야곱의 우물이 있더라 예수께서 길 가시다가 피곤하여 우물 곁에 그대로 앉으시니 때가 여섯 시쯤 되었더라 7 사마리아 여자 한 사람이 물을 길으러 왔으매 예수께서 물을 좀 달라 하시니 8 이는 제자들이 먹을 것을 사러 그 동네에 들어갔음이러라

요한복음 3장 후반부(3:22)에 의하면 유월절 절기를 맞아 예루살렘에서 사역하셨던 예수님께서는 요단강 건너편 유대 지역에 머물러 계셨다. 그런데 예수님께서 갈릴리로 가실 계획을 세우셨는데, 그곳에서는 요단 협곡을 따라 갈릴리로 가는 길이 수월했지만 이를 포기하고 사마리아를 거쳐서 가시기로 했다. 예수님께서 선택하신

길은 족장로라고 불리는데, 600여 미터의 내륙의 험한 산길을 통과하는 지름길이며 유다지방에서 갈릴리까지는 3일 정도 걸렸다.

예수님께서는 유대인들과는 상종조차 하지 않는 사마리아인들에게 복음을 전할 계획을 어떻게 세우셨을까? 사람을 통해서 일하시는 하나님께서는 늘 준비된 적임자를 찾으신다. 사마리아 선교를 위해서는 그를 위해 준비된 사람이 있어야 했다. 예수님께서는 이 사람을 만나기 위하여 아침 일찍 길을 떠나셨다. 그리고 정오에 만남의 장소에 먼저 도착하여 그 사람이 오기를 기다리고 계셨다. 도대체 그는 어떤 사람이었을까?

야곱의 우물가에 물 길러 온 한 여인이었다. 어떤 여인이었을까?

2. 12시, 야곱의 우물가

【•】 9 사마리아 여자가 이르되 당신은 유대인으로서 어찌하여 사마리아 여자인 나에게 물을 달라 하나이까 하니 이는 유대인이 사마리아인과 상종하지 아니함이러라 … 13 예수께서 대답하여 이르시되 이 물을 마시는 자마다 다시 목마르려니와 14 내가 주는 물을 마시는 자는 영원히 목마르지 아니하리니 내가 주는 물은 그 속에서 영생하도록 솟아나는 샘물이 되리라 15 여자가 이르되 주여 그런 물을 내게 주사 목마르지도 않고 또 여기 물 길으러 오지도 않게 하옵소서 16 이르시되 가서 네 남편을 불러 오라 17 여자가 대답하여 이르되 나는 남편이 없나이다 예수께서 이르시되 네가 남편이 없다 하는 말이 옳도다 18 너에게 남편 다섯이 있었고 지금 있는 자도 네 남편이 아니니 네 말이 참되도다

수가성이 어디였는지는 정확히 알 수 없지만 세겜 또는 오늘날의 아스카라고 추정된다. 당시에 물은 아침 저녁에 길었으며 12시에 물을 길러 오는 경우는 거의 없었다. 이 여인은 동네에서 1.5km 정도 떨어진 외진 우물가에 그것도 12시에 왔다. 왜 그래야만 했을까?

❶ 영생의 물을 주리라

당시 유대인 남자들은 길거리에서 여인들과 이야기를 나누지 않는 게 관습이었다. 그런데 사마리아 여인은 유대인 남자가 우물가에

앉아 있다가 자신을 보고 말을 걸자 놀라서 유대인 남자가 사마리아 여인인 자신에게 물을 달라고 할 수 있느냐고 반문했다. 하나님께서 어떤 계획을 가지고 누군가에게 접근하실 때에는 전혀 예상하지 못한 때에 의외의 방법을 사용하신다. 예수님께서는 "네가 주는 물은 곧 다시 목마르지만 내가 주는 물은 영원히 목마르지 않으리라."고 전혀 예상치 못한 말씀을 하셨다. 이 말을 들은 사마리아 여인은 예수님에게 이 먼 곳까지 한낮에 물을 길러 오지 않게 해달라고 요청했다. 이에 예수님께서는 또 전혀 질문과는 상관없는 말씀을 하셨다.

❷ 네 남편을 데려와라

"가서 네 남편을 데려와라!" 왜 남편을 불러오라고 하셨을까? 그 여인은 남편이 다섯이나 있었지만 지금 같이 사는 남자는 남편이 아니었다. 이 여인은 어떤 사람이었을까?

당시에 여자가 먼저 이혼을 요구하거나 세 번 이상 결혼하는 것은 불가능했다. 그런데 이 여인은 어떻게 남편이 다섯이나 있었고 또 지금도 자기 남편이 아닌 남자와 살고 있었을까? 정확히 알 수는 없지만 이 여인은 평범하지 않은 결혼생활을 한 것은 분명하며 동네에서 따돌림을 받아 남이 물을 긷지 않는 시간에 먼 곳까지 물을 길러 와야 했던 것 같다. 그런데 이런 여자가 어떻게 하나님의 일에 준비된 사람일 수 있을까? 하나님께서 보시는 기준과 사람의 생각은 너무 다를 때가 많이 있다.

3. 내가 그라

【•】 19 여자가 이르되 주여 내가 보니 선지자로소이다 20 우리 조상들은 이 산에서 예배하였는데 당신들의 말은 예배할 곳이 예루살렘에 있다 하더이다 21 예수께서 이르시되 여자여 내 말을 믿으라 이 산에서도 말고 예루살렘에서도 말고 너희가 아버지께 예배할 때가 이르리라 22 너희는 알지 못하는 것을 예배하고 우리는 아는 것을 예배하노니

> 이는 구원이 유대인에게서 남이라 23 아버지께 참되게 예배하는 자들은 영과 진리로 예배할 때가 오나니 곧 이 때라 아버지께서는 자기에게 이렇게 예배하는 자들을 찾으시느니라 24 하나님은 영이시니 예배하는 자가 영과 진리로 예배할지니라 25 여자가 이르되 메시야 곧 그리스도라 하는 이가 오실 줄을 내가 아노니 그가 오시면 모든 것을 우리에게 알려 주시리이다 26 예수께서 이르시되 네게 말하는 내가 그라 하시니라 27 이 때에 제자들이 돌아와서 예수께서 여자와 말씀하시는 것을 이상히 여겼으나 무엇을 구하시나이까 어찌하여 그와 말씀하시나이까 묻는 자가 없더라

평소와 다를 바 없이 물을 길러 왔다가 우물가에서 낯선 유대인 남자를 만나 이야기를 나누던 여인은 깜짝 놀랐다.

❶ 주여, 내가 보니 선지자로소이다

자신의 과거사를 소상히 말하는 것을 들은 여인은 예수님을 향하여 '주여!' 라고 부르며 태도를 바꾸어 선지자로 대하였다. 그리고 화제를 바꾸어 누구에게도 말하지 못하던 자신의 속 마음을 털어 놓았다. 이 여인이 가슴에 품고 있던, 오랫동안 정말로 찾던 것은 무엇이었을까?

❷ 하나님

본래 북왕국 이스라엘의 영토였던 사마리아에 사는 이들도 비록 혼혈이 되었지만 하나님을 믿고 있었다. 이들은 예언서를 거부하고 오직 모세 오경을 중심으로 신앙생활을 했으며 그리심산에 성전이 있었다. 그 여인은 의외로 하나님을 찾고 있었고 유대인들의 선지자와 신앙에 대해서도 상당한 식견이 있었다. 그리심산에서 하나님을 만나려고 했으나 실패하고 고민하면서 예루살렘에 가면 하나님을 만날 수 있다는 말을 들었지만 사마리아 여인인 그녀는 갈 수가 없었다. 그 속마음을 예수님께 털어놓은 것이다. 이 여인에게 예수님께서는 무슨 말씀을 하셨을까?

❸ 참 예배

요한복음에는 '예배' (προσκυνέω)라는 단어가 11번 나오는데 사마리아 여인과의 대화에 9번이 쓰이고 있다. 이는 사마리아 여인이

하나님을 만나기 위하여 예배에 심혈을 기울이며 찾고 있었음을 의미한다. 이에 예수님께서는 그 여인에게 예배에 대하여 소상하게 말씀해 주셨다.

예수님께서 말씀하신 "너희는 알지 못하는 것을 예배하고…"는 무엇을 말하는 것일까? 하나님을 만나는 장소가 중요한 것이 아니다. 하나님을 바로 알고 바로 섬기는 것이 중요하다. 그런데 너는 지금 하나님에 대하여 잘못 알고 있다. 영과 진리, 즉 신령과 진정으로 하나님께 예배를 드려야 하며 하나님께서는 그런 예배를 찾으신다. 이 말을 들은 여인은 "메시아가 오면 그런 것들을 우리에게 자세히 알려줄 것입니다."라고 말했다. 사마리아인들은 유대인과 다른 메시아 신앙을 가지고 있었다. 그들은 메시아를 '타헤브'(Taheb)라고 했으며, 천지창조 후 6천 년이 되면 등장하여 그리심산에 성전을 회복하고 사마리아인을 위한 통치를 시작한다고 생각했다.[52] 사마리아 여인은 나름대로 메시아에 대하여 갈급한 마음을 가지고 찾고 있었다. 대화가 여기에 이르자 예수님께서는 사마리아 여인에게 놀라운 말씀을 하셨다.

❹ 내가 그라

〈물음05〉에서 말한 바와 같이 요한복음에서 독특하게 쓰이는 "나는 나다."(에고 에이미 *Ἐγώ εἰμι*)는 구약성경에서 스스로 있는 자(אֶהְיֶה אֲשֶׁר אֶהְיֶה)와 동일한 의미이며, 하나님께서 모세에게 당신을 드러내실 때 하신 말씀이다. 그런데 지금 예수님께서는 사마리아 여인에게 에고 에이미(내가 그니라)라고 말씀하셨다. 요한복음에서 에고 에이미가 몇 번 사용되고 있지만(요4:26, 6:20, 8:24, 28, 58, 13:19, 18:5, 8) 예수님께서 당신 자신을 드러내신 대상은 늘 제자들이었다. 그런데 지금 예수님께서는 사마리아 여인에게 먼저 에고 에이미로 나타내셨다.

52) 조민석, 「요한복음의 새관점」, 솔로몬, 2015, p.201.

바꾸어 말하면 사마리아 여인은 지금 예수님을 하나님으로 만나고 있다. 요한복음의 대 주제는 예수님은 하나님이시며 예수님을 하나님으로 만나는 것이 곧 믿음이며 영생에 이르는 길이다. 그런데 지금 사마리아 여인은 그런 경험이 일어난 첫 번째 사람이다. 유대인이 아닌 사마리아인이, 그것도 남편을 다섯이나 두었던 여인이 제자들보다 먼저 예수님을 하나님으로 만났다. 이를 어떻게 설명해야 할까? 이 여인의 무엇이 이를 가능하게 했을까?

하나님을 직접 만나는 경험은 그 경험을 가능하게 하는 조건이 갖추어져야 한다. 구약의 노아와 아브라함, 모세와 선지자 등이 그런 사람들이다. 그런데 사마리아 여인에게 그런 조건이 갖추어져 있었다는 것이 놀라울 뿐이다. 이 여인에게 이런 경험이 일어난 가장 큰 이유는 하나님을 진심으로 찾았기 때문이다. 예수님에게 묻는 질문들이 그것을 보여준다. 하나님께서는 그가 누구든지 진심으로 찾는 사람들에게 적절한 방식으로 만나 주시는데 주로 찾아오신다. 예수님께서는 이 여인을 만나기 위하여 일부러 사마리아를 지나가는 족장로로 오셨고 그 여인이 물 길러 오는 시각에 맞추어 우물가에서 그녀를 기다리고 계셨다.

사람을 외모로 쉽게 평가하지 말아야 한다. 사람의 중심을 보시는 하나님의 판단 기준은 사람과는 많은 차이가 난다.

예수님을 통해서 하나님을 경험한 사마리아 여인은 어떤 반응을 보였을까?

4. 증인

【•】 28 여자가 물동이를 버려 두고 동네로 들어가서 사람들에게 이르되 29 내가 행한 모든 일을 내게 말한 사람을 와서 보라 이는 그리스도가 아니냐 하니 30 그들이 동네에서 나와 예수께로 오더라 … 39 여자의 말이 내가 행한 모든 것을 그가 내게 말하였다 증언하므로 그 동네 중에 많은 사마리아인이 예수를 믿는지라 40 사마리아인들이 예

수께 와서 자기들과 함께 유하시기를 청하니 거기서 이틀을 유하시매 41 예수의 말씀으로 말미암아 믿는 자가 더욱 많아 42 그 여자에게 말하되 이제 우리가 믿는 것은 네 말로 인함이 아니니 이는 우리가 친히 듣고 그가 참으로 세상의 구주신 줄 앎이라 하였더라

하나님을 만나는 경험은 신앙의 경험 중 가장 큰 경험에 해당되며 동시에 큰 충격을 받는다. 이 여인이 보인 반응이 이를 말해주는데, 물을 길러 왔던 그녀는 물동이를 버려두고 동네로 들어가서 집집마다 찾아다니며 자신이 만난 예수님을 널리 전했다. 이 여자가 짧은 시간에 얼마나 열정적으로 증언을 했는지는 그 결과가 말해 준다. 그 여인의 말을 듣고 한낮에 많은 사람들이 예수님에게 몰려왔다. 무엇이 사람들의 마음을 움직였을까? 오랫동안 찾던 것을 만난 경험을 기쁨과 확신으로 말했기 때문이다. 몰려온 군중들은 예수님의 말씀을 듣고 믿었을 뿐만 아니라 예수님께 와서 자기 마을에 머물러 달라고 요청했다. 예수님께서는 기꺼이 그들과 이틀을 머무시며 그들에게 더 많은 말씀을 해 주셨다. 이틀 동안 예수님의 말씀을 들은 사마리아 사람들은 예수님을 '구주'(σωτήρ)로 믿게 되었는데, 요한복음에서 이 단어는 여기에만 나오고 있다. 어떻게 이런 놀라운 결과가 가능했을까?

하나님을 직접 만나는 경험이 일어난 사람에게는 증언의 역할이 주어지는데 이 여인으로 말미암아 수백 년 동안 지속되던 유대인과 사마리아인의 적대적인 관계가 해결되는 실마리가 찾아지게 되었다. 증언은 직접 경험한 사람만이 할 수 있다. 직접 경험하지 않고 말한 것은 소문일 뿐 증언이 될 수 없으며 소문만으로는 사람을 움직이기 어렵다. 증인의 증언에 사람의 마음을 움직이는 호소력이 있다. 하나님께서는 지금도 하나님을 직접 만나는 것을 경험하고 증언하며, 당면한 문제를 해결할 사람을 찾고 계신다. 그런데 문제는 응답하실 기도가 없고, 하늘의 돈을 맡길 사람이 없고, 직접 만나기 위하여 찾아갈 사람이 없다는 데에 있다. 본문의 이야기는 지금 읽

고 있는 우리에게 이렇게 말하고 있다.

네가 오늘의 사마리아 여인이 되어라!

5. 제자들의 놀람

【●】 27 이 때에 제자들이 돌아와서 예수께서 여자와 말씀하시는 것을 이상히 여겼으나 무엇을 구하시나이까 어찌하여 그와 말씀하시나이까 묻는 자가 없더라 … 31 그 사이에 제자들이 청하여 이르되 랍비여 잡수소서 32 이르시되 내게는 너희가 알지 못하는 먹을 양식이 있느니라 33 제자들이 서로 말하되 누가 잡수실 것을 갖다 드렸는가 하니 34 예수께서 이르시되 나의 양식은 나를 보내신 이의 뜻을 행하며 그의 일을 온전히 이루는 이것이니라

예수님께서는 아침 일찍 길을 떠나시면서 제자들에게 아무런 언질을 주지 않으셨던 것 같다. 정오에 맞추어 야곱의 우물가에 도착했을 때에는 지치고 시장했지만 먹을 것을 준비하지 않았기 때문에 점심을 준비하기 위하여 제자들은 모두 사마리아 동네로 갔고 예수님 혼자 우물가에 있었다.

우물가로 돌아온 제자들은 크게 당황했다. 유대인인 예수님께서 사마리아 여인과 단둘이 진지하게 이야기를 나누고 계셨기 때문이다. 제자들이 돌아왔을 때는 여인이 예수님을 하나님으로 만나고 있는 시점이어서 무언가 어떤 거룩한 분위기가 느껴져서 감히 끼어들 수도 없었다. 여인이 떠나고 난 뒤에야 제자들은 구해온 음식을 드시라고 말을 꺼낼 수가 있었다. 그런데 예수님께서는 전혀 의외의 반응을 보이시며 드시기를 거부하셨다.

내게는 너희가 알지 못하는 먹을 양식이 있느니라

무슨 뜻일까? 34절에서 하나님의 뜻을 행하시는 것이 양식이라고 말씀하셨지만 이것으로는 설명이 부족하다. "누가 잡수실 것을 갖다 드렸는가? 하니"라는 구절을 보면 예수님께서는 제자들이 구해온 음식을 드시지 않으셨기 때문이다. 왜 시장하셨던 예수님께서는 식사를 하지 않으셨을까? '너희가 알지 못하는 양식'이란 무엇

을 말할까?

만물을 만드신 하나님께서는 만물이 필요로 하는 에너지의 근원이시다. 태양의 열과 빛, 지구의 자전과 공전, 은하계의 블랙홀과 화이트홀, 우주의 끊임없는 팽창 등은 무한한 어떤 에너지가 있어야 가능하다. 물리학으로는 입증이 어렵지만 이 모든 에너지원은 하나님이시다. 우주의 만물이 자기중심, 즉 낮은 곳으로 내려가는 이유는 만물이 하나님을 향하고 있는데 하나님께서 가장 낮은 그곳에 계시기 때문이다. 우주 만물을 지배하는 물리력의 배후에는 영으로 계시는 하나님의 영의 힘이 있다. 지구에서 태양이 에너지의 근원이듯이 우주 만물에서는 하나님이 에너지의 근원이다.

이런 사실은 실제로 영적인 경험에서 일어난다. 하나님 면전에 이르러 있는 동안에는 하나님께로부터 나오는 어떤 거룩한 힘이 에너지를 공급해주기 때문에 먹고 자는 것과 운동에너지의 한계로부터 초월해 있게 된다. 이런 이유로 모세는 시내산에서 연거푸 두 번 40일 주야를 물도 마시지 않고 금식할 수 있었고(출24:18, 34:28), 엘리야는 아합왕의 마차를 앞질러 달려갈 수 있었다.(왕상18:46) 성경에는 수많은 기적의 이야기들이 있다. 오늘날 과학에 익숙한 우리는 이를 그대로 믿기 어려워서 신학자들이 성경을 해석할 때 큰 장애물이 되며 흔히 신화(神話)로 취급하곤 한다. 성경은 신앙 경험에 의해 쓰인 책이다. 이를 해석하려면 그에 준하는 신앙 경험이 동반되어야 한다. 신앙 경험 없이 인간의 이성으로만 해석하면 늘 그 한계에 부딪힐 수밖에 없다. 성경을 해석하려면 쉽게 판단하기에 앞서 하나님 앞에서 겸비한 자세가 필요하다.

물음 13 두 번째 표적, 무엇을 말하고 있을까?

본문 〈 4:43~54 〉

43 이틀이 지나매 예수께서 거기를 떠나 갈릴리로 가시며
44 친히 증언하시기를 선지자가 고향에서는 높임을 받지 못한다 하시고
45 갈릴리에 이르시매 갈릴리인들이 그를 영접하니 이는 자기들도 명절에 갔다가 예수께서 명절중 예루살렘에서 하신 모든 일을 보았음이더라
46 예수께서 다시 갈릴리 가나에 이르시니 전에 물로 포도주를 만드신 곳이라 왕의 신하가 있어 그의 아들이 가버나움에서 병들었더니
47 그가 예수께서 유대로부터 갈릴리로 오셨다는 것을 듣고 가서 청하되 내려오셔서 내 아들의 병을 고쳐 주소서 하니 그가 거의 죽게 되었음이라
48 예수께서 이르시되 너희는 표적과 기사를 보지 못하면 도무지 믿지 아니하리라
49 신하가 이르되 주여 내 아이가 죽기 전에 내려오소서
50 예수께서 이르시되 가라 네 아들이 살아 있다 하시니 그 사람이 예수께서 하신 말씀을 믿고 가더니
51 내려가는 길에서 그 종들이 오다가 만나서 아이가 살아 있다 하거늘
52 그 낫기 시작한 때를 물은즉 어제 일곱 시에 열기가 떨어졌나이다 하는지라
53 그의 아버지가 예수께서 네 아들이 살아 있다 말씀하신 그 때인 줄 알고 자기와 그 온 집안이 다 믿으니라
54 이것은 예수께서 유대에서 갈릴리로 오신 후에 행하신 두 번째 표적이니라

사마리아에서 이틀을 묵으신 주님께서는 다시 갈릴리의 가나로 가셨다. 공관복음에서는 갈릴리 해변 가버나움에서 주로 활동하셨

지만 요한복음에 의하면 갈릴리의 가나가 활동의 중심지였다. 예수님께서 갈릴리에 이르자 많은 사람들이 예수님 주변으로 몰려들었다. 유월절에 예루살렘에 갔던 사람들이 그곳에서 예수님께서 하시는 많은 표적을 보고 또 말씀을 들었기 때문이다. 그런데 누군가 예수님을 찾아와서 간청했다. 누가 무엇을 원했을까?

1. 치유 요청

【•】 46 예수께서 다시 갈릴리 가나에 이르시니 전에 물로 포도주를 만드신 곳이라 왕의 신하가 있어 그의 아들이 가버나움에서 병들었더니 47 그가 예수께서 유대로부터 갈릴리로 오셨다는 것을 듣고 가서 청하되 내려오셔서 내 아들의 병을 고쳐 주소서 하니 그가 거의 죽게 되었음이라

공관복음에 의하면 많은 병자들이 예수님을 찾아왔으며 예수님께서는 식사하실 겨를이 없을 만큼 바쁘셨지만 누구도 거절하지 않으시고 기꺼이 다 고쳐주셨다.(막3:20) 그런데 요한복음에 의하면 병자 고치는 이야기가 몇 번밖에 나오지 않지만 고침 받은 병자들이 특별한 역할을 한다.(요5장, 9장, 11장) 그리고 이 본문 이외에는 병자들이 찾아오는 이야기도 없다. 왕의 신하가 예수님을 찾아와서 자기 집에 가서 병든 자기 아들을 고쳐달라고 요청했다. 그런데 그 요청에 대해 예수님께서는 전혀 의외의 반응을 보이셨다.

2. 치유 거부

【•】 48 예수께서 이르시되 너희는 표적과 기사를 보지 못하면 도무지 믿지 아니하리라

치료의 요청에 대하여 "너희는 표적과 기사를 보지 않으면 도무지 믿지 아니하리라."라고 하셨는데 도대체 무슨 뜻일까? 놀랍게도 치유에 대한 거부일 뿐만 아니라 책망이다. 본문에 쓰인 '표적과 기사'(σημεῖα καὶ τέρατα)는 거짓 선지자가 하나님의 백성들을 그릇된 길로 인도할 때 사용되는 표현이다.(신13:1~11, 마24:24, 막

13:22) 마귀는 거짓 기사와 이적으로 신자들을 오류에 빠뜨린다. 이런 이유로 신명기에서는 이런 거짓 선지자들을 돌로 쳐 죽이라고 엄히 경고했다. 신앙이 자칫 초자연과 기적을 추구하는 방향으로 치우치기 쉽다.

성경에는 수많은 기적의 이야기들이 있지만 성경의 기적은 하나같이 계약체결이나 실행과 관련이 있다. 구약성경에서 출애굽기나 여호수아서에 기적의 이야기들이 집중되어 있는 이유는 옛 계약의 체결과 관련이 있기 때문이다. 신약에서 예수님과 사도들의 사역과 기적이 관련 있는 이유도 역시 새로운 계약체결 때문이다. 계약이 체결된 다음에는 신앙생활을 어떻게 해야 할까? 계약법을 똑바로 알고 계약법을 지켜야 한다. 계약법을 지키는 것이 곧 신앙생활이다. 구약의 신명기에 보면 모세는 가나안에 들어가는 이스라엘 사람들에게 계약법을 똑바로 깨달아 알고 자녀들에게 부지런히 가르쳐서 계약법을 지키게 하라고 누누이 강조하고 있다. 개인적으로 어떤 어려운 일이 있을 때마다 기도하여 초자연적인 응답을 받아 해결하라고 말하지 않는다. 개인적인 문제 해결을 위해 길흉화복을 점치며 무슨 기적을 들먹이는 자들은 거짓 기사와 이적을 행하는 마귀의 앞잡이들이며, 돌로 쳐 죽여야 할 자들이다. 성경의 기적들은 하나같이 계약공동체나 계약과 관련이 있다. 절대로 개인에게 연결 짓는 오류를 범하지 말아야 한다.

요한복음에서는 일곱 번의 표적을 특별히 다루고 있지만 표적을 통하여 예수님의 말씀, 즉 계약의 말씀을 깨달아 알아야 한다고 강조한다. 동시에 표적의 의미를 깨닫지 못한 채 기적을 추구하는 무분별한 신앙을 크게 경계한다.(요6:26) 본문의 말씀은 이런 뜻이다.

요한복음에서 치유의 요청에 대하여 이렇게 비판적으로 기록해 놓은 이유는 무엇일까? 이 이야기를 통하여 무엇을 말하고 있을까? 요한복음은 공관복음에 대한 재해석이며 교회가 나아갈 방향에 대한 안내서이다. 선교 2세기 이후 이방인 중심의 교회가 어떤 방향으로 가야 하는가?

3. 살아있다

【•】 49 신하가 이르되 주여 내 아이가 죽기 전에 내려오소서 50 예수께서 이르시되 가라 네 아들이 살아있다 하시니 그 사람이 예수께서 하신 말씀을 믿고 가더니

예수님의 거부에도 불구하고 왕의 신하가 거듭 자기 집에 가서 고쳐 주시기를 요청하자 예수님께서는 "네 아들이 살아있다."라고 하셨다. 동사 '살아있다'(ζῇ)의 시제는 현재 능동이다. 즉 "네 아들이 죽지 않고 아직 살아있다."라고 말씀하셨다. 고쳐주시겠다는 뜻이 결코 아니다. 단지 "네 아들은 이 병으로 죽지 않는다."라고 하셨을 뿐이다. 그러자 그 아버지는 고쳐주시겠다는 말씀이 아니라, 예수님께서 하신 말씀 즉 자기 아들이 죽지 않을 것이라는 말씀을 믿고 갔다. 결과는 어떻게 되었을까?

4. 자연과 초자연

【•】 51 내려가는 길에서 그 종들이 오다가 만나서 아이가 살아 있다 하거늘 52 그 낫기 시작한 때를 물은즉 어제 일곱 시에 열기가 떨어졌나이다 하는지라53 그의 아버지가 예수께서 네 아들이 살아 있다 말씀하신 그 때인 줄 알고 자기와 그 온 집안이 다 믿으니라

왕의 신하는 예수님의 말씀을 믿고 집으로 돌아가다가 종을 통하여 예수님께서 말씀하신 그 시각에 죽어가던 아들이 스스로 질병을 극복하고 다시 살아난 것을 확인하고 자신과 더불어 온 집안이 다 믿게 되었다. 이 사람은 무슨 믿음을 가진 것일까?

하나님께서는 육체에 질병을 이겨낼 수 있는 저항력을 주셨다. 이런 치유력으로 고쳐진 것은 저절로 되는 게 아니라 그 역시 하나님의 도우심이다. 계절이 바뀌고 태양이 열과 빛을 내는 등의 자연

현상은 우연이 아니라 하나님께서 하시는 일들이다. 우리는 자칫 초자연적인 현상만 하나님께서 하시는 일이라고 생각한다. 숨을 쉴 때 폐 세포가 공기 중에서 산소를 골라내며, 지구 세 바퀴 길이(12만 km)에 해당되는 미세혈관이 46초에 한 번씩 몸의 모든 세포를 돌면서 산소와 물, 영양분을 공급하고 노폐물을 청소하는 것이야말로 기적이 아닐까?

우리는 자연과 초자연을 너무 쉽게 구분하며 초자연을 배제하거나 집착한다. 그런데 본문에 등장하는 왕의 신하는 예수님을 만나면서 자연적인 치유를 하나님께서 베푸시는 초자연적인 치유로 받아들이고 자신과 온 집안이 진정한 신앙을 가지게 되었다. 요한복음은 이 신앙을 무어라고 평가했을까?

5. 두 번째 표적

【●】 54 이것은 예수께서 유대에서 갈릴리로 오신 후에 행하신 두 번째 표적이니라

대부분의 사람들은 표적을 본 까닭이 아니라 떡을 먹고 배부른 까닭에 예수님을 찾으며 믿으려고 한다.(요6:26) 이는 기적을 위한 기적을 추구하는 신앙이다. 그런데 왕의 신하야말로 예수님께서 행하시는 표적의 의미를 바르게 깨닫고 바르게 믿은 사람이며 진정한 믿음을 보여주었다. 이런 이유로 요한복음은 이를 두 번째 표적이라고 말하고 있다.

하나님께서는 초자연적인 방식으로 계약을 실천하는데 계약이 완성되기 위해서는 자연의 방식과 초자연의 방식이 모두 필요하다. 하나님께서는 필요할 때 초자연적인 방식으로 계약에 개입하신다. 세상의 법으로 비유하면 일반법과 특별법 둘 다 필요한 이치와 같다. 대개의 경우는 일반법이 적용되지만 특별한 사안에는 특별법이 적

용되어야 법 본래의 목적이 성취된다. 매사에 특별법을 적용하는 것은 이치에 맞지 않으며 위법이다. 신앙생활에서도 마찬가지이다. 매사에 초자연을 추구하면 이는 계약법에 어긋나며 불법에 해당된다.

6. 이 길로 가라

요한복음에서는 '두 번째 표적'까지만 횟수를 언급할 뿐 세 번째부터는 횟수의 언급이 없다. 왜 그럴까? 첫 번째와 두 번째 표적이 중요하기 때문이다. 첫 번째 표적은 가정을 중요하게 여기는 표적인데 이는 계약법 정신이다. 옛 계약법은 한 가정이 경제적으로 평안하게 살아갈 수 있는 제도적 장치를 근간으로 하고 있다, 두 번째 표적은 기적을 추구하지 않는 신앙이다. 초자연적인 기적을 추구하는 신앙은 미신이나 기복신앙의 두드러진 행위이다. 계약공동체가 추구해야 할 바는 계약법 실천이다. 콩을 심으면 콩이 나고 팥을 심으면 팥이 나듯이, 계약법을 실천하면 그 열매가 맺히기 마련이다. 이런 자연적인 법칙을 무시하고 초자연적인 기적을 기대하며 추구하는 신앙은 이치에 맞지 않는다.

요한복음은 2세기 교회, 이방인 중심의 교회, 세계로 확산되는 시점에 서 있는 교회, 그리고 오늘 우리를 향하여 말하고 있다.

다른 길로 가지 마라.
이 길로 가라.

물음 14 왜 38년 된 병자였을까?

본문 〈 5:1~15 〉

1 그 후에 유대인의 명절이 되어 예수께서 예루살렘에 올라가시니라

2 예루살렘에 있는 양문 곁에 히브리 말로 베데스다라 하는 못이 있는데
거기 행각 다섯이 있고

3 그 안에 많은 병자, 맹인, 다리 저는 사람, 혈기 마른 사람들이 누워
[물의 움직임을 기다리니

4 이는 천사가 가끔 못에 내려와 물을 움직이게 하는데 움직인 후에 먼
저 들어가는 자는 어떤 병에 걸렸든지 낫게 됨이러라]

5 거기 서른여덟 해 된 병자가 있더라

6 예수께서 그 누운 것을 보시고 병이 벌써 오래된 줄 아시고 이르시되
네가 낫고자 하느냐

7 병자가 대답하되 주여 물이 움직일 때에 나를 못에 넣어 주는 사람이
없어 내가 가는 동안에 다른 사람이 먼저 내려가나이다

8 예수께서 이르시되 일어나 네 자리를 들고 걸어가라 하시니

9 그 사람이 곧 나아서 자리를 들고 걸어가니라 이 날은 안식일이니

10 유대인들이 병 나은 사람에게 이르되 안식일인데 네가 자리를 들고
가는 것이 옳지 아니하니라

11 대답하되 나를 낫게 한 그가 자리를 들고 걸어가라 하더라 하니

12 그들이 묻되 너에게 자리를 들고 걸어가라 한 사람이 누구냐 하되

13 고침을 받은 사람은 그가 누구인지 알지 못하니 이는 거기 사람이 많
으므로 예수께서 이미 피하셨음이라

14 그 후에 예수께서 성전에서 그 사람을 만나 이르시되 보라 네가 나았
으니 더 심한 것이 생기지 않게 다시는 죄를 범하지 말라 하시니

15 그 사람이 유대인들에게 가서 자기를 고친 이는 예수라 하니라

본문은 예수님의 예루살렘에서의 두 번째 절기 사역이다. 첫 번째는 유월절에 성전을 정화하신 사역이었고 본문은 어떤 절기(오순절?)에 행하신 사역이었다. 요한복음에서 예수님의 사역을 절기에 예루살렘에서 활동하신 것을 중심으로 기록한 이유는 유대교의 잘못된 신앙을 바로 잡는데 초점을 맞추었기 때문이다. 세상구원 사역은 곧 세상의 종교와 신앙을 바로잡는 것이다. 세계사는 종교사라고 할 수 있지만 대부분은 하등종교(미신, 기복신앙)의 시대였고 고등종교가 등장한 이후는 물론 지금도 기복신앙이 대부분의 종교를 지배하고 있다. 오늘 우리도 기복신앙의 그늘에서 자유롭지 못하다.

첫 번째 예루살렘 사역은 왜곡된 유월절 행사를 바로잡으시기 위하여 제사 중심의 유월절 행사를 중지시키시고 말씀을 가르치는 데에 초점을 맞추셨다. 요한복음에서 이 사역을 먼저 기록한 이유는 유대인들에게는 유월절이 가장 큰 종교행사였기 때문이다. 그런데 두 번째 예루살렘 사역에서는 절기와 더불어 안식일을 겨냥하셨다. 그 이유는 안식일법이 당시 유대인들의 신앙생활에 가장 큰 영향을 끼치고 있었기 때문이다. 복음서를 이해하려면 유대인의 안식일 신앙을 이해할 필요가 있다. 복음서에서 안식일과 관련된 논쟁이 여러 번 반복되고 있기 때문이며, 당시는 물론 오늘날도 유대인들은 독특하게 안식일을 지키고 있다. 요즘도 많은 유대인들은 안식일에 전기 스위치와 엘리베이터 버튼을 누르지 않고 안식일을 지키지 않는 이방인의 음식은 입에 대지 않는다. 믿기지 않지만 사실이다. 유대인들의 이런 안식일 신앙은 어디에서 유래되었을까? 안식일에 대한 규정이 구약의 율법서에 기록되어 있지만 안식일을 독특하게 지키게 된 계기는 바벨론 포로기로 거슬러 올라가며, 인과응보 교리와 연결되어 있다. 복음서의 유대교 신앙을 이해하려면 인과응보 교리와 안식일법을 알아야 한다. 이 두 법을 간략히 살피고자 한다.

1. 포로기

솔로몬 이후 이스라엘은 BC 931년 북왕국 이스라엘과 남왕국 유다로 분열되었다가 북왕국은 BC 721년 앗수르에, 남왕국 유다는 BC 586년 바벨론에 멸망당한 후 전쟁포로로 끌려가서 노예로 전락했다. 포로기를 보내면서 이스라엘은 신앙에 대변혁이 일어났는데 이것은 전적으로 선지자들의 활동에 힘입은 것이다. 선지자들은 왕국이 분열된 이후부터 활발하게 활동을 했는데 다윗-솔로몬 이후 등장한 성전과 제사 중심의 신앙은 하나님과 맺은 계약위반이라고 책망했다. 또 돌이키지 않으면 하나님께서 강포한 이민족을 동원하여 나라를 멸망시키고 성전을 헐어버리며 제사를 중단시키고, 이스라엘은 출애굽 이전의 노예 생활로 다시 돌아가리라고 경고했다. 그러나 이스라엘은 듣지 않다가 결국 선지자들의 경고대로 되고 말았다.

포로기를 맞은 이스라엘은 포로지에 찾아와서 활동하는 선지자들의 도움으로 성전-제사신앙을 포기하고 계약법 신앙으로 돌아가게 되었다. 낮에는 중노동에 시달리고 밤에는 회당에 모여 계약법을 배우고 집에 돌아가 자녀들에게 가르쳤다. 당시에는 성경이 없었기 때문에 암기할 수 밖에 없었다. 이들이 회당과 가정에서 계약법인 율법을 부지런히 가르친 결과 그 자녀들이 12세에 성인식을 할 때에는 누구나 율법서를 암기했다고 한다.

포로기에 선지자들이 신명기를 기초로 가르쳐서 이를 신명기 운동이라 하는데 신명기 28~30장은 이 당시의 상황을 그대로 반영하고 있다. 선지자들은 이스라엘 나라가 멸망하고 노예로 전락한 것은 계약법을 위반한 결과이므로 해결 방법은 다시 하나님께로, 즉 계약법으로 돌아가는 길 뿐이며 늦었지만 이제라도 계약법을 지키면 하나님께서 다시 회복시키시리라고 가르쳤다. 여호수아, 사사기, 열왕기 등은 이 당시에 선지자들이 해석한 역사인데 가나안 입주 이후 포로기 이전을 배교–징계–회개–구원의 도식으로 기록했다. 특히 사사기에는 이런 역사관이 그대로 반영되어 있다.

2. 인과응보 교리

선지자들의 경고와 가르침이 하나님의 말씀이었다는 사실은 그 이후 역사에서 확인되었다. 포로기를 보내면서 할 수 있는 계약실천은 계약법을 열심히 배워 자녀들에게 가르치는 것이었는데, 그 자녀들이 계약법을 암기할 정도가 되자 이스라엘은 다시 귀환하는 역사적인 기적이 일어났다. 신생국가 바벨론이 어이없이 멸망했고 BC 538년 바벨론을 멸망시킨 바사(페르시아)의 고레스 왕은 즉시 이스라엘에 귀환령을 내렸다. 이런 과정을 직접 경험하면서 이스라엘 사람들의 신앙에는 죄를 지으면 하나님께 징계를 받는다는 인과응보 교리가 정착되었다. 그러나 시간이 지나면서 가난, 질병, 재앙 등은 모두 하나님께 죄를 지었기 때문에 받는 징계라고 확대 해석하여 인과응보 교리 본래의 정신이 왜곡되고 말았다. 예수님 당시 가난한 자, 병자, 불구자 등이 모두 죄인 취급받게 된 이유는 여기에 있다.

3. 예언자 사관(계약사관)

나라의 멸망과 포로생활, 귀환 등을 겪으면서 이스라엘은 자신들이 믿는 여호와가 세상 모든 나라의 역사를 주관한다는 사실을 경험으로 믿게 되었다. 예언자들은 이스라엘이 성전–제사신앙에 치우쳐 있을 때 이는 계약위반이므로 이를 돌이키지 않으면 하나님께서 이스라엘을 징계하기 위하여 강포한 나라를 세우리라고 예고했다. 선지자들의 예고대로 하나님은 이스라엘을 징계하기 위하여 메소포타미아 지역에 바벨론을 등장시켜 그들로 하여금 이스라엘을 멸망시키고 성전을 파괴하며 노예로 전락시켰다. 그러나 이스라엘이 포로기를 보내면서 계약법 공부에 충실하자 그들에게 기회를 주시기 위하여 바벨론은 멸망하고 말았다. 이와 같은 선지자들의 역사 해석은 하나님께서 세상 역사를 주관하시는 방법은 계약공동체의 계약법 준수와 직접 관련이 있다는 것이다. 즉 계약공동체가 어떻게 하느냐에 따라 세상 역사가 결정된다는 독특한 해석이다. 이런 역사 해석은 이스라엘 역사뿐만 아니라 교회사에도 적용된다.[53]

4. 안식일법

포로기와 귀환기를 거치는 동안 이스라엘 민족의 주체는 남유다인들이어서 그 이후 유대인, 유대교라는 용어가 생겨났다. 귀환 이후 유대인들은 율법에 충실하려는 신앙생활을 하다가 알렉산더(BC 356~323)의 헬라제국 시대를 만났다. 알렉산더의 원정 목표는 전 세계의 헬라화였으며 이를 위해 각처에 초대형 경기장과 극장, 문화원 등을 짓고 주말마다 경기와 공연을 했다. 그 결과 단시간 내에 메소포타미아와 이집트 문화는 사라지고 헬라문화가 독점하게 되었는데, 유일하게 유대교 문화만이 건재했다. 이를 보다 못한 헬라제국의 안티오쿠스는 무력을 동원하여 유대교를 말살하려고 시도했으나 실패하고 말았다. 그 이후 헬레니즘과 헤브라이즘(유대교, 기독교, 회교 등 율법을 경전으로 하는 종교문화)은 서양문화의 양대산맥이 되었다.

거대한 헬라문화를 유대교는 어떻게 이겨내고 헬라문화를 능가하는 헤브라이즘의 기초를 놓을 수 있었을까? 안식일법이 헬라문화를 막아 내는 빗장과 첨병 역할을 했다. 당시 유대교 랍비들은 구약의 안식일법을 독특한 조항으로 만들어 헬라문화에 맞섰는데 주로 주말마다 열리는 경기장 등에 출입을 금지시키고 헬라문화와 이방인

53) 졸저 「하비루의 길」과 「죄인의 길」은 이런 계약사관(예언자 사관)으로 이스라엘 역사와 교회사를 해석했다.

과의 접촉은 부정하다고 강조했다. 안식일에 1.5km 이상의 거리 이동 제한과 무노동 등에 초점을 맞춘 39개의 기본 조항을 만들고 상황에 맞추어 추가해 나갔다. 이런 안식일법을 지키면 율법 전부를 지킨 것과 같다고 했다. 안식일법과 정결례법, 할례 등은 당시 헬라 문화로부터 유대교를 지켜준 방패막이의 역할을 했고 그 이후에도 유대인의 정체성 유지에 지대한 역할을 해서 지금까지도 효력을 유지하고 있다.

인과응보 교리와 안식일법은 죽었던 유대인들을 다시 살리고 또 유대교 신앙을 지탱해준 일등공신이었다. 그런데 다른 상황에서 재해석하지 않고 동일하게 적용하면 사람을 죽이는 법이 되고 만다. 인과응보 교리는 가난하고 병든 사람, 불구자, 여러 재앙을 만난 사람들을 다 죄인으로 만들고 말았다. 선지자들은 계약공동체가 계약법을 어기면 계약이 파기되어 국가적인 재앙이 된다고 해석했는데 유대교의 인과응보 교리는 건강하고 성공한 부자가 아니면 다 죄인으로 정죄하고 말았다. 안식일법은 본래의 의미를 상실하고 안식일에 병자를 고치면 이는 사형에 해당하는 범죄행위가 되고 말았다. 요한복음에는 안식일은 13회나 언급되는데[54] 이는 유대교의 안식일법을 바로잡으려는 의도를 잘 보여준다.

5. 예수님의 해결 방법

본문은 이런 인과응보 교리와 안식일법에 대한 예수님의 정면 도전이었다. 예수님께서는 이런 잘못된 신앙을 해결하기 위하여 어떤 방법을 사용하셨을까?

❶ 적임자 물색

창조주 하나님께서는 준비된 상황과 사람을 통해서 역사를 주관하신다. 예수님께서는 유대인과 사마리아인의 경계를 허물고 사마리아

54) 요5:9, 10, 16, 18, 7:22, 23(2회), 9:14, 16, 19:31(2회), 20:1, 19.

선교를 위해서 준비된 여인을 만나려고 우물가로 찾아가셨다. 이번에도 입추의 여지없이 많은 사람이 모이는 명절에 예루살렘에 올라가신 예수님께서는 적임자를 찾아가셨다. 그 사람은 누구였을까?

❷ 38년 된 병자

당시 예루살렘에는 건강한 사람, 부자, 출세한 사람이 아니면 살 수가 없었다. 이런 사람들을 유대인들은 '의인'(義人)이라고 했다. 또한 예루살렘에는 정반대의 사람들이 모여왔다. 그 이유는 유대인들은 경건이라는 명목으로 그 나름의 사랑을 실천하기 위하여 부녀자들이 조를 짜서 체계적으로 버림받은 사람들을 돌보고 있었기 때문이다. 베데스다 연못가에는 돌봐줄 사람이 없는 병자들이 찾아들었고 유대인들은 이들을 돌보고 있었다. 예수님께서 찾으시는 사람은 바로 이 연못가에 38년 동안 누워 지내는 병자였다. 왜 이 사람이 준비된 사람일까?

❸ 도전자

이 환자는 38년 동안 무슨 생각을 하면서 지냈을까? 자신을 쳐다보는 사람들의 따가운 눈초리는 침묵으로 말을 하고 있었다. "아무도 돌봐줄 사람조차 없이 이렇게 비참하게 누워 지내는 걸 보면 틀림없이 큰 죄를 지은 사람인데 무슨 못된 죄를 지었을까?" 이런 시선은 그로 하여금 자신을 돌아보며 많은 생각을 하게 했다. 내가 이렇게 된 것은 어떤 죄를 지어서일까? 하나님은 죄를 지을 때마다 사람들에게 이런 벌을 주실까? 건강한 부자들은 자기보다 더 선하게 살았을까? 신분과 직업을 개인이 선택할 수 없는데 의인들은 태어날 때 부잣집에서 태어났기 때문이 아닐까? 수십 년을 누워 지내면서 수없이 돌이켜봐도 도무지 말이 되지 않았다. 유대교 신앙은 모순투성이였다. 이를 어찌해야 하나?

그의 마음속에서는 서서히 유대교에 대하여 어떤 반항심이 싹터 오르기 시작했다. 그러나 어디다 어떻게 하소연 해야 하나? 이 노릇을 어찌하나? 어느 누구도 관심 가져주는 사람이 없었지만 그의 탄식과 한숨, 눈물, 통곡은 극에 달하여 하늘에 사무쳤다. 길 잃은 양을 찾으러 오신 예수님께서는 이런 사람들을 찾아가셨다. 사마리아의 우물가에서 만나신 여인, 바다 건너편 무덤가에 버려져 있던 군대귀신 들린 사람, 예수님의 발에 향유를 붓던 여인, 여리고의 맹인 바디메오와 삭개오, 세관에 앉아 있던 세리 마태, 갈릴리 바닷가에서 고기 잡던 어부 베드로를 비롯한 제자들, 이들은 모두 유대교에 무언가 심각한 문제가 있다고 생각하며 탄식하던 사람들이었다. 뭔가 문제가 있는데 정확하게 뭔지 알 수도 없고, 이대로 가만히 있을 수는 없는데, 그런데 뭘 어떻게 해야 할지 몰라 속을 끓이고 있는 사람, 예수님께서는 지금도 그 사람을 찾고 계신다.

❹ 침상을 들고 가라.

"네가 낫고자 하느냐?" 무슨 뜻일까? 병자치고 낫고 싶지 않은 사람이 어디 있는가? 그런데 왜 물어보셨을까? 38년 동안 병들어 누워있는 것도 힘든데, 그런 너를 향하여 죄인이라고 하는 유대교에 대하여 너는 분개하고 있느냐, 그런 유대교에 도전하여 고치고 싶느냐라는 뜻이다. "주여 물이 움직일 때 나를 못에 넣어 주는 사람이 없어…"는 무슨 대답일까? 낫고 싶지만, 나아서 나를 정죄하는 유대교에 도전하고 싶지만 어찌 해 볼 방법이 없다는 얘기다. 그거면 됐다. 이제 일어나서 침상을 들고 가라. 수많은 사람들이 모여있는 명절에, 안식일에 침상을 들고 네 발로 걸어가면서 유대교의 인과응보 교리가 안식일법이 잘못되었음을, 사람을 살리는 종교가 아니라 사람을 죽이는 종교라는 것을 만천하에 알리며 고발해라.

38년 동안이나 누워 지내던 흉한 모습, 찌어진 것은 온갖 악취를 풍기는 침상, 주위의 따가운 시선을 아랑곳하지 않고 예루살렘과 성전을 활보하는 걸음걸이, 이런 극적인 방법으로 예수님께서는 유대교를 고발하셨다. 이 고발장을 접수한 유대교 당국은 온통 난리가 났다. 안식일에는 바늘 하나도 지니고 다니면 안 되는데 왜 냄새나는 침상을 둘러메고 온 성전 경내와 예루살렘 거리를 활보하고 있는가? 몰골을 보니 베데스다 연못가에서 누워 지내던 죄인인데 어떻게 멀쩡하게 걸어 다닐 수 있는가? 당황한 당국자들은 다그쳐 물었다.

왜 안식일에 침상을 메고 다니느냐?

나를 낫게 한 그 사람이 들고 가라고 그랬다.

안식일법을 무시한 무법자가 누구냐?

모른다. 단지 일어나 침상을 들고 걸어가라고 했을 뿐이다.

누구인지 알 수 없어 대답할 수가 없었다. 도대체 나를 낫게 한 사람, 안식일에 침상을 들고 가라고 한 그 사람은 도대체 누구였을까?

❺ 고자질? 고발장?

온 예루살렘에 소문이 자자하고 유대교에는 총 비상이 걸려 전전긍긍 하고 있을 즈음 예수님께서는 그 사람에게 자신을 드러내셨다. 자기를 고쳐준 사람이 예수님임을 확인한 그는 유대교 당국자들에게 달려가서 자신을 고쳐 준 사람이, 침상을 들고 가라고 한 사람이 바로 그 예수님이라고 알렸다. 고자질한 것일까? 누구도 거들떠보지 않던 38년 병자, 그런 자신을 고쳐 준 이를 고발하려고 했을까? 아니다. 그는 악취가 진동하는 침상을 짊어지고 버티고 서서 뻣뻣하고 당당하게 증언했다. 자신의 질병은 하나님의 정죄가 아니라는 말씀이, 안식일에 병자를 고치는 것이 옳다는 말씀이, 안식일에 침상을 들고 다니는 게 뭐가 잘못된 것이냐는 예수님의 말씀이 백 번 옳다고 주장하며 예수님을 변호하며 증언했다. 38년을 앓아누워있던 병자가 안식일에 침상을 둘러 메고 서 있는 모습 그 자체가 곧 유대교가 틀렸다는 고발장이었다. 이 사람에게서 풍겨나오는 고약한 냄새는 사람을 옥죄는 유대교의 실상을 그대로 반영하고 있었다. 하나님께서는 이런 사람을 통해 이런 방법을 사용하신다.

이런 기막힌 고발장을 접수한 유대인들은 어떤 반응을 보였을까? 또 예수님께서는 어떻게 대응하셨을까?

물음 15 도그마 신앙, 무엇이 문제인가?

본문 〈 5:16~47 〉

16 그러므로 안식일에 이러한 일을 행하신다 하여 유대인들이 예수를 박해하게 된지라

17 예수께서 그들에게 이르시되 내 아버지께서 이제까지 일하시니 나도 일한다 하시매

18 유대인들이 이로 말미암아 더욱 예수를 죽이고자 하니 이는 안식일을 범할 뿐만 아니라 하나님을 자기의 친 아버지라 하여 자기를 하나님과 동등으로 삼으심이러라

19 그러므로 예수께서 그들에게 이르시되 내가 진실로 진실로 너희에게 이르노니 아들이 아버지께서 하시는 일을 보지 않고는 아무 것도 스스로 할 수 없나니 아버지께서 행하시는 그것을 아들도 그와 같이 행하느니라

20 아버지께서 아들을 사랑하사 자기가 행하시는 것을 다 아들에게 보이시고 또 그보다 더 큰 일을 보이사 너희로 놀랍게 여기게 하시리라

21 아버지께서 죽은 자들을 일으켜 살리심 같이 아들도 자기가 원하는 자들을 살리느니라

22 아버지께서 아무도 심판하지 아니하시고 심판을 다 아들에게 맡기셨으니

23 이는 모든 사람으로 아버지를 공경하는 것 같이 아들을 공경하게 하려 하심이라 아들을 공경하지 아니하는 자는 그를 보내신 아버지도 공

경하지 아니하느니라

24 내가 진실로 진실로 너희에게 이르노니 내 말을 듣고 또 나 보내신 이를 믿는 자는 영생을 얻었고 심판에 이르지 아니하나니 사망에서 생명으로 옮겼느니라

25 진실로 진실로 너희에게 이르노니 죽은 자들이 하나님의 아들의 음성을 들을 때가 오나니 곧 이 때라 듣는 자는 살아나리라

26 아버지께서 자기 속에 생명이 있음 같이 아들에게도 생명을 주어 그 속에 있게 하셨고

27 또 인자됨으로 말미암아 심판하는 권한을 주셨느니라

28 이를 놀랍게 여기지 말라 무덤 속에 있는 자가 다 그의 음성을 들을 때가 오나니

29 선한 일을 행한 자는 생명의 부활로, 악한 일을 행한 자는 심판의 부활로 나오리라

30 내가 아무 것도 스스로 할 수 없노라 듣는 대로 심판하노니 나는 나의 뜻대로 하려 하지 않고 나를 보내신 이의 뜻대로 하려 하므로 내 심판은 의로우니라

31 내가 만일 나를 위하여 증언하면 내 증언은 참되지 아니하되

32 나를 위하여 증언하시는 이가 따로 있으니 나를 위하여 증언하시는 그 증언이 참인 줄 아노라

33 너희가 요한에게 사람을 보내매 요한이 진리에 대하여 증언하였느니라

34 그러나 나는 사람에게서 증언을 취하지 아니하노라 다만 이 말을 하는 것은 너희로 구원을 받게 하려 함이니라

35 요한은 켜서 비추이는 등불이라 너희가 한때 그 빛에 즐거이 있기를 원하였거니와

36 내게는 요한의 증거보다 더 큰 증거가 있으니 아버지께서 내게 주사 이루게 하시는 역사 곧 내가 하는 그 역사가 아버지께서 나를 보내신 것을 나를 위하여 증언하는 것이요

37 또한 나를 보내신 아버지께서 친히 나를 위하여 증언하셨느니라 너희는 아무 때에도 그 음성을 듣지 못하였고 그 형상을 보지 못하였으며

38 그 말씀이 너희 속에 거하지 아니하니 이는 그가 보내신 이를 믿지 아니함이라

39 너희가 성경에서 영생을 얻는 줄 생각하고 성경을 연구하거니와 이 성경이 곧 내게 대하여 증언하는 것이니라

40 그러나 너희가 영생을 얻기 위하여 내게 오기를 원하지 아니하는도다
41 나는 사람에게서 영광을 취하지 아니하노라
42 다만 하나님을 사랑하는 것이 너희 속에 없음을 알았노라
43 나는 내 아버지의 이름으로 왔으매 너희가 영접하지 아니하나 만일 다른 사람이 자기 이름으로 오면 영접하리라
44 너희가 서로 영광을 취하고 유일하신 하나님께로부터 오는 영광은 구하지 아니하니 어찌 나를 믿을 수 있느냐
45 내가 너희를 아버지께 고발할까 생각하지 말라 너희를 고발하는 이가 있으니 곧 너희가 바라는 자 모세니라
46 모세를 믿었더라면 또 나를 믿었으리니 이는 그가 내게 대하여 기록하였음이라
47 그러나 그의 글도 믿지 아니하거든 어찌 내 말을 믿겠느냐 하시니라

유대인들은 주저하지 않고 그들의 안식일법 조항과 전통에 근거하여 판결을 내렸다. 어떤 판결이었을까?

1. 사형

【•】 16 그러므로 안식일에 이러한 일을 행하신다 하여 유대인들이 예
수를 박해하게 된지라 17 예수께서 그들에게 이르시되 내 아버지께서
이제까지 일하시니 나도 일한다 하시매 18 유대인들이 이로 말미암아
더욱 예수를 죽이고자 하니 이는 안식일을 범할 뿐만 아니라 하나님을
자기의 친 아버지라 하여 자기를 하나님과 동등으로 삼으심이러라

유대인들은 안식일에는 병자를 치료하지 않았으며, 방치하면 생명이 위급해질 경우 그것도 응급조치만 가능하게 했다. 그날 치료하지 않으면 불구자가 되는 경우에도 응급조치만 하라고 했다. 그 이유는 그런 질병이 생긴 원인이 죄로 말미암은 징계이므로 불구자의 삶을 받아들여야 한다는 생각 때문이었다. 그러므로 38년이나 누워지내던 병자를 다음날 고쳐도 되는데 하필 안식일에 고치는 것은 절대로 용서받을 수 없는 죄였다. 더 물을 필요도 검토할 필요도 없었고 출교 등 온갖 박해를 가했다.

이에 대하여 예수님께서는 반박하시며 즉시 항소하셨다. 항소 이유는 아버지 하나님께서는 안식일에도 일하시므로 아무런 문제가 되지 않는다는 것이다. 그러자 이번에는 안식일을 범한 죄에다 하나님을 아버지라 부르는 신성모독죄를 추가하여 사형을 언도했다. 이처럼 당시의 유대교는 안식일에 병자를 치유하는 것은 출교의 대상이고, 하나님을 아버지라고 부르는 것은 사형죄에 해당한다는 수렁에 빠져있었다.

2. 표적과 일

【•】 19 그러므로 예수께서 그들에게 이르시되 내가 진실로 진실로 너희에게 이르노니 아들이 아버지께서 하시는 일을 보지 않고는 아무 것도 스스로 할 수 없나니 아버지께서 행하시는 그것을 아들도 그와 같이 행하느니라 20 아버지께서 아들을 사랑하사 자기가 행하시는 것을 다 아들에게 보이시고 또 그보다 더 큰 일을 보이사 너희로 놀랍게 여기게 하시리라 21 아버지께서 죽은 자들을 일으켜 살리심 같이 아들도 자기가 원하는 자들을 살리느니라

엉터리 판결로 사형을 언도 받으신 예수님께서는 표적(σημεἰων)과 같은 의미로 27회나 사용된 '일'(ἔργα)이라는 용어로 누구나 인정할 수밖에 없는 단순한 답변을 하셨다. 38년 동안 누워 지내던 병자가 한순간에 나은 것은 오직 하나님께서만 하실 수 있으므로 이 병자의 치유는 하나님께서 하신 표적이 분명하다. 그러므로 그런 치유를 행한 사람은 자신의 힘으로 고친 것이 아니라 하나님께서 함께 하셨기 때문에 그런 치료를 할 수 있었다. 따라서 그런 일을 한 사람은 하나님으로부터 보내심을 받은 하나님의 아들이다.

예수님께서 사용하시는 '진실로 진실로'는 명명백백한 사실을 천명할 때 특별히 하신 말씀이다. 하나님께서는 구원과 관련된 일들을 단순하고 명확하게 보여주시며 말씀하신다. 표적과 일은 이를 말한다.

3. 심판과 영생

【●】 22 아버지께서 아무도 심판하지 아니하시고 심판을 다 아들에게
맡기셨으니 23 이는 모든 사람으로 아버지를 공경하는 것 같이 아들을
공경하게 하려 하심이라 아들을 공경하지 아니하는 자는 그를 보내신
아버지도 공경하지 아니하느니라 24 내가 진실로 진실로 너희에게 이
르노니 내 말을 듣고 또 나 보내신 이를 믿는 자는 영생을 얻었고 심
판에 이르지 아니하나니 사망에서 생명으로 옮겼느니라 25 진실로 진
실로 너희에게 이르노니 죽은 자들이 하나님의 아들의 음성을 들을 때
가 오나니 곧 이 때라 듣는 자는 살아나리라 … 29 선한 일을 행한
자는 생명의 부활로, 악한 일을 행한 자는 심판의 부활로 나오리라

구약에서 하나님은 이스라엘과 계약을 맺으시고 이스라엘을 통하여 하나님을 세상에 계시하셨다. 그런데 이제 신약에서는 하나님께서 인간의 몸을 입으시고 직접 오셔서 표적과 말씀 등으로 명확하게 하나님을 나타내 보이셨다. 그런데도 계약을 맺은 사람들이 거부하고 받아들이지 않으면 어떻게 해야 하나? 하나님으로부터 버림받을 수밖에 없다. 이를 요한복음에서는 이미 심판을 받았다고 한다. 하나님의 통치에서 벗어나서 죄의 지배를 받는 상태, 세상의 어두움에 놓여있는 상태가 심판을 받은 것과 같다. 반대로 예수님을 영접하고 계약법을 지키는 사람은 하나님의 통치와 보호 가운데 있는데, 이것은 이미 영생을 얻었고 생명으로 옮긴 것이라는 뜻이다.

하나님 나라는 어떤 공간이 아니라 통치의 개념으로 이해해야 하며, 그 통치는 죽은 다음 내세에서가 아니라 지금 여기에서 시작된다. 예수님으로 말미암아 시작된 새로운 계약공동체에서 계약법을 지키는 것이 곧 하나님 나라의 시작이다. 요한복음에서는 이를 영생, 생명 등으로 설명한다. 하나님께서는 모든 사람이 구원에 이르기를 원하신다. 그런데 심판은 지금 여기서 내가 어떻게 하느냐에 따라 결정된다. 하나님과 계약을 맺은 공동체에는 세상 구원의 사명이 주어져 있다. 따라서 심판과 구원의 일차적인 대상은 계약공동체이다.

4. 증인

【•】 31 내가 만일 나를 위하여 증언하면 내 증언은 참되지 아니하되
32 나를 위하여 증언하시는 이가 따로 있으니 나를 위하여 증언하시는
그 증언이 참인 줄 아노라 33 너희가 요한에게 사람을 보내매 요한이
진리에 대하여 증언하였느니라 …

36 내게는 요한의 증거보다 더 큰 증거가 있으니 아버지께서 내게 주사
이루게 하시는 역사 곧 내가 하는 그 역사가 아버지께서 나를 보내신
것을 나를 위하여 증언하는 것이요

37 또한 나를 보내신 아버지께서 친히 나를 위하여 증언하셨느니라 너희
는 아무 때에도 그 음성을 듣지 못하였고 그 형상을 보지 못하였으며
38 그 말씀이 너희 속에 거하지 아니하니 이는 그가 보내신 이를 믿지
아니함이라

39 너희가 성경에서 영생을 얻는 줄 생각하고 성경을 연구하거니와 이
성경이 곧 내게 대하여 증언하는 것이니라 40 그러나 너희가 영생을
얻기 위하여 내게 오기를 원하지 아니하는도다

신명기에 의하면 법정에서 증인은 두 사람 이상이 필요했다.[55)]이에 예수님께서는 이를 기초로 네 증인을 세우셨다. 첫 번째는 세례 요한이었다. 세례 요한은 예수님을 증언했기 때문이다. 두 번째는 예수님께서 보여주신 일들, 곧 표적이 증인이다. 예수님께서 보여주신 표적들은 하나님께로부터 보내심을 받았다는 것을 누구나 인정할 수밖에 없기 때문에 확실한 증거가 될 수 있다. 세 번째는 하나님이 증인이시다. 왜냐하면 예수님께서 하시는 일들은 하나님께서 직접하시는 일이 아니고서는 불가능하기 때문이다. 네 번째는 성경이 증인이다. 성경은 예수님에 대하여 증언하고 있기 때문이다.

예수님께서는 이렇게 네 증인을 제시했지만 유대인들은 이를 증인으로 받아들이지 않았다. 유대인들은 왜 이런 증거를 받아들이지 않았을까?

---

55) 사람의 모든 악에 관하여 또한 모든 죄에 관하여는 한 증인으로만 정할 것이 아니요 두 증인의 입으로나 또는 세 증인의 입으로 그 사건을 확정할 것이며(신19:15)

5. 거짓 믿음

【●】 44 너희가 서로 영광을 취하고 유일하신 하나님께로부터 오는 영광은 구하지 아니하니 어찌 나를 믿을 수 있느냐 45 내가 너희를 아버지께 고발할까 생각하지 말라 너희를 고발하는 이가 있으니 곧 너희가 바라는 자 모세니라 46 모세를 믿었더라면 또 나를 믿었으리니 이는 그가 내게 대하여 기록하였음이라 47 그러나 그의 글도 믿지 아니하거든 어찌 내 말을 믿겠느냐 하시니라

하나님의 영광이 아니라 사람의 영광에 치우쳐 있기 때문이다. 유대인들이 그토록 신뢰하는 모세를 알았더라면 그들은 예수님을 믿었을 것이다. 모세의 율법은 곧 예수님에 대한 증언이기 때문이다.

예수님께서는 명절을 맞아 예루살렘에 올라가셔서 안식일에 38년 된 병자를 치유하시고 또 그로 하여금 침상을 들고가게 하시는 방법으로 유대교의 신앙적인 모순을 명백히 드러내셨다. 하지만 유대인들은 반대로 예수님이 안식일법을 무시하고 하나님을 모독했다고 생각하여 사형을 언도했다.

이에 예수님께서는 여러 증인을 통하여 다시 유대인들을 일깨우시려고 반복해서 설교하셨지만 그들은 듣지 않았다. 계약이 파기될 때 나타나는 말기적인 증상은 들어도 듣지 못하고 보아도 보지 못하는 현상이다. 이런 현상은 오늘 우리에게도 예외는 아니다. 오늘 우리의 상황은 당시의 유대인과 비교되지 않을 만큼 더 심각하다.

물음 16
오병이어 표적, 무엇을 말하는가?

본문 〈 6:1~13 〉

1 그 후에 예수께서 디베랴의 갈릴리 바다 건너편으로 가시매
2 큰 무리가 따르니 이는 병자들에게 행하시는 표적을 보았음이러라
3 예수께서 산에 오르사 제자들과 함께 거기 앉으시니
4 마침 유대인의 명절인 유월절이 가까운지라
5 예수께서 눈을 들어 큰 무리가 자기에게로 오는 것을 보시고 빌립에게 이르시되 우리가 어디서 떡을 사서 이 사람들을 먹이겠느냐 하시니
6 이렇게 말씀하심은 친히 어떻게 하실지를 아시고 빌립을 시험하고자 하심이라
7 빌립이 대답하되 각 사람으로 조금씩 받게 할지라도 이백 데나리온의 떡이 부족하리이다
8 제자 중 하나 곧 시몬 베드로의 형제 안드레가 예수께 여짜오되
9 여기 한 아이가 있어 보리떡 다섯 개와 물고기 두 마리를 가지고 있나이다 그러나 그것이 이 많은 사람에게 얼마나 되겠사옵나이까
10 예수께서 이르시되 이 사람들로 앉게 하라 하시니 그 곳에 잔디가 많은지라 사람들이 앉으니 수가 오천 명쯤 되더라
11 예수께서 떡을 가져 축사하신 후에 앉아 있는 자들에게 나눠 주시고 물고기도 그렇게 그들의 원대로 주시니라
12 그들이 배부른 후에 예수께서 제자들에게 이르시되 남은 조각을 거두고 버리는 것이 없게 하라 하시므로
13 이에 거두니 보리떡 다섯 개로 먹고 남은 조각이 열두 바구니에 찼더라

오병이어 표적은 공관복음에도 기록되어 있다.(마14:13~21, 막6:30~44, 눅9:10~17) 요한복음에서 수난 이외에 공관복음과 같

은 이야기를 다루는 곳은 성전정화(2:1~11)와 본문의 오병이어 이야기밖에 없다. 또 요한복음에서는 오병이어 이야기 뒤에 긴 설교가 이어지고 있다. 이는 두 이야기를 요한복음에서는 특별히 다룬다는 뜻이다. 요한복음에서는 이 이야기를 왜 이렇게 중요하게 여기고 있을까?

1. 계약법과 먹거리

인류역사에서 인간에게 가장 큰 영향을 끼치고 있는 것이 무엇일까? '식량' 문제이다. 고대에는 인류의 대부분이 굶주림에 시달렸고 지금도 인류의 1/3은 기아선상에 놓여있다. 구약의 계약법에서 가장 중요하게 다루는 문제가 식량의 해결인 이유는 여기에 있다. 계약법에 의하면 이스라엘은 각 가정마다 집과 농지를 분배한 후 소유권 이전을 제한해서 매 50년마다 원주인에게 돌아가게 하도록 안식일, 안식년, 희년 등의 법으로 이를 제도화했다. 또 이스라엘에는 왕과 군대를 두지 않았다. 그 이유는 세금을 면제하기 위함이다. 고대에 왕과 군대를 두면 이를 유지하기 위하여 70~90% 이상의 세금이 필요했다. 계약법에서는 세금 대신에 각 지방성소에서 십일조와 만물 등으로 공동기금을 만들어 교육비와 식량을 확보하지 못하는 사람들에 대한 식량 지원비로 쓰게 했다.(신12, 14, 26장)

구약의 계약법에서 식량 보장을 가장 중요하게 다루는 이유는 이 문제가 성경에서 말하는 구원과 직결되어 있기 때문이다. 성경의 구원은 선악과 사건 이전 상태로의 회복을 말한다. 선악과 사건으로 말미암아 인간에게 어떤 형벌이 주어졌을까? 먹거리의 자력 해결이었다. 창세기 1장에 의하면 하나님께서는 인간을 만드시기 이전에 인간이 살아갈 환경을 보시기에 좋을 만큼, 즉 가장 좋은 환경으로 만들어 놓으셨다. 그렇게 하신 이유 중에는 먹거리 문제가 자연적으로 해결되는 길이 들어있다. 즉 이상적인 자연 환경 속에서 풍성하게 맺혀지는 온갖 채소와 과일, 곡물을 마음대로 먹을 수 있도록 하신 것이다.

> 하나님이 이르시되 내가 온 지면의 씨 맺는 모든 채소와 씨 가진 열매 맺는 모든 나무를 너희에게 주노니 너희의 먹을 거리가 되리라(창1:29)

선악과는 이를 유지하기 위한 법, 즉 인간이 지키고 살아가야 할 도리인 계약법을 뜻한다. 그런데 아담이 스스로 이 계약법을 어기고 말았다. 아담(אָדָם)은 ‘사람’이라는 뜻이다. 창세기에 의하면 선악과를 먹어서 계약을 파기한 아담에게 이런 형벌이 주어지고 있다.

> 아담에게 이르시되 네가 네 아내의 말을 듣고 내가 네게 먹지 말라 한 나무의 열매를 먹었은즉 땅은 너로 말미암아 저주를 받고 너는 네 평생에 수고하여야 그 소산을 먹으리라 땅이 네게 가시덤불과 엉겅퀴를 낼 것이라 네가 먹을 것은 밭의 채소인즉 네가 흙으로 돌아갈 때까지 얼굴에 땀을 흘려야 먹을 것을 먹으리니 네가 그것에서 취함을 입었음이라 너는 흙이니 흙으로 돌아갈 것이니라 하시니라(창3:17~19)

아담의 죄로 말미암아 땅, 즉 자연환경이 저주를 받아 더 이상 자연적인 먹거리를 제공하지 않게 되었다. 아담은 이제 먹거리를 확보하기 위하여 땀 흘려 농사를 지어야 했고 온갖 고초와 질병에 시달리다가 흙으로 돌아가야 했다. 아담의 타락은 하나님과 자연과 인간의 관계가 단절된 것이며 성경에서 말하는 구원은 타락 이전 상태로의 관계 회복이다. 계약을 다시 체결하여 하나님과의 관계가 회복되면 동시에 인간을 가장 힘들게 하는 먹거리 문제가 해결되어야 한다. 계약법에서는 이 문제를 어떻게 해결할 수 있는가?

계약공동체 내에서 이를 해결하기 위하여 십일조, 맏물 등에 최선을 다하면 하나님께서 그들에게 복을 주셔서 가능하게 하시는 원리이다. 하나님께서 복을 주시는 방법은 초자연적인 기적이다. 성경의 모든 초자연적인 사건들이 계약과 관련된 이유는 여기에 있다. 인간의 노력만으로는 먹거리를 비롯한 환경 회복이 불가능하기 때문에 하나님께서 복을 주셔야만 가능한 것이다. 원리는 지극히 단순하다.

이를 염두에 둔다면 네 복음서에서 모두 오병이어 표적을 다루고 있으며 특히 요한복음에서 이를 특별히 다루는 이유를 알게 된다. 이를 기초로 오병이어 표적을 해석하고자 한다.

2. 구원 사역과 먹거리

마태복음과 마가복음에는 떡과 물고기 몇 개로 수천여 명을 먹이시는 이야기가 두 번 반복되어 있다. 첫 번째 사건은 3년여 동안의 갈릴리 사역을 마무리 지을 때 행하셨으며(마14:13~21), 막6:30~44), 두 번째 사건은 제자들을 데리고 이방인 지역인 두로와 시돈 지역에 머무르시다가 이방인 선교를 마치신 후에 다시 갈릴리 바닷가에서 행하셨다.(마15:29~38, 막8:1~10) 누가복음에는 두 번째 이야기가 빠져있는 대신[56] 변화산을 거쳐 갈릴리에서 예루살렘으로 올라가는 과정의 이야기를 길게 다루고 있는데(눅9:51~16장) 여기에는 주로 경제적인 문제가 중심에 놓여있다. 누가복음은 예수님의 사역을 나사렛 회당에서 희년을 선언하시는 사건으로 시작하고 있으며(눅4:16~19) 경제를 중요하게 다루고 있다.[57] 요한복음에서도 오병이어의 이야기를 기록하고 있을 뿐만 아니라 관련된 대화와 설교가 길게 이어지고 있다.

공관복음에서 이와 같이 예수님의 사역에서 먹거리와 경제문제를 가장 중요하게 다루는 이유는 이 문제가 성경과 계약법의 핵심이기 때문이다. 구약에 의하면 대제사장은 매 안식일에 진설병 열두 덩어리를 만들어 하나님께 드리고 묵은 떡은 자신이 먹어야 했다.(레24:5~9) 이는 여호와를 하나님으로 믿는 계약공동체에서는 굶는 사람이 없다는 것을 매일 하나님께 보고드리는 것이며 제사장들이 해야 할 가장 중요한 일은 먹는 문제 해결이라는 뜻이다. 예수님께

---

56) 전문가들은 이를 대생략이라 한다.

57) 졸저 「누가복음」은 경제의 시각에서 해석했다.

서도 이 문제를 가장 중요하게 여기시고 제자들에게 가르치셨다. 그래서 후일 제자들은 예루살렘에서 교회를 시작하면서 경제공동체로 시작할 수가 있었다. 구원 사역과 먹거리 해결은 뗄 수 없는 관계이다. 성경에서 말하는 구원은 결코 영혼만의 문제가 아니다. 인간의 육체는 매일 양식을 먹지 않으면 살 수가 없다. 성경은 영육 일원론의 입장이기 때문에 영혼 구원이라는 말은 성경과는 거리가 멀다. 성경에서는 육체와 영혼을 분리하지 않는다.

3. 계약공동체 훈련

【•】 1 그 후에 예수께서 디베랴의 갈릴리 바다 건너편으로 가시매 2 큰 무리가 따르니 이는 병자들에게 행하시는 표적을 보았음이러라

공관복음에서는 오병이어 사역의 과정에 대하여 좀 더 자세하게 전해주고 있다. 둘씩 짝지어 선교 훈련을 나갔던 제자들이 돌아왔는데 예수님 주변에는 사람들이 너무 많이 모여들고 있어서 식사하실 겨를도 없으셨다.(막6:31) 동시에 세례 요한의 제자들이 와서 세례 요한이 헤롯에게 죽임을 당했다고 알렸다. 이에 예수님께서는 제자들과 조용한 시간을 가지시기 위하여 배를 타고 바다 건너편 한적한 곳으로 군중들을 피해가셨다.

바닷가에 모여 있던 군중들 중에는 예수님께서 배를 타고 가시는 방향을 보고 해변을 돌아서 쫓아오는 사람들이 있었는데 이들은 예수님보다 먼저 해변에 도착했다.(막6:33) 이들이 걸어온 거리는 대략 14km였다. 이들은 어떤 사람들이었을까? 마가에 의하면 예수님께서는 이들을 보시고 목자 없는 양 같아서 불쌍히 여기시고 말씀을 가르치셨다고 기록하고 있다.(막6:34) 이에 근거해서 추정해보면 예수님을 찾아서 외진 곳까지 찾아온 사람들은 예수님의 말씀에 갈급한 사람들이었다. 요한복음에서는 예수님께서 병자들에게 행한 표적을 보고 무리들이 따랐다고 했는데 이것을 표적을 본 까닭이라

고 기록하고 있다.(요6:2)

광야까지 예수님을 따라온 사람들은 남자만 오천여 명이었다. 이들은 예수님의 말씀, 즉 계약의 말씀을 사모하여 먼길을 돌아서 따라온 사람들이었다. 군중들을 떠나 제자들과 배를 타고 가실 때부터 예수님께서는 군중들 중에서 일부가 보일 반응을 이미 내다보고 계셨다. 다시 말하면 예수님께서는 갈릴리의 가버나움 바닷가에 모여 있는 수만여 명의 사람들 중에서 말씀을 특별히 사모하는 사람들을 따로 불러 모으신 셈이다. 그리고 이들과 함께 갈릴리에서의 마지막 사역을 행하셨는데 그 사건이 오병이어이다. 따라서 오병이어 표적은 광야에서 재현하신 계약공동체 훈련의 일환이었으며 제자들에게는 특별한 교육의 기회였다.

4. 유월절과 오병이어

【●】 4 마침 유대인의 명절인 유월절이 가까운지라 5 예수께서 눈을 들어 큰 무리가 자기에게로 오는 것을 보시고 빌립에게 이르시되 우리가 어디서 떡을 사서 이 사람들을 먹이겠느냐 하시니 6 이렇게 말씀하심은 친히 어떻게 하실지를 아시고 빌립을 시험하고자 하심이라 7 빌립이 대답하되 각 사람으로 조금씩 받게 할지라도 이백 데나리온의 떡이 부족하리이다 8 제자 중 하나 곧 시몬 베드로의 형제 안드레가 예수께 여짜오되 9 여기 한 아이가 있어 보리떡 다섯 개와 물고기 두 마리를 가지고 있나이다 그러나 그것이 이 많은 사람에게 얼마나 되겠사옵나이까 10 예수께서 이르시되 이 사람들로 앉게 하라 하시니 그 곳에 잔디가 많은지라 사람들이 앉으니 수가 오천 명쯤 되더라 11 예수께서 떡을 가져 축사하신 후에 앉아 있는 자들에게 나눠 주시고 물고기도 그렇게 그들의 원대로 주시니라

요한복음에서는 예수님의 활동이 예루살렘과 성전, 그리고 절기와 관련이 있다. 그런데 오병이어 표적은 갈릴리에서 일어난 일이지만 유월절과 연관을 짓고 있다. 요한은 왜 오병이어 표적을 유월절과 연결하고 있을까?

유월절을 비롯한 절기에 대한 레위기(23장)와 신명기(16장)의 해

석은 큰 차이가 있다. 레위기는 주로 제사와 무노동에 초점을 맞추고 있다. 반면 신명기에서는 지방성소를 중심으로 가난한 자의 삶을 체험하고 그들을 위하여 잔치를 베풀며 맏물과 십일조 등의 헌금을 가지고 자력으로 살 수 없는 사람들의 생계 대책을 세우는 데에 초점을 맞추고 있다. 이를 염두에 두면 요한복음에서 왜 오병이어 표적을 유월절과 연관 짓고 있는지 알 수 있다. 당시 유대인들은 신명기에서 말하는 유월절 정신을 상실하고 중앙 성소인 예루살렘에 모여 유월절 제사 드리는 데에 심혈을 기울이고 있었다. 이에 요한복음은 유월절에 맞추어 오병이어의 사건을 전개시키면서 절기와 계약법의 정신은 인간을 가장 비참하게 하는 기아의 문제를 해결하는 것이라고 힘주어 강조하고 있다. 이런 측면에서 보면 요한복음이야말로 어느 복음서보다도 계약법에 가장 충실하다고 할 수 있다.

내용에 있어서 공관복음과 요한복음 사이에 사소한 차이가 있지만 한 어린아이가 가지고 있던 보리떡 다섯 개와 물고기 두 마리로 성인 남자만 오천여 명이 배불리 먹었다는 부분에서는 같다. 보리떡은 가장 가난한 자들의 양식이었다. 예수님께서는 한 어린아이의 양식으로 수많은 사람들이 먹고도 열두 바구니에 남게 하셨다. 무엇을 말하는가? 계약공동체인 교회가 해야 할 가장 중요한 일은 먹거리 해결이며, 이를 하려고만 하면 하나님께서 초자연적인 방법을 동원해서라도 해결하시겠다는 뜻이다.

왜 초자연이 동원되어야 하는가? 앞에서도 본 바와 같이 구원 사역은 아담이 계약법을 어기기 이전 상태로의 회복이다. 아담이 계약법을 어김으로써 찾아온 가장 큰 변화는 땅이 저주를 받게 되었고 이에 따라 이제는 자력으로 먹거리를 해결하게 된 것이다. 환경 즉 생태계의 복원과 먹거리 문제 해결은 사람의 노력만으로는 한계가 있다. 하나님의 도우심이 필요한데 하나님께서는 계약공동체를 통하여 이 문제를 해결하기를 원하신다. 그런데 계약공동체인 교회는 이에 대하여 아무런 이해와 문제의식이 없다 보니 해결하려는 마음도 없다. 과거에도 그랬고 지금도 그러하다. 내세의 영혼 구원에만 매달리고 있으니 이 노릇을 어찌해야 하나?

물음 17 제자들, 예수님을 누구로 다시 만나는가?

본문 〈 6:14~21 〉

14 그 사람들이 예수께서 행하신 이 표적을 보고 말하되 이는 참으로 세상에 오실 그 선지자라 하더라

15 그러므로 예수께서 그들이 와서 자기를 억지로 붙들어 임금으로 삼으려는 줄 아시고 다시 혼자 산으로 떠나 가시니라

16 저물매 제자들이 바다에 내려가서

17 배를 타고 바다를 건너 가버나움으로 가는데 이미 어두웠고 예수는 아직 그들에게 오시지 아니하셨더니

18 큰 바람이 불어 파도가 일어나더라

19 제자들이 노를 저어 십여 리쯤 가다가 예수께서 바다 위로 걸어 배에 가까이 오심을 보고 두려워하거늘

20 이르시되 내니 두려워하지 말라 하신대

21 이에 기뻐서 배로 영접하니 배는 곧 그들이 가려던 땅에 이르렀더라

만일 오늘날 우리에게 오병이어의 기적이 일어난다면 어떤 반응을 보일까? 예수님을 왕으로 추대하려던 당시의 그들과 뭐가 좀 다를까? 군중들의 요청에 대하여 예수님께서는 어떻게 대처하셨을까? 네 복음서는 이에 대하여 비교적 상세하게 전해주고 있다.

1. 계약법

건강과 경제는 사람이 살아가는 데 있어 가장 중요한 비중을 차지한다. 그런데 예수님은 온갖 질병과 불구자를 한순간에 치료하실 뿐만 아니라 죽은 자까지도 살리셨다. 그리고 한 어린아이의 양식으로 수많은 사람이 먹고도 남게 하셨다. 이런 예수님을 왕으로 모시고 있으면 먹거리와 질병 등은 아무런 문제가 되지 않으므로 군중들이 흥분하는 건 당연했다. 요한복음에 의하면 군중들은 예수님을 왕으로 추대하려고 했다. 그런데 왜 예수님께서는 군중들의 이런 요구를 거절하셨을까?

하나님께서는 '계약공동체'를 통하여 인간이 당면하는 건강과 경제 등의 문제를 해결하시고 이 땅에 하나님 나라를 실현하시기 때문이다. 왜 초자연의 방법을 사용하지 않으시고 계약의 방법을 사용하실까? 〈물음01〉에서 본 바와 같이 계약은 창조의 원리이자 만물을 지배하는 법이기 때문이다. 인간을 제외한 다른 만물과 하나님의 관계는 일방적인 계약관계이므로 우주만물은 주어진 법대로 존재하며 동식물은 본능으로 살아간다. 그러나 유일하게 인간과 하나님과의 관계는 쌍방계약 관계이다. 인간에게는 인격이 주어져 있기 때문이다. 쌍방계약이므로 인간이 해야 할 몫이 있다. 먼저 인간이 계약공동체에서 한 마음과 한 뜻으로 너의 문제를 내 문제로 여기며 서로 해결하려고 해야 한다. 이를 공관복음에서는 "네 이웃을 네 몸과 같이 사랑하라"고 했으며(막12:31), 요한복음에서는 '새 계명'이라고 했는데 "서로 사랑하라"는 말씀이다.(요13:34)

2. 자연과 초자연

인간이 자연의 원리와 이치에 따라서 계약법을 지키기 위하여 온 힘을 다한다고 해도 이 땅에 하늘나라의 이상을 실현하는 것은 불가능하다. 단지 중요한 것은 계약공동체 내에서 한 마음과 한 뜻으로 기도하며 최선을 다하는 노력이다. 이런 노력은 결코 작은 것이 아니라 가장 큰 것이다. 이는 하나님의 초자연적인 개입을 불러오는 마중물과 같기 때문이다. 쌍방계약의 한 축인 하나님께서 계약에 개입하시는 방법이 초자연이다. 성경에 등장하는 초자연적인 사건들이 계약과 관련된 이유는 여기에 있다.

세상의 사회와 나라의 법에서도 일반법과 특별법이 있어서 서로 조화와 균형을 이루며 법의 정신을 실현한다. 마찬가지로 이 땅에서도 자연의 법과 초자연의 법이 존재한다. 그런데 하나님의 초자연적인 법이 실현되는 장소가 계약공동체이다. 계약공동체인 교회는 하나님께서 이 세상에 계약으로 세우신 구원의 기관이다.

3. 왜곡된 신앙

그런데 인간의 신앙은 두 방향으로 왜곡되기 쉬운데 초자연에 대한 이해와 관련이 있다. 첫째는 초자연에 대한 거부인데 특히 과학적인 사고에 익숙한 현대인들이 빠지기 쉬운 오류다. 태양이 엄청난 열과 빛을 내고 있다는 사실이, 지구가 자전과 공전하면서 태양 주위를 일정하게 돌고 있는 현상이 초자연적인 기적이다. 초자연이 아니고서는 어떻게 그런 에너지와 힘이 가능하겠는가? 인간의 과학지식은 단지 초자연적인 힘으로 작용하는 우주의 현상들을 설명할 뿐이지 그 근원까지를 말하는 게 아니다. 진화론도 자연 세계의 한 현상을 설명하는 이론에 불과하다. 물이 낮은 곳으로 흐르는 원리, 즉 만물을 지배하는 중력과 만유인력은 자연의 현상이지만 그것을 가능하게 하는 힘의 원천은 초자연이 아니고서는 설명이 불가능하다.

둘째는 초자연에 대한 맹신과 광신, 기복적인 염원이다. 계약법에 대하여 전혀 무지한 채 인간이 해야 할 역할을 도외시하고 매사를 신앙적인 열심과 기도로 응답받아서 해결하려고 한다. 이런 신앙은 왜곡된 종말론으로 이어진다. 예수님께서 재림하시면 인간의 모든 문제가 다 해결되며, 하나님 나라가 시작된다고 믿는 신앙은 성경과는 상관이 없다. 왜곡된 종말론과 재림을 정당화하기 위하여 성경의 이런저런 구절을 끌어들일 수는 있지만 이는 올바른 성경해석이 아니다. 유대인들은 '주님의 날', '여호와의 날', '그 날'이라는 왜곡된 종말론에 치우친 채 이를 실현할 메시아를 기다리고 있었다. 그런데 오늘 우리 기독교도 '주님의 재림'이라는 잘못된 종말론에 빠져서 주님의 재림을 기다리고 있다.

왜곡된 신앙에서 벗어나는 것이 오늘 우리의 시급한 과제이다.

4. 마귀와의 싸움

【•】 15 그러므로 예수께서 그들이 와서 자기를 억지로 붙들어 임금으로 삼으려는 줄 아시고 다시 혼자 산으로 떠나 가시니라

(마14:22) 예수께서 즉시 제자들을 재촉하사 자기가 무리를 보내는 동안에 배를 타고 앞서 건너편으로 가게 하시고

(막6:45) 예수께서 즉시 제자들을 재촉하사 자기가 무리를 보내는 동안에 배 타고 앞서 건너편 벳새다로 가게 하시고

공관복음에 의하면 군중들이 예수님을 왕으로 섬기려 하자 예수님께서는 서둘러 제자들로 하여금 배를 타고 먼저 출발하게 하셨다. 왜 그러셨을까? 제자들 역시 예수님께서 왕이 되시리라 믿고 서로 높은 자리를 차지하려고 했기 때문이다. 군중들에게 제자들까지 합세하여 예수님을 왕으로 추대하면 수습하기 곤란한 상황이 되고 만다.

당시 유대인들에게는 수백 년 동안 지속된 메시아 신앙이 있었다. 메시아가 오면 제국으로부터의 식민지배를 종식시킬 뿐만 아니라 반대로 자신들이 온 세계를 지배할 제국을 건설할 것이라고 믿으며 메시아가 오기를 고대하고 있었다. 마귀는 예수님에게 유대인의 메시아가 되라고 끊임없이 유혹했다. 예수님께서 40일 금식하실 때 받은 마귀의 세 유혹도 유대인의 메시아가 되라는 유혹이었고 귀신

들린 자들은 예수님을 만나면 이분이 바로 우리가 기다리던 왕 메시아라고 소리치며 군중들을 선동했다. 그때마다 예수님께서는 귀신을 꾸짖으시며 입단속을 시키셨다. 이런 입단속이 유독 마가복음에 여러 번 나오는데(막1:25, 34, 44, 3:12, 5:43, 7:36, 8:30, 9:9) 독일의 신학자 브레데는 이를 '메시아의 비밀'이라고 했다.[58] 유대인의 메시아가 되라는 유혹은 귀신들린 사람들, 군중들, 예수님의 제자들, 유대교 당국자들을 통해서 십자가에 매달려 계실 때까지 계속되었다. 유대인의 메시아, 즉 왕이 되라는 요청은 예수님께서 당면한 최대의 적이자 난관이었다.

이런 이유로 예수님께서는 군중들이 예수님을 왕으로 추대하려는 조짐을 보이자 제자들을 재촉하여 배를 타고 떠나게 하셨다. 군중들의 힘은 구심점이 있어야 힘을 발휘하게 마련인데, 제자들이 떠나 구심점이 사라졌고 또 예수님께서 혼자 산으로 떠나가시자 군중들도 흩어지고 말았다.

5. 다시 만남

【●】 16 저물매 제자들이 바다에 내려가서 17 배를 타고 바다를 건너 가버나움으로 가는데 이미 어두웠고 예수는 아직 그들에게 오시지 아니하셨더니 18 큰 바람이 불어 파도가 일어나더라 19 제자들이 노를 저어 십여 리쯤 가다가 예수께서 바다 위로 걸어 배에 가까이 오심을 보고 두려워하거늘 20 이르시되 내니 두려워하지 말라 하신대 21 이에 기뻐서 배로 영접하니 배는 곧 그들이 가려던 땅에 이르렀더라

예수님의 독촉에 따라 떠난 제자들은 배를 타고 가면서 무슨 생각을 했을까? 아까운 기회를 놓쳤다며 아쉬움을 달랠 길이 없었을 것이다. 그런데 제자들의 마음을 읽었는지 느닷없이 파도가 밀려와서 배를 덮치는 바람에 다른 생각을 할 겨를이 없어지고 말았다.

58) 브레데는 복음서에 기록된 초자연적인 기록이 역사적인 사실이 아니라는 증거가 메시아의 비밀이라고 말했다. W. Wrede, *Das Messiasgeheimnis in den Evangelien. Zugleich ein Beitrage zum Verständnis des Markusevangeliums*, 1901.

마귀의 집중 공격이 여러 가지 방법으로 몰려올 때마다 예수님께서는 기도에 전념하시면서 대처하셨다. 군중들을 흩어 보내시고 산에 올라 기도에 전념하시던 예수님은 배를 타고 가는 제자들을 바라보셨다. 유월절이 가까이 오고 있었기 때문에 달은 둥글고 밝았으며 저 멀리 밝은 달빛 속에 파도에 휩쓸리고 있는 제자들의 배가 보였다. 바닷가에 내려가셨으나 배가 없었다. 어찌해야 하나? 바닷물을 향하여 발을 내딛으시자 바닷물은 예수님을 떠받들었고 예수님은 땅을 걷듯이 바다 위를 걸어서 제자들을 향해 가셨다. 자연의 지배를 받는 사람에게는 초자연이 불가능한 기적으로 보이지만 하나님에게는 자연과 초자연이 동일할 뿐이다.

파도와 싸우느라 정신없던 제자들은 누군가가 풍랑이는 바다 위를 걸어 다가오자 소스라치게 놀라며 두려워했다. 이 두려움(φοβέω)은 하나님 임재를 경험할 때 나타나는 전형적인 특징이며 놀란 무서움과는 전혀 다르다. 그런 제자들을 향하여 예수님께서는 "내니"라고 하셨다. 무슨 뜻일까? 〈물음05〉에서 말한 바와 같이 '에고 에이미'(Ἐγώ εἰμι)는 구약성경에서 '스스로 있는 자'(אֶהְיֶה אֲשֶׁר אֶהְיֶה)와 동일한 의미이며, 하나님께서 모세에게 당신을 드러내실 때 하신 말씀이다. 그런데 이제 예수님께서 제자들에게 처음으로 에고 에이미로 나타나셨다. 요한복음에 의하면 제자들이 없을 때 사마리아 여인에게 처음으로 나타내셨고, 이제 제자들에게 두 번째로 스스로 계신 하나님으로 나타내셨다. 제자들은 예수님을 유대인의 메시아로만 알고 예수님을 왕으로 추대하려고 하다가 이제 예수님을 하나님으로 다시 만났다.

선교 2세기, 이방인교회 시대를 맞고 있는 교회를 향하여 공관복음을 재해석한 요한복음은 지금 우리에게 이렇게 말하고 있다.

예수님을 다시 만나라.
구세주에서 하나님으로 다시 만나라.

나는 예수님을 누구로 만나서 무어라고 고백하는가? 예수님은 나에게 누구이신가? 나는 예수님을 누구로 만났는가? 나의 죄를 사하시고 나의 영혼을 구원하시는 그리스도로 만났는가? 그런데 독특한 기독론을 말하는 요한복음은 지금 우리에게 힘주어 말하고 있다.

예수님을 하나님으로 다시 만나라.

물음 18 왜 예수님께서 생명의 떡인가?

본문 〈 6:22~40 〉

22 이튿날 바다 건너편에 서 있던 무리가 배 한 척 외에 다른 배가 거기 없는 것과 또 어제 예수께서 제자들과 함께 그 배에 오르지아니하시고 제자들만 가는 것을 보았더니

23 (그러나 디베랴에서 배들이 주께서 축사하신 후 여럿이 떡 먹던 그 곳에 가까이 왔더라)

24 무리가 거기에 예수도 안 계시고 제자들도 없음을 보고 곧 배들을 타고 예수를 찾으러 가버나움으로 가서

25 바다 건너편에서 만나 랍비여 언제 여기 오셨나이까 하니

26 예수께서 대답하여 이르시되 내가 진실로 진실로 너희에게 이르노니 너희가 나를 찾는 것은 표적을 본 까닭이 아니요 떡을 먹고 배부른 까닭이로다

27 썩을 양식을 위하여 일하지 말고 영생하도록 있는 양식을 위하여 하라 이 양식은 인자가 너희에게 주리니 인자는 아버지 하나님께서 인치신 자니라

28 그들이 묻되 우리가 어떻게 하여야 하나님의 일을 하오리이까

29 예수께서 대답하여 이르시되 하나님께서 보내신 이를 믿는 것이 하나님의 일이니라 하시니

30 그들이 묻되 그러면 우리가 보고 당신을 믿도록 행하시는 표적이 무엇이니이까, 하시는 일이 무엇이니이까

31 기록된 바 하늘에서 그들에게 떡을 주어 먹게 하였다 함과 같이 우리 조상들은 광야에서 만나를 먹었나이다

32 예수께서 이르시되 내가 진실로 진실로 너희에게 이르노니 모세가 너희에게 하늘로부터 떡을 준 것이 아니라 내 아버지께서 너희에게 하늘로부터 참 떡을 주시나니

33 하나님의 떡은 하늘에서 내려 세상에 생명을 주는 것이니라

34 그들이 이르되 주여 이 떡을 항상 우리에게 주소서

35 예수께서 이르시되 나는 생명의 떡이니 내게 오는 자는 결코 주리지 아니할 터이요 나를 믿는 자는 영원히 목마르지 아니하리라

36 그러나 내가 너희에게 이르기를 너희는 나를 보고도 믿지 아니하는도다 하였느니라

37 아버지께서 내게 주시는 자는 다 내게로 올 것이요 내게 오는 자는 내가 결코 내쫓지 아니하리라

38 내가 하늘에서 내려온 것은 내 뜻을 행하려 함이 아니요 나를 보내신 이의 뜻을 행하려 함이니라

39 나를 보내신 이의 뜻은 내게 주신 자 중에 내가 하나도 잃어버리지 아니하고 마지막 날에 다시 살리는 이것이니라

40 내 아버지의 뜻은 아들을 보고 믿는 자마다 영생을 얻는 이것이니 마지막 날에 내가 이를 다시 살리리라 하시니라

예수님을 통해 오병이어의 표적을 경험하고 흩어졌던 사람들은 엄청난 충격에서 벗어나지 못하고 다시 모여 그 현장을 찾아갔다. 그러나 그들을 기다리는 것은 텅 빈 광야일 뿐 어제저녁에 혼자 남아계시던 예수님을 찾을 길이 없었다. 그들은 포기하지 않고 다시 예수님을 찾아 나섰다. 어디로 가야 하나?

1. 배부른 까닭

【•】 24 무리가 거기에 예수도 안 계시고 제자들도 없음을 보고 곧 배
들을 타고 예수를 찾으러 가버나움으로 가서 25 바다 건너편에서 만나
랍비여 언제 여기 오셨나이까 하니 26 예수께서 대답하여 이르시되 내
가 진실로 진실로 너희에게 이르노니 너희가 나를 찾는 것은 표적을
본 까닭이 아니요 떡을 먹고 배부른 까닭이로다

어디로 가야 할지 막막했던 군중들은 예수님께서 늘 계시던 가버나움으로 향했고 그곳에서 예수님을 다시 만날 수 있었다. 기쁜 나머지 그들은 외쳤다. "선생님, 언제 여기로 오셨습니까?" 그런데 그들에게 들려온 대답은 전혀 의외였다.

> 너희가 나를 찾는 것은 표적을 본 까닭이 아니요 떡을 먹고 배부른 까닭이로다

무슨 뜻일까? 표적을 본 까닭은 무엇이고 또 배부른 까닭과 무엇이 어떻게 다른가? 요한복음 전반부는 표적의 책이며 표적이 말하는 독특한 의미가 있다. 이것을 깨달아야 한다. 오병이어를 경험하고서 예수님을 따르면 먹고사는 문제가 저절로 해결된다고 믿고 따른다면 이는 표적의 의미와는 거리가 멀 뿐만 아니라 정반대가 되고 만다. 내가 예수님을 따르는 이유는 떡을 먹고 배부른 까닭인가 아니면 표적을 본 까닭인가? 예수님께서 말씀하시는 표적을 본 까닭은 무엇일까?

2. 표적을 본 까닭

> 【●】 27 썩을 양식을 위하여 일하지 말고 영생하도록 있는 양식을 위하여 하라 이 양식은 인자가 너희에게 주리니 인자는 아버지 하나님께서 인치신 자니라 28 그들이 묻되 우리가 어떻게 하여야 하나님의 일을 하오리이까 29 예수께서 대답하여 이르시되 하나님께서 보내신 이를 믿는 것이 하나님의 일이니라 하시니

썩을 양식이 아니라 영생하는 양식을 위하여 일하는 게 표적을 본 까닭이라고 하셨다. 그런데 그게 도대체 무슨 뜻일까? 육체보다 영혼이 더 중요하며 영혼 구원을 위하여 일하라는 뜻일까? 도무지 무슨 말씀을 하시는지 못 알아들은 군중들은 어떻게 해야 하나님의 일을 할 수 있느냐고 물었다. 이에 예수님께서는 하나님께서 보내신 사람을 믿는 것이 하나님의 일이라고 말씀하셨다. 하나님께서 보내신 이, 즉 예수님을 믿는다는 게 도대체 무엇일까? 본문은 마치 선문답을 늘어놓고 있는 것처럼 보인다.

'하나님께서 보내신 이'를 이해하려면 구약의 선지자를 보면 된다. 구약의 선지자들은 하나님께서 보내신 사람들이었다. 이들은 무엇을 위하여 보내심을 받았을까? 이스라엘 사람들이 다윗과 솔로몬 이후 성전을 지어놓고 제사로 하나님을 섬기기 시작하자 선지자들은 이를 계약위반이라고 책망하며 고발했다. 아브라함, 모세, 선지자 등 하나님으로부터 보내심을 받은 사람들은 하나같이 하나님과 맺은 계약을 중요하게 여기며 이를 지켜야 한다고 강조했다.

계약법(율법)과 선지자를 완성하러 오신 예수님께서는 이스라엘의 불순종으로 말미암아 파기된 옛 계약을 다시 회복시키기 위하여 하나님이시기를 포기하고 친히 인간의 몸을 입고 세상에 오셔서 우리 대신 죽으셨다. 이 희생으로 말미암아 새로운 계약이 가능해졌다. 하나님께서 보내신 이를 믿는다는 것은 이제 새로운 계약을 충실히 지키는 것을 말한다. 갈릴리에서의 마지막 사역인 오병이어 표적은 계약법의 핵심인 먹거리 문제를 해결하는 것이 새로운 계약공동체가 해야 할 중차대한 사명이라고 말하고 있다. 이를 깨닫는 것이 곧 '표적을 본 까닭'이다.

성경 해석은 생각보다 쉽지 않다. 영감으로 쓰인 성경을 해석하기 위해서는 영감의 도움이 필요하다. 이를 빠뜨리고 해석하면 많은 연구로 많이 아는 것 같지만 자칫 보아도 보지 못하고 들어도 듣지 못하는 유대교 랍비들의 오류를 반복하게 된다. 성경은 하나님을 경험한 만큼 보인다. 성경을 해석하려면 학문적인 연구도 게을리하지 말아야 하지만 동시에 하나님 앞에 꿇어 엎드림을 빠뜨리지 말아야 한다.

3. 생명의 떡

【●】 30 그들이 묻되 그러면 우리가 보고 당신을 믿도록 행하시는 표적이 무엇이니이까, 하시는 일이 무엇이니이까 31 기록된 바 하늘에서 그들에게 떡을 주어 먹게 하였다 함과 같이 우리 조상들은 광야에서 만나를 먹었나이다 32 … 내 아버지께서 너희에게 하늘로부터 참 떡을 주

시나니 33 하나님의 떡은 하늘에서 내려 세상에 생명을 주는 것이니라

예수님의 말씀을 못 알아 듣는 군중들은 또 다시 예수님께 광야의 만나가 재현되는 표적을 요구했다. 이에 예수님께서는 그런 만나 말고 온 세상에 생명을 주기 위하여 하나님께서 주시는 참 떡을 먹으라고 말씀하셨다. 온 세상에 생명을 주는 하나님의 참 떡은 도대체 무엇일까? 도무지 알아들을 수 없는 수수께끼처럼 느껴진다.

그런데 계약법으로 이해하면 지극히 단순하다. 하나님을 대신하여 계약공동체에서 모든 사람들을 굶기지 않는 게 하나님께서 주시는 참 떡이며, 온 세상을 위한 생명의 떡이다. 영원한 생명은 다른 어떤 곳에 있는 게 아니라 육체의 양식을 모든 사람들에게 골고루 먹게 하는 데에 있다. 육체의 양식과 영생의 양식은 둘이 아니라 하나이다. 지금도 인류의 1/3은 기아선상에 놓여있다. 이들 모두가 다 골고루 먹고살 수 있게 하는 일보다 더 고귀하고 거룩한 일이란 없다. 헬레니즘의 이원론에서는 육체와 영혼을 분리하지만 일원론인 헤브라이즘에서는 육체와 영혼은 동일한 것이다. 육체의 굶주림을 해결해 주는 떡이 곧 생명의 떡이며 구원의 길이다.

4. 생명의 떡이신 예수님

【•】 34 그들이 이르되 주여 이 떡을 항상 우리에게 주소서 35 예수께서 이르시되 나는 생명의 떡이니 내게 오는 자는 결코 주리지 아니할 터이요 나를 믿는 자는 영원히 목마르지 아니하리라 … 38 내가 하늘에서 내려온 것은 내 뜻을 행하려 함이 아니요 나를 보내신 이의 뜻을 행하려 함이니라

육체의 떡을 먹고 배불렀던 군중들, 그 떡을 또 기대하고 예수님을 찾아왔던 군중들, 그들은 생전 듣도 보도 못한 생명의 떡을 듣고는 귀가 솔깃해져 그 떡을 주어 굶주림이 없게 해 달라고 요청했다. 그런 그들을 향해 말씀하셨다.

나는 생명의 떡이니 *Ἐγώ εἰμι ὁ ἄρτος τῆς ζωῆς*)

예수님께서 생명의 떡이므로 예수님께로 오는 자는 결코 주리거나 목마르지 않는다니 이것은 또 무슨 말씀인가? 예수님을 통해서 다시 맺어질 새 계약공동체, 그곳에서는 결코 주리거나 목마를 일이 없게 하시겠다는 준엄한 약속이다.

5. 영생을 얻는 자

【●】 39 나를 보내신 이의 뜻은 내게 주신 자 중에 내가 하나도 잃어버리지 아니하고 마지막 날에 다시 살리는 이것이니라 40 내 아버지의 뜻은 아들을 보고 믿는 자마다 영생을 얻는 이것이니 마지막 날에 내가 이를 다시 살리리라 하시니라

주리지도, 목마르지도 않도록 하는 일을 누가 해야 하는가? 예수님께로 온 사람, 예수님을 믿는 사람이 해야 한다. 이들은 하나님을 대신하여 그 일을 하라고 보내심을 받은 하나님의 대행자들이다. 하나님께서는 사람을 통해서, 계약공동체를 통해서 일 하신다. 그리고 그 사람들에게 영원한 생명, 영생이 주어진다.

성경이, 예수님의 말씀이 난해하고 어려워 보이지만 그 핵심과 줄거리는 지극히 단순하다. 단지 인간이 스스로 자기 꾀에 빠져서, 너무 어려운 현학(玄學)으로 만들어 놓아서 자기도 모르고 남도 모르며 보아도 보지 못하고 들어도 듣지 못하고 있다. 예수님 당시 유대인들이 그러했고 오늘 우리가 또한 그러하다. 이보다 더 큰 비극은 없다.

물음 19 내 살을 먹고 내 피를 마시라, 무슨 뜻일까?

본문 〈 6:41~59 〉

41 자기가 하늘에서 내려온 떡이라 하시므로 유대인들이 예수에 대하여 수군거려

42 이르되 이는 요셉의 아들 예수가 아니냐 그 부모를 우리가 아는데 자기가 지금 어찌하여 하늘에서 내려왔다 하느냐

43 예수께서 대답하여 이르시되 너희는 서로
수군거리지 말라

44 나를 보내신 아버지께서 이끌지 아니하시면 아무도 내게 올 수 없으니 오는 그를 내가 마지막 날에 다시 살리리라

45 선지자의 글에 그들이 다 하나님의 가르치심을 받으리라 기록되었은즉 아버지께 듣고 배운 사람마다 내게로 오느니라

46 이는 아버지를 본 자가 있다는 것이 아니니라 오직 하나님에게서 온 자만 아버지를 보았느니라

47 진실로 진실로 너희에게 이르노니 믿는 자는 영생을 가졌나니

48 내가 곧 생명의 떡이니라

49 너희 조상들은 광야에서 만나를 먹었어도 죽었거니와

50 이는 하늘에서 내려오는 떡이니 사람으로 하여금 먹고 죽지 아니하게 하는 것이니라

51 나는 하늘에서 내려온 살아 있는 떡이니 사람이 이 떡을 먹으면 영생하리라 내가 줄 떡은 곧 세상의 생명을 위한 내 살이니라 하시니라

52 그러므로 유대인들이 서로 다투어 이르되 이 사람이 어찌 능히 자기 살을 우리에게 주어 먹게 하겠느냐

53 예수께서 이르시되 내가 진실로 진실로 너희에게 이르노니 인자의 살을 먹지 아니하고 인자의 피를 마시지 아니하면 너희 속에 생명이 없느니라

54 내 살을 먹고 내 피를 마시는 자는 영생을 가졌고 마지막 날에 내가

그를 다시 살리리니
55 내 살은 참된 양식이요 내 피는 참된 음료로다
56 내 살을 먹고 내 피를 마시는 자는 내 안에 거하고 나도 그의 안에 거하나니
57 살아 계신 아버지께서 나를 보내시매 내가 아버지로 말미암아 사는 것 같이 나를 먹는 그 사람도 나로 말미암아 살리라
58 이것은 하늘에서 내려온 떡이니 조상들이 먹고도 죽은 그것과 같지 아니하여 이 떡을 먹는 자는 영원히 살리라
59 이 말씀은 예수께서 가버나움 회당에서 가르치실 때에 하셨느니라

그렇지 않아도 어리둥절해 있던 군중들은 이어지는 말씀을 어떻게 받아들였을까?

1. 미로(迷路)

【•】 41 자기가 하늘에서 내려온 떡이라 하시므로 유대인들이 예수에 대하여 수군거려 42 이르되 이는 요셉의 아들 예수가 아니냐 그 부모를 우리가 아는데 자기가 지금 어찌하여 하늘에서 내려왔다 하느냐

예수님께서 "나는 하늘로서 내려온 생명의 떡이다."라고 하시자 군중들은 미궁(迷宮)에 빠져 버리고 말았다. 어릴 때부터 세뇌를 받아 선입견과 편견에 사로잡히고 또 도그마 신앙에 빠진 사람은 듣는 귀와 보는 눈이 가려지기 때문에 도그마에서 벗어나기가 대단히 어렵다. 이런 사람들은 또한 극단적인 열심을 내게 마련이다. 예수님께서는 이런 비극을 이렇게 말씀하셨다.

화 있을진저 외식하는 서기관들과 바리새인들이여 너희는 천국 문을 사람들 앞에서 닫고 너희도 들어가지 않고 들어가려 하는 자도 들어가지 못하게 하는도다 화 있을진저 외식하는 서기관들과 바리새인들이여 너희는 교인 한 사람을 얻기 위하여 바다와 육지를 두루 다니다가 생기면 너희보다 배나 더 지옥 자식이 되게 하는도다 뱀들아 독사의 새끼들아 너희가 어떻게 지옥의 판결을 피하겠느냐(마23:13, 15, 33)

성경을 읽으면서 본래의 핵심을 놓치고 엉뚱한 해석으로 빠져들면 이는 이미 계약이 파기되었다는 증거다.

2. 하나님께 배운 사람

【•】 44 나를 보내신 아버지께서 이끌지 아니하시면 아무도 내게 올 수 없으니 오는 그를 내가 마지막 날에 다시 살리리라 45 선지자의 글에 그들이 다 하나님의 가르치심을 받으리라 기록되었은즉 아버지께 듣고 배운 사람마다 내게로 오느니라

하나님께로부터 보내심을 받고 또 하나님께 듣고 배운다는 것이 무슨 뜻일까? 무슨 특별한 신비체험과 소명, 어마어마한 계시를 말하는 것일까? 그렇다면 그런 것들을 어디서 어떻게 얻을 수 있는가? 하나님께서 특별히 부르시고 선택한 사람만 가능할까? 그렇다면 그러한 예정과 선택은 불공정한 처사이다. 하나님께서 그렇게 사람을 구별하실까?

하늘의 비밀이란 모든 사람이 알 수 있는 명백한 사실을 말한다. 누구나 아는 상식, 누구나 이미 다 알고 있는 지식, 누구나 저절로 알게 되는 자명한 이치, 누구도 부인할 수 없는 인간의 도리, 당연히 그래야 하는 당위(當爲), 이런 것들이 하늘의 비밀이며 하나님께 듣고 배우는 것이다. 그런데 왜 이런 것들이 하늘의 비밀에 속할까?

사람들이 자기 욕심에 눈이 멀어서, 어리석은 자기 꾀에 빠져서, 지식의 교만에 눈이 가려서, 왜곡된 전통과 문화에 매여서, 잘못된 종교적인 가르침과 설교 때문에 당연하고 자명한 이치를 보지 못하고 듣지 못하게 된다. 온갖 편법과 불공정을 마다하지 않고 이권을 챙기는 사람들, 부동산 가격이 치솟아서 결혼조차 엄두를 내지 못하는 젊은이들이 수두룩한데도 그런 것에 아랑곳하지 않고 투기를 일삼는 사람들, 하나님을 동원해서라도 이런 것들을 성취하려는 기복신앙과 이를 부채질하는 성공주의 설교, 이런 것들이 넘쳐나서 사람들의 눈과 귀를 가리고 있다. 이들에게는 지극히 당연한, 그래서 누구나 알 수 있는 하늘의 비밀은 콧방귀와 비웃음의 대상일 뿐이다.

그런데 이런 현실을 가슴 아파하며, 너의 주림과 목마름을 내 몸

으로 느끼며, 너의 탄식과 절망을 내 아픔으로 여기며 하늘을 향하여 피를 토하며 절규하는 사람들, 이들이 하나님께서 선택하고 예정한 자들이며 아버지께 배우고 들을 준비가 된 사람들이다. 하늘의 아버지께서는 이들을 불러다가 보여주시고 하나님의 영으로 가르치시며 자녀 삼으신다.

3. 내 살을 먹고 내 피를 마시라

【•】 51 나는 하늘에서 내려온 살아 있는 떡이니 사람이 이 떡을 먹으면 영생하리라 내가 줄 떡은 곧 세상의 생명을 위한 내 살이니라 하시니라 … 53 예수께서 이르시되 내가 진실로 진실로 너희에게 이르노니 인자의 살을 먹지 아니하고 인자의 피를 마시지 아니하면 너희 속에 생명이 없느니라 54 내 살을 먹고 내 피를 마시는 자는 영생을 가졌고 마지막 날에 내가 그를 다시 살리리니 55 내 살은 참된 양식이요 내 피는 참된 음료로다

내 살을 먹고 내 피를 마시라는 성찬 예식사는 공관복음에 의하면 마지막 만찬 때 제자들에게 하신 말씀이다.(마26:20~30, 막14:17~26, 눅22:14~23) 그런데 요한복음에 의하면 예수님께서는 제자들과 마지막 저녁 식사를 하셨지만 식사 시간에 성례전 말씀을 하시지 않고 제자들의 발을 닦아 주신 후 서로 사랑하라는 새 계명을 주셨다.(요13:1~35), 그리고 대신 성만찬 예식사를 오병이어의 자리로 옮겨 놓았다. 이 중요한 사건을 왜 이렇게 처리했을까?

❶ 지상명령

인간을 가장 고통스럽게 하는 것은 무엇일까? 절대빈곤에 시달리다가 굶어 죽어가는 것이다. 요한복음에 의하면 예수님께서는 인간을 가장 불행하게 하는 기아의 문제를 해결하기 위하여 하늘로부터 생명의 떡으로 오셨으며, 내 살과 내 피를 마시라고 말씀하셨다. 이는 무슨 상징이나 비유가 아니다. 예수님께서는 이를 해결하기 위하여 기꺼이 십자가의 길을 가셨다. 요한복음에 의하면 예수님께서 십자가에서 죽으신 가장 큰 이유는 먹거리 문제의 해결이었다. 이를 강조하기

위하여 공관복음의 성만찬 예식사를 오병이어의 자리로 옮겼으며 이를 깨달아 아는 것이 곧 표적을 본 것이라고 말하고 있다. 예수님의 십자가와 죽으심은 새로운 계약을 위함이며 이제 새 계약공동체에 주어진 지상과제는 먹거리 해결이다. 이것이 계약법과 선지자의 완성이다.

요한복음을 어떤 관점으로 보아야 하는가? 계약의 관점에서 보아야 한다. 이미 앞에서 본 바와 같이 독특한 서문을 비롯한 오병이어 이야기 등은 계약의 관점으로 보아야 그 의미가 명확해진다.

❷ 자연의 법과 구원의 법

하나님께서는 동식물을 암수로 만드신 후 어떻게 그 생명을 이어가게 하셨을까? 부모가 자식을 위하여 생명, 즉 살과 피를 기꺼이 내어주게 하셨다. 식물들은 다음 세대의 씨앗을 영글게 하려고 온 힘을 다하여 한살이를 살아간다. 한 해를 살아가는 잡초를 보면 뜯기고 짓밟혀도 또 돋아나서 서리가 내리기 전에 꽃을 피우고 씨를 맺기 위하여 사력을 다한다. 서리가 내려서 죽을 때까지 결코 포기를 모른다. 온갖 곤충과 물고기, 날짐승과 들짐승은 어떠한가? 이들 역시 다음 세대를 이어가기 위하여 기꺼이 생명을 바친다. 교미한 후 암컷에게 자신의 몸을 먹이로 내어준다는 사마귀, 수정된 알을 지키기 위하여 죽을 힘을 다하다가 자신의 몸을 먹이로 내어주는 가시고기, 나뭇가지나 흙을 반죽하여 물어다가 집을 짓고 알을 낳은 후 21일 동안 먹고 마시기를 포기하고 알을 품어 부화시킨 후 하루 종일 먹이를 물어다 먹이는 새들, 어린 새끼를 땅굴 속에 숨겨놓고 사력을 다해 사냥하여 먹이를 먹고 돌아와서 다시 뱉어서 새끼에게 먹이고 똥과 오줌을 대신 받아먹는 들짐승 등, 어느 것 하나 눈물겹지 않은 것이 없다. 모든 생명체는 자식을 굶겨 죽이지 않으려고 최선을 다하고 있다.

왜 그럴까? 하나님께서 만들어 놓으신 자연의 법이 그러하다. 그런데 인간을 구원하시는 하나님의 구원의 법도 이와 다르지 않다. 하나님께서는 자신의 형상과 모양으로 지으신 자녀를 위하여 기꺼이 생명을 내 놓으신다. 사람들이 살아갈 자연환경인 생태계를 보시기에 좋게 만들어 놓으셨고, 그 생태계를 유지시키기 위하여 온갖 수고를 마다하지 않으신다. 태양이 빛과 열을 내고 지구가 자전하면서 태양 주위를 공전하고, 온갖 산천초목이 계절에 따라 아름다운 수를 놓는 것은 결코 우연이 아니다. 하나님의 땀과 피의 대가이다. 그것으로 부족하여 하나님께서는 친히 인간으로 오셔서 인간의 도리를 몸으로 보여주시고 새로운 계약을 체결하기 위하여 기꺼이 십자가의 길을 가셨다.

자연의 법과 구원의 법, 이는 서로 다르지 않으며, 둘이 아니라 하나이다.

❸ 먹이사슬과 인간

자연의 생명 세계는 서로 먹고 먹히는 관계로 얽혀있다. 풀은 초식동물의 먹이가 되며, 초식동물은 육식동물에게, 육식동물들은 상위 포식자에게 먹이가 된다. 최상위 포식자는 죽은 후 세균의 먹이가 되어 분해된 후 다시 식물의 영양분이 된다. 우주 만물과 모든 동식물은 하나님께서 주신 법대로 존재하거나 본능으로 살아가면서 자연 세계의 조화와 균형을 이루면서 인간이 살아갈 생태계를 최적의 상태로 유지시켜 주고 있다.

이런 생태계를 기반으로 하는 인간은 무엇을 먹으며 어떻게 살아가야 하는가? 먹이사슬의 법에 따라 동식물의 살과 피를 먹고 산다. 아무렇지도 않게 먹고 있는 우리의 먹거리 중 살과 피가 아닌 것은 아무것도 없다. 너의 생명을 먹고 오늘 내가 살고 있다. 예수님께서 "나는 하늘로서 내려온 산 떡이다. 내 살과 내 피를 마시면 너희가 살리라."고 하신 말씀은 우리에게 먹거리의 거룩함을 일깨워주시는 말씀이다. 내가 너의 살과 피를 먹으며 살고 있으니 나의 살과 피를 또한 너의 먹거리로 내어주어야 한다. 이를 거부한다면 이는 순리와 대의명분의 거역이다. 내 살과 피를 누구에게 먹이로 내어 주어야 하나? 아니다. 살아 있을 때, 아직 젊고 혈기가 왕성할 때, 이런저런 이유로 굶주림에 시달리며 인권을 유린당하고 사람답게 살지 못하는 사람들을 위하여 땀과 정성을 쏟아야 한다. 이것이 유월절과 초막절 정신이며 계약법이 추구하는 목표이다.

매 끼니마다 너의 살과 피를 마시는 나는 무엇을 해야 하나? 먹은 밥 값을 해야 한다. 내 몸에 흐르는 기와 혈은 너의 생명에서 얻은 힘이다. 나의 몸은 지금 나에게 이렇게 부르짖고 있다.

밥 값을 해라!

4. 성만찬 신학

기독교 역사, 특히 기독교 신학사에서 빚은 가장 큰 오류는 무엇인가? 그토록 금과옥조로 여기는 '성만찬 신학'이다. 성찬식에서 떡과 포도주에 예수님의 살과 피의 의미를 부여하며, 그 살과 피를 먹고 마시면서 예수님의 십자가를 재현하여 인간의 구원과 연관 지으려는 신학이 성만찬 신학이다. 성만찬 신학은 기독교 역사에 가장 큰 영향을 끼쳤다고 해도 과언이 아니다. 가톨릭은 지금도 화체설을 고집하고 있다. 또한 초기 개신교 지도자들은 성만찬 신학에 대한 견해 차이로 서로 결별하고 각기 교단을 따로 만들어서 개신교의 분열을 자초하고 말았다. 화체설에 목을 매는 가톨릭은 지금도 예배를 성찬을 재현하는 미사로 드리고 있으며, 화체설을 거부한 개신교단도 성만찬 신학을 숭배하고 있다. 계약의 관점에서 보면 이런 성만찬 신학을 무어라고 해야 할까? 한마디로 이렇게 말할 수 있다.

정신 나간 신학

오늘의 성만찬 신학은 성경의 정신에서 한참 벗어나서 예수님의 죽으심과 십자가에 정면으로 맞서고 있다.

5. 교회의 갈 길

요한복음에서는 예수님께서 제자들에게 당부하신 유언의 말씀이 성만찬 신학으로 전락할 것을 염려하여 성만찬 시간에 제자들의 발을 닦으시고 새 계명, 즉 새 계약의 말씀을 선포하고 있다. 그리고 성만찬 예식사를 오병이어의 자리로 옮겨 놓고 교회가 갈 길을 제시해 놓았다. 초기의 교회는 어떤 길을 갔는가? 예수님께서 제자들에게 가장 역점을 두고 가르치신 말씀은 계약법의 실천이었다. 그 실천은 먹거리 문제 해결을 기본으로 하고 있다. 이런 교육을 받은 사도들은 예루살렘에서 교회를 시작하면서 첫 교인들에게 예수님의 당부를 가르쳐 지키게 했고, 그 가르침을 받은 교인들은 모일 때마다 음식을 나눠 먹으며 서로 앞다투어 전 재산을 사도들의 임의 처분에 맡겼다. 생명과 재산을 포기한 사람들만이 교회에 나올 수 있었으며 이런 전통은 밀란칙령(AD 313년)까지 계속 이어졌다.

그런데 안타깝게도 박해시대를 보내면서 계약신학이 사라지고 말았다. 가장 큰 이유는 초기교회의 지도자들이 헬라철학으로 교육받은 지성인들이었는데, 그들이 성인이 된 후 교인들의 삶의 모습을 보고 감명을 받아 교인이 되었다는 데 있다. 그리고 그 사람들이 지도자가 되었기 때문에 기독교 신학은 헬라철학에 기초를 두게 되었고 동시에 계약신학의 맥이 단절되고 말았다.

지금도 기독교를 지배하는 신학은 헬라철학에 기반을 두고 있으며 작금의 기독교는 헬레니즘 기독교다. 이제 우리가 해야 할 일은 기독교에서 헬레니즘의 옷을 벗기고 헤브라이즘의 옷을 다시 입히는 일이다. 이런 중차대한 일은 서양에서는 불가능하고 동양에서만 가능하다. 동양의 어디일까? 동양에서 기독교가 가장 활성화된 나라, 그 역사와 정신문화가 헤브라이즘과 교감을 가질 수 있는 나라여야 한다.[59]

그 나라가 어디일까?

---

59) 졸저, 「성서로 보는 우리역사」는 이 문제에 초점을 맞추어 우리나라의 정신문화를 고조선부터 다시 해석했다.

물음 20 너희도 가려느냐?

본문 〈 6:60~71 〉

60 제자 중 여럿이 듣고 말하되 이 말씀은 어렵도다 누가 들을 수 있느냐 한대

61 예수께서 스스로 제자들이 이 말씀에 대하여 수군거리는 줄 아시고 이르시되 이 말이 너희에게 걸림이 되느냐

62 그러면 너희는 인자가 이전에 있던 곳으로 올라가는 것을 본다면 어떻게 하겠느냐

63 살리는 것은 영이니 육은 무익하니라 내가 너희에게 이른 말은 영이요 생명이라

64 그러나 너희 중에 믿지 아니하는 자들이 있느니라 하시니 이는 예수께서 믿지 아니하는 자들이 누구며 자기를 팔 자가 누구인지 처음부터 아심이러라

65 또 이르시되 그러므로 전에 너희에게 말하기를 내 아버지께서 오게 하여 주지 아니하시면 누구든지 내게 올 수 없다 하였노라 하시니라

66 그 때부터 그의 제자 중에서 많은 사람이 떠나가고 다시 그와 함께 다니지 아니하더라

67 예수께서 열두 제자에게 이르시되 너희도 가려느냐

68 시몬 베드로가 대답하되 주여 영생의 말씀이 주께 있사오니 우리가 누구에게로 가오리이까

69 우리가 주는 하나님의 거룩하신 자이신 줄 믿고 알았사옵나이다

70 예수께서 대답하시되 내가 너희 열둘을 택하지 아니하였느냐 그러나 너희 중의 한 사람은 마귀니라 하시니

71 이 말씀은 가룟 시몬의 아들 유다를 가리키심이라 그는 열둘 중의 하나로 예수를 팔 자러라

오병이어의 먹거리를 경험하고 예수님을 왕으로 추대하기 위하여

다시 찾아왔던 사람들은 예수님의 말씀을 듣고 전혀 알아듣지 못했다. 그런데 예수님을 따르던 제자들은 어떤 반응을 보였을까?

1. 어렵도다

【•】 60 제자 중 여럿이 듣고 말하되 이 말씀은 어렵도다 누가 들을 수 있느냐 한 대 61 예수께서 스스로 제자들이 이 말씀에 대하여 수군거리는 줄 아시고 이르시되 이 말이 너희에게 걸림이 되느냐

제자들 중에 많은 사람들도 도대체 무슨 말씀인지 도무지 알아들을 수가 없었다. 왜 그랬을까? 계약이 파기될 때 나타나는 뚜렷한 현상은 단순하고 자명한 말씀들을 통 못 알아듣고 크게 오해한다. 요한복음에서는 예수님의 설교를 듣는 사람들이 보이는 특징은 도무지 이해하지 못하고 오해한다는 점이다. 유대인의 랍비이면서 예수님에 대하여 호의적이던 니고데모조차 물과 성령으로 거듭나야 한다는 말씀을 전혀 알아듣지 못했다. 요한복음에서 듣는 자들이 보이는 오해는 그들의 계약이 파기되었음을 알리는 경고이자 고발이다. 설교자가 성경에서 말하는 기본적인 이치와 원리를 읽어내지 못하고 엉뚱한 말을 해대면 이는 이미 계약이 파기되었다는 증거다.

오늘 우리는 여기에서 얼마나 자유로울까?

2. 영과 육

【•】 63 살리는 것은 영이니 육은 무익하니라 내가 너희에게 이른 말은 영이요 생명이라

이 구절을 어떻게 해석해야 할까? 영혼 구원을 중요시하는 기존의 구속사 신학에 의하면 육체보다 영혼이 중요하다고 해석하게 된다. 기독교 신학이 육체를 무시하고 영혼에 치우친 까닭은 그 신학의 기반이 헬라철학과 문화이기 때문이다. 헬라철학은 영과 육을 분리하는 영육이원론을 주장한다. 이런 신학은 육체와 세상을 등한히 할 뿐만 아니라 세상은 종말에 심판을 받아 사라질 대상으로 본다.

기독교가 가는 곳에 자연환경이 파괴되고 잘못된 세상을 뜯어고치려는 시도가 없는 이유는 오직 영혼 구원에만 관심 갖는 이런 영육이원론 신학 때문이다.

이 말씀을 헬레니즘이 아닌 헤브라이즘, 즉 계약의 관점에서 해석하면 그 의미가 전혀 달라진다. 너는 어떻게 되건 말건 나만 생각하는 태도는 육을 위한 삶이며, 나의 삶의 목적이, 나의 존재 이유가 너를 위하여 있다는 정신은 영을 위한 삶이다. 바울은 이를 육을 따라 살지 말고 영을 따라 살라고 해석했다.[60]

3. 제자들의 실망

【•】 66 그 때부터 그의 제자 중에서 많은 사람이 떠나가고 다시 그와 함께 다니지 아니하더라

요한복음에서 예수님의 말씀을 듣는 사람들은 유대인들과 군중, 제자들이다. 제자들은 예수님을 적극적으로 따르는 사람들을 말한다. 오병이어를 경험한 사람들은 가버나움 해변에 모여 있던 수많은 사람들 중에서 배를 타고 가시는 예수님을 따라 해변을 돌아서 달려온 사람들, 즉 예수님의 말씀을 듣고 예수님을 따르기 위하여 찾아온 사람들이었다. 그런데 그들은 오병이어 이후에 하시는 예수님의 말씀을 듣고 실망하여 많은 사람들이 떠나가고 말았다. 왜 그랬을까?

표적의 의미를 이해하려 하지 않고 떡을 먹고 배 부르려고 한 까닭이다. 자신의 관심사가 하나님의 관심사와 같아지지 않으면 결코 예수님을 따르지 못한다. 어떤 사람이 끝까지 따를 수 있을까?

60) 육신을 따르지 않고 그 영을 따라 행하는 우리에게 율법의 요구가 이루어지게 하려 하심이니라 육신을 따르는 자는 육신의 일을, 영을 따르는 자는 영의 일을 생각하나니 육신의 생각은 사망이요 영의 생각은 생명과 평안이니라(롬8:4~6)

4. 영생의 말씀

【●】 67 예수께서 열두 제자에게 이르시되 너희도 가려느냐 68 시몬 베드로가 대답하되 주여 영생의 말씀이 주께 있사오니 우리가 누구에게로 가오리이까 69 우리가 주는 하나님의 거룩하신 자이신 줄 믿고 알았사옵나이다

광야까지 따라와서 오병이어를 경험하고 다시 예수님을 찾아왔다가 실망하고 돌아서는 사람들을 보시는 예수님의 심정은 어떠하셨을까? 그 안타까운 마음이 열두 제자를 향하여 "너희도 가려느냐?"라고 하신 말씀에 들어있다. 공관복음에 기록된 베드로의 신앙고백(마16:16, 막8:29, 눅9:20)과 요한복음의 고백은 많이 다르다.

주여 영생의 말씀이 주께 있사오니 우리가 누구에게로 가오리이까

유다를 제외한 열한 제자들은 예수님의 말씀에 영생이 있다는 것을 깨달았고 그런 이유로 예수님을 끝까지 따라갔다. 성경의 말씀을 올바르게 깨닫는 사람만이 하나님에 대한 믿음을 끝까지 지키며 예수님을 따른다.

공관복음에서는 오병이어 표적이 갈릴리 사역의 마무리 사역이었으며, 이후에는 두로와 시돈지역으로 가셔서 몇 달 머무셨다. 그 후 데가볼리 등 이방인 지역 사역을 하신 후 다시 갈릴리 바닷가에 오셔서 떡과 물고기로 오병이어와 비슷한 사역을 반복하셨다. 비슷한 사역을 두 번 이어서 반복하신 이유는 먹거리 문제 해결이 그만큼 중요하기 때문이었다. 갈릴리 사역과 이방인 사역을 마치신 후에는 가이사랴 빌립보, 변화산을 거쳐 유월절에 맞추어 예루살렘으로 올라가셨다. 그러나 요한복음에서는 오병이어 표적으로 갈릴리 사역을 마치시고 이후 초막절에 맞추어 예루살렘으로 올라가신 것으로 기록되어 있다. 이제부터는 예루살렘에서의 예수님의 활동을 다루게 된다. 초막절에 예수님께서는 무슨 일을 하셨을까?

물음 21 초막절 사역, 어떻게 시작하셨나?

본문 〈 7:1~13 〉

1 그 후에 예수께서 갈릴리에서 다니시고 유대에서 다니려 아니하심은 유대인들이 죽이려 함이러라
2 유대인의 명절인 초막절이 가까운지라
3 그 형제들이 예수께 이르되 당신이 행하는 일을 제자들도 보게 여기를 떠나 유대로 가소서
4 스스로 나타나기를 구하면서 묻혀서 일하는 사람이 없나니 이 일을 행하려 하거든 자신을 세상에 나타내소서 하니
5 이는 그 형제들까지도 예수를 믿지 아니함이러라
6 예수께서 이르시되 내 때는 아직 이르지 아니하였거니와 너희 때는 늘 준비되어 있느니라
7 세상이 너희를 미워하지 아니하되 나를 미워하나니 이는 내가 세상의 일들을 악하다고 증언함이라
8 너희는 명절에 올라가라 내 때가 아직 차지 못하였으니 나는 이 명절에 아직 올라가지 아니하노라
9 이 말씀을 하시고 갈릴리에 머물러 계시니라
10 그 형제들이 명절에 올라간 후에 자기도 올라가시되 나타내지 않고 은밀히 가시니라
11 명절중에 유대인들이 예수를 찾으면서 그가 어디 있느냐 하고
12 예수에 대하여 무리 중에서 수군거림이 많아 어떤 사람은 좋은 사람이라 하며 어떤 사람은 아니라 무리를 미혹한다 하나
13 그러나 유대인들을 두려워하므로 드러나게 그에 대하여 말하는 자가 없더라

어떤 명절에 예루살렘의 베데스다 연못가에서 38년 된 병자를 안

식일에 고치는 일로 유대인들이 예수님을 죽이려고 해서 예수님께서는 잠시 갈릴리 지역으로 피해가셨다. 갈릴리에서 유월절을 보내신 후 얼마 있다가 이번에는 초막절이 다가왔다. 주로 많은 사람이 모이는 명절에 사역하셨던 예수님께서는 이번 초막절에는 무슨 계획을 하셨을까?

1. 너희 때와 내 때

【●】 3 그 형제들이 예수께 이르되 당신이 행하는 일을 제자들도 보게 여기를 떠나 유대로 가소서 … 6 예수께서 이르시되 내 때는 아직 이르지 아니하였거니와 너희 때는 늘 준비되어 있느니라 … 8 너희는 명절에 올라가라 내 때가 아직 차지 못하였으니 나는 이 명절에 아직 올라가지 아니하노라 9 이 말씀을 하시고 갈릴리에 머물러 계시니라

당시의 초막절은 추수절과 같이 병행되어 8일 동안 진행되는 큰 명절이었다. 이런 명절이 다가오자 예수님의 형제들이 예수님에게 이번 명절에는 사람들이 많이 모이는 예루살렘에서 많은 사람들에게 자신을 드러내라고 먼저 제안했다. 갈릴리에 계시는 동안 예수님 주변에 많은 사람들이 모이는 것을 보고 그 형제들은 예수님께서 자신을 크게 드러낼 필요가 있다고 생각했던 것 같다. 형제들의 이런 제안에 대하여 예수님께서는 "너희 때는 언제나 준비되어 있지만 내 때는 아직 이르지 않아서 가지 않겠다."라고 거절하셨다. 그러나 명절 중간에 조용히 예루살렘에 올라가셨다. 왜 가지 않는다고 하다가 다시 가셨을까? 거짓말을 하신 것일까? 아니면 중간에 마음이 바뀌셨을까?

예수님께서 사용하신 '때'라는 단어에 실마리가 들어있다. 평소에는 때를 말씀하실 때 호라(ὥρα)를 쓰셨지만 이번에는 카이로스(καιρός)를 사용하셨다. 형제들에게 말씀하신 '너희 때'는 사람들이 주로 사용하는 계획과 방법을 말한다. 사람들은 어떤 기회를 잡으면 자신의 명성을 드높이고 권세나 부귀영화를 누리려고 한다. 예

수님의 형제들은 이런 제안을 한 것이다. 이에 대하여 때가 이르지 않았기 때문에 명절에 가지 않겠다고 하신 말씀은 예수님께서는 그런 사람의 방법을 사용하지 않겠다는 뜻이다. "아직 내 때는 이르지 않았다."고 말씀하신 후 명절 중간에 올라가신 이유는 명절이 8일 동안 진행되는데 명절 처음부터 어떤 활동을 하는 것보다는 끝 무렵에 활동하는 게 더 효과적이라는 뜻이었다. 형제들에게 가지 않겠다고 하신 이유는 형제들이 예수님께서 명절 중간에 오신다고 소문을 내어 부작용을 일으키는 것을 막기 위함이었다고 생각된다. 그 이유는 다음 구절을 보면 더 명확해진다.

2. 장안의 화제

【•】 10 그 형제들이 명절에 올라간 후에 자기도 올라가시되 나타내지 않고 은밀히 가시니라 11 명절중에 유대인들이 예수를 찾으면서 그가 어디 있느냐 하고 12 예수에 대하여 무리 중에서 수군거림이 많아 어떤 사람은 좋은 사람이라 하며 어떤 사람은 아니라 무리를 미혹한다 하나 13 그러나 유대인들을 두려워하므로 드러나게 그에 대하여 말하는 자가 없더라

갈릴리와 예루살렘에서 행하신 여러 표적과 사역들 때문에 예수님에 대한 소문은 이미 국내는 물론 해외까지 널리 퍼져있었으며(마 4:24), 초막절 행사에서도 예수님은 당연 화제의 대상이었다. 그리고 유대 당국자들은 이미 예수님을 죽이기로 작정하고 온갖 악소문을 내고 있어서 여러 소문들이 무성해 있었다.

이런 본문을 보면 예수님께서는 어떤 사역을 하실 때 여러 상황을 종합적으로 검토하여 치밀한 계획을 세우시고 가장 큰 효과를 거두는 방법을 사용하셨음을 알 수 있다. 공관복음 특히 누가복음에 보면 예수님께서 늘 기도에 힘쓰시는 모습을 볼 수 있는데, 기도시간은 앞으로 곧 전개될 상황을 염두에 두고 점검하시면서 세밀한 계획을 세우시는 시간이었다.

예수님께서는 초막절 행사에서 어떤 방법으로 무슨 시도를 하셨을까?

물음 22
유대인들과의 충돌, 어떻게 진행되었나?

본문 〈 7:14~36 〉

14 이미 명절의 중간이 되어 예수께서 성전에 올라가사 가르치시니

15 유대인들이 놀랍게 여겨 이르되 이 사람은 배우지 아니하였거늘 어떻게 글을 아느냐 하니

16 예수께서 대답하여 이르시되 내 교훈은 내 것이 아니요 나를 보내신 이의 것이니라

17 사람이 하나님의 뜻을 행하려 하면 이 교훈이 하나님께로부터 왔는지 내가 스스로 말함인지 알리라

18 스스로 말하는 자는 자기 영광만 구하되 보내신 이의 영광을 구하는 자는 참되니 그 속에 불의가 없느니라

19 모세가 너희에게 율법을 주지 아니하였느냐 너희 중에 율법을 지키는 자가 없도다 너희가 어찌하여 나를 죽이려 하느냐

20 무리가 대답하되 당신은 귀신이 들렸도다 누가 당신을 죽이려 하나이까

21 예수께서 대답하여 이르시되 내가 한 가지 일을 행하매 너희가 다 이로 말미암아 이상히 여기는도다

22 모세가 너희에게 할례를 행했으니 (그러나 할례는 모세에게서 난 것이 아니요 조상들에게서 난 것이라) 그러므로 너희가 안식일에도 사람에게 할례를 행하느니라

23 모세의 율법을 범하지 아니하려고 사람이 안식일에도 할례를 받는 일이 있거든 내가 안식일에 사람의 전신을 건전하게 한 것으로 너희가 내게 노여워하느냐

24 외모로 판단하지 말고 공의롭게 판단하라 하시니라

25 예루살렘 사람 중에서 어떤 사람이 말하되 이는 그들이 죽이고자 하

는 그 사람이 아니냐
26 보라 드러나게 말하되 그들이 아무 말도 아니하는도다 당국자들은 이 사람을 참으로 그리스도인 줄 알았는가
27 그러나 우리는 이 사람이 어디서 왔는지 아노라 그리스도께서 오실 때에는 어디서 오시는지 아는 자가 없으리라 하는지라
28 예수께서 성전에서 가르치시며 외쳐 이르시되 너희가 나를 알고 내가 어디서 온 것도 알거니와 내가 스스로 온 것이 아니니라 나를 보내신 이는 참되시니 너희는 그를 알지 못하나
29 나는 아노니 이는 내가 그에게서 났고 그가 나를 보내셨음이라 하시니
30 그들이 예수를 잡고자 하나 손을 대는 자가 없으니 이는 그의 때가 아직 이르지 아니하였음이러라
31 무리 중의 많은 사람이 예수를 믿고 말하되 그리스도께서 오실지라도 그 행하실 표적이 이 사람이 행한 것보다 더 많으랴 하니
32 예수에 대하여 무리가 수군거리는 것이 바리새인들에게 들린지라 대제사장들과 바리새인들이 그를 잡으려고 아랫사람들을 보내니
33 예수께서 이르시되 내가 너희와 함께 조금 더 있다가 나를 보내신 이에게로 돌아가겠노라
34 너희가 나를 찾아도 만나지 못할 터이요 나 있는 곳에 오지도 못하리라 하시니
35 이에 유대인들이 서로 묻되 이 사람이 어디로 가기에 우리가 그를 만나지 못하리요 헬라인 중에 흩어져 사는 자들에게로 가서 헬라인을 가르칠 터인가
36 나를 찾아도 만나지 못할 터이요 나 있는 곳에 오지도 못하리라 한 이 말이 무슨 말이냐 하니라

갈릴리에 피해 계시던 예수님께서 명절 중간에 올라가셔서 성전에서 가르침을 시작하시자 주변에 많은 사람들이 모여들었다. 유대교 당국자들은 이미 예수님에게 사형선고를 내린 상태여서 예수님을 체포하려고 했으나 수많은 군중들이 예수님을 지지하며 지켜보고 있어서 할 수가 없었다.(요14:30~31) 예수님께서는 유대인들이 체포하지 못하도록 군중을 활용하신 것이다. 군중들 때문에 체포에

실패한 유대인들은 어떻게 했을까? 온갖 험담과 방해 공작을 늘어놓았다. 어떤 술수였을까?

1. 무자격자

【●】 14 이미 명절의 중간이 되어 예수께서 성전에 올라가사 가르치시니 15 유대인들이 놀랍게 여겨 이르되 이 사람은 배우지 아니하였거늘 어떻게 글을 아느냐 하니

예수님께서 성전에서 사람들을 대상으로 성경을 가르치시자 유대인들 즉 서기관과 바리새인, 사두개인, 장로 등 유대교 당국자들은 예수님을 무자격자라고 비방했다. 그러면서도 그들은 예수님의 탁월한 가르침에 내심 놀라고 있었다. 그런데 그들은 왜 예수님을 무자격자라고 했을까?

율법에 의하면 성경은 제사장들과 레위인들이 가르치게 되어있는데, 가나안 입주 이후 제사장들이 그 역할을 제대로 하지 못하자 사사들이 대신해야 했다. 또 다윗왕조 이후에는 제사장들이 왕의 신하가 되어 계약법을 가르치는 기능을 상실하고 성경교육보다는 성전에서 드리는 제사의식에 치중하고 말았다. 이에 선지자들이 등장하여 이를 계약위반이라 경고하며 계약법(율법)을 가르쳤다. 선지자들의 경고를 무시하던 이스라엘은 결국 경고대로 멸망하고 전쟁포로로 끌려갔다. 나라가 멸망하고 성전이 파괴되자 제사장들은 다 도망가 버렸으나, 끝까지 포로들과 함께한 사람들은 선지자들이었다.

선지자들은 포로지에서 신명기를 중심으로 계약법을 가르치기 시작했다. 그 후 율법을 가르치는 역할이 레위지파 성직자에게서 지파와 상관없는 평신도 랍비(서기관)에게로 넘어갔다. 귀환해서 나라를 재건한 이후에도 이런 전통은 이어졌다. 마카비 전쟁 이후 제사장(사두개인)들이 실권을 잡았지만 그들은 정치가였으며, 성경을 가르치는 역할은 서기관-바리새인들에게 있었다. 랍비들의 헌신적인 공

헌으로 신구약 중간기(제2성전기) 후반부를 지나면서 그들은 이스라엘 사회에서 가장 큰 영향력을 끼치는 사람들이 되었다. AD 70년 로마제국에 예루살렘이 멸망한 이후 사두개인들은 종적을 감추고 말았으나, 서기관이자 바리새인인 랍비들이 앞장서서 전세계에 흩어진 유대인들의 명맥을 유지하여 오늘의 이스라엘 국가가 가능하게 했다. 이스라엘에서 랍비들의 중요성과 공헌은 아무리 강조해도 지나치지 않다.

랍비전통이 확립된 이후 랍비가 되기 위해서는 오랜 수련의 과정을 거쳐야 했다. 어린 나이에 랍비의 집에서 숙식을 같이하며 수십년의 교육을 받은 후에 랍비로서의 공식 활동을 할 수 있었다. 그러나 예수님에게는 이런 랍비수련의 과정이 없었다. 이에 유대인들은 이를 트집 잡고 나선 것이다. 예루살렘에서, 그것도 성전에서 사람들을 모아놓고 성경을 가르치려면 랍비수업을 받아야 한다는 주장이며 누구나 수긍할 수밖에 없었다.

무자격자라는 유대인들의 비아냥과 비판에 예수님께서는 어떻게 대처하셨을까?

2. 공인(公認)

【•】 31 무리 중의 많은 사람이 예수를 믿고 말하되 그리스도께서 오실지라도 그 행하실 표적이 이 사람이 행한 것보다 더 많으랴 하니

예수님께서는 유대인들의 이런 비판에 대하여 대단히 적극적으로 대처하여 그런 비아냥이 그들에게 자충수가 되게 하셨다. 예수님께서 가르치기 시작하시자 예수님의 가르침과 랍비들의 가르침이 어떻게 다른지, 무엇이 옳은지, 랍비들의 가르침이 어디가 어떻게 잘못되었는지 확연히 드러났기 때문이다. 복음서에는 이에 대한 흔적이 많이 남아 있다.[61] 유대인들은 군중들 앞에서 예수님에게 망신

61) 대표적인 구절은 다음과 같다.

을 주기 위해 예수님의 가르침에 대하여 트집을 잡으려고 했지만 그럴수록 그들의 무지와 모순이 더 드러나고 말았다. 속수무책으로 당하던 유대인들은 부하들을 보내 예수님을 체포해 오게 했으나 그들은 예수님의 말씀을 듣다가 감명을 받고 그냥 돌아가서 이렇게 보고했다.

그 사람이 말하는 것처럼 말한 사람은 이 때까지 없었나이다(46)

유대인들은 예수님을 무자격자로 몰고 가려고 했지만 오히려 자신들이 무자격자라는 사실이 공개적으로 인정되고 말았다.

3. 하나님의 가르치심

【●】 16 예수께서 대답하여 이르시되 내 교훈은 내 것이 아니요 나를 보내신 이의 것이니라 17 사람이 하나님의 뜻을 행하려 하면 이 교훈이 하나님께로부터 왔는지 내가 스스로 말함인지 알리라 18 스스로 말하는 자는 자기 영광만 구하되 보내신 이의 영광을 구하는 자는 참되니 그 속에 불의가 없느니라

예수님의 놀라운 가르침과 지혜는 어떻게 가능했을까? 사람에게서 배운 교훈이 아니라 하나님으로부터 배운 교육이라고 예수님께서는 말씀하셨다. 구약의 선지자들은 다 하나님으로부터 교육을 받은 사람들이었다. 하나님께 직접 배우는 배움이란(요6:45) 도대체 어떤 것일까? 바울도 자신이 전하는 복음은 사람이 아닌 하나님께 직접 배웠다고 말했다.[62] 이에 대해서는 직접 경험하지 않고는 무어라고 말하기 쉽지 않을 것이다. 경험으로 확인한 만큼만 간략히 적어 보고자 한다.[63]

뭇 사람이 그의 교훈에 놀라니 이는 그가 가르치시는 것이 권위 있는 자와 같고 서기관들과 같지 아니함일러라(막1:22)

62) 형제들아 내가 너희에게 알게 하노니 내가 전한 복음은 사람의 뜻을 따라 된 것이 아니니라 이는 내가 사람에게서 받은 것도 아니요 배운 것도 아니요 오직 예수 그리스도의 계시로 말미암은 것이라(갈1:11~12)

63) 졸저 「비움의 길」은 하나님을 경험하고 배우는 과정에 대하여 다루고 있다.

❶ 관심의 일치

하나님으로부터 배우고 보내심을 받기 위해서 가장 중요한 것은 무엇일까? 하나님과 관심이 일치되어야 한다. 하나님께서는 사람의 중심을 보시는데 그 중심이란 그의 관심사를 말한다. 하나님의 관심사가 나의 관심사가 되고, 그 관심사가 나에게 가장 중요하며 나의 전부, 존재이유여야 한다. 그렇다면 하나님의 관심사란 무엇일까?

성경을 이해하되 계약의 관점에서 보며 계약공동체에 대한 진정한 관심과 사랑이 있어야 한다. 구약의 선지자들이 하나같이 이스라엘 역사를 계약의 관점에서 해석하고 계약법을 지켜야 한다고 강조하고 있는 이유는 여기에 있다. 필자의 경우 신학교에서는 교회사에 관심을 가졌었다. 그런데 한 목회자로서 교회의 실상을 목격하고 나서는 목회자와 교회가 멸망을 향해 치닫고 있는 것처럼 보여 많은 갈등과 고민, 방황하는 긴 시간이 있었다. 계약공동체에 대한 진정한 애착과 관심이 확인되어야 그다음 단계로 넘어 간다.

❷ 하나님 면전

교회에 대한 염려와 애착 때문에 생기는 갈등과 고민이 극에 달할 즈음 어느 날 불려가서 하나님을 직접 뵈옵는 대면의 경험이 일어났는데 이 경험은 말로는 표현하기 힘든 어떤 큰 충격을 동반한다. 처음으로 하나님 면전에 이르면 무시무시한 중압감과 전율 때문에 죽은 자처럼 되었다가 깨어나게 된다. 하나님을 뵈옵고는 살 자가 없다는 말은 결코 과장이 아니다. 이 면전 경험은 하나님께서 특별히 허락하실 때 가능해지는데 말로만 듣고 나름대로 생각하던 하나님과 실제로 대면한 하나님은 달라도 너무 다르다.

❸ 소명과 대행

하나님의 면전과 독대가 허락되는 이유는 소명 때문이다. 하나님께로부터 주어지는 소명의 원리는 단순하다. “네 관심이 곧 내 관심이니 네가 나의 말을 대신 전해라."이다. 구약의 예언자들은 이런 일치의 사람들이어서 그들은 "여호와께서 가라사대"라고 독특하게 일인칭 화법으로 하나님의 말씀을 선포했다. "내 교훈은 내 것이 아니요 나를 보내신 이의 것이니라."(요7:16)는 말씀에도 이런 일치의 의미가 담겨 있다. 관심의 일치는 영성 경험의 처음이자 마지막이라고 할 만큼 중요하다.

❹ 신비체험

하나님 면전에 이르는 과정과 그 후에는 초자연적인 어떤 능력과 신비한 현상들이 경험된다. 하나님께서 이런 경험을 시키시는 이유는 성경을 올바르게 이해하고 해석하게 하기 위함이다. 이런 과정을 겪어보면 "성경은 하나님을 경험한 만큼 보인다."라는 말을 실감하게 된다. 이런 경험은 사람마다 다르게 주어지는데 그 이유는 각자에게 주어진 역할이 다르기 때문이다. 신비체험을 위한 신비체험이 아니라 주어진 역할을 위한 신비체험이다.

❺ 주객일치

이런 과정을 겪으면 하나님을 알되 심정으로 알게 되며 동시에 하나님의 관심과 일치되기 시작한다. 성경의 인물들을 그 마음으로 다시 만나게 되고 성경의 사건들에 대해서는 마치 내가 그 현장에 있었던 것처럼 다가온다. 예를 들자면 출애굽이나 예수님의 십자가 사건이 내 안에서 너무나 생생하게 재현되며 예언서를 읽으면서는 선포자의 입장이 된다. 자연 만물을 보면서는 그 속에 담긴 하나님의 손길이 느껴지고 자연만물의 원리와 이치를 지식의 한계 내에서 이해하게 된다. 그동안 익숙해져 있던 모든 것들을 문자 그대로 다시 만나게 된다.

❻ 침묵과 깨달음

이런 과정의 대부분은 하나님의 침묵으로 진행되는데 그 침묵이 초기에는 극단적인 고통으로 느껴지지만 그 과정에서 많은 것들을 생각하는 사고의 훈련이 일어나며 동시에 깨달음으로 이어진다. 필요한 경우 어떤 분야에 대한 관심이 생기면서 누군가를 찾거나 그에 관한 서적을 읽게 되고 그것이 깨달음에 도움이 된다. 필자의 경우 영성과 성경의 역사와 배경, 계약 등에 관한 책들을 수년간 집중적으로 읽었다.

❼ 새로운 관점

신앙 경험이 수년 동안 강도높게 이어지며 이후에는 경험한 것들을 정리하고 또 관련 서적을 읽는 데에 여러 해가 걸렸다. 그 후에는 어떤 하나의 관점이 생겨서 그 시각으로 모든 것을 다시 정리하게 되었는데 그 관점은 '계약'이었다. 계약의 시각에서 성경과 그 신학, 역사 등을 보면서 이 모든 것을 어떤 하나의 원리로 단순화시키고 다시 정리하게 되었다.

지극히 외람되지만 필자가 쓴 졸저들은 이런 과정을 통해서 가능했다. 졸저들을 쓰기 위해서는 신학자들이 쓴 글들을 먼저 읽으면서 성경의 배경과 연구사, 본문 분석 등에서 많은 도움을 받았다. 특히 역사비평 연구에서도 도움받은 부분들이 많이 있다. 그러나 신학자들의 본문해석에서는 많은 아쉬움을 느끼게 된다. 그 이유는 하나님에 대한 경험의 부족 때문이라고 생각된다.

필자에게는 공관복음은 물론 요한복음도 전적으로 계약의 관점에서 보인다. 그러나 요한복음을 전공한 국내외 학자들의 글들에서는 이런 시각을 찾아보기가 어려워서 못내 아쉬울 뿐이다. 요한복음 전문가들이 볼 때 필자의 해석은 신학이나 학문의 견지에서 일고의 가치도 없다고 느껴질지 모르겠지만, 영성을 경험한 입장에서는 신학자들이 그 노력의 절반을 경험으로 확인하는 데에 기울였으면 하는 바람을 금할 길이 없다.

4. 모함

【•】 19 모세가 너희에게 율법을 주지 아니하였느냐 너희 중에 율법을 지키는 자가 없도다 너희가 어찌하여 나를 죽이려 하느냐 20 무리가 대답하되 당신은 귀신이 들렸도다 누가 당신을 죽이려 하나이까

유대교 당국자들은 예수님에게 사형을 선고하고 죽이려 했으나 명분이 뚜렷하지 않아서 은밀히 진행하고 있었기 때문에 백성들은 유대인들의 음모를 알지 못했다. 예수님께서는 군중들을 향해 유대인들의 음모를 공개했다. 이에 유대인들은 단순한 군중들을 상대로 이는 전혀 사실무근이며 예수님이 귀신이 들려서 하는 말이라고 여론을 악화시켰다. 이런 모함에 대하여 예수님은 어떻게 대처하셨을까?

5 모순

【•】 22 모세가 너희에게 할례를 행했으니 (그러나 할례는 모세에게서 난 것이 아니요 조상들에게서 난 것이라) 그러므로 너희가 안식일에도 사람에게 할례를 행하느니라 23 모세의 율법을 범하지 아니하려고 사람이 안식일에도 할례를 받는 일이 있거든 내가 안식일에 사람의 전신을 건전하게 한 것으로 너희가 내게 노여워하느냐 24 외모로 판단하지 말고 공의롭게 판단하라 하시니라

복음서에는 예수님과 유대인 사이에 안식일로 말미암은 논쟁이 많이 들어있다. 당시 유대인들에게는 안식일법이 가장 큰 비중을 차지하고 있으면서 또한 유대교 신앙을 왜곡시키고 있었기 때문이다. 본문에서 예수님은 당시 유대인들이 지키던 안식일법의 모순을 지적하셨다.

모세의 법에 의하면 남자 아이는 태어난 지 8일만에 할례를 받아야 했다.(레12:3) 그런데 8일이 안식일과 겹쳐지면 안식일에도 할례를 행했다. 안식일에 할례를 행하는 게 아무런 문제가 되지 않는다면 병자를 치료해주는 것은 더더욱 문제가 되지 않아야 한다. 비록 모세의 글에 안식일에 병자를 고쳐도 된다는 구절이 없다 하더라

도 안식일법의 정신에 비추어 해석해야 한다.

유대인들이 안식일법을 철저하게 지키기 시작한 것은 앞에서 언급한 바와 같이 헬라문화의 유입에 맞서기 위해서였고 그로 말미암아 유대교 신앙을 지켜낼 수 있었다. 그 당시의 입장에서 본다면 유대인이 만들어 놓은 안식일법 조항의 중요성과 가치는 아무리 강조해도 지나치지 않다. 그러나 예수님 당시에는 시대와 상황이 바뀌었으므로 안식일 교리를 다시 해석해서 제정해야 했다. 재해석을 멈추면 사람을 위한 안식일법이 사람을 죽이며, 사람이 안식일을 위해 존재하는 형국이 되고 만다.

모세는 자신이 전달해준 출애굽기의 계약법과 레위기의 성결법을 당대에 다시 해석하면서 자신이 다시 해석한 말씀대로 지키라고 신명기에서 수없이 반복해서 강조하고 있다. 교리는 재해석의 대상이지 영구보존의 대상이 아니다. 재해석이 멈추면 주객이 전도되는 참극이 빚어진다.

6. 유구무언

【●】 25 예루살렘 사람 중에서 어떤 사람이 말하되 이는 그들이 죽이고자 하는 그 사람이 아니냐 26 보라 드러나게 말하되 그들이 아무 말도 아니하는도다 당국자들은 이 사람을 참으로 그리스도인 줄 알았는가 … 30 그들이 예수를 잡고자 하나 손을 대는 자가 없으니 이는 그의 때가 아직 이르지 아니하였음이러라

예수님께서 모세의 법을 들어서 유대교 안식일법의 모순을 지적하자 백성들은 다 수긍하며 유대인들이 예수님을 죽이려는 음모를 알아챘다. 반면에 유대인들은 무어라 반박할 말을 찾을 수 없어서 유구무언이었다. 이럴 때 권력을 잡은 자들이 마지막으로 사용하는 것은 무력이다. 그러나 누구도 나서서 예수님을 체포하려고 손을 댈 수가 없었다. 예수님에게는 감히 범접할 수 없는 어떤 힘이 있었고 또 예수님의 말씀을 열렬히 지지하는 백성들이 지켜보고 있었기 때문이다.

물음 23
초막절 끝날 설교, 어떤 말씀인가?

본문 〈 7:37~52 〉

37 명절 끝날 곧 큰 날에 예수께서 서서 외쳐 이르시되 누구든지 목마르거든 내게로 와서 마시라

38 나를 믿는 자는 성경에 이름과 같이 그 배에서 생수의 강이 흘러나오리라 하시니

39 이는 그를 믿는 자들이 받을 성령을 가리켜 말씀하신 것이라 (예수께서 아직 영광을 받지 않으셨으므로 성령이 아직 그들에게 계시지 아니하시더라)

40 이 말씀을 들은 무리 중에서 어떤 사람은 이 사람이 참으로 그 선지자라 하며

41 어떤 사람은 그리스도라 하며 어떤 이들은 그리스도가 어찌 갈릴리에서 나오겠느냐

42 성경에 이르기를 그리스도는 다윗의 씨로 또 다윗이 살던 마을 베들레헴에서 나오리라 하지 아니하였느냐 하며

43 예수로 말미암아 무리 중에서 쟁론이 되니

44 그 중에는 그를 잡고자 하는 자들도 있으나 손을 대는 자가 없었더라

45 아랫사람들이 대제사장들과 바리새인들에게로 오니 그들이 묻되 어찌하여 잡아오지 아니하였느냐

46 아랫사람들이 대답하되 그 사람이 말하는 것처럼 말한 사람은 이 때까지 없었나이다 하니

47 바리새인들이 대답하되 너희도 미혹되었느냐

48 당국자들이나 바리새인 중에 그를 믿는 자가 있느냐

49 율법을 알지 못하는 이 무리는 저주를 받은 자로다

50 그 중의 한 사람 곧 전에 예수께 왔던 니고데모가 그들에게 말하되

51 우리 율법은 사람의 말을 듣고 그 행한 것을 알기 전에 심판하느냐

52 그들이 대답하여 이르되 너도 갈릴리에서 왔느냐 찾아 보라 갈릴리에서는 선지자가 나지 못하느니라 하였더라

본래 율법에 기록된 초막절은 이스라엘의 광야 생활을 재현하면서 집 없는 사람들의 삶을 체험하고 그들의 생계 대책을 세워주는데 목적이 있었지만 예수님 당시의 초막절 행사는 그런 정신이 사라지고 말았다. 초막절의 시기가 가을 추수와 겹쳐지는데 초막 체험보다는 추수감사와 풍년을 기원하는 행사로 전락했다. 특히 풍년을 기원하기 위하여 실로암 연못의 물을 길어다가 제단에 부어 사방으로 흘러내리게 하면서 내년에도 비가 풍족히 내려 풍년이 들게 해달라고 비는 기우제의 성격이 짙었다.

1. 명절 끝날

【●】 37 명절 끝날 곧 큰 날에 예수께서 서서 외쳐 이르시되 누구든지 목마르거든 내게로 와서 마시라 38 나를 믿는 자는 성경에 이름과 같이 그 배에서 생수의 강이 흘러나오리라 하시니 39 이는 그를 믿는 자들이 받을 성령을 가리켜 말씀하신 것이라 (예수께서 아직 영광을 받지 않으셨으므로 성령이 아직 그들에게 계시지 아니하시더라)

명절 끝날 즉 풍년 기원의 행사가 절정에 이르렀을 즈음 예수님께서는 크게 목소리를 높여 외치셨다. "풍년을 기원하지 말고 내게로 와라." 예수님께로 간다는 것은 무슨 뜻일까? 계약법 본래의 정신으로 돌아가라는 말씀이다. 예수님께서는 옛 계약을 폐하고 새 계약을 체결하러 오셨다. 계약법을 지킨다는 것은 무엇을 말하는가? 자기 힘으로 먹거리를 해결하지 못하는 사람들을 공동으로 같이 해결해 주는 법이다. 서로 같이 살려고 하라는 말씀이다.

"그 배에서 생수의 강이 흘러 나오리라."는 말씀, 즉 믿는 자들에게 성령을 부어주신다는 뜻은 무엇일까? 성령의 역할은 계약법을 똑바로 깨달아 알게 하며 계약법대로 살도록 도와주시는 것이다.

유대인의 초막절은 우상종교나 기복종교의 풍년제와 다를 바 없이 되고 말았다. 그런 방식으로 기원한다고 풍년이 드는 게 아니다. 계약법 정신, 즉 창조의 원리와 이치에 맞도록 살아야 문제가 근본적으로 해결된다.

유월절을 맞아 오병이어의 표적을 보여주시며 자신은 하늘로부터 내려온 생명의 떡이라고 선언하셨던 예수님께서는 초막절을 맞아서는 생명의 물이라고 하셨다. 유월절과 초막절의 정신은 먹거리 문제의 해결이기 때문에 예수님께서는 생명의 떡과 물에 초점을 맞추셨다.

2. 쟁론

【●】 40 이 말씀을 들은 무리 중에서 어떤 사람은 이 사람이 참으로 그 선지자라 하며 41 어떤 사람은 그리스도라 하며 어떤 이들은 그리스도가 어찌 갈릴리에서 나오겠느냐 42 성경에 이르기를 그리스도는 다윗의 씨로 또 다윗이 살던 마을 베들레헴에서 나오리라 하지 아니하였느냐 하며 43 예수로 말미암아 무리 중에서 쟁론이 되니 44 그 중에는 그를 잡고자 하는 자들도 있으나 손을 대는 자가 없었더라

예수님의 초막절 끝날 설교에 대하여 의견이 분분했으나 대세는 예수님은 참 선지자이시며 또 오실 메시아라는 의견이었다. 초막절 사역으로 말미암아 예수님께서는 예루살렘에서 여론과 관심의 대상이 되었다. 요한복음에 의하면 이런 여세를 몰아 다음 유월절까지 여러 달 동안 예루살렘에서의 사역을 지속하실 수 있었다. 예수님을 제거하려는 유대인들의 음모를 타개하시는 예수님의 방법은 군중 동원이었다. 군중들은 예수님의 말씀을 들으면서 예수님의 말씀이 옳다는 것을 알 수 있었다. 그러나 군중들을 가르치는 유대인들은 이를 받아들이지 못하고 예수님을 제거할 방법에만 골몰했다.

3. 저주 선언

【●】 45 아랫사람들이 대제사장들과 바리새인들에게로 오니 그들이 묻되 어찌하여 잡아오지 아니하였느냐 46 아랫사람들이 대답하되 그 사람이 말하는 것처럼 말한 사람은 이 때까지 없었나이다 하니 47 바리새인들이 대답하되 너희도 미혹되었느냐 48 당국자들이나 바리새인 중에 그를 믿는 자가 있느냐 49 율법을 알지 못하는 이 무리는 저주를 받은 자로다

유대인, 즉 제사장들과 바리새인들은 군중들이 자신들의 가르침보다는 예수님의 말씀을 더 신봉하자 난감해지고 말았다. 보다 못한 그들은 심복들을 보내서 예수님을 무조건 체포하도록 지시했으나(32절) 그들은 그냥 돌아왔다. 이유를 물어보니 기가 막힌 대답을 들어야 했다.

그 사람이 말하는 것처럼 말한 사람은 이때까지 없었나이다

할 말을 잃은 유대인들은 "너희도 미혹되었느냐?"고 힐문했지만 뭐라고 반박할 말이 쉽지 않았다. 유대인들은 유대교 당국자나 바리새인 중에서는 예수님의 말씀을 믿는 자가 없으며 군중들은 율법을 모르기 때문에 믿고 있다는 억지 논리를 폈다. 그리고 이렇게 선언했다.

율법을 알지 못하는 이 무리는 저주를 받은 자로다

그런데 이 말에 대하여 바리새인 중에서 반박하는 사람이 있었다. 누구였을까?

4. 니고데모

【●】 50 그 중의 한 사람 곧 전에 예수께 왔던 니고데모가 그들에게 말하되 51 우리 율법은 사람의 말을 듣고 그 행한 것을 알기 전에 심판하느냐 52 그들이 대답하여 이르되 너도 갈릴리에서 왔느냐 찾아 보라 갈릴리에서는 선지자가 나지 못하느니라 하였더라

궁지에 몰린 유대인들이 성급하게 예수님을 단죄하며 군중들에게 저주를 선포하자 예수님을 밤에 찾아왔던 니고데모가 율법에 어긋난다고 지적했다. 율법에 의하면 쌍방의 의견과 증인이 필요했다.[64] 그러자 유대인들은 또 갈릴리에서는 선지자가 나올 수 없다

---

64) 너는 거짓된 풍설을 퍼뜨리지 말며 악인과 연합하여 위증하는 증인이 되지 말며(출23:1)
내가 그 때에 너희의 재판장들에게 명하여 이르기를 너희가 너희의 형제 중에서 송사를 들을 때에 쌍방간에 공정히 판결할 것이며 그들 중에 있는 타국인에게도 그리 할 것이라(신1:16)
죽일 자를 두 사람이나 세 사람의 증언으로 죽일 것이요 한 사람의 증언으로는 죽이지

는 궤변을 늘어놓았다. 하지만 요나는 갈릴리의 가드헤벨 출신이며 (왕하14:25) 나훔의 고향 엘고스도 갈릴리일 수 있다. 그러므로 예수님께서 갈릴리 출신이기 때문에 예언자가 아니라는 주장은 억지였을 뿐이다.

초막절 중간에 시작하신 예수님의 예루살렘 사역은 9장까지 이어진다. 다음에는 무슨 이야기가 전개될까?

물음 24
유대인의 올무, 어떻게 부메랑이 되게 하셨나?

본문 〈 7:53, 8:1~11 〉

7:53 [다 각각 집으로 돌아가고

1 예수는 감람 산으로 가시니라

2 아침에 다시 성전으로 들어오시니 백성이 다 나아오는지라 앉으사 그들을 가르치시더니

3 서기관들과 바리새인들이 음행중에 잡힌 여자를 끌고 와서 가운데 세우고

4 예수께 말하되 선생이여 이 여자가 간음하다가 현장에서 잡혔나이다

5 모세는 율법에 이러한 여자를 돌로 치라 명하였거니와 선생은 어떻게 말하겠나이까

6 그들이 이렇게 말함은 고발할 조건을 얻고자 하여 예수를 시험함이러라 예수께서 몸을 굽히사 손가락으로 땅에 쓰시니

7 그들이 묻기를 마지 아니하는지라 이에 일어나 이르시되 너희 중에 죄 없는 자가 먼저 돌로 치라 하시고

8 다시 몸을 굽혀 손가락으로 땅에 쓰시니

말 것이며(신17:6)

9 그들이 이 말씀을 듣고 양심에 가책을 느껴 어른으로 시작하여 젊은이까지 하나씩 하나씩 나가고 오직 예수와 그 가운데 섰는 여자만 남았더라

10 예수께서 일어나사 여자 외에 아무도 없는 것을 보시고 이르시되 여자여 너를 고발하던 그들이 어디 있느냐 너를 정죄한 자가 없느냐

11 대답하되 주여 없나이다 예수께서 이르시되 나도 너를 정죄하지 아니하노니 가서 다시는 죄를 범하지 말라 하시니라]

본문은 예수님께서 예루살렘에 계실 때의 단면을 말해주고 있다. 낮에는 성전에서 가르치시다가 저녁에는 주로 감람산으로 가셨는데, 그곳에 어떤 숙소 건물이 있었던 것 같지는 않고 주로 기도처로 활용하셨던 것 같다.[65] 백성들은 저녁 해 질 무렵 흩어졌다가 아침 해 뜰 무렵에 다시 성전으로 모여들었다.

요7:53, 요8:1~11절은 본문비평에서 논란이 많은 구절인데 본래 요한복음이 아니라 누가복음 21:38절 다음에 들어 있었던 것 같다. 그 이유는 누가복음과 연결이 자연스러우며 요한복음 초기 사본에는 이 본문이 들어있지 않고 감람산, 서기관 등의 용어는 요한복음에서 이 본문에만 등장하며 '아침에'(*ορθρου*)라는 단어도 누가/행전에서만 사용되기 때문이다.

복음서를 종합해보면 예수님께서 명절을 맞아 예루살렘 성전에서 성경을 가르치시자 수많은 사람들이 이른 아침부터 몰려들어 저녁 어두워질 때까지 예수님의 말씀에 집중하며 열광적인 지지를 보냈다. 그 이유는 예수님의 말씀은 유대교 신앙과 가르침이 얼마나 잘못되었는지를 그대로 드러냈기 때문이다. 이에 설 자리를 잃은 유대교의 제사장, 장로, 서기관, 바리새인 등 당국자들은 속수무책으로

65) 예수께서 낮에는 성전에서 가르치시고 밤에는 나가 감람원이라 하는 산에서 쉬시니 모든 백성이 그 말씀을 들으려고 이른 아침에 성전에 나아가더라(눅21:37~38)
예수께서 나가사 습관을 따라 감람산에 가시매 제자들도 따라갔더니(눅22:39)
이에 그들이 찬미하고 감람산으로 나아가니라(마26:30, 막14:26)

당하고 있었지만 뾰족한 방법이 없어 전전긍긍해야 했다. 군중들 때문에 무력을 사용할 수는 없었고, 예수님에게 세금, 부활 등 대답하기 곤란한 문제들을 들고 와서 시비를 거는 것 외에는 달리 방법이 없었다.(마22:15~42, 막12:13~34, 눅20:20~40) 본문은 유대인이 제기한 문제 중 하나였다.

1. 올무

【•】 3 서기관들과 바리새인들이 음행중에 잡힌 여자를 끌고 와서 가운데 세우고 4 예수께 말하되 선생이여 이 여자가 간음하다가 현장에서 잡혔나이다 5 모세는 율법에 이러한 여자를 돌로 치라 명하였거니와 선생은 어떻게 말하겠나이까 5 모세는 율법에 이러한 여자를 돌로 치라 명하였거니와 선생은 어떻게 말하겠나이까 6 그들이 이렇게 말함은 고발할 조건을 얻고자 하여 예수를 시험함이러라

율법에 의하면 약혼자나 유부녀가 간음한 경우는 그 간부와 더불어 돌로 쳐 죽이게 되어있다.(레20:10, 신22:23~24). 유대인들은 이런 여자 하나를 데려와 어떻게 처리할 것인지에 대하여 물었는데 이는 대답하기 어려운 올무였다. 율법대로 돌로 치라고 하면 용서와 사랑을 말씀하시는 예수님의 가르침에 어긋날 뿐만 아니라 로마법에도 저촉된다. 왜냐하면 로마인들은 종교 문제에는 개입하지 않았지만 사형을 집행할 때는 로마당국의 허락을 받도록 했기 때문이다. 또 그냥 용서하라고 하면 율법에 저촉되므로 어떻게 대답을 해도 문제가 될 수밖에 없었다. 유대인들은 내심 회심의 미소를 지으며 득의양양하게 예수님을 향하여 속히 대답하라고 윽박질렀다. 수많은 군중이 지켜보는 가운데 이런 진퇴양난에 빠진 예수님께서는 이를 어떻게 대처하셨을까?

2. 신비한 거울

【•】 6 … 예수께서 몸을 굽히사 손가락으로 땅에 쓰시니 7 그들이 묻기를 마지 아니하는지라 이에 일어나 이르시되 너희 중에 죄 없는 자가 먼저 돌로 치라 하시고 8 다시 몸을 굽혀 손가락으로 땅에 쓰시니

9 그들이 이 말씀을 듣고 양심에 가책을 느껴 어른으로 시작하여 젊은 이까지 하나씩 하나씩 나가고 오직 예수와 그 가운데 섰는 여자만 남았더라

곤란한 질문을 받은 예수님께서는 마치 기다리셨다는 듯이 전혀 의외의 반응을 보이셨다. 몸을 굽히시고 땅에 무언가 글씨를 쓰셨다. 그 순간 수많은 사람들의 눈길이 예수님의 손끝으로 향하며 무엇을 쓰실까 하는 궁금증이 더해졌다. 이를 지켜보던 유대인들은 예수님께서 답변을 회피한다고 생각하여 어서 대답하라고 아우성을 쳤다.

하나님 면전에 이르는 영성의 과정에는 예수님과 눈빛이 마주치는 경험이 있다. 그 눈빛은 신비로워서 대상에 따라 다르게 다가온다. 하나님께서 부르신 사람들에게는 무조건 이해, 무조건 용서, 무한신뢰의 눈빛이며 한순간도 떠나지 않으시고 지켜보신다. 이 경험이 지속되면서 몸둘 바를 모르게 되는 이유는 무한 이해와 신뢰의 느낌 때문이다. 그 어떤 경우에도 나를 떠나지 않으시고, "네가 나의 마지막이며 유일한 대책이다."라고 눈빛으로 말씀하시기 때문에 몸둘 바를 모르게 된다. 이 눈빛을 경험하면 그분을 떠났다가도 다시 그분에게로 돌아올 수밖에 없게 된다. 아무것도 아닌 나를 향한 그분의 무한신뢰를 저버릴 수 없기 때문이다.

예수님을 둘러싸고 압박을 가하던 유대인들도 예수님의 이 눈빛을 경험했다. 그런데 그들에게는 이 눈빛이 어떻게 다가왔을까? 손에 돌을 드시고 죄 없는 자가 먼저 돌로 치라며 쳐다보시는 예수님의 눈빛과 마주치는 순간 자기도 모르게 그 눈빛을 피하여 고개를 떨구지 않을 수 없었을 것이다. 왜 그랬을까? 그 눈빛 속에는 자신의 감추어진 음욕들이 그대로 비추어지고 있었기 때문이다. 예수님께서 살기가 등등한 유대인들 한 사람 한 사람을 둘러보실 때 그들은 예수님과 눈빛이 마주쳤다. 그들은 도무지 얼굴을 들 수 없었을

뿐만 아니라 그 자리에 더 이상 버티고 서 있을 수가 없었다. 자신의 음욕과 온갖 치부들이 영상처럼 떠올랐기 때문이다.

예수님께서 한번 둘러보시자 예수님을 고발하던 유대인들뿐만 아니라 모여있던 군중들 중 어느 누구도 그 자리에 남아 있을 수가 없었다. 쫓기다시피 다 흩어지기 시작했다. 예수님께서는 다시 몸을 굽혀 글씨를 써 내려가셨다. 무어라고 쓰셨을까? 마태복음에 단서가 들어있다.

음욕을 품고 여자를 보는 자마다 마음에 이미 간음하였느니라(마5:28)

성경은 하나님을 경험한 만큼 보인다. 경험으로 확인한 만큼만 말해야 한다. 그 이상도 그 이하도 아니다. 하나님의 말씀 앞에서는 어쭙잖은 인간의 현학을 자랑하지 말아야 한다.

3. 무한한 배려

【•】 9 그들이 이 말씀을 듣고 양심에 가책을 느껴 어른으로 시작하여 젊은이까지 하나씩 하나씩 나가고 오직 예수와 그 가운데 섰는 여자만 남았더라 10 예수께서 일어나사 여자 외에 아무도 없는 것을 보시고 이르시되 여자여 너를 고발하던 그들이 어디 있느냐 너를 정죄한 자가 없느냐 11 대답하되 주여 없나이다 예수께서 이르시되 나도 너를 정죄하지 아니하노니 가서 다시는 죄를 범하지 말라 하시니라]

간음하다가 현장에 붙들려 왔던 여자의 입장으로 돌아가 보자. 어쩌면 그 여자는 치부도 제대로 감추지 못하고 있었을 것이며 말할 수 없는 수치심으로 죽음보다 더 심한 고통을 느꼈을지 모른다. 어떻게 다시 얼굴을 들 수 있을까? 그런데 그 현장에는 제자들마저 떠나고 예수님 이외에는 아무도 남아 있지 않았다. “여자여! 나도 너를 정죄하지 아니하노니”라는 예수님의 말씀은 빈말이 아니라 그 여인을 향한 무한한 배려였다. ‘여자여!’라는 호칭도 존칭이었고 감히 어느 누구도 그 여인을 멸시나 음란한 눈빛으로 쳐다보지 못하도록 다 숨어버리게 하셨다. 이보다 더 큰 이해와 배려는 있을 수 없다.

4. 그 후

이제 상상력을 발휘해 보자. 독특하게 예수님을 만나고 또 예수님의 무한 이해와 용서의 눈빛을 경험한 그녀는 어떤 여인이었을까? 또 그 여인은 그 후 어떻게 되었을까? 먼저 염두에 둘 것은 예수님의 이런 무한 이해의 눈빛은 아무에게나 경험되는 게 아니라는 사실이다. 어쩌다 그날 그렇게 끌려왔지만 그 내면에는 무언가 예수님의 긍정의 눈빛을 경험할 무엇인가가 있었을 것이다. 또 그 여인은 예수님과의 특별한 만남을 통하여 새로운 삶을 살았을 것이다. 새 삶을 가로막는 많은 위기의 순간들이 물론 있었겠지만 그때마다 그녀에게 느껴지는 그 눈빛, 그 음성은 그녀로 하여금 다시 새로운 출발을 하게 했으리라. 성경에서 비슷한 예를 찾아본다면 아마도 예수님을 무덤까지 따라갔던 막달라 마리아라고 생각된다. 한순간도 떠나지 않고 지켜보시는 예수님의 눈빛은 지금 나를 향하여 이렇게 말씀하신다.

네가 나의 유일한 대책이다.
믿을 곳은 너 밖에 없다.

물음 25 왜 헌금함 앞에서 가르치셨을까?

본문 〈 8:12~30 〉

12 예수께서 또 말씀하여 이르시되 나는 세상의 빛이니 나를 따르는 자는 어둠에 다니지 아니하고 생명의 빛을 얻으리라

13 바리새인들이 이르되 네가 너를 위하여 증언하니 네 증언은 참되지 아니하도다

14 예수께서 대답하여 이르시되 내가 나를 위하여 증언하여도 내 증언이
참되니 나는 내가 어디서 오며 어디로 가는 것을 알거니와 너희는 내
가 어디서 오며 어디로 가는 것을 알지 못하느니라

15 너희는 육체를 따라 판단하나 나는 아무도 판단하지 아니하노라

16 만일 내가 판단하여도 내 판단이 참되니 이는 내가 혼자 있는 것이
아니요 나를 보내신 이가 나와 함께 계심이라

17 너희 율법에도 두 사람의 증언이 참되다 기록되었으니

18 내가 나를 위하여 증언하는 자가 되고 나를 보내신 아버지도 나를 위
하여 증언하시느니라

19 이에 그들이 묻되 네 아버지가 어디 있느냐 예수께서 대답하시되 너
희는 나를 알지 못하고 내 아버지도 알지 못하는도다 나를 알았더라면
내 아버지도 알았으리라

20 이 말씀은 성전에서 가르치실 때에 헌금함 앞에서 하셨으나 잡는 사
람이 없으니 이는 그의 때가 아직 이르지 아니하였음이러라

21 다시 이르시되 내가 가리니 너희가 나를 찾다가 너희 죄 가운데서 죽
겠고 내가 가는 곳에는 너희가 오지 못하리라

22 유대인들이 이르되 그가 말하기를 내가 가는 곳에는 너희가 오지 못
하리라 하니 그가 자결하려는가

23 예수께서 이르시되 너희는 아래에서 났고 나는 위에서 났으며 너희는
이 세상에 속하였고 나는 이 세상에 속하지 아니하였느니라

24 그러므로 내가 너희에게 말하기를 너희가 너희 죄 가운데서 죽으리라
하였노라 너희가 만일 내가 그인 줄 믿지 아니하면 너희 죄 가운데서
죽으리라

25 그들이 말하되 네가 누구냐 예수께서 이르시되 나는 처음부터 너희에
게 말하여 온 자니라

26 내가 너희에게 대하여 말하고 판단할 것이 많으나 나를 보내신 이가
참되시매 내가 그에게 들은 그것을 세상에 말하노라 하시되

27 그들은 아버지를 가리켜 말씀하신 줄을 깨닫지 못하더라

28 이에 예수께서 이르시되 너희가 인자를 든 후에 내가 그인 줄을 알고
또 내가 스스로 아무 것도 하지 아니하고 오직 아버지께서 가르치신
대로 이런 것을 말하는 줄도 알리라

29 나를 보내신 이가 나와 함께 하시도다 나는 항상 그가 기뻐하시는 일
을 행하므로 나를 혼자 두지 아니하셨느니라

30 이 말씀을 하시매 많은 사람이 믿더라

본문의 말씀은 초막절 축제에 이어 예루살렘에서 유대인들과 신앙적으로 열띤 논쟁을 벌인 이야기이다. 이 논쟁 중에서 몇 가지 요점을 정리해보고자 한다.

1. 세상의 빛

【●】 12 예수께서 또 말씀하여 이르시되 나는 세상의 빛이니 나를 따르는 자는 어둠에 다니지 아니하고 생명의 빛을 얻으리라

'빛과 어두움'은 요한복음에서 다루고 있는 주요 주제 중의 하나이다. 서두에는 예수님을 빛으로 소개했다. 참 빛이 세상에 와서 각 사람에게 비추었으나 어두움이 깨닫지 못했으며(요1:5, 9) 세상 사람들은 빛보다 어두움을 더 사랑했다.(요1:10) 예수님은 참 빛으로 자기 땅에 오셨으나 자기 백성이 거부했지만 영접하는 사람들에게는 하나님의 자녀가 되는 권세를 주셨다.(요1:12)

본문에서는 예수님을 '세상의 빛'으로 소개하고 있는데 빛이란 나아갈 방향이므로 예수님께서 세상이 나아갈 방향이라는 뜻이다. 구속사에서 보면 예수님을 통해서 세상이 구원받는다는 식의 해석이 가능하다. 그런데 계약사로 보면 어떤 의미가 될까?

앞에서 이미 본 바와 같이 계약법의 안식년과 희년 정신, 유월절과 초막절 등 절기의 의미를 보면 계약법이 추구하는 세상은 누구나 바라고 원하는 이상적인 사회이다. 사람이면 누구나 다 이상적인 삶과 세상을 꿈꾸고 있다. 단지 현실이 따라주지 않을 뿐이다. 그런데 성경의 계약법은 누구나 다 인정하며 바라는 그런 삶, 그런 세상을 만들기 위한 법이다. 이보다 더 이상적이면서 동시에 현실적인 법은 없다. 이 세상이 가야 할 방향은 어디인가? 로고스, 말씀, 참 빛이신 예수님이 그 방향이다. 예수님께서는 계약법을 통해 이 세상에 하나님 나라의 모형을 시작하시고 또 완성시킴으로써 세상을 구원하시는 분이시다.

2. 도그마

【●】 13 바리새인들이 이르되 네가 너를 위하여 증언하니 네 증언은 참되지 아니하도다 … 16 만일 내가 판단하여도 내 판단이 참되니 이는 내가 혼자 있는 것이 아니요 나를 보내신 이가 나와 함께 계심이라 17 너희 율법에도 두 사람의 증언이 참되다 기록되었으니 18 내가 나를 위하여 증언하는 자가 되고 나를 보내신 아버지도 나를 위하여 증언하시느니라

그런데 예수님의 구원사역에 가장 큰 장애물은 무엇이었을까? 이미 하나님과 계약을 맺은 사람들, 그것도 계약법을 가르치는 지도자들이었다. 이런 어처구니없는 비극과 모순을 어찌 설명해야 할까? 구약의 포로기 이전 왕정기에도 그랬었다. 계약법을 지켜야한다고 강조하는 선지자들을 반대하고 박해하며 죽인 사람들은 성전의 제사장들이었다. 오늘날은 어떨까? 계약법으로 이 세상에 하나님 나라를 실현하는 것이 구원받는 길이며, 성만찬 신학은 정신 나간 신학이라고 말하면 이를 가장 반대할 사람들은 누구일까? 십자가 구속사라는 도그마에 젖은 사람들일 것이다.

랍비 전통에 의존하는 유대인들은 예수님의 성경해석은 전혀 근거가 없다며 이단으로 몰고 갔다. 이에 예수님께서는 하나님을 증인으로 내세우며 예수님의 해석은 하나님으로부터의 해석이라고 강하게 주장했다. 그러나 랍비 전통의 권위, 즉 인간의 학문에 대한 지적인 자부심에 빠진 서기관과 바리새인들에게 예수님의 해석은 학문적인 근거가 없고 오히려 하나님을 모독하는 행위로 보였을 뿐이다. 예수님께서는 인간의 학문을 앞세우는 예루살렘의 지성인들에게 무학자 갈릴리 어부들을 내세워 대적하게 하셨다. 예나 지금이나 하나님께서는 미련한 자들을 통하여 지혜로운 자들을 부끄럽게 하신다.

3. 헌금함

【•】 20 이 말씀은 성전에서 가르치실 때에 헌금함 앞에서 하셨으나 잡는 사람이 없으니 이는 그의 때가 아직 이르지 아니하였음이러라

헌금함 앞에서 세상의 빛에 대하여 말씀하셨다는 사실을 왜 언급하고 있을까?[66] 계약법에 의하면 추수절기에 맞물린초막절은 가난한 자들의 애환을 몸으로 경험하고 맏물과 십일조 등을 드려서 농사를 짓지 못한 자들의 양식을 해결해 주는 절기이다. 그런데 당시 유대교의 초막절은 이런 정신과는 거리가 멀었고 풍년을 기원하는 기우제가 되고 말았다. 이에 예수님께서는 헌금함 앞에서 초막절 정신을 일깨우시며 세상의 빛에 대하여 설교하셨다. 이 설교는 유대인들에게는 상당히 거슬렸고 분개한 유대인들이 예수님을 당장 죽이려고 했지만 아직 때가 이르지 않아서 손을 대지 못했다고 기록하고 있다.

다시 말하지만 계약법의 핵심은 경제이다. 신명기에서는 각종 헌금과 절기행사를 강조했다. 요한복음에서는 명절에 표적을 행하셨는데 유월절에 맞추어 오병이어의 표적을 보이신 것은 결코 우연이 아니다.

4. 역사의 증거

【•】 21 다시 이르시되 내가 가리니 너희가 나를 찾다가 너희 죄 가운데서 죽겠고 내가 가는 곳에는 너희가 오지 못하리라 … 28 이에 예수께서 이르시되 너희가 인자를 든 후에 내가 그인 줄을 알고 또 내가 스스로 아무 것도 하지 아니하고 오직 아버지께서 가르치신 대로 이런 것을 말하는 줄도 알리라 … 30 이 말씀을 하시매 많은 사람이 믿더라

유대인들은 수백 년 동안 메시아를 기다리고 있었지만 그 메시아가 왔을 때 정작 그 메시아를 알아보지 못했을 뿐만 아니라 이단이

66) 공관복음에서도 성전에서 헌금하는 문제에 대한 언급이 있다.(막12:41~44, 눅21:1~4)

라 생각하고 배척하며 죽이고 말았다. 이를 본문에서는 "너희가 나를 찾다가 너희 죄 가운데서 죽겠고"라고 기록하고 있다. 이보다 더 안타까운 비극은 없다. 이런 유대인들에게 예수님께서는 또 이렇게 말씀하셨다.

> 너희가 인자를 든 후에 내가 그인 줄을 알고 또 내가 스스로 아무 것도 하지 아니하고 오직 아버지께서 가르치신 대로 이런 것을 말하는 줄도 알리라

무슨 뜻일까? 예수님께서 십자가에서 죽으신 다음에서야 예수님을 다시 발견하리라는 말씀이다. 그런데 뒤늦게 예수님을 발견하되 그들이 기다리던 그런 메시아가 아니라, '내가 그인 줄'(Ἐγώ εἰμι אֶהְיֶה אֲשֶׁר אֶהְיֶה) 즉 인간이 되셨던 하나님이셨음을 알게 된다는 뜻이다. 요한복음에서 말하는 예수님은 단순히 구세주(그리스도, 메시아)가 아니라 선재하신 창조주이시며, 만물의 원리이신 로고스이시고 인간으로 오신 하나님이시다.

그렇다면 예수님께서 땅에서 들리신 다음에, 즉 예수님께서 돌아가신 다음에 유대인들은 예수님이 하나님이셨음을 깨달아 알았는가? 예루살렘에 교회가 세워진 다음에 삼천 명, 오천 명 등이 깨달았으나 예루살렘의 유대교 당국자들은 아니었다. 그들은 끝까지 거부했을 뿐만 아니라 교회를 박해하기 위하여 수단과 방법을 가리지 않았다. 그러다가 AD 70년, 로마제국에 의해 예루살렘은 멸망당하고 성전이 무너지고 말았다. 이제 예수님의 말씀은 이방인들에게 전파되어 로마제국 전역에 교회가 세워졌다. 그래도 유대인들은 각지에서 시민들을 선동하고 로마제국을 부추겨 교회를 박해하기에 여념이 없었다. 결국 313년 밀란칙령으로 기독교가 로마제국의 종교가 된 후에 이제는 반대로 유대인들은 기독교의 모진 박해에 직면해야 했다. 이후 기독교는 전세계로 퍼져나가 세계 최대의 종교가 되었다. "내가 땅에서 들리면 모든 사람을 내게로 이끌겠노라."(요

12:32)는 말씀은 이렇게 실현되었다. 참과 진리는 역사가 증명해 준다. 이보다 더 큰 증거는 없다.

헌금함 앞에서 하신 예수님의 설교는 큰 성과를 거두어서 유대인들 중에서 예수님을 믿는 사람들이 많이 생겼다. 예수님께서는 이들을 어떻게 대하셨으며, 이들은 어떤 반응을 보였을까?

물음 26 진리와 자유, 무엇일까?

본문 〈 8:31~59 〉

31 그러므로 예수께서 자기를 믿은 유대인들에게 이르시되 너희가 내 말에 거하면 참으로 내 제자가 되고

32 진리를 알지니 진리가 너희를 자유롭게 하리라

33 그들이 대답하되 우리가 아브라함의 자손이라 남의 종이 된 적이 없거늘 어찌하여 우리가 자유롭게 되리라 하느냐

34 예수께서 대답하시되 진실로 진실로 너희에게 이르노니 죄를 범하는 자마다 죄의 종이라

35 종은 영원히 집에 거하지 못하되 아들은 영원히 거하나니

36 그러므로 아들이 너희를 자유롭게 하면 너희가 참으로 자유로우리라

37 나도 너희가 아브라함의 자손인 줄 아노라 그러나 내 말이 너희 안에 있을 곳이 없으므로 나를 죽이려 하는도다

38 나는 내 아버지에게서 본 것을 말하고 너희는 너희 아비에게서 들은 것을 행하느니라

39 대답하여 이르되 우리 아버지는 아브라함이라 하니 예수께서 이르시되 너희가 아브라함의 자손이면 아브라함이 행한 일들을 할 것이거늘

40 지금 하나님께 들은 진리를 너희에게 말한 사람인 나를 죽이려 하는도다 아브라함은 이렇게 하지 아니하였느니라

41 너희는 너희 아비가 행한 일들을 하는도다 대답하되 우리가 음란한 데서 나지 아니하였고 아버지는 한 분뿐이시니 곧 하나님이시로다

42 예수께서 이르시되 하나님이 너희 아버지였으면 너희가 나를 사랑하였으리니 이는 내가 하나님께로부터 나와서 왔음이라 나는 스스로 온 것이 아니요 아버지께서 나를 보내신 것이니라

43 어찌하여 내 말을 깨닫지 못하느냐 이는 내 말을 들을 줄 알지 못함이로다

44 너희는 너희 아비 마귀에게서 났으니 너희 아비의 욕심대로 너희도 행하고자 하느니라 그는 처음부터 살인한 자요 진리가 그 속에 없으므로 진리에 서지 못하고 거짓을 말할 때마다 제 것으로 말하나니 이는 그가 거짓말쟁이요 거짓의 아비가 되었음이라

45 내가 진리를 말하므로 너희가 나를 믿지 아니하는도다

46 너희 중에 누가 나를 죄로 책잡겠느냐 내가 진리를 말하는데도 어찌하여 나를 믿지 아니하느냐

47 하나님께 속한 자는 하나님의 말씀을 듣나니 너희가 듣지 아니함은 하나님께 속하지 아니하였음이로다

48 유대인들이 대답하여 이르되 우리가 너를 사마리아 사람이라 또는 귀신이 들렸다 하는 말이 옳지 아니하냐

49 예수께서 대답하시되 나는 귀신 들린 것이 아니라 오직 내 아버지를 공경함이거늘 너희가 나를 무시하는도다

50 나는 내 영광을 구하지 아니하나 구하고 판단하시는 이가 계시니라

51 진실로 진실로 너희에게 이르노니 사람이 내 말을 지키면 영원히 죽음을 보지 아니하리라

52 유대인들이 이르되 지금 네가 귀신 들린 줄을 아노라 아브라함과 선지자들도 죽었거늘 네 말은 사람이 내 말을 지키면 영원히 죽음을 맛보지 아니하리라 하니

53 너는 이미 죽은 우리 조상 아브라함보다 크냐 또 선지자들도 죽었거늘 너는 너를 누구라 하느냐

54 예수께서 대답하시되 내가 내게 영광을 돌리면 내 영광이 아무 것도 아니거니와 내게 영광을 돌리시는 이는 내 아버지시니 곧 너희가 너희 하나님이라 칭하는 그이시라

55 너희는 그를 알지 못하되 나는 아노니 만일 내가 알지 못한다 하면 나도 너희 같이 거짓말쟁이가 되리라 나는 그를 알고 또 그의 말씀을 지키노라

56 너희 조상 아브라함은 나의 때 볼 것을 즐거워하다가 보고 기뻐하였느니라

57 유대인들이 이르되 네가 아직 오십 세도 못되었는데 아브라함을 보았

느냐
58 예수께서 이르시되 진실로 진실로 너희에게 이르노니 아브라함이 나
기 전부터 내가 있느니라 하시니
59 그들이 돌을 들어 치려 하거늘 예수께서 숨어 성전에서 나가시니라

본문의 특징은 헌금함 앞에서의 설교를 통해 예수님을 믿게 된 유대인들과의 논쟁이다.(31절) 요한복음에는 제자, 무리, 유대인 등이 등장하는데 대부분의 경우 유대인은 유대교 당국자이며 예수님의 적대자들이었다. 그런데 그 유대인들 가운데서도 예수님을 믿는 사람들이 상당수 있었지만 아직 그들은 온전한 믿음을 가지고 있지 않았다. 이 유대인들과는 무슨 논쟁이 어떻게 전개되었을까?

1. 제자

【•】 31 그러므로 예수께서 자기를 믿은 유대인들에게 이르시되 너희가
내 말에 거하면 참으로 내 제자가 되고 32 진리를 알지니 진리가 너희
를 자유롭게 하리라

예수님께서는 당신을 믿는 유대인들에게 제자가 될 것을 요구하셨다. 요한복음에서 제자, 자녀, 형제 등은 모든 것을 포기하고 예수님을 따르는 계약공동체 구성원을 말한다. 예수님의 제자가 되기 위해서는 먼저 예수님의 말씀에 거해야 한다. '거하다'(μεἰνητε 부정과거 능동)는 지속적인 신뢰와 사랑의 연합을 뜻한다. 다시 말하면 예수님의 제자가 되기 위해서는 예수님의 말씀을 똑바로 이해해야 한다. 그런데 성경을 오해하지 않고 바로 안다는 것이 말처럼 쉽지 않다. 하나님의 뜻, 하나님의 말씀, 하나님의 사랑이란 도대체 무엇일까? 막연해지기 쉽다. 그러나 성경은 막연한 말씀이 아니라 실천해야 할 구체적인 계약법이다. 성경은 반드시 계약법으로 이해해야 한다. 구약과 신약성경의 이름 자체가 두 계약의 책이다. 무엇이 죄이며 회개인가? 죄의 개념 역시 윤리, 도덕, 사회법 등으로 막

연해지기 쉽다. 성경에서 말하는 죄는 계약법을 어기는 것이며, 회개는 계약을 지키지 않은 죄를 돌이키는 것이다. 세상에서 일반적으로 쓰는 개념과는 많이 다르다. 예수님의 말씀에 거한다는 것은 계약법을 똑바로 알고 깨달으며, 그 계약법을 충실히 지키는 것이다. 그 사람이 제자, 즉 계약공동체의 일원이다. 예수님의 제자가 되어야 비로소 진리를 안다.

2. 진리

【•】 32 진리를 알지니 진리가 너희를 자유롭게 하리라

그런데 진리란 도대체 무엇일까? 참된 이치를 말하는 '진리'(眞理, 알레데이아 ἀλήθεια)라는 단어는 누구에게나 익숙해 있지만 그 의미 역시 막연하다. 뭐가 진리일까? 전 세계에 수많은 철인(哲人)들과 성인군자들이 진리를 깨우치고 또 다양하게 가르쳤으며 각기 나름대로 의미가 있다. 이들의 가르침에 대하여 철학, 종교, 윤리와 도덕 분야로 분류하여 간략히 요약해 보고자 한다.

❶ 철학적 진리

현대에 이르러 전세계에 지대한 영향을 준 서양철학은 고대 그리스에서 시작되었다. 그리스철학은 고대의 신화에서부터 출발했다. 신화의 시대에는 자연현상 일체를 신의 작용이라고 생각했는데, 이에 대하여 의문을 품고 자연현상을 관찰하는 사람들이 나타났는데, 이들을 자연철학자라고 한다. 대표적인 사람이 탈레스(Thales, BC 640~546)이며, 이들에 의해 자연현상은 신들의 작용에 의한 것이 아니라, 자연을 지배하는 어떤 법에 의한 현상이라는 것이 밝혀졌다. 헤라클레이토스는 만물을 지배하는 원리가 바로 로고스라고 했다.

자연철학자들이 자연현상을 대상으로 연구하여 자연의 원리와 이치가 밝혀진 이후에, 사람의 삶을 대상으로 연구하는 철학자들이 등

장했는데 이들을 인문철학자라고 하며, 소크라테스와 플라톤이 대표적인 인문철학자이다. 이들은 자연세계가 자연법의 지배를 받듯이 인간도 만물의 근본(ἀρχή)에 따라 살아야 한다고 생각하여 근본, 본질 등에 관심을 가졌다. 플라톤(Platon BC 428~348년)은 완전한 삶은 보이지 않는 이데아의 세계에서만 가능하며 보이는 현상의 세계는 이데아 세계의 그림자에 불과하다는 사실을 동굴의 비유로 설명했다. 이들의 특징은 세계를 이데아와 현상의 세계로 나누었듯이 인간도 육체와 정신을 분리하는 이원론이었다. 육체와 현상세계를 초월하여 정신과 이데아의 세계를 추구해야 했으며, 이런 삶을 추구한 결과 금욕주의와 더불어, 이와 상반된 쾌락주의도 동시에 등장했다.

그러나 플라톤의 제자 아리스토텔레스(Aristoteles BC 427~347년)는 완전을 지향하는 본질은 이데아의 세계가 아니라, 현상세계 만물의 개체 속에 들어있다고 반대로 주장했다. 그는 이를 입증하기 위하여 동식물 등을 연구하여 형상과 질료, 가능태와 현실태, 운동인과 목적인 등의 이론을 활용하여 논리적으로 설명했다. 그는 본질이 개체 속에 들어있다고 생각하기 때문에 동물학, 식물학, 물리학, 형이상학, 정치학, 윤리학, 논리학 등 각 분야의 학문을 발전시켜서 서양의 최고 지성인으로 평가받고 있다. 인간의 삶이 추구하는 목적은 행복이라고 했다.

플라톤은 '위로부터의 철학'을 전개했고 아리스토텔레스는 반대로 '아래로부터의 철학'을 전개했는데, 이들 철학은 이슬람을 거쳐 르네상스 이후 서양에서 재발견되어 그 이후의 세계 철학사에 지대한 영향을 끼쳤다. 서양 근현대 철학의 양대 흐름인 관념론과 경험론은 이들의 철학에 기초하기 때문에, '서양철학은 플라톤 철학의 주석'이라는 평가가 가능했다.[67]

67) 영국의 철학자 화이트헤드(Whitehead, 1861~1947)가 그런 평가를 했다.

철학에서는 근본, 원리, 본질, 진리 등을 추구하며 이를 따르는 삶을 살아야 한다고 말하는데, 그 전개 방식이 현학적이기 때문에 일반인은 쉽게 접근하지 못하며, 진리에 대한 견해가 다양하여 누구나 공감하는 결론을 기대하기 어렵다.

❷ 종교적 진리

종교적 진리를 추구한 사람의 대표자는 불교의 창시자인 싯다르타(석가모니 BC 624년~544년경)라고 할 수 있다. 한 왕국의 왕자로 태어나 유복한 삶을 살다가 29세 때, 인간의 생로병사 등의 문제를 극복할 수 있는 진리를 깨우치기 위하여 출가와 고행의 길을 간 싯다르타의 삶이 불교의 특징을 잘 말해준다.

인도의 힌두교를 배경으로 출발한 불교에서는 신(神)의 존재나 창조를 인정하지 않으며, 만물이 서로 원인(原因)과 인연(因緣)으로 생겨났다는 연기설(緣起說)을 주장한다. 이 세상을 삼계(三界)와 육도(六道)로 설명하며[68], 인간은 자기가 지은 업보(業報)에 의해 육도의 세계를 윤회한다고 한다. 인간의 고통은 이 윤회에서 비롯되며, 여기서 벗어나기 위해서는 끊임없는 수행을 통하여 깨달음인 열반(涅槃)에 이르는데, 이를 해탈(解脫)이라 한다. 윤회에서 벗어나 해탈에 이르기 위해서는 출가하여 은둔과 고행의 길을 가야 하는데, 다음의 두 방식을 겸해야 한다.

첫째, 불교의 출발이 인간의 실존이기 때문에 많은 시간 동안 성찰과 명상을 통하여 자기 자신과 경전, 삼라만상의 원리와 이치 등에 대하여 깨우쳐야 한다. 장시간의 명상을 위하여 화두(話頭)가 활

68) 삼계는 음욕, 탐욕을 가진 생물(중생)이 사는 욕계(欲界), 식욕, 음욕, 탐욕을 벗어난 생물이 사는 색계(色界), 색계를 벗어난 최상의 정신만 존재하는 무색계(無色界)이며, 육도는 행복이 두루 갖추어진 하늘 세계인 천도(天道), 인간이 사는 세상인 인도(人道), 노여움이 가득 찬 세상인 아수라도(阿修羅道), 각종 동물과 생물이 사는 축생도(畜生道), 지옥보다는 고통이 덜하지만 굶주림의 고통이 심한 아귀도(餓鬼道), 가장 고통이 심한 지옥도(地獄道) 등이다.

용된다. 둘째, 명상과 더불어 은둔과 고행 등의 수련으로 깨달음을 추구하는 반면 깨달은 바를 체득해야 한다.

불교는 근원에 대한 물음이 아니라 존재 실상에 대한 성찰에서 출발하여 존재의 원리와 불경을 깨우쳐야 하기 때문에 상당한 수준의 학문수련이 필요하다, 뿐만 아니라 은둔과 고행 등이 수반되어야 하기 때문에 일반인으로서는 불교의 깊은 경지에 도달하기가 대단히 어렵다. 잘 알려진 반야심경의 "색불이공 공불이색 색즉시공 공즉시색"(色不異空 空不異色 色卽是空 空卽是色)이라는 구절에서 보듯이 불경의 내용은 대단히 심오하여 깨우치기가 쉽지 않고 다양한 주제를 대상으로 하는 화두들은 고도의 수수께끼와 같아서 난해하기 이를 데 없다. 또 불교는 신을 인정하지 않기 때문에 엄밀한 의미에서 종교가 아니고 종교철학이라 할 수 있다.

❸ 윤리 도덕적 진리

사회를 구성하고 살아가는 인간에게는 사회의 윤리와 도덕이 대단히 중요한 비중을 차지한다. 이를 바탕으로 인간이 어떻게 살아야 하는가를 말하는 대표적인 가르침이 유교(儒敎)이다. 유교는 공자(BC 551~479년)에 의해 시작되었다고 알려져 있지만 그 뿌리는 동아시아 문화의 시발점인 고조선의 홍익인간(弘益人間) 사상과 천지인(天地人)을 하나로 보는 유일신 신앙에 있다. 공자는 오랫동안 내려온 고조선의 정신문화를 종합 정리하여, 효(孝)와 인(仁)을 중심으로 인간이 지키며 살아야 할 윤리와 도덕을 가르쳤다.[69]

공자의 사상은 그의 손자인 자사(子思)의 제자 맹자(孟子 BC 371~289년)에 의해 크게 발전했다. 맹자는 천명(天命)과 인정(仁政)을 강조하는 왕도정치와 인간의 심성을 사단(四端)으로 분석하는 등 공자의 사상을 더 심화, 발전시켰다.[70] 이후 유학은 동양에서 견

69) 졸저 「성서로 본 우리 역사」는 갑골문자와 유물 등을 근거로 고조선의 정신문화가 중국문화의 뿌리라는 입장에서 해석했다.

고하게 뿌리를 내렸지만 정치와 결탁하여 침체의 길을 걷다가 중국이 북방 오랑캐라 여기던 요나라와 금나라의 지배를 받게 되자 주자(朱子 1130~1200년)에 의해 성리학으로 발돋움했다.[71] 주자는 불교와 도교 등의 종교로부터 유교는 '실천학문'에 불과하다는 비판을 받자 이에 대응하기 위하여 이기론(理氣論)으로 성리학을 집대성하여 종교적인 형태를 갖추었다. 이(理)는 형이상학(形而上學) 원리이고 기(氣)는 형이하학(形而下學) 원리를 말한다. 주자의 성리학에 이르러 유교는 비로소 우주론을 갖춘 학문으로 발전되었다. 성리학의 우주론을 간략히 설명하면 창조 이전의 상태는 태허(太虛)이며, 창조의 근원인 무극(無極) 또는 태극(太極)에서 음양(陰陽)과 오행(五行, 水火木金土)과 건곤(乾坤, 남성과 여성)이 나와서 만물(萬物)과 만화(萬化 변화)가 생겨났다고 한다. 창조의 주체이며 근원인 태극과 무극은 곧 리(理)이며, 기(氣)는 질(質, 재료)이면서 기운(氣運 힘)이다.

고려말에 들어온 성리학은 조선에 이르러 종교적인 성격을 띠게 된다. 조선의 건국이념을 제시한 정도전은 성리학을 기반으로 이상국가를 실현하려고 했는데, 이는 고조선부터 내려온 우리의 정신문화인 홍익인간(弘益人間)과 대동사회(大同社會) 정신의 발로였다.

조선의 성리학이 종교성을 지니게 된 이유도 우리의 고대 정신문화와 깊은 관련이 있다. 조선성리학은 퇴계(退溪) 이황(李滉 1501~1570년)에 이르러 만개했고 퇴계는 성리학에 종교적인 성격을 추

70) 4개의 마음인 사단(四端)은 측은지심(惻隱之心) 수오지심(羞惡之心) 사양지심(辭讓之心) 시비지심(是非之心)이며, 이를 발달시키면 인(仁) 의(義) 예(禮) 지(智)의 덕이 된다고 했다.

71) 성리학은 여러 이름으로 불린다. 성리학을 집대성한 주자(주희)의 이름을 따서 주자학(朱子學), 송나라 시대의 유학이라는 뜻에서 송학(宋學), 이전의 유학의 가르침을 집대성한 새로운 기풍의 유학이라는 뜻에서 신유학(新儒學), 정호(程顥)와 정이(程頤)에서 주희(朱熹)로 이어지는 학통이라는 뜻에서 정주학(程朱學), 정주 성리학(程朱性理學), 또는 정주 이학(程朱理學), 이학(理學) 또는 도학(道學)이라고도 한다.

가했다. 일찍부터 「주역」에 관심을 가졌던 퇴계는 주역을 기초로 리(理)가 만물의 생성변화를 주도한다고 보았는데 이것을 주리이기론(主理理氣論)이라 한다.[72] 퇴계에 있어서 리와 기의 관계는 리가 먼저이고 기를 지배한다. 퇴계는 리(理)의 역할을 중요하게 보았고 리는 곧 천(天卽理)이며, 리는 종교적인 성격을 지닌다고 보았다. 그리고 학문의 수련을 통하여 리의 상태에 이르렀다. 이런 이유로 퇴계 사상에 대한 해석은 철학만으로는 불충분하며, 종교와 영성으로 이해해야 한다.

율곡(栗谷) 이이(李珥 1536~1584년)는 퇴계와 더불어 조선성리학의 양대 산맥으로 평가받고 있는데 그는 퇴계와 많은 부분에서 대조가 된다. 율곡은 퇴계와 달리 기(氣)를 중요하게 여기는 주기이기론(主氣理氣論)을 주장했는데 그 이유는 성리학을 성인(聖人)과 성군(聖君)이 되게 하는 실천학문인 '성학'(聖學)으로 보았기 때문이다. 그가 공직에 있으면서 개혁을 위한 상소를 끊임없이 올리고 외침에 대비하여 10만 양병설을 주장한 것은 그의 학문적인 소신과 연관이 있다.

조선의 성리학이 이상국가를 꿈꾸었고 퇴계는 성리학을 종교적인 학문으로 발전시키고 율곡은 나라를 바로 세우기 위한 실천학문으로 성장시켰지만 조선성리학은 이상국가 실현에 실패하고 말았다. 가장 큰 이유는 인재 등용을 과거시험에 의존했는데 각 학파에서 공부한 인재들이 국가이익보다는 파벌이익에 치중했기 때문이다. 이에 임진란과 병자란 이후에 등장한 실학자들은 성리학의 한계를 극복하기 위한 현실적인 대안들을 모색했다.

동양의 대표적인 사상인 유교는 실천학문에서 출발하여 우주론이

72) 퇴계의 성리학을 가리켜 이기이원론(理氣 二元論)이며, 율곡의 성리학은 이기일원론(理氣 一元論)이라고 말한다. 그러나 이기이원론은 리(理)와 기(氣)를 분리시키는 것처럼 오해를 줄 수가 있으므로, 주리이기론(主理理氣論)과 주기이기론(主氣理氣論)으로 부르는 것이 더 적합하다고 생각된다.

추가된 성리학으로 발전했기 때문에 실천성과 학문성을 동시에 갖추고 있었다. 그러나 성리학은 깨우치기가 난해하여 공리공론(空理空論)으로 치우칠 가능성이 높아서 실제로 그렇게 되고 말았다.

❹ 성경의 진리

기독교에서 말하는 진리는 무엇이라고 해야 하나? 쉽지 않은 질문이다. 전통적인 구속사 신학에 의하면 예수님의 십자가를 통한 구원의 복음이 진리라고 할 수 있다. 그런데 진리에 대한 이런 정의는 기독교인들은 받아들일 수 있지만 일반인, 특히 타종교인은 받아들이기 어렵다. 진리의 기본적인 기준은 누구나 인정하고 받아들일 수 있는 보편성이어야 한다. 그렇다면 모든 사람이 인정할 수 있는 기독교의 진리는 어떻게 정의되어야 할까?

기독교가 말하는 진리가 모든 사람에게 공감을 얻으려면 그 진리가 신앙고백보다는 자연의 원리와 부합해야 한다. 신앙에만 기초하면 비신앙인들에게는 인정받기 어렵기 때문이다. 그런데 기독교의 진리를 어떻게 자연의 원리로 설명할 수 있을까? 요한복음에서 그 통찰을 얻을 수 있다. 하나님의 아들, 그리스도 등 신앙의 대상으로 그리스도를 소개하는 공관복음과는 달리 요한복음에서는 예수님을 자연 만물의 원리인 로고스라고 말하고 있기 때문이다. 이는 참으로 놀라운 발상의 전환이다. 그런데 요한복음에서 말하는 로고스론을 서론에서만 다룰 것이 아니라 그 이후의 본문 해석이 로고스론과 연결되어야 하는데, 기존의 요한복음 해석에서는 이 부분이 단절되어 있다.

구속사 해석으로는 로고스론과 본문이 연결될 수가 없다. 로고스론은 기껏해야 독특한 기독론으로 해석될 뿐이다. 계약사의 관점으로 보아야 로고스론과 본문이 연결 된다. 왜냐하면 로고스는 우주 만물의 원리와 이치인데, 이는 창조원리이자 자연의 법이며 또한 계약법에 해당되기 때문이다. 〈물음01〉에서 이미 본 바와 같이 창조주와 피조물의 관계는 계약관계이며, 피조물의 존재 원리는 곧 계약법이라고 할 수 있다. 지금까지 해석한 것처럼 1장 이후의 본문도 계약의 관점에서 해석이 가능할 뿐만 아니라 표적과 설교의 말씀들이 그 의미가 더 명확해진다.

그렇다면 요한복음, 더 나아가 성경에서 말하는 진리를 한마디로 뭐라고 할 수 있을까? '계약법'이다. 성경은 두 계약의 책이며 그 이름이다. 이스라엘 역사에서도 계약법은 진리로 입증되고 경험되었다. 구약성경의 성문서의 주제는 '지혜'인데, 이 지혜는 진리와 다름이 없다. 포로기를 보내면서 이스라엘 사람들은 지혜를 묻고 또 찾았는데 결국 율법이 곧 지혜라는 것을 경험을 통해서 발견했다. 유대인들은 포로기에 율법 즉 계약법을 재발견했다. 그들이 멸망한 이유는 계약위반이었고, 계약법을 준수하려고 발버둥치자 계약의 땅이 다시 주어져서 귀환할 수 있었다. 진정한 진리는 역사의 경험을 통해서 확인되어야 한다.

계약법은 자연의 원리와 이치에 부합하기 때문에 모든 이의 공감을 얻을 수 있을 뿐만 아니라 계약법이 지향하는 목적 또한 더더욱 공감을 얻을 수 있다. 계약법의 핵심이 모든 사람이 물질과 정신 면에서 행복한 삶을 사는 세상을 만드는 구체적인 대안이기 때문이다. 안식일, 안식년, 희년 등과 유월절, 초막절, 헌금, 지파제도 등은 전적으로 모든 사람들을 행복하게 하기 위한 체제이자 제도들이다. 근대 이후 유럽에서 자유주의와 더불어 산업혁명의 쌍생아로 등장한 사회주의(공산주의)도 계약법에서 통찰력을 얻은 것으로 보인다. 공산주의자들은 기독교의 자유와 비폭력 정신을 적대시하고 교인들을 박해했지만, 계약법이 추구하던 노동계급의 사회적 해방과 경제적 평등이라는 이상은 누구보다 더 신뢰하여 무상교육과 토지공유 등의 제도를 우선적으로 도입하였다.

계약법에는 철학, 종교, 윤리와 도덕에서 추구하는 모든 가치관들이 다 들어있다. 진정한 진리라면 신과 내세까지 포함해야 한다. 계약법에서는 이상과 현실, 자연과 초자연, 인간과 하나님, 현세와 내세 등이 조화를 이루고 있다. 유한한 인간이 현실에서 이상을 실현한다는 것은 불가능하며 이는 지난 인류의 역사가 확인해주고 있다. 인간은 이상사회를 여기 이 땅에서 이루기 위해 노력하며 하나님의 도우심으로 큰 성과를 거두지만, 그 궁극적 완성은 내세에서 실현된다. 요한복음에는 현재종말론과 미래종말론이 동시에 들어있다.

그런데 이런 성경을 경전으로 신앙생활을 한 이스라엘과 교회는 왜 이상사회를 실현하지 못하고 실패했을까? 신학에서 계약법이 실종되고 성전, 성당, 교회의 예배와 영혼 구원 중심으로 전락했기 때문이다. 구약의 이스라엘에서 계약법이 실종된 이유는 정치이념 때문이었으며 교회사에서는 헬라의 이원론 사상으로 기독교 신학을 전개했기 때문이다. 오늘 우리가 해결해야 할 가장 시급하고 중차대한 과제는 기독교를 성경에 기초한 본원 기독교로 환원시키는 일이다. 어떻게 이 일이 가능할까?

기독교를 받아들인 국가와 민족이 지닌 정신문화와 사상이 계약법의 사상과 맥을 같이해야 한다. 그런데 세계에서 유일하게 우리의 고대 정신문화가 성경의 계약법 사상과 소통이 된다. 고조선의 천지인과 홍익인간, 유일신 신앙 등은 사상적으로 성경의 계약법과 유사하며 대동사회는 계약법이 추구하는 공동체와 맥을 같이한다. 고조선을 재현시킨 조선이 성리학을 기초로 이상국가 실현을 시도한 것과 조선의 성리학이 중국의 성리학보다 더 앞선 것도 우연이 아니다. 조선의 실학은 기독교 신학의 산물이며 조선 말기에 들어온 개신교가 기독교 세계선교 역사에서 가장 성공적이었던 것도 우리에게 성경과 유사한 정신문화가 있었기 때문이다.[73)]

---

73) 졸저 「성경으로 보는 우리 역사」는 이것을 말하기 위하여 쓰여졌다.

요한복음은 진리의 복음서라고 해도 과언이 아닐 만큼 진리에 대하여 많은 언급을 하고 있다. 그런데 그 진리는 계약법이라고 해야 본래의 취지에 들어 맞는다. 계약법을 깨우치기 위해서는 현학적인 지식이 필요없고 또 어떤 경지에 도달하거나 현실 초월을 위한 무슨 수련과 극기 훈련을 요구하지도 않는다. 자명한 이치여서 누구나 알 수 있고, 자신에게 꼭 필요하기 때문에 누구나 공감하며, 그렇게 하는 것이 자기에서 가장 유리하기 때문에 누구나 할 수 있다. 이보다 더 적합한 진리란 있을 수 없다.

3 자유

【•】 32 진리를 알지니 진리가 너희를 자유롭게 하리라 … 36 그러므로 아들이 너희를 자유롭게 하면 너희가 참으로 자유로우리라

진리에 이어 '자유'란 무엇일까? 인류 역사에서 자유가 인간에게 가장 큰 영향을 끼친 사건은 서양의 르네상스 운동인데, 그 정신이 자유와 평등이었다. 그 이후 군주체제와 신분제도가 사라지고 법치국가가 등장해서 모든 사람에게 법으로 자유와 평등을 보장해 주었다. 법으로 보장해 주면 진정한 자유가 실현되는 것일까?

미국에서는 남북전쟁 이후 흑인 노예들에게 신분을 철폐하고 법적인 자유를 주었다. 그 결과 어떻게 되었을까? 노예해방으로 가장 큰 곤란을 겪은 이들은 다름 아닌 흑인들이었다. 노예로 있다가 풀려나니 당장 살 방법이 없어서 도로 주인을 찾아가 노예로 써 달라고 부탁하는 웃지 못할 희극이 일어났다. 경제가 양극화된 사회에서 아무리 법으로 자유를 보장해 주어도 이는 진정한 자유라고 할 수 없다. 진정한 자유는 경제적인 자유에 있다. 경제적으로 자립해서 아무런 불편 없이 살아갈 수 있다면 누구에게도 매일 필요가 없기 때문에 계급과 신분제도 등은 설 자리가 없어지고 평등은 저절로 실현된다. 법으로 아무리 자유와 평등을 보장해 주어도 경제적으로 가

진 자에게 예속된다면 이는 이율배반이며 가진 자에게 면죄부를 주는 셈이다.

성경의 계약법이 법적인 자유와 평등을 앞세우지 않고 경제적인 평등에 초점을 맞춘 것은 지극히 당연한 이치이며 현실적인 대안이다. 진리와 자유는 사실상 같은 개념이다. 진리를 추구한다면서 현실적인 불평등을 초래하거나 상대적인 궁핍에 만족해야 한다면, 그러면서도 무소유와 가난을 칭송한다면 이는 인간의 기본권에 대한 기만과 유린이며 현실 도피를 조장하는 정신 나간 헛소리에 불과하다. 또 이 세상이 아닌 저 세상 하늘나라에 가서 궁핍과 예속이 해결된다고 말한다면 이는 종교적인 사기행각이며, 가장 큰 범죄 행위이다. 이런 범법자들을 위하여 고통스러운 지옥의 형벌이 준비되어 있다.

예수님께서는 우리에게 진정한 자유와 평등, 평화를 주시기 위하여 하나님이시기를 포기하고 인간으로 오셔서 죽으셨고 그 결과 새로운 계약이 체결되었다. 본문에서 말하는 진리와 자유는 이런 뜻이다. 스스로 생각해 보라. 당신은 어떤 진리와 어떤 자유를 원하는가? 늙어 은퇴하여 노후를 보내는 사람에게 가장 필요한 자유가 무엇일까? 자기 한 몸도 추스르기 어려운 노인이 생활비를 마련하기 위하여 파지를 주우러 다닌다면 그에게 자유와 진리를 운운할 수 있을까? 경제적인 평등과 평안을 누릴 수 있게 해주는 것보다 더 큰 진리, 더 큰 자유는 없다. 계약법은 경제적 자유를 말하고 있다. 성경을 오해하지 말아야 한다.

4. 오해

【•】 33 그들이 대답하되 우리가 아브라함의 자손이라 남의 종이 된 적이 없거늘 어찌하여 우리가 자유롭게 되리라 하느냐 34 예수께서 대답하시되 진실로 진실로 너희에게 이르노니 죄를 범하는 자마다 죄의 종이라 35 종은 영원히 집에 거하지 못하되 아들은 영원히 거하나니 36 그러므로 아들이 너희를 자유롭게 하면 너희가 참으로 자유로우리라

그런데 예수님께서 "진리를 알지니 진리가 너희를 자유롭게 하리라."라고 말씀하시자 예수님을 믿는 유대인들은 이를 완전히 오해하고 말았다. 유대인들은 독특한 자부심을 가지고 있었는데 첫째, 자신들은 하나님께서 특별히 선택하신 아브라함의 자손이라는 선민의식이었다. 이방인들은 선택받지 못하고 버림받은 사람들이며 자신들에게만 율법이 주어졌다고 생각했다. 유대인들에게 가장 큰 모욕은 아브라함의 자손이 아니라는 말이었다. 둘째, 자유인이라는 자부심이었다. 비록 페르시아, 헬라, 로마 등의 제국으로부터 수백여년의 식민지배를 받았지만 유대인들은 동화되지 않았고 유일하게 정체성을 유지했으며 또 제국으로부터 특별한 대우를 받고 있었다.

이런 유대인들은 남의 종이 된 적이 없는데 무슨 자유가 또 필요한가라고 되물었다. 이에 예수님께서는 죄의 종에 대하여 말씀하셨다. 그러나 예루살렘의 유대인들은 자신들은 안식일법과 정결례법 등 유대교 율법조항을 지켜서 의롭다함을 받았는데 왜 우리가 죄의 종인가라고 의문을 표시했다. 예수님께서는 이들에게 종과 아들의 비유로 말씀하셨다. 종은 상속자가 아니지만 아들은 상속자다. 하나님 나라를 유업으로 이어받는 상속은 계약관계를 통해서다. 지금 여기서 계약법을 지키는 공동체는 이미 하나님 나라를 상속받은 것인데 새로운 계약공동체는 예수님을 통해서 실현된다. 이를 다음과 같이 말씀하셨다.

그러므로 아들이 너희를 자유롭게 하면 너희가 참으로 자유로우리라

성경에서 말하는 죄는 계약법을 지키지 않는 것이며 계약법을 지키는 사람에게 사죄와 참 자유가 주어진다.

5. 아브라함 자손

【•】 38 나는 내 아버지에게서 본 것을 말하고 너희는 너희 아비에게서
들은 것을 행하느니라 39 대답하여 이르되 우리 아버지는 아브라함이

라 하니 예수께서 이르시되 너희가 아브라함의 자손이면 아브라함이 행한 일들을 할 것이거늘 40 지금 하나님께 들은 진리를 너희에게 말한 사람인 나를 죽이려 하는도다 아브라함은 이렇게 하지 아니하였느니라

아브라함의 자손이라는 유대인들의 자부심은 혈통에 근거한 자부심이었다. 이에 예수님께서는 아브라함의 자손은 혈통의 자손이 아니라 아브라함이 가졌던 믿음과 행함을 가진 자가 그 후손이라고 하셨다. 아브라함이 믿음의 조상이며 복의 근원인 이유는 그는 세상 모든 사람이 복 받기를 바랐으며 또 그렇게 살았기 때문이다.(창 12:1~3) 이 신앙은 곧 후일 하나님께서 그의 후손과 맺은 계약법의 정신이다.

이에 대하여 사도 바울은 표면적 유대인과 이면적 유대인이라는 용어로 설명했다.(롬2:28~29) 혈통의 후손이 아니라 아브라함이 가졌던 믿음을 가진 사람이 아브라함의 후손이다.

6. 마귀 자손

【●】 44 너희는 너희 아비 마귀에게서 났으니 너희 아비의 욕심대로 너희도 행하고자 하느니라 그는 처음부터 살인한 자요 진리가 그 속에 없으므로 진리에 서지 못하고 거짓을 말할 때마다 제 것으로 말하나니 이는 그가 거짓말쟁이요 거짓의 아비가 되었음이라 45 내가 진리를 말하므로 너희가 나를 믿지 아니하는도다

스스로 아브라함의 후손이며 의롭다고 생각하는 유대인들을 향하여 예수님께서는 마귀의 자손이라고 신랄하게 비판하셨다. 아마 이 말은 유대인들에게 대단히 듣기 거북했을 것이다. 그런데 왜 예수님께서는 '마귀의 자손'이라는 용어를 쓰셨을까?

영성의 길을 가다보면 하나님을 경험하는 만큼 마귀를 경험하게 된다. 마지막 단계에서는 마귀의 실체와 부딪히는데 이쯤에 이르면 마귀의 가장 큰 무기가 '속임수'라는 것을 알게 된다. 마귀는 매사에 개입하여 우리 스스로 속게 만드는데 특히 위험한 것은 성경과

신학에 대한 속임수이다. 마귀가 집중 공격하는 곳은 성경해석과 교리인데, 교리를 점령하여 '정통'이라는 종교적인 권위로 지배력을 행사한다. 왕정기에는 성전과 제사신앙이 정통신앙이었다. 그리고 이에 대한 오류를 지적하는 선지자들을 정통신앙의 권위로 이단이라 낙인찍었다. 예수님 당시에는 유대인들의 인과응보, 안식일, 의인 등의 정통교리가 견고하게 자리 잡고 있었으며 이 정통교리에 의하면 예수님의 해석은 이단이 될 수밖에 없었다. 이런 비극은 교회사에서도 재현되어 중세기에 수많은 종교개혁 선구자들이 이단이라는 이름으로 단두대로 가거나 화형에 처해졌다. 이스라엘 역사와 교회사를 보면 정통신앙이 마귀의 교리로 변질되는 경우가 허다하다. 왜 이런 비극이 일어날까?

교리와 신학은 신앙을 담는 그릇과 같아서 반드시 필요하며, 어떤 환경의 요청 때문에 등장한다. 그러나 그 환경이 지나고 새로운 시대가 되면 다시 해석해야 한다. 그런데 재해석을 하지 않고 그대로 고수하면 결국에는 마귀에게 이용당한다. 앞에서도 누누이 언급한 대로 유대인의 인과응보 교리는 포로기에, 안식일법은 헬라화 시기에 꼭 필요한 정통교리였고 또 아주 중요한 역할을 했다. 그러나 예수님 당시에는 신앙과 사람을 죽이는 법이 되고 말았다. 교회사에서도 초기의 정통교리들은 이단을 막는데 중요한 역할을 했지만 기독교 왕국시대에는 마귀의 도구가 되고 말았다. 이런 일들은 오늘날에도 반복될 수 있다. 예수님께서는 새 술은 새 부대에 담아야 한다고 역설하셨으며 또 이렇게 말씀하셨다.

> 천국의 제자된 서기관마다 마치 새것과 옛것을 그 곳간에서 내오는 집 주인과 같으니라(마13:52)

성경을 잘못 알거나 왜곡시키고 있으면 이는 곧 마귀의 앞잡이이다. 나는 지금 하나님의 자녀인가, 아니면 마귀의 자식인가?

7. 내 아버지

【●】 38 나는 내 아버지에게서 본 것을 말하고 너희는 너희 아비에게서 들은 것을 행하느니라 … 54 예수께서 대답하시되 내가 내게 영광을 돌리면 내 영광이 아무 것도 아니거니와 내게 영광을 돌리시는 이는 내 아버지시니 곧 너희가 너희 하나님이라 칭하는 그이시라

예수님께서는 하나님을 '내 아버지'라고 부르셨는데 이는 요한복음에만 나온다. '우리 하나님'이라는 말은 있지만 성경 어디에서도 내 아버지라는 표현은 찾아볼 수 없다. '친 아버지'를 뜻하는 '내 아버지'는 예수님과 하나님은 한 분 임을 강조하는 독특한 표현이다. 유대인들은 이를 신성모독이라 생각했고 도무지 받아들일 수가 없었다.

이런 유대인들이 더 받아들일 수 없는 말씀이 있었다.

8. 선재(先在)

【●】 56 너희 조상 아브라함은 나의 때 볼 것을 즐거워하다가 보고 기뻐하였느니라 57 유대인들이 이르되 네가 아직 오십 세도 못되었는데 아브라함을 보았느냐 58 예수께서 이르시되 진실로 진실로 너희에게 이르노니 아브라함이 나기 전부터 내가 있느니라 하시니 59 그들이 돌을 들어 치려 하거늘 예수께서 숨어 성전에서 나가시니라

예수님께서는 더 이해할 수 없는 말씀을 하셨는데, 아브라함이 예수님 보기를 고대하였다는 말씀이었다. 도그마 신앙과 문자 해석에 매여 있던 유대인들은 이 말씀을 듣자 격분하여 그 자리에서 예수님을 향하여 돌을 던지려고 하였다.

예수님께서는 이해하지 못하는 유대인들에게 왜 이렇게 도전적으로 말씀하셨을까? 이들을 이해시키기 위하여 예수님께서는 특별한 표적을 먼저 보여 주셨다. 예수님께서 행하시는 초자연적인 표적들은 예수님의 신성을 증거하고 있었다. 이 표적들은 하나님이 아니고서는 불가능한 일들이었다. 또 유대교 랍비들과는 비교될 수 없을

뿐만 아니라 차원이 다르게 성경을 해석하셨다. 그러나 유대교 율법 조항을 준수하는 도그마 신앙에 빠진 그들은 표적과 말씀을 도무지 이해할 수도 받아들일 수도 없었다. 그들은 하나님과 계약을 맺은 자들이었다. 예수님의 도전적이고 준엄한 말씀들은 계약을 저버린 배반에 대한 책임추궁이자 경고이고 책망이었다.

9. 계약파기 증거

왜곡된 도그마 신앙에 빠지면 눈과 귀가 가려져서 자명한 말씀을 보지 못하고 누구나 알 수 있는 말씀을 듣지 못하게된다. 그리고 참 신앙의 자리에 거짓 확신과 광적인 열심이 대신 들어선다. 신앙생활에서 가장 위험한 것은 이런 도그마 신앙이며 이것이 마귀가 노리는 목표다. 예수님께서 유대인들을 향해서 마귀의 자식들이라고 책망하신 이유는 여기에 있다. 계약이 파기된 증거는 보아도 보지 못하고 들어도 듣지 못하는 데에 있다. 네 복음서는 이 계약파기의 말씀을 가장 중요하게 다루고 있는데 누가복음에는 이렇게 기록되어 있다.

> 제자들이 이 비유의 뜻을 물으니 이르시되 하나님 나라의 비밀을 아는 것이 너희에게는 허락되었으나 다른 사람에게는 비유로 하나니 이는 그들로 보아도 보지 못하고 들어도 깨닫지 못하게 하려 함이라(눅 8:9~10)

하나님 나라의 비밀은 감추어진 비밀이 아니라 누구나 알 수 있도록 공개된 비밀이다. 그런데 다른 사람이 아닌 하나님을 믿고 있는 사람들이, 그것도 열심히 믿고 있는 사람들이 눈과 귀가 가려져서 보지 못할 뿐이다.

물음 27
가장 귀한 대리자, 누구였을까?

본문 〈 9:1~41 〉

1 예수께서 길을 가실 때에 날 때부터 맹인 된 사람을 보신지라
2 제자들이 물어 이르되 랍비여 이 사람이 맹인으로 난 것이 누구의 죄
로 인함이니이까 자기니이까 그의 부모니이까
3 예수께서 대답하시되 이 사람이나 그 부모의 죄로 인한 것이 아니라
그에게서 하나님이 하시는 일을 나타내고자 하심이라
4 때가 아직 낮이매 나를 보내신 이의 일을 우리가 하여야 하리라 밤이
오리니 그 때는 아무도 일할 수 없느니라
5 내가 세상에 있는 동안에는 세상의 빛이로라
6 이 말씀을 하시고 땅에 침을 뱉어 진흙을 이겨 그의 눈에 바르시고
7 이르시되 실로암 못에 가서 씻으라 하시니 (실로암은 번역하면 보냄을
받았다는 뜻이라) 이에 가서 씻고 밝은 눈으로 왔더라
8 이웃 사람들과 전에 그가 걸인인 것을 보았던 사람들이 이르되 이는
앉아서 구걸하던 자가 아니냐
9 어떤 사람은 그 사람이라 하며 어떤 사람은 아니라 그와 비슷하다 하
거늘 자기 말은 내가 그라 하니
10 그들이 묻되 그러면 네 눈이 어떻게 떠졌느냐
11 대답하되 예수라 하는 그 사람이 진흙을 이겨 내 눈에 바르고 나더러
실로암에 가서 씻으라 하기에 가서 씻었더니 보게 되었노라
12 그들이 이르되 그가 어디 있느냐 이르되 알지 못하노라 하니라
13 그들이 전에 맹인이었던 사람을 데리고 바리새인들에게 갔더라
14 예수께서 진흙을 이겨 눈을 뜨게 하신 날은 안식일이라
15 그러므로 바리새인들도 그가 어떻게 보게 되었는지를 물으니 이르되
그 사람이 진흙을 내 눈에 바르매 내가 씻고 보나이다 하니
16 바리새인 중에 어떤 사람은 말하되 이 사람이 안식일을 지키지 아니
하니 하나님께로부터 온 자가 아니라 하며 어떤 사람은 말하되 죄인으

로서 어떻게 이러한 표적을 행하겠느냐 하여 그들 중에 분쟁이 있었더니

17 이에 맹인되었던 자에게 다시 묻되 그 사람이 네 눈을 뜨게 하였으니 너는 그를 어떠한 사람이라 하느냐 대답하되 선지자니이다 하니

18 유대인들이 그가 맹인으로 있다가 보게 된 것을 믿지 아니하고 그 부모를 불러 묻되

19 이는 너희 말에 맹인으로 났다 하는 너희 아들이냐 그러면 지금은 어떻게 해서 보느냐

20 그 부모가 대답하여 이르되 이 사람이 우리 아들인 것과 맹인으로 난 것을 아나이다

21 그러나 지금 어떻게 해서 보는지 또는 누가 그 눈을 뜨게 하였는지 우리는 알지 못하나이다 그에게 물어 보소서 그가 장성하였으니 자기 일을 말하리이다

22 그 부모가 이렇게 말한 것은 이미 유대인들이 누구든지 예수를 그리스도로 시인하는 자는 출교하기로 결의하였으므로 그들을 무서워함이러라

23 이러므로 그 부모가 말하기를 그가 장성하였으니 그에게 물어 보소서 하였더라

24 이에 그들이 맹인이었던 사람을 두 번째 불러 이르되 너는 하나님께 영광을 돌리라 우리는 이 사람이 죄인인 줄 아노라

25 대답하되 그가 죄인인지 내가 알지 못하나 한 가지 아는 것은 내가 맹인으로 있다가 지금 보는 그것이니이다

26 그들이 이르되 그 사람이 네게 무엇을 하였느냐 어떻게 네 눈을 뜨게 하였느냐

27 대답하되 내가 이미 일렀어도 듣지 아니하고 어찌하여 다시 듣고자 하나이까 당신들도 그의 제자가 되려 하나이까

28 그들이 욕하여 이르되 너는 그의 제자이나 우리는 모세의 제자라

29 하나님이 모세에게는 말씀하신 줄을 우리가 알거니와 이 사람은 어디서 왔는지 알지 못하노라

30 그 사람이 대답하여 이르되 이상하다 이 사람이 내 눈을 뜨게 하였으되 당신들은 그가 어디서 왔는지 알지 못하는도다

31 하나님이 죄인의 말을 듣지 아니하시고 경건하여 그의 뜻대로 행하는 자의 말은 들으시는 줄을 우리가 아나이다

32 창세 이후로 맹인으로 난 자의 눈을 뜨게 하였다 함을 듣지 못하였으니

33 이 사람이 하나님께로부터 오지 아니하였으면 아무 일도 할 수 없으리이다
34 그들이 대답하여 이르되 네가 온전히 죄 가운데서 나서 우리를 가르치느냐 하고 이에 쫓아내어 보내니라
35 예수께서 그들이 그 사람을 쫓아냈다 하는 말을 들으셨더니 그를 만나사 이르시되 네가 인자를 믿느냐
36 대답하여 이르되 주여 그가 누구시오니이까 내가 믿고자 하나이다
37 예수께서 이르시되 네가 그를 보았거니와 지금 너와 말하는 자가 그이니라
38 이르되 주여 내가 믿나이다 하고 절하는지라
39 예수께서 이르시되 내가 심판하러 이 세상에 왔으니 보지 못하는 자들은 보게 하고 보는 자들은 맹인이 되게 하려 함이라 하시니
40 바리새인 중에 예수와 함께 있던 자들이 이 말씀을 듣고 이르되 우리도 맹인인가
41 예수께서 이르시되 너희가 맹인이 되었더라면 죄가 없으려니와 본다고 하니 너희 죄가 그대로 있느니라

초막절에 맞추어 예수님께서는 예루살렘 성전에서 유대인들을 대상으로 가르치셨으나 그들이 예수님을 돌로 치려고 해서 성전에서 피할 수밖에 없으셨다. 성전에서 나오신 예수님께서는 어디로 가셨을까? 아주 중요한 사람을 만나러 가셨다. 누구였을까?

1. 찾아가심

【•】 1 예수께서 길을 가실 때에 날 때부터 맹인 된 사람을 보신지라

그는 날 때부터 맹인으로 태어난 사람이었다. 부모가 있었지만 그는 길거리에서 구걸해야 할 만큼 가난하게 살아가고 있었다. 예수님께서는 지나가시다가 사람들이 붐비는 성전 입구에서 구걸하는 그 맹인을 만났다. 제자들은 그 맹인을 보자 의문이 들어서 예수님에게 물었다.

【•】 2 제자들이 물어 이르되 랍비여 이 사람이 맹인으로 난 것이 누구의 죄로 인함이니이까 자기니이까 그의 부모니이까

제자들은 맹인으로 태어난 이유가 죄의 결과인가라고 묻지 않고 왜 누구의 죄 때문이냐고 물었을까? 유대인들의 인과응보 교리에 의하면 어떤 재앙이 생기면 이는 죄지은 증거였다. 이 문제는 구약성경 욥기의 주요 주제였다. 예수님의 제자들도 아무런 이의 없이 인과응보 교리를 인정한 것을 보면 이 교리가 정통신앙으로서 얼마나 큰 영향력을 발휘하고 있었는지를 알 수 있다. 당시의 서기관들은 어떤 사람이 재앙을 당하면 자세하게 조사하여 구체적으로 어떤 죄 때문에 그런 일이 생겼다고 진단해주었다. 그런데 자식이 맹인으로 태어난 경우에는 부모와 자식 중 누구의 죄 때문이라고 단정 짓기 어려웠다. 그러나 죄 때문에 그런 일이 생긴 것은 확실한데 단지 누구의 죄 때문인지는 알 수 없다고 했다. 그런데 제자들은 그런 맹인을 보자 예수님께서는 누구의 죄 때문인지를 아시리라고 생각하고 여쭤보았다. 뭐라고 대답하셨을까?

【●】 3 예수께서 대답하시되 이 사람이나 그 부모의 죄로 인한 것이 아니라 …

예수님께서는 제자들의 기대와는 전혀 달리 인과응보 교리 자체를 부정하셨다. 인과응보 교리의 역사는 포로기로 거슬러 올라간다. 포로기에 신명기 선지자들은 신명기를 기초로 이스라엘 나라가 망하여 없어지고 전쟁포로로 끌려와 있는 이유는 계약법을 지키지 않은 결과라고 하며 회개하면 하나님께서 다시 기회를 주신다고 가르치며 회개를 촉구했다. 그들이 기록한 사사기의 배교-징계-회개-구원의 역사관은 이를 잘 반영하고 있다. 이들의 말대로 얼마 후 바벨론이 멸망하고 이스라엘은 본토로 귀환할 수 있었다. 이를 경험한 유대인들은 죄를 지으면 하나님의 징계가 임한다고 믿게 되었다. 신명기 선지자들은 계약공동체를 대상으로 계약법을 어기면 그에 따른 징계가 임한다고 가르친 것인데 귀환 이후 유대인들은 개인이 당하는 재앙들 하나하나가 죄의 결과라는 왜곡된 인과응보 교리를 탄생시켰다. 그 결과 가난한 자, 병자, 불구자 등은 모두 죄인이 되는 모순에 빠지고 말았다. 요한복음 9

장의 이야기는 유대인의 이 인과응보 교리를 고발하면서 앞으로 교회는 교리신앙의 모순에 빠지지 말라고 경고하고 있다. 그러나 그 이후의 교회는 이를 저버리고 정확하게 교리신앙의 함정에 빠지고 말았다. 이 노릇을 어찌할꼬!

예수님은 맹인으로 태어난 재앙에 대하여 어떻게 해석하셨을까?

【•】 3 … 그에게서 하나님이 하시는 일을 나타내고자 하심이라

하나님께서는 인간이 죄를 지을 때마다 즉시 재앙을 내리시는 그런 속 좁은 분이 아니다. 또 특별히 쓰시기 위하여 맹인으로 태어나게 하시지도 않는다. 죄의 지배를 받는 세상, 타락한 세상에서는 다양한 재앙과 사고 등을 만나게 마련인데 하나님께서는 이를 반전의 기회가 되도록 도우신다. 맹인으로 태어난 것은 큰 불행이지만 하나님께서는 그를 귀하게 여기시며 그 사람만 할 수 있는 특별한 기회를 주신다.

【•】 4 때가 아직 낮이매 나를 보내신 이의 일을 우리가 하여야 하리라 밤이 오리니 그 때는 아무도 일할 수 없느니라 5 내가 세상에 있는 동안에는 세상의 빛이로라

예수님께서는 제자들을 포함한 '우리' 즉 계약공동체가 하나님을 대신하여 어두움이 지배하는 세상에서 빛의 역할을 해야 한다고 말씀하셨다. 예수님의 치유사역에는 유독 맹인을 치료하신 이야기가 많은데[74] 이사야서에서는 메시아가 할 주요 사역이라고 말하고 있다.[75] 그 이유는 맹인은 성경의 본뜻을 보지 못하는 하나님의 백성을 상징적으로 보여주기 위함이다. 요한복음 9장 전체는 맹인 한 사람이 치유된 후 그가 한 일에 대하여 기록하고 있다. 이는 당시 유대인들, 특히 성경을 가르치는 지도자들이 성경의 핵심을 보지 못하는 맹인이었음을 지적하기 위함이다. 계약공동체인 교회가 해야 할 가장 중요한 사역은 신앙의 오류에 빠지지 않게 막는 일이다. 이보

74) 맹인 바디매오(막10:46~52, 눅18:35~43, 마20:29~34), 갈릴리의 두 맹인(마9:27~31), 눈 멀고 말 못하는 사람(마12:22~23), 베데스다의 맹인(막8:22~26), 예루살렘의 맹인(마21:14) 등이다.

75) 사 6:9~10, 42:16~19, 43:8, 49:1

다 더 중요한 일은 없다. 요한복음은 전체가 이것을 말하고 있다.

예수님께서는 맹인으로 태어난 사람을 통해서 무슨 일을 하셨을까?

2. 보내심

【●】 6 이 말씀을 하시고 땅에 침을 뱉어 진흙을 이겨 그의 눈에 바르시고 7 이르시되 실로암 못에 가서 씻으라 하시니 (실로암은 번역하면 보냄을 받았다는 뜻이라) 이에 가서 씻고 밝은 눈으로 왔더라

왜 예수님께서는 침으로 진흙을 반죽하여 그 맹인의 눈에 바르셨을까? 침으로 반죽한 이유에 대하여 침이 어떤 효과가 있다고 믿는 민간요법 때문이거나, 또는 흙을 빚어 사람을 만드신 것을 재현하기 위해서였다고 해석한다. 또 왜 실로암 못에 가서 씻으라고 하셨을까? 보내심을 받았다는 실로암 못의 물이 치료에 어떤 효과가 있었을까?[76] 아니면 순종의 요구였을까? 하나님께서 요구하시는 게 겨우 시키는 대로 하는 걸까? 아닐 것이다. 오히려 그보다는 유대인들의 잘못된 인과응보 교리와 신앙을 뜯어고치기 위한 충격적인 요법이라고 보는 게 더 적절하다.

눈과 얼굴에 진흙을 바르고 길을 더듬고 있는 맹인의 모습을 상상해 보라. 성전에서 실로암 못으로 가는 길은 사람의 왕래가 많은 큰 길이었다. 이때는 초막절이어서 사람들로 붐비고 있었다. 눈과 얼굴에 진흙을 바르고 길을 더듬는 맹인의 모습은 모든 사람의 관심을 끌 수밖에 없었다. 또 실로암 못에서 얼굴을 씻고 보게 된 맹인은 어떤 반응을 보였을까? 조용히 침묵할 수 있었을까? 난생 처음 보는 세상의 모습이 어떠했을까? 울고불고, 소리소리 지르고, 이리

76) 예루살렘은 산성이어서 성내에 식수가 없었다. 이에 큰 바위 언덕에 굴을 뚫고 성 밖 기혼 골짜기의 물을 끌어들여서 붙여진 이름이 실로암이다. 직선 거리는 335m였지만 갈지자(之)로 뚫어서 실제 거리는 533m이다. 굴은 폭 60cm, 높이 180cm이며, 단단한 바위를 양쪽에서 파 들어가다가 중간에 만났다고 하는데, BC 705년(히스기야) 당시로서는 놀라운 수준의 토목공사였다.(대하32:2~8, 왕하20:20, 사22:9~11)

저리 뛰어다니고 당연히 온통 난리법석을 떨었을 것이다. 예수님께서는 바로 이와 같은 극적인 효과를 노리셨다.

그 결과 무슨 일이 벌어졌을까?

【•】 8 이웃 사람들과 전에 그가 걸인인 것을 보았던 사람들이 이르되 이는 앉아서 구걸하던 자가 아니냐 9 어떤 사람은 그 사람이라 하며 어떤 사람은 아니라 그와 비슷하다 하거늘 자기 말은 내가 그라 하니 10 그들이 묻되 그러면 네 눈이 어떻게 떠졌느냐 11 대답하되 예수라 하는 그 사람이 진흙을 이겨 내 눈에 바르고 나더러 실로암에 가서 씻으라 하기에 가서 씻었더니 보게 되었노라 12 그들이 이르되 그가 어디 있느냐 이르되 알지 못하노라 하니라

한순간에 이 맹인으로 말미암아 큰 소동이 벌어졌다. 그와 같은 동네에서 살던 사람들은 그를 잘 알고 있었고, 또 그 맹인은 늘 성전 문에서 구걸을 했기 때문에 성전에 드나들던 사람들도 그의 얼굴은 익히 잘 알고 있었다. 그런데 그 사람이 갑자기 보게 되어 고함을 지르며 돌아다니니 놀라지 않을 수 없었다.

사람들의 관심은 이 사람이 도대체 어떻게 해서 보게 되었는가였다. 그러자 그는 사실대로 말했다. 예수님이라는 분이 진흙을 이겨 내 눈에 바르고 나더러 실로암에 가서 씻으라고 해서 시키는 대로 했더니 보게 되었다고 설명했다. 그런데 그를 지켜보는 사람들 가운데서 더 놀라운 일이 벌어졌다. 맹인으로 태어난 사람이 갑자기 치료된 모습을 보고 사람들은 어떤 반응을 보였을까? 너무나 어처구니없는 일이었다.

3. 고발 – 위기

【•】 13 그들이 전에 맹인이었던 사람을 데리고 바리새인들에게 갔더라 14 예수께서 진흙을 이겨 눈을 뜨게 하신 날은 안식일이라

기록에 의하면 맹인이 치료받은 것을 보고 축하하거나 기뻐해 준 사람은 아무도 없었던 것 같다. 사람들은 그를 끌고 바리새인들에게로 갔다. 왜 바리새인들에게 데리고 갔을까? 맹인의 회복을 기뻐해

주기는커녕 고발했다. 왜 이게 고발의 대상일까? 뭘 잘못했는가?

그날이 안식일이었기 때문이다. 당시 유대인의 안식일법에 의하면 안식일에는 병자를 치료할 수 없었다. 유대인들에게는 치료받은 맹인이 기뻐서 날뛰는 모습이 축하해주어야 할 일이 아니라 안식일법을 통째로 뒤집어놓는 큰 도전으로 보여서 하나같이 분개하며 안식일법 위반죄로 고발했다. 이와 비슷한 경우는 이미 베데스다 연못가의 38년 된 병자 이야기에서 본 바와 같다. 도그마화된 신앙이 얼마나 무서운 결과를 초래하는지를 잘 보여주고 있다.

4. 1차 신문(訊問) – 기회/대행

【●】 15 그러므로 바리새인들도 그가 어떻게 보게 되었는지를 물으니 이르되 그 사람이 진흙을 내 눈에 바르매 내가 씻고 보나이다 하니 16 바리새인 중에 어떤 사람은 말하되 이 사람이 안식일을 지키지 아니하니 하나님께로부터 온 자가 아니라 하며 어떤 사람은 말하되 죄인으로서 어떻게 이러한 표적을 행하겠느냐 하여 그들 중에 분쟁이 있었더니 17 이에 맹인되었던 자에게 다시 묻되 그 사람이 네 눈을 뜨게 하였으니 너는 그를 어떠한 사람이라 하느냐 대답하되 선지자니이다 하니

고발을 접수받은 바리새인들은 당혹스러웠다. 왜냐하면 그들은 누구에게 어떤 재앙이 임하면 왜 그런 재앙이 임했는지를 판별해야 했는데, 맹인으로 태어난 사람에게 그 이유는 그 자신 또는 부모의 죄 때문이라고 이미 판결을 했었다. 그런데 그 사람이 아무런 속죄의 과정없이 멀쩡해졌으니 이는 자신들이 죄인으로 낙인찍었던 판결이 오류였다는 증거였기 때문이다. 어쨌든 그들은 신문을 시작했다.

먼저 어떻게 보게 되었는지를 물었다. 그러자 보게 된 자는 예수님이 자신의 눈과 얼굴에 진흙을 바르고 실로암에 가서 씻으라고 해서 시키는 대로 했더니 나았다고 사실 그대로를 말했다. 그러자 법을 집행하던 재판부는(단독재판이 아니라 합의재판부였는데) 혼란에 빠졌다. 우선 법 조항에 의하면 안식일에 병자를 고쳤기 때문에

이는 위법이었고 치료하는 자는 죄인이었다. 그런데 문제는 맹인으로 태어나서 수십 년을 산 사람을 고치는 일은 하나님만 하실 수 있기 때문에 이 맹인이 다시 보게 된 것은 하나님께서 하신 일이라는 명확한 증거였다. 하지만 안식일을 범한 죄인이 어떻게 하나님의 일을 대행할 수 있는가 하는 문제가 제기되었다. 재판부는 합의를 시도했으나 법 조항으로도 판결을 내릴 수 없고, 유사한 사건을 다룬 판결 사례도 없어서 어찌할 방법이 없었다. 결국 재판부 내부에서 분쟁이 일어나고 말았다.

난감해진 재판부는 피고를 불러서 자신의 눈을 뜨게 한 사람을 누구라고 생각하는지 의견을 물었다. 그러자 보게 된 자는 주저하지 않고 그분은 '선지자'라고 대답했다. 당시 유대인들에게 선지자는 하나님의 권세를 대신하는 최고의 권위자였다. 하나님으로부터 보내심을 받은 대리자가 아니고서는 맹인으로 태어난 사람의 눈을 띄우는 일은 불가능하다는 것은 자명한 증거여서 누구도 반박할 여지가 없었다. 이스라엘 역사에서 날 때부터 맹인이었던 사람이 고쳐졌다는 사례는 없었기 때문에 이는 전대미문(前代未聞)의 사건이었다. 피고의 말을 들은 재판부 바리새인들은 더 난감해져서 할 말이 없었다.

하나님께서는 어떤 방법으로 일을 하시는가? 이런 사람들을 사용하신다. 맹인으로 태어나서 날 때부터 죄인이라고 낙인찍힌 사람, 성전 문전에서 구걸하며 살아가는 이름조차 없는 천덕꾸러기, 부모에게는 없었으면 좋았을 자식, 사람이 보기에는 아무짝에도 쓸모없어 보이는 사람들을 사용하신다. 그런데 이들은 하나님 보시기에 가장 귀하게 쓰일 수 있는 보배였다. 예수님께서는 초막절에 이 사람을 대행자로 보내셔서 바리새인들을 빠져나갈 수 없는 궁지로 몰아넣으셨다. 성전 내에서 바리새인들과 유대인들에게 직격탄을 퍼부으셨던 예수님께서는 성전에서 쫓겨나셨지만, 성전 밖에서 날 때부터 맹인되었던 사람을 대신 보내셔서 바리새인들이야말로 대대로 눈뜬 맹인, 즉 청맹과니에 불과하다는 것을 증명해 보이셨다.

지금도 예수님께서는 이렇게 쓰실 사람을 찾으신다. 그런데 그 사람은 사람들 보기에는 별 볼 일 없어 보이기 십상(十常)이다. 작은 것을, 하찮은 사람을 우습게 보지 말아야 한다. 하나님께서는 누구를 막론하고 우쭐대는 사람들에게는 이런 사람을 보내셔서 여지없이 박살내시고 만천하의 웃음거리가 되게 하신다.

반대로 가난하고 보잘것없는 집에 태어난 자들은, 불구자로 태어난 자들은, 까닭을 알 수 없는 온갖 재앙을 만난 자들은 어찌해야 하는가? 불행을 타고났다고 스스로 속지 말아야 한다. 누구도 가지지 못한 기회가 주어진 것이다. 참 하나님께서 주시는 기회는 위기라는 이름으로 다가온다. 위기가 클수록, 감당하기 어려울수록 생각을 바꾸어야 한다. 사람은 누구를 막론하고 그 생각만큼 되게 마련이다. 스스로를 자기 생각의 감옥에 가두지 말아야 한다. 하늘이 무너져도 솟아날 구멍은 있다. 절망은 곧 하나님을 배반하는 것과 다름없다. 마귀는 무슨 팔자, 업보, 요행, 비법 등의 소리를 늘어놓으며 꼬드긴다. 이런 속임수에 기웃거리지 말아야 한다.

이제 다시 유대인 재판부로 돌아가 보자. 개망신을 당한 바래새인들은 또 무슨 궁리를 짜냈을까? 자신들의 법조문과 그간의 판결이 잘못되었다는 것이 자명해졌지만 전통과 자존심의 굴레에 갇힌 그들은 이를 인정할 용기가 없었다. 끝까지 자신들이 옳다고 발버둥 쳤다.

5. 증인 신문(訊問)

【•】 18 유대인들이 그가 맹인으로 있다가 보게 된 것을 믿지 아니하고 그 부모를 불러 묻되 19 이는 너희 말에 맹인으로 났다 하는 너희 아들이냐 그러면 지금은 어떻게 해서 보느냐

재판부는 맹인이었던 사람이 그런 방식으로 보게 되었다는 사실을 인정할 수 없었다. 그것을 인정하는 것은 곧 자신들의 오류를 인정함은 물론이고 이제 더이상 설 곳이 없어지기 때문이다. 그리고는 맹인이었던 사람의 부모를 증인으로 불러 신문했다. 그런데 묻는 질문이 가관이었다. 맹인이었던 자가 그들의 자식이 맞는지, 맞다면 그 아들이 어떻게 다시 보게 되었는지 등을 캐물었다. 그들이 이렇게 물은 이유는 날 때부터 맹인이었던 자가 다시 보게 되었다는 사실 자체가 없기를 바라는 일말의 기대 때문이었다. 이게 사실이라면 자신들이 그동안 심혈을 기울여 해 온 일들이 하나님을 거역한 것이라는 것이 입증되기 때문이다. 이들의 간절한 소망은 어떻게 되었을까?

> 【•】 20 그 부모가 대답하여 이르되 이 사람이 우리 아들인 것과 맹인으로 난 것을 아나이다 21 그러나 지금 어떻게 해서 보는지 또는 누가 그 눈을 뜨게 하였는지 우리는 알지 못하나이다 그에게 물어 보소서 그가 장성하였으니 자기 일을 말하리이다

그러나 그들의 기대는 여지없이 무너지고 말았다. 증인으로 나선 그 부모가 더 할 말이 없게 만들어 놓았기 때문이다. 부모들은 맹인이었던 자가 자신의 아들이 맞다는 것을 확인해 주었지만 그 아들이 어떻게 보게 되었는지는 모른다고 사실 그대로 말했다. 부모들이 자식이 치료되던 현장에 없었기 때문이다. 그리고 또 하는 말이 자신의 아들이 이미 다 커서 어른이 되었으니 그에게 직접 물어보라는 것이다. 바리새인들은 증인에게 뭐라고 더 추궁할 말이 없어지고 말았다.

6. 2차 신문

> 【•】 24 이에 그들이 맹인이었던 사람을 두 번째 불러 이르되 너는 하나님께 영광을 돌리라 우리는 이 사람이 죄인인 줄 아노라 25 대답하되 그가 죄인인지 내가 알지 못하나 한 가지 아는 것은 내가 맹인으로 있다가 지금 보는 그것이니이다

바리새인들은 부모가 한 말대로 다시 자식을 불러서 선서부터 하게 했다. 하나님께 영광을 돌리라는 말은 선서를 말한다. 그리고 맹인이었던 사람에게 자신들은 예수님은 죄인이라고 결론지었으니 너도 인정하라고 압력을 넣었다. 그러나 그는 바리새인들의 요구를 한마디로 거절했을 뿐만 아니라 다시 더 궁지에 몰리게 했다.

그가 죄인인지 내가 알지 못하나 한 가지 아는 것은 내가 맹인으로 있다가 지금 보는 그것이니이다

7. 역신문

【●】 26 그들이 이르되 그 사람이 네게 무엇을 하였느냐 어떻게 네 눈을 뜨게 하였느냐 27 대답하되 내가 이미 일렀어도 듣지 아니하고 어찌하여 다시 듣고자 하나이까 당신들도 그의 제자가 되려 하나이까

피고에게 2차 신문을 시작했으나 신문을 할수록 궁지에 빠진 재판부는 더 할 말이 없어서 1차 신문에서 했던 말을 반복하며 눈을 뜨게 된 과정에 대하여 물었다. 그러자 맹인이었던 사람은 더 뻣뻣하게 나오며 기가 막힌 말로 재판부를 몰아붙였다.

내가 이미 일렀어도 듣지 아니하고 어찌하여 다시 듣고자 하나이까 당신들도 그의 제자가 되려 하나이까

“당신들도 그의 제자가 되려 하나이까?”라는 말은 무엇을 뜻할까? 쓸데없는 억지 그만 부리고 이제 당신들도 예수님을 인정하고 그분의 제자가 되라는 말이었다. 맹인이었던 사람은 그동안 자기를 죄인이라고 몰아붙이던 바리새인들을 이제 반대로 몰아붙였다. 이쯤 되면 누가 누구를 신문하는지 모호해졌을 뿐 아니라 오히려 주객이 전도되고 말았다. 피고에게 일격을 당한 재판부는 분통을 터뜨리고 말았다. 신문하면 할수록 자신들의 치부와 모순이 그대로 드러나기 때문에 어찌할 바를 모르고 해서는 안 될 말을 하며 스스로 재판을 포기하고 말았다.

8. 자멸

【●】 28 그들이 욕하여 이르되 너는 그의 제자이나 우리는 모세의 제자
라 29 하나님이 모세에게는 말씀하신 줄을 우리가 알거니와 이 사람은
어디서 왔는지 알지 못하노라

재판부인 바리새인들은 피고를 신문하면서 쩔쩔매다가 막다른 골목에 이르자 본색을 드러내고 피고에게 욕설을 퍼붓고 말았다. 그리고 나서 예수님은 어디서 왔는지, 즉 하나님께서 보내신 것인지 아닌지 알 수가 없다고 했다. 24절에서는 예수님이 죄인이라고 단정지어놓고 이제는 잘 모르겠다고 스스로 무지와 무자격을 고백한 셈이다. 이쯤 되면 재판부는 재판을 포기한 것과 다름이 없다.

그러자 맹인이었던 사람이 그 틈새를 파고 들면서 한 마디 했다.

9. 맹인을 통한 가르침

【●】 30 그 사람이 대답하여 이르되 이상하다 이 사람이 내 눈을 뜨게
하였으되 당신들은 그가 어디서 왔는지 알지 못하는도다 31 하나님이
죄인의 말을 듣지 아니하시고 경건하여 그의 뜻대로 행하는 자의 말은
들으시는 줄을 우리가 아나이다 32 창세 이후로 맹인으로 난 자의 눈
을 뜨게 하였다 함을 듣지 못하였으니 33 이 사람이 하나님께로부터
오지 아니하였으면 아무 일도 할 수 없으리이다 34 그들이 대답하여
이르되 네가 온전히 죄 가운데서 나서 우리를 가르치느냐 하고 이에
쫓아내어 보내니라

맹인이었던 사람은 바리새인들을 향하여 역공세를 퍼부었다. 창세로부터 맹인이 눈을 뜬 적이 없었는데, 태어날 때부터 맹인이었던 나를 고친 것은 하나님만이 하실 수 있는 일인데, 하나님께서는 죄인의 말을 들으시는 분이 아닌데, 그런데 어떻게 나를 고친 그분을 죄인이라고 할 수 있으며, 또 어디서 왔는지 모른다고 말할 수 있는가라고 조목조목 따지고 들며 재판부의 직무유기와 무능을 추궁했다.

수모를 당할 대로 당한 바리새인들은 태어날 때부터 죄인으로 태어난 놈이 감히 우리를 가르치려 드냐고 억지를 부리며 그를 쫓아냈

다.(ἐκβάλλω) 이는 유대교 회당으로부터의 출교를 말한다. 유대교에서 출교는 가장 큰 형벌인데, 출교를 선고하면서 맹인이었던 자에게 왜 그런 처벌을 받아야 하는지 죄목과 이유조차 명시하지 않았다. 굳이 찾자면 맹인으로 태어난 죄인 주제에 의로운 사람들로 구성된 재판부를 가르치려 했다는 죄목일까? 바리새인들은 개가 들어도 웃을 재판을 하고 또 개망신을 자초했다.

10. 간접 에고 에이미

【•】 3 예수께서 대답하시되 이 사람이나 그 부모의 죄로 인한 것이 아니라 그에게서 하나님이 하시는 일을 나타내고자 하심이라 9 어떤 사람은 그 사람이라 하며 어떤 사람은 아니라 그와 비슷하다 하거늘 자기 말은 내가 그라 하니

무슨 일이 벌어진 것일까? 하나님께서 일하시는 방식을 잘 보여주고 있다. 아는 체, 잘난 체, 의로운 체, 거룩한 체하며 하나님 두려워할 줄 모르는 교만한 자들을 가장 작고 보잘것없는 자를 통하여 이런 식으로 꺾어 놓으시고, 묵사발을 만드시고, 짓밟아 놓으시고, 만천하의 웃음거리가 되게 하신다.

맹인이 실로암 연못에서 씻고 보게 되자 그와 같은 지역에 사는 이웃들과 그의 얼굴을 이미 아는 자들은 날 때부터 맹인이었던 사람이 보게 된 사실을 믿을 수 없어 놀라며 한바탕 소동이 벌어졌다. 이에 맹인은 그들을 향하여 "내가 그로라"라고 분명하게 말했다.

"내가 그로라"(에고 에이미)는 말씀은 요한복음에서 특별하게 쓰이는데 예수님의 신성, 즉 예수님이 곧 하나님이심을 드러낼 때 사용되고 있다. 그런데 맹인이었던 사람이 유일하게 이 표현을 사용했다. 무슨 뜻일까? 예수님께서는 이 사람을 통하여 대신 하나님을 계시하셨다. 태어날 때부터 맹인이었던 사람의 눈을 뜨게 하는 것은 창조주 하나님만이 하실 수 있는 일이므로 이 사람이 다시 보게 된 사건은 하나님께서 이 일을 주도하셨다는 자명한 증거이다.

태어날 때부터 맹인으로 태어나서 부모에게서도 천덕꾸러기 취급받고 이름조차 없이 맹인으로 불리며 길거리에서 평생을 구걸로 살아간다는 것은 인간이 당면할 수 있는 가장 큰 불행이다. 당시 유대인 사회에서 그는 죄인의 대명사였다. 그런데 하나님께서는 이 사람을 통해서 하나님을 직접 계시하시는 놀라운 일을 하셨다. 우리가 살면서 당하는 온갖 불행들은 무엇을 말하는가? 불행과 아픔의 크기만큼 하나님을 보여줄 기회이다.

요한복음에서 특별히 언급하고 있는 자들은 야곱의 우물로 물 길러 다니던 사마리아 여인, 베데스다 연못가의 38년 된 병자, 맹인으로 태어난 사람, 무덤에서 썩어 냄새나던 시체 나사로 등이며, 이들은 이런 공통점을 가진 사람들이었다.

실망, 좌절, 절망을 벗 삼은 이들이여,

한숨, 탄식, 절규가 저절로 터져 나오는 이들이여,
직장을, 연애를, 결혼을, 앞날을 포기한 이들이여,
삶마저 포기하려고 자살동호회를 기웃거리는 이들이여,
아직 아닙니다.
여기에 당신을 기다리시는 그분이 계십니다.
당신이 겪는 아픔은 그분을 만날 기회입니다.
그분께로 오십시오.
아팠던 만큼, 힘들었던 만큼, 길었던 만큼
그만큼 그분께서 힘을 주십니다.
그분은 다시 시작하게 하십니다.
그분께로 오십시오.
그분을 만나십시오.
그리고 다시 시작하십시오.
아직 아닙니다.

11. 다시 찾으심

【●】 35 예수께서 그들이 그 사람을 쫓아냈다 하는 말을 들으셨더니 그
를 만나사 이르시되 네가 인자를 믿느냐 36 대답하여 이르되 주여 그
가 누구시오니이까 내가 믿고자 하나이다 37 예수께서 이르시되 네가
그를 보았거니와 지금 너와 말하는 자가 그이니라 38 이르되 주여 내
가 믿나이다 하고 절하는지라 39 예수께서 이르시되 내가 심판하러 이
세상에 왔으니 보지 못하는 자들은 보게 하고 보는 자들은 맹인이 되
게 하려 함이라 하시니

맹인을 고치신 후 바리새인들에게 대신 보내시고, 대신 증언하게 하시고, 대신 가르치게 하시고, 대신 하나님을 보여주게 하셨던 예수님께서는 뒷전에서 맹인이었던 사람이 하는 일을 묵묵히 지켜보고 계셨다. 그는 길거리에서 구걸하던 사람이라고는 전혀 믿기지 않을 만큼 바리새인들을 막다른 골목으로 몰아붙이며 가르쳤다. 무엇이 그를 이렇게 딴 사람이 되게 했을까?

유대교를 향한 분개였다. 유대교는 온통 분통터지는 일로 도배되어 있었다. 뭐 하나 제대로 된 구석이 없었다. 뭘 가르친다고 하지만 말하는 것마다 모순투성이였다. 그런데 누구 하나 그 잘못을 지적하며 따지고 드는 사람조차 없었다. 비록 맹인으로 태어났지만, 맹인이 이름이었지만, 길거리에서 구걸로 살아야 했지만, 누구도 자신을 사람으로 인정해주는 사람이 없지만, 배운 것도 아는 것도 별로 없지만, 그런데 뻔히 보였다. 너무나 자명해서 뭘 더 생각해 볼 여지도 없었다. 맹인으로 태어난 나도 보이는데 그런데 눈 뜬 사람들은 왜 다 못 보는 청맹과니에 불과할까? 이대로 두고 볼 수만은 없는데, 이대로 죽을 수는 없는데, 이놈의 분통(糞桶 똥통)을 어디에다 어떻게 터뜨려야 하나?

하늘의 하나님도 지금 같은 분통을 터뜨리시며 대신 분통을 터뜨려 줄 사람을 찾고 계신다. 누구 날 좀 대신 할 자가 없을까? 하늘의 가르침을 대신할 자가 없을까? 하늘의 권세를 대신 맡길 자가

없을까? 하늘의 돈을 맡길 자가 없을까?

출교당한 맹인이었던 사람을 다시 찾으셨던 예수님께서는 복음서에서 유일하게 "네가 인자를 믿느냐?"라고 물으셨다. 요한복음에서 인자는 13회 쓰이는데, 인자는 하나님 나라를 이 땅에 실현시키는 분이며, 하나님 나라는 인자의 활동 속에 들어있다. 맹인으로 태어난 자를 통하여 바리새인들이 눈뜬 소경임을 밝히셨던 예수님께서는 지금 이렇게 간곡히 부탁하신다.

네가 제발 날 좀 대신해다오!

12. 자기 심판

【●】 40 바리새인 중에 예수와 함께 있던 자들이 이 말씀을 듣고 이르되 우리도 맹인인가 41 예수께서 이르시되 너희가 맹인이 되었더라면 죄가 없으려니와 본다고 하니 너희 죄가 그대로 있느니라

예수님께서 맹인이었던 사람에게 "하나님의 심판은 보지 못하는 자들을 보게 하고, 스스로 본다고 생각하는 자들은 맹인되게 하시는 것인데 네가 바로 그 심판을 대신 선언했다."고 말씀하셨다. 개망신을 당하고도 아직 자존심이 남아있는 바리새인들은 이 말을 듣고 또 발끈했다. 왜 우리가 맹인인가? 이에 말씀하셨다. 네가 본다고 생각하기 때문에 맹인이다. 스스로 본다고 생각하는 사람은 못 보고, 못 본다고 생각하는 사람은 본다.

네가 네 말로 너를 심판하고 있다.

요한복음 9장 전체는 맹인으로 태어난 사람을 고치신 이야기로 채워져 있다. 이 이야기의 특징은 예수님께서 맹인으로 태어난 사람을 대신 보내셔서 사역하셨다는 데에 있다. 아무짝에도 쓸모없어 보이는 사람, 그런데 하나님께는 유대교의 모순을 들춰내고 고치기 위하여 가장 귀하게 쓰일 수 있는 사람이었다.

하나님께서는 지금도 이런 방식으로 일 하신다.

물음 28 초막절 마무리 설교, 무슨 뜻인가?

본문 〈 10:1~21 〉

1 내가 진실로 진실로 너희에게 이르노니 문을 통하여 양의 우리에 들어가지 아니하고 다른 데로 넘어가는 자는 절도며 강도요

2 문으로 들어가는 이는 양의 목자라

3 문지기는 그를 위하여 문을 열고 양은 그의 음성을 듣나니 그가 자기 양의 이름을 각각 불러 인도하여 내느니라

4 자기 양을 다 내놓은 후에 앞서 가면 양들이 그의 음성을 아는 고로 따라오되

5 타인의 음성은 알지 못하는 고로 타인을 따르지 아니하고 도리어 도망하느니라

6 예수께서 이 비유로 그들에게 말씀하셨으나 그들은 그가 하신 말씀이 무엇인지 알지 못하니라

7 그러므로 예수께서 다시 이르시되 내가 진실로 진실로 너희에게 말하노니 나는 양의 문이라

8 나보다 먼저 온 자는 다 절도요 강도니 양들이 듣지 아니하였느니라

9 내가 문이니 누구든지 나로 말미암아 들어가면 구원을 받고 또는 들어가며 나오며 꼴을 얻으리라

10 도둑이 오는 것은 도둑질하고 죽이고 멸망시키려는 것뿐이요 내가 온 것은 양으로 생명을 얻게 하고 더 풍성히 얻게 하려는 것이라

11 나는 선한 목자라 선한 목자는 양들을 위하여 목숨을 버리거니와

12 삯꾼은 목자가 아니요 양도 제 양이 아니라 이리가 오는 것을 보면 양을 버리고 달아나나니 이리가 양을 물어 가고 또 헤치느니라

13 달아나는 것은 그가 삯꾼인 까닭에 양을 돌보지 아니함이나

14 나는 선한 목자라 나는 내 양을 알고 양도 나를 아는 것이

15 아버지께서 나를 아시고 내가 아버지를 아는 것 같으니 나는 양을 위하여 목숨을 버리노라

16 또 이 우리에 들지 아니한 다른 양들이 내게 있어 내가 인도하여야 할 터이니 그들도 내 음성을 듣고 한 무리가 되어 한 목자에게 있으리라

17 내가 내 목숨을 버리는 것은 그것을 내가 다시 얻기 위함이니 이로 말미암아 아버지께서 나를 사랑하시느니라

18 이를 내게서 빼앗는 자가 있는 것이 아니라 내가 스스로 버리노라 나는 버릴 권세도 있고 다시 얻을 권세도 있으니 이 계명은 내 아버지에게서 받았노라 하시니라

19 이 말씀으로 말미암아 유대인 중에 다시 분쟁이 일어나니

20 그 중에 많은 사람이 말하되 그가 귀신 들려 미쳤거늘 어찌하여 그 말을 듣느냐 하며

21 어떤 사람은 말하되 이 말은 귀신 들린 자의 말이 아니라 귀신이 맹인의 눈을 뜨게 할 수 있느냐 하더라

예수님은 유대교 당국자 중에서 제사장이나 장로들이 아닌 랍비(서기관/바리새인)들과 주로 충돌하셨다. 그 이유는 그들이 유대교에서 성경을 해석하고 가르치는 사람들이었는데 잘못 가르치고 있었기 때문이다. 예수님께서는 이들을 맹인 된 인도자라고 책망하셨다.

9장 마지막에서도 예수님께서는 바리새인들이 맹인과 다름없다고 말씀하셨는데 본문은 이와 연결되어 있다. 본문에서는 바리새인들을 좀 더 구체적으로 책망하셨다. 뭐하고 하셨을까?

1. 절도, 강도

【●】 1 내가 진실로 진실로 너희에게 이르노니 문을 통하여 양의 우리에 들어가지 아니하고 다른 데로 넘어가는 자는 절도며 강도요 2 문으로 들어가는 이는 양의 목자라 … 8 나보다 먼저 온 자는 다 절도요 강도니 양들이 듣지 아니하였느니라

예수님께서는 바리새인들과 랍비들에게 절도, 강도, 삯꾼이라는 극단적인 용어를 적용하셨다. 신앙생활은 인간의 삶에 가장 큰 영향을 끼치기 때문에 종교지도자에게 있어 신앙을 잘못 가르치는 죄는

그 어떤 경우에도 용납될 수 없다. 모든 부분에서 오류가 없을 수 없겠지만 그 기본과 근본, 방향 등은 바르게 가르쳐야 한다. 우리는 바리새인들을 너무 쉽게 비판하는 경향이 있다. 유대교 랍비들이 절도, 강도, 삯꾼이라고 평가를 받았다면 오늘 우리 교회의 설교자들은 얼마나 다를까? 예수님께서 오늘 우리 가운데 오신다면 기독교의 신학자와 설교자들을 뭐라고 평가하실까? 평가할만한 가치조차도 없어 아예 평가를 그만두시지 않을까? 그러면 랍비들은 왜 오류를 범했을까?

❶ 무지

가장 큰 원인은 의외로 무지 때문이다. 예수님께서 이들을 맹인이라고 부르신 이유는 여기에 있다. 그런데 그들은 어릴 때부터 성경 연구를 직업으로 하는 랍비 수업을 받았고, 성경을 거의 다 외웠으며, 또 지식에서는 당대 최고의 지성인들이었다. 그런데 왜 그들이 성경에 대해 무지한 맹인이라는 평가를 받았을까?

첫째, 전체와 부분이 서로 유기적으로 연결되지 못했기 때문이다. 성경 본문은 성경 전체의 빛에 비추어 해석되어야 한다. 그런데 랍비들에게는 이것이 결여되다 보니 박하와 채소의 십일조는 철저하게 드리면서 율법 정신인 의와 인과 신을 저버렸으며 하루살이는 걸러내고 낙타는 삼키고 말았다.[77] 부분을 전체에서 해석하지 못하면 구약과 신약이 연결되지 못하며 따로 놀고, 한 관점에서 여러 주제들을 통합하며 이끌어가는 일이관지(一以貫之)가 불가능해진다.

둘째, 본문은 반드시 그 배경에서 해석되어야 한다. 이를 소홀히 하면 성경이 말하려는 의도를 파악하지 못하고 전혀 딴 소리를 하게 된다. 바리새인들도 나름대로 역사적인 배경을 중요시 했지만 포로

77) 화 있을진저 외식하는 서기관들과 바리새인들이여 너희가 박하와 회향과 근채의 십일조는 드리되 율법의 더 중한 바 정의와 긍휼과 믿음은 버렸도다 그러나 이것도 행하고 저것도 버리지 말아야 할지니라 맹인 된 인도자여 하루살이는 걸러 내고 낙타는 삼키는도다(마23:23~24)

기 이후 유대교 율법이 만들어지던 배경과 그 전통을 중시하며 고수하는 데에 치중하고 말았다. 그 결과 유대교 배경 이전의 시내산 계약과 시내산계약 전승을 이어가는 예언 전승의 맥락이 사라지고 유대교 율법조항을 준수하는 데에 머물고 말았다.

셋째, 영성의 경험이 있어야 한다. 성경은 영감으로 기록되었기 때문에 영감으로 해석해야 한다는 말은 이를 뜻한다. 아무리 지성이 뛰어나고 신학에 정통하다 하더라도 경험이 뒷받침되지 않으면 그 핵심을 보기 어렵다. 구약의 선지자들처럼 하나님의 말씀이 임하는 경험이 있어야 하는데 그 경험은 영성 경험에서 가장 깊은 단계에서 가능해진다. 성경은 하나님을 경험한 만큼 보인다. 그 이상도 그 이하도 아니다. 바리새인들의 성경해석을 보면 경험에 기초했다고 보기가 어렵다.

유대교의 이런 오류는 오늘 우리에게도 시사하는 바가 크다. 기독교의 오류는 유대교의 복사판이라고 해도 결코 과언이 아니기 때문이다. 복음서를 해석하려면 그 뿌리에 해당되는 구약성경과 그 역사적인 흐름을 알아야 하며 또 본문의 사회적인 정황도 파악되어야 한다. 특히 복음서 해석에서 구약의 포로기 이후의 역사와 정황에 대한 이해는 반드시 필요하다.

뚜렷한 회심의 경험없이 성경을 해석한다면 성경의 핵심을 놓치게 되며, 회심 경험만으로는 성경의 깊은 의도를 파악하지 못한다. 필자의 경험에 의하면 하나님의 말씀이 임하는 경험을 하고 나서야 비로소 성경이 새롭게 보였으며 그 전체와 원리가 보였다. 성경해석에 있어서는 하나님을 대면하는 경험이 필요하다.

❷ 전통과 재해석

성경 해석의 대부분은 이어져 내려온 것이며 어느 개인이 독자적으로 해석한 부분은 지극히 적다. 오랫동안 대물림한 전통과 교리는 정통신앙이라는 이름으로 견고히 뿌리내리고 있어 여기에서 벗어나기 어렵다. 전통 속에 안주하고 있으면 스스로 올바른 신앙과 지식을 가지고 있다는 확신이 든다. 그러나 문제는 전통과 교리는 영구적이지 못하다는 데에 있다. 어떤 특정한 상황에서 만들어진 교리는 시대와 상황이 바뀌면 다시 해석되어야 한다. 그렇지 않으면 전통과 교리가 사람의 눈을 멀게 한다. 유대교의 랍비들이 이를 잘 보여준다. 오늘날의 기독교도 마찬가지이다. 2천여 년 동안 내려온 전통과 신학과 교리는 보존의 대상이 아니라 재해석의 대상이다. 재해석을 멈추고 교리를 반복하면 똑같은 함정에 빠진다. 전통이 주는 확신은 착시에 불과할 수 있으며 의도와 상관없이 오류를 반복하게 한다.

❸ 속임수

신앙의 세계를 대상으로 하는 성경은 여러 초자연적인 일들과 영적인 존재인 사탄을 다루고 있다. 그런데 사탄의 가장 무서운 무기인 속임수는 온갖 이단과 오류의 온상이다. 사탄의 영향을 받으면 자신의 의도와는 달리 오류와 거짓 확신에 빠지게 된다.

이상으로 오류에 빠지는 원인들을 몇 가지 살펴봤다. 어떤 이유에서건 성경을 잘못 가르치면 그 피해는 고스란히 교인들에게 돌아간다. 그 피해는 단순히 신앙적, 영적인 문제에 그치지 않고 경제적인 문제에까지 파급된다. 이런 이유로 예수님께서는 바리새인들을 가리켜 절도며 강도라고 말씀하셨다.

2. 교회론

【•】 7 그러므로 예수께서 다시 이르시되 내가 진실로 진실로 너희에게 말하노니 나는 양의 문이라 … 14 나는 선한 목자라 나는 내 양을 알고 양도 나를 아는 것이 15 아버지께서 나를 아시고 내가 아버지를 아는 것 같으니 나는 양을 위하여 목숨을 버리노라 16 또 이 우리에 들지 아니한 다른 양들이 내게 있어 내가 인도하여야 할 터이니 그들도 내 음성을 듣고 한 무리가 되어 한 목자에게 있으리라

요한복음에는 일곱 번의 "나는 ~이다"(에고 에이미 Ἐγώ εἰμι ~)와[78] 세 번의 "나는 나다"(Ἐγώ εἰμι)가 나온다.[79] 그런데 본문에는 '진실로 진실로'와 더불어 양의 문과 선한 목자에 두 번이나 사용되고 있다. 이런 비유를 어떻게 해석해야 할까?

교회, 하나님 나라, 계약 등 공관복음에서 사용되는 용어들이 요한복음에서는 사용되고 있지 않아서 요한복음의 교회론 여부가 논란의 대상이 되고 있다. 이는 요한복음이 공관복음과 표현방식이 전혀 다르기 때문에 나타나는 현상이다. 양의 문이나, 목자 비유(10장), 포도나무 비유(15장), 고별설교(14~16장), 마지막 기도(17장) 등은 요한복음 특유의 교회론이라고 할 수 있는데, 그 특징은 기독론적 교회론이어서 예수님의 비중과 역할이 절대적이라는 데에 있다. 또 이미 앞에서 본 바와 같이 서론의 로고스는 물론 표적과 설교들과 아버지, 자녀, 형제, 제자 등의 용어도 계약의 관점에서 해석해야 그 의미가 명확해진다. 따라서 요한복음은 공관복음보다 계약법과 교회론에 더 충실하다고 할 수 있다.

❶ 계약

본문의 양의 문과 선한 목자도 마찬가지다. 구약에서는 하나님과 이스라엘의 계약관계를 양과 목자의 관계로 표현하고 있다.[80] 성경에 목자와 양의 이야기가 많은 이유는 이스라엘이 유목민 사회였기 때문이다. 유목에서 양은 목자 없이는 살아남을 수가 없다. 유목의 경우 양떼는 많아야 300마리 미만인데 목자는 양에게 생김의 특징

78) 나는 생명의 떡이다(6:35, 41, 48, 51), 나는 세상의 빛이다.(8:12), 나는 양의 문이다.(10:7, 9), 나는 선한 목자다.(10:11, 14), 나는 부활이요 생명이다(11:25), 나는 길이요 진리요 생명이다(14:6), 나는 참 포도나무이다(15:1, 5)

79) 요 4:26, 6:20, 18:5. 그 외에 간접화법으로 쓰인 경우도 두 번 있다.(8:24, 28, 58, 13:19)

80) 미2:12, 23, 80:2, 74:1, 79:13, 95:7, 100:3, 사 40:11, 렘31:10 등과 에스겔 34장은 이를 더 명확히 하고 있다.

을 따라 이름을 지어주고 양 각자의 울음소리를 구별하고, 양은 목자의 음성을 듣고 따라다닌다. 우물가에서 서로 다른 양떼들이 뒤섞여 있다가도 목자가 독특한 소리로 양떼를 부르면 양들은 제각기 자기 목자를 따라간다.

❷ 계약공동체

공관복음에서는 하나님 나라가 103회나 쓰이지만 요한복음에서는 단 두 번 사용된다. 그러나 요한복음은 공관복음보다 예수님을 왕으로 더 강조하고 있다.[81] 요한복음에서는 하나님 나라를 공간이 아닌 통치로 해석하기 때문에 왕이라는 용어를 자주 사용하고 있는데 왕은 하나님 나라를 뜻하는 독특한 표현이다.

또 요한복음의 계약공동체는 가족공동체이다. 요한복음에서는 하나님이라는 단어보다 아버지를 더 사용하는데 아버지라는 단어는 136회 사용되며 하나님의 아들과 자녀, 형제, 친구 등의 가족을 부르는 용어들도 많이 사용된다. 십자가상에서 예수님께서는 사랑하시는 제자에게 마리아를 네 어머니라고 말씀하셨고 그 제자는 그 시간부터 마리아를 자기 집에 모셨다.(요19:26~27) 요한복음은 선교 2세기를 내다보면서 교회는 가족공동체가 되어 세상의 빛이 되어야 한다고 말하고 있다.

❸ 영생과 생명

요한복음에서는 하나님 나라를 영생(17회), 생명(36회)으로 대체하고 있다. 영생과 생명은 하나님 나라와 동의어인 셈이다. 그 하나님 나라는 죽음 이후가 아니라 지금 여기서, 즉 교회공동체에서 시작된다. 교회는 하나님의 통치가 실현되는 하나님 나라의 현장이기 때문에 예수님을 왕으로 표현하고 있다. 예수님께서는 양을 위하여 목숨을 버리는 선한목자이시며 왕이시다.

---

81) 1:49, 6:15, 12:13, 15, 18:33, 37(2회), 39, 19:3, 12, 14, 15(2회), 19, 21(2회)

❹ 다른 양

예수님께서는 '이 우리에 들지 아니한 다른 양들'에 대해서도 언급하셨다. 이는 유대인이 아닌 이방인들을 뜻한다. 요한복음은 선교 2세기를 내다보면서 이제 교회가 유대인에게서 이방인으로 넘어가게 되리라고 예고하고 있다. 요한복음은 이방인교회 시대를 위한 새로운 해석이라고 할 수 있다.

❺ 계약체결

예수님께서 양의 문이신 이유는 예수님을 통하여 새로운 계약이 체결되었기 때문이다. 하나님께서 세우신 목자들은 하나같이 계약의 관점에서 성경을 해석했다. 하나님의 영과 말씀이 임했던 구약의 예언자들이 그 대표적인 사람들이다. 그러나 세습으로 이어진 구약의 제사장과 학파를 이어받은 유대교의 랍비들은 기득권을 지키기 위하여 하나님께로부터 세움 받은 지도자들을 이단으로 몰아붙였다. 그러므로 계약의 관점으로 성경을 해석하지 않고 계약법 실천을 준수하지 않으면 그 목자는 다 절도요 강도가 될 수밖에 없다. 이는 지난 이스라엘 역사와 교회사가 증명해 주고 있다.

3. 삯꾼

【•】 8 나보다 먼저 온 자는 다 절도요 강도니 양들이 듣지 아니하였느
니라 9 내가 문이니 누구든지 나로 말미암아 들어가면 구원을 받고 또
는 들어가며 나오며 꼴을 얻으리라 … 11 나는 선한 목자라 선한 목자
는 양들을 위하여 목숨을 버리거니와 12 삯꾼은 목자가 아니요 양도
제 양이 아니라 이리가 오는 것을 보면 양을 버리고 달아나나니 이리
가 양을 물어 가고 또 헤치느니라 13 달아나는 것은 그가 삯꾼인 까닭
에 양을 돌보지 아니함이나 14 나는 선한 목자라 나는 내 양을 알고
양도 나를 아는 것이 15 아버지께서 나를 아시고 내가 아버지를 아는
것 같으니 나는 양을 위하여 목숨을 버리노라

선한 목자와 대비되는 삯꾼은 어떤 목자이며 서로 무엇이 다를까? 교인 성장을 위한 목회인가, 아니면 교회 성장을 위한 목회인가

로 구분 지어 설명해보고자 한다. 선한 목자는 양으로 하여금 들어 가며 나가며 꼴을 얻게 하는 데에 관심을 가진다.(요10:9) 양식을 풍성하게 하는 것은 계약법의 정신이다. 계약법에 의하면 대제사장은 항상 진설병을 하나님께 드리면서 여호와를 하나님으로 섬기는 계약공동체 내에서는 양식 떨어진 사람이 없음을 향을 피워 보고해야 했다. 계약법이 양식 해결에 초점을 맞추는 이유는 아담이 계약법을 어긴 후 에덴 동산에서 쫓겨나면서 받은 형벌이 먹거리 자력 해결이었고 그 이후 궁핍과 약탈에 시달리는 것이 일상이 되어 이를 해결하는 것이 급선무이기 때문이다.

유대교 지도자들은 당시 백성들이 궁핍에 시달리는 것에 대하여 아무런 해결책을 제시하지 않았다. 오히려 가난은 죄를 지은 형벌이라고 낙인찍어 놓았다. 당시 유대인들은 삼중고에 시달리고 있었다. 로마제국과 헤롯 왕국 양쪽에 세금을 내야 했고 또 성전세를 비롯한 각종 절기행사 경비, 헌금 등을 부담해야 했기 때문이다. 그러나 예루살렘에 거주하는 당국자들은 로마제국이 부과하는 속주세 1/10세를 면제받고 있었다. 이것은 저항심이 강한 유대인들을 달래기 위하여 가이사와 옥타비우스 황제 때부터 준 혜택이었다. 로마는 총독부와 주둔군을 예루살렘에서 멀리 떨어진 지중해 해변 가이사랴에 두었고 헤롯궁은 나사렛 북쪽 6km에 위치한 세포리에 있었다.

백성들은 가난에 허덕이고 있었지만 랍비들은 이에 대하여 아무런 관심을 기울이지 않았다. 이런 이유로 예수님께서는 그들을 절도요 강도라고 질타하셨다. 예수님께서 주로 하신 일은 병자들을 고치시고 가난을 해결하기 위하여 계약법을 가르치시는 일이었다. 그런데 계약법과 상관없는 목자는 교회를 성장시키는 것이 하나님께 영광이 되고 교인들이 복 받는 길이라고 가르치며 교인들 마음을 온통 전도와 교회당 건축과 예배 참석에 쏟게 만든다. 이스라엘 역사와 교회사는 이런 목회자들 때문에 망조가 들었다. 오늘 우리의 교회가 세상에서 지탄의 대상이 된 이유는 교회 성장을 위한 목회 때문이다.

선한 목자는 계약법을 잘 이해하고 교회를 가족공동체로 만들어 교인들로 하여금 들어가며 나가며 꼴을 얻게 하기 위하여 생명을 내놓은 목자이다. 예수님께서는 이런 선한 목자의 길을 가셨다. 반면에 삯꾼인 바리새인들은 유대교 율법조항과 정통 수호를 빌미로 기득권을 지키는 데에 심혈을 기울이며 여기에 생명을 걸었다.

4. 초막절 설교

【•】 19 이 말씀으로 말미암아 유대인 중에 다시 분쟁이 일어나니 20 그 중에 많은 사람이 말하되 그가 귀신 들려 미쳤거늘 어찌하여 그 말을 듣느냐 하며 21 어떤 사람은 말하되 이 말은 귀신 들린 자의 말이 아니라 귀신이 맹인의 눈을 뜨게 할 수 있느냐 하더라

예수님께서 이런 말씀을 하시자 이를 들은 유대인들은 서로 극단적인 반응을 보였다. 삯꾼 목자들은 예수님을 귀신들렸다고 덤터기를 씌웠고 선한 목자를 지향하는 사람들은 그들의 말에 반대했다. 이들은 귀신 들린 사람은 맹인으로 태어난 사람을 보게 할 수 없다고 반론을 전개했는데, 이는 자명한 이치였다.

7장부터 시작된 초막절 사역은 여기까지 길게 이어졌다. 초막절 사역을 그렇게 길게 다룬 이유는 유대인들에게 초막절이 그만큼 중요한 비중을 차지하고 있기 때문이다. 요한복음에서는 세 번의 유월절 사역과 초막절, 수전절 사역을 중심으로 예수님의 활동이 진행되고 있다. 다음의 이야기는 수전절 사역이다.

물음 29 수전절, 어떤 사역을 하셨는가?

본문 〈 10:22~42 〉

22 예루살렘에 수전절이 이르니 때는 겨울이라

23 예수께서 성전 안 솔로몬 행각에서 거니시니

24 유대인들이 에워싸고 이르되 당신이 언제까지나 우리 마음을 의혹하
게 하려 하나이까 그리스도이면 밝히 말씀하소서 하니

25 예수께서 대답하시되 내가 너희에게 말하였으되 믿지 아니하는도다
내가 내 아버지의 이름으로 행하는 일들이 나를 증거하는 것이거늘

26 너희가 내 양이 아니므로 믿지 아니하는도다

27 내 양은 내 음성을 들으며 나는 그들을 알며 그들은 나를 따르느니라

28 내가 그들에게 영생을 주노니 영원히 멸망하지 아니할 것이요 또 그
들을 내 손에서 빼앗을 자가 없느니라

29 그들을 주신 내 아버지는 만물보다 크시매 아무도 아버지 손에서 빼
앗을 수 없느니라

30 나와 아버지는 하나이니라 하신대

31 유대인들이 다시 돌을 들어 치려 하거늘

32 예수께서 대답하시되 내가 아버지로 말미암아 여러 가지 선한 일로
너희에게 보였거늘 그 중에 어떤 일로 나를 돌로 치려 하느냐

33 유대인들이 대답하되 선한 일로 말미암아 우리가 너를 돌로 치려는
것이 아니라 신성모독으로 인함이니 네가 사람이 되어 자칭 하나님이
라 함이로라

34 예수께서 이르시되 너희 율법에 기록된 바 내가 너희를 신이라 하였
노라 하지 아니하였느냐

35 성경은 폐하지 못하나니 하나님의 말씀을 받은 사람들을 신이라 하셨
거든

36 하물며 아버지께서 거룩하게 하사 세상에 보내신 자가 나는 하나님의
아들이라 하는 것으로 너희가 어찌 신성모독이라 하느냐

37 만일 내가 내 아버지의 일을 행하지 아니하거든 나를 믿지 말려니와
38 내가 행하거든 나를 믿지 아니할지라도 그 일은 믿으라 그러면 너희가 아버지께서 내 안에 계시고 내가 아버지 안에 있음을 깨달아 알리라 하시니
39 그들이 다시 예수를 잡고자 하였으나 그 손에서 벗어나 나가시니라
40 다시 요단 강 저편 요한이 처음으로 세례 베풀던 곳에 가사 거기 거하시니
41 많은 사람이 왔다가 말하되 요한은 아무 표적도 행하지 아니하였으나 요한이 이 사람을 가리켜 말한 것은 다 참이라 하더라
42 그리하여 거기서 많은 사람이 예수를 믿으니라

수전절(修殿節)은 성경에서 이곳 외에는 나오지 않고 구약 외경 마카비서에서 그 근거를 찾아볼 수 있다. 알렉산더대왕의 원정과 더불어 추진된 헬라화 정책이 유일하게 먹혀 들어가지 않은 나라가 유다였다. 이를 보다 못한 안티오쿠스 IV세는 군사력을 동원하여 유다를 헬라화시키려고 했다. 그러나 마카비 가문을 중심으로 한 저항에 부딪혀 실패하고 말았다. BC 165년, 유대력 9월(11~12월) 25일, 유대인들은 안티오쿠스가 더럽힌 예루살렘 성전을 정화했는데 이를 기념하기 위한 행사가 수전절이다. 유대인에게는 수전절이 자신들의 정체성을 지킨 사건이어서 이를 중요하게 여기고 매년 8일 동안 절기로 지키고 있었다. 예수님께서는 수전절을 맞아 무슨 일을 하셨을까?

1. 유대인의 질문

【●】 22 예루살렘에 수전절이 이르니 때는 겨울이라 23 예수께서 성전 안 솔로몬 행각에서 거니시니 24 유대인들이 에워싸고 이르되 당신이 언제까지나 우리 마음을 의혹하게 하려 하나이까 그리스도이면 밝히 말씀하소서 하니

수전절은 유월절 이전의 절기이며 예수님의 사역은 이제 막바지에 접어들고 있었다. 본문은 예수님께서 성전에 계실 때 유대인들이

예수님 주위를 둘러싸고 질문 공세를 퍼붓는 이야기로 시작하고 있다. 아마도 이때 모인 예루살렘의 유대인들은 예수님을 진지하게 지켜보는 사람들이었던 것 같다. 왜냐하면 예수님께 그리스도인지 아닌지를 명확하게 말해달라고 요구하고 있기 때문이다. 이에 대하여 예수님께서는 뭐라고 대답하셨을까?

2. 마귀의 앞잡이

【•】 25 예수께서 대답하시되 내가 너희에게 말하였으되 믿지 아니하는도다 내가 내 아버지의 이름으로 행하는 일들이 나를 증거하는 것이거늘 26 너희가 내 양이 아니므로 믿지 아니하는도다 27 내 양은 내 음성을 들으며 나는 그들을 알며 그들은 나를 따르느니라 28 내가 그들에게 영생을 주노니 영원히 멸망하지 아니할 것이요 또 그들을 내 손에서 빼앗을 자가 없느니라

유대교 당국자들과 군중들을 향한 예수님의 화법은 정반대였다. 스스로 의롭다고 여기며 기득권 수호에 혈안이 된 유대교 당국자들을 향해서는 책망과 경고, 저주를 서슴지 않으셨다. 반면에 힘없고 가난한 군중들을 향해서는 한없이 자애로운 화법을 구사하셨다. 왜 당국자들에게는 책망의 말씀으로 일관하셨을까?

유대인들은 자신들이 기대하고 원하는 그런 메시아의 모습을 보여달라고 요구했다. 유대인의 메시아가 되라는 요청은 예수님께서 40일 금식하실 때부터 끈질기게 물고 늘어진 유혹이었다. 때로는 예수님을 먼저 알아보고 떠드는 귀신들린 자들을 통하여, 또는 오병이어를 경험한 군중들의 예수님을 왕으로 추대하려는 움직임을 통하여, 그리고 본문에서와 같이 유대인들의 요청을 통해서 마귀는 유혹했다. 그러나 이들은 자신들이 마귀의 앞잡이 노릇하고 있다는 사실을 전혀 모르고 있었다. 단지 자신들의 어떤 판단과 필요에 따라 행동했을 뿐이다. 마음의 변화와 생각을 통해서 다가오는 마귀의 간사한 음모를 알아차리는 것은 대단히 힘들다. 마귀와 치열한 싸움과 속임수, 또 그의 영으로 채워지는 경험을 하고 나서야 마귀의 무서

운 음모를 알아차리게 된다.

마귀에게 넘어간 사람들은 들어도 듣지 못하고 보아도 보지 못한다. 예수님께서는 이를 지적하셨다. 수년 동안 단순하고 명확하게 말씀하셨지만 유대인들은 도무지 알아듣지 못하고 있었다. 계약이 파기된 증거는 명확하고 자명한 말씀을 도무지 깨닫지 못하는 데에 있다.

예수님께서 당국자들을 "뱀들아 독사의 새끼들아!" 라고 육두문자로 책망하신 이유는 정통신앙으로 무장한 그들 속에 들어있는 마귀의 속임수를 훤히 꿰뚫어 보셨기 때문이다. 정통신앙과 교리는 자칫 마귀의 창과 칼로 쓰일 수 있다.

3. 마귀의 발작

【•】 30 나와 아버지는 하나이니라 하신대 31 유대인들이 다시 돌을 들어 치려 하거늘 32 예수께서 대답하시되 내가 아버지로 말미암아 여러 가지 선한 일로 너희에게 보였거늘 그 중에 어떤 일로 나를 돌로 치려 하느냐

마귀에게 지배받고 있는 유대인들의 속마음을 잘 아시는 예수님께서는 그들의 뇌관을 건드셨다. 그러자 그들 속에 둥지를 틀고 있던 마귀가 발작을 일으켜서 유대인들은 예수님을 돌로 치려고 달려들었다. 이런 발작은 두 번째였는데 첫 번째 뇌관은 예수님의 선재하심이었고(요8:59), 두 번째는 다음의 말씀이었다.

나와 아버지는 하나이니라

왜 유대인들은 예수님이 선재하시는 하나님이시라는 말씀에 그토록 흥분했을까? 사람으로서 감히 하나님이라고 말한다고 생각했기 때문이다. 인간이 하나님일 수는 없다. 그런데 예수님에게는 사람 이상의 그 무엇이 있었다. 물로 포도주를 만드시는 표적, 38년 된 병자를 말씀 한마디로 일으키시는 표적, 보리떡 다섯 개와 물고기

두 마리로 수천 명을 배불리 먹이시는 표적, 바다 위를 걸으시는 표적, 맹인으로 태어난 사람을 보게 하시는 표적, 무덤에서 썩어 냄새 나던 나사로를 다시 살리시는 표적, 이런 표적들은 하나님만 하실 수 있는 일들이다. 그렇다면 이런 표적을 행하시는 예수님은 곧 하나님이시라는 명백한 증거였다. 그리고 그런 표적들은 전적으로 무리들을 위한 것이었다.

그러나 유대인들은 이런 표적들을 하나님께서 하신 일이라고 인정할 수 없었다. 그 이유는 안식일법을 어기고 있었기 때문이다. 무노동으로 지키는 안식일법을 비롯한 유대교 율법들이 그들에게는 하나님이었다.

4. 신성의 공유

【•】 34 예수께서 이르시되 너희 율법에 기록된 바 내가 너희를 신이라 하였노라 하지 아니하였느냐 35 성경은 폐하지 못하나니 하나님의 말씀을 받은 사람들을 신이라 하셨거든 36 하물며 아버지께서 거룩하게 하사 세상에 보내신 자가 나는 하나님의 아들이라 하는 것으로 너희가 어찌 신성모독이라 하느냐

요한복음은 서문에서 믿는 자들의 신적 기원(하나님으로부터 난 자들)과 신적 상태(하나님의 자녀)를 강조하는데, 본문은 구약을 인용하여 사람이 하나님의 신성을 공유할 수 있음을 다시 언급하고 있다.

내가 말하기를 너희는 신들이며 …(시82:6)

여호와께서 모세에게 이르시되 볼지어다 내가 너를 바로에게 신 같이 되게 하였은즉(출7:1)

하나님의 말씀을 받은 사람은 구약의 예언자들처럼 하나님의 말씀이 임한 사람들을 말한다. 그런데 예수님께서 하시는 일들은 어느 선지자들도 하지 못한 일이었으며 이는 하나님께로부터 보내심을 받은 하나님의 독생자, 곧 하나님 자신이라는 표적이었다. 그러나 도그마에 갇힌 유대인들은 이를 전혀 이해할 수 없었다.

5. 재설득

【●】 37 만일 내가 내 아버지의 일을 행하지 아니하거든 나를 믿지 말려니와 38 내가 행하거든 나를 믿지 아니할지라도 그 일은 믿으라 그러면 너희가 아버지께서 내 안에 계시고 내가 아버지 안에 있음을 깨달아 알리라 하시니 39 그들이 다시 예수를 잡고자 하였으나 그 손에서 벗어나 나가시니라

예수님께서는 유대인들을 책망하시는 것으로 그치지 않고 끝까지 설득하셨다. 예수님과 하나님이 하나라는 것을 믿지 못하겠다면 예수님께서 하시는 일, 즉 표적을 보고 믿으라고 하셨다. 예수님께서 행하신 표적들은 부인할 수 없는 사실이며 또 예수님께서 하나님과 하나라는 증거이기 때문이다.

그러나 도그마에 눈먼 유대인들에게 이런 말씀은 아무런 소용이 없었고, 오히려 불에 기름을 붓는 격이어서 또 예수님을 붙잡아 돌로 치려고 했다. 이제는 더 이상 어찌해볼 도리가 없었다.

6. 준비된 사람들

【●】 40 다시 요단 강 저편 요한이 처음으로 세례 베풀던 곳에 가사 거기 거하시니 41 많은 사람이 왔다가 말하되 요한은 아무 표적도 행하지 아니하였으나 요한이 이 사람을 가리켜 말한 것은 다 참이라 하더라 42 그리하여 거기서 많은 사람이 예수를 믿으니라

예루살렘에서는 유대인들이 예수님을 돌로 쳐 죽이려고 하였다. 그러므로 예수님께서는 할 수 없이 세례 요한이 등장하여 세례를 주던 요단강 건너편 베다니로 피신하셨다.(요1:28) 베다니는 예루살렘으로부터 80km 떨어진 곳으로 이곳은 유대인의 영향력이 미치지 않는 변방이며 이방인 지역이었다. 그런데 왜 하필 이곳으로 가셨을까? 그곳에 준비된 사람들이 많이 있었기 때문이다. 예수님에 대한 세례 요한의 증거를 잘 알고 있던 그 지역 사람들 가운데서 예수님을 믿는 사람들이 많이 나왔다. 전혀 의외의 지역에서 의외의 준비

된 사람들이 있었다. 이는 지금도 마찬가지이다.

예수님께서는 이곳에서 그들과 함께 계시면서 마지막 준비를 하시며 이제 때를 기다리셨다. 드디어 그 때가 되었음을 알리는 소식이 왔다. 무엇이었을까?

물음 30 하나님의 준비, 어떤 것일까?

본문 〈 11:1~16 〉

1 어떤 병자가 있으니 이는 마리아와 그 자매 마르다의 마을 베다니에 사는 나사로라

2 이 마리아는 향유를 주께 붓고 머리털로 주의 발을 닦던 자요 병든 나사로는 그의 오라버니더라

3 이에 그 누이들이 예수께 사람을 보내어 이르되 주여 보시옵소서 사랑하시는 자가 병들었나이다 하니

4 예수께서 들으시고 이르시되 이 병은 죽을 병이 아니라 하나님의 영광을 위함이요 하나님의 아들이 이로 말미암아 영광을 받게 하려 함이라 하시더라

5 예수께서 본래 마르다와 그 동생과 나사로를 사랑하시더니

6 나사로가 병들었다 함을 들으시고 그 계시던 곳에 이틀을 더 유하시고

7 그 후에 제자들에게 이르시되 유대로 다시 가자 하시니

8 제자들이 말하되 랍비여 방금도 유대인들이 돌로 치려 하였는데 또 그리로 가시려 하나이까

9 예수께서 대답하시되 낮이 열두 시간이 아니냐 사람이 낮에 다니면 이 세상의 빛을 보므로 실족하지 아니하고

10 밤에 다니면 빛이 그 사람 안에 없는 고로 실족하느니라

11 이 말씀을 하신 후에 또 이르시되 우리 친구 나사로가 잠들었도다 그러나 내가 깨우러 가노라

12 제자들이 이르되 주여 잠들었으면 낫겠나이다 하더라

13 예수는 그의 죽음을 가리켜 말씀하신 것이나 그들은 잠들어 쉬는 것을 가리켜 말씀하심인 줄 생각하는지라
14 이에 예수께서 밝히 이르시되 나사로가 죽었느니라
15 내가 거기 있지 아니한 것을 너희를 위하여 기뻐하노니 이는 너희로 믿게 하려 함이라 그러나 그에게로 가자 하시니
16 디두모라고도 하는 도마가 다른 제자들에게 말하되 우리도 주와 함께 죽으러 가자 하니라

지금까지 살펴본 예수님의 절기 사역에는 늘 준비된 사람들이 있었는데 38년 된 병자, 맹인으로 태어난 사람 등이었다. 마찬가지로 예수님의 마지막 사역인 유월절 사역을 위하여 특별히 준비된 사람이 있었다. 예수님이 유월절 행사를 중단시키고 성전에서 한 주일 내내 계약법을 가르치실 수 있었던 것도 준비된 그 사람 때문에 가능했다. 누구일까?

1. 준비된 사람

【•】 1 어떤 병자가 있으니 이는 마리아와 그 자매 마르다의 마을 베다니에 사는 나사로라 2 이 마리아는 향유를 주께 붓고 머리털로 주의 발을 닦던 자요 병든 나사로는 그의 오라버니더라 3 이에 그 누이들이 예수께 사람을 보내어 이르되 주여 보시옵소서 사랑하시는 자가 병들었나이다 하니

복음서에 기록된 수많은 사람들 가운데 그 신상에 대하여 자세하게 기록된 사람은 거의 없다. 이름 없는 사람들이 대부분이며 이름이 남아있는 경우도 극히 드물다. 그런데 여기에 예외적인 한 가정이 있다. 살던 마을과 가족들 이름, 한 일 등을 자세히 기록해 놓은 이유는 이 사람들이 복음서가 기록될 당시 교회 내에서 널리 알려졌기 때문이라고 생각된다. 베다니는 예루살렘에서 3km 이내에 있었는데 예수님께서 예루살렘에서 활동하실 때에는 이곳에 사는 나사로와 마르다, 마리아의 집에 자주 머무셨던 것 같다.

나사로는 예수님의 마지막 예루살렘 사역을 위해 특별히 준비된 사람이었다. 그런데 그 준비가 무엇이었을까? 중병에 걸려 죽는 것이었다. 중병에 걸리는 것이, 병들어 죽는 것이 무슨 준비가 될 수 있는가? 하나님께서 하시는 일은 사람으로서는 가늠하기 어렵다. 하나님의 일을 하려면 사람의 판단 기준과 생각을 버리고 하나님의 방식을 배워야 한다. 그런데 이게 생각처럼 쉽지 않다. 하지만 분명한 것은 하나님께서 특별히 베푸시는 기회는 대부분 위기와 더불어 찾아온다는 사실이다.

2. 때

【•】 4 예수께서 들으시고 이르시되 이 병은 죽을 병이 아니라 하나님의 영광을 위함이요 하나님의 아들이 이로 말미암아 영광을 받게 하려 함이라 하시더라

요한복음에는 '때'라는 단어가 자주 나오는데 지금까지는 아직 때가 되지 않았다고 했다. 그런데 이제 예수님께서는 나사로가 중병이 들어 죽게 되었다는 다급한 소식을 전해 들으시면서 예루살렘 사역을 시작하실 때가 가까이 왔음을 아셨다. 그러나 다른 이들은 어느 누구도 이를 알지 못했다. 예수님과 함께 있던 제자들조차도 "이 병은 죽을 병이 아니라 하나님의 영광을 위함이라."는 말씀이 무슨 뜻인지 전혀 알 수가 없었다. 후에 나사로는 죽지 않았는가? 아니다. 병들어 죽었다. 그런데 왜 죽을 병이 아니라고 하셨을까? 또 병들어 죽는 게 어떻게 하나님의 영광을 위함이 될 수 있을까?

3. 오해와 역설

요한복음에 의하면 사람들은 예수님께서 하시는 말씀과 일을 도무지 이해하지 못하고 계속 오해하거나 역반응을 보인다. 이에 대하여 예수님께서 다시 설명하시지만 그래도 아직 오해는 풀리지 않으며, 특히 유대교 당국자들은 예수님을 죽이려고 모의한다. 왜 이런

일이 빚어질까? 하나님께서 하시는 일들은 뭐라고 설명이 쉽지 않은 역설에 해당되는 경우가 많다. 하나님께서 일하시는 방법은 사람의 방법과 다르며 하나님의 뜻을 인간이 가늠하기가 어렵기 때문이다. 하나님의 일과 뜻을 인간의 논리로 설명하는 것은 매우 어렵기 때문에 역설이 동원된다. 역설은 비논리가 아니라 초논리이다.

4. 침묵

【•】 6 나사로가 병들었다 함을 들으시고 그 계시던 곳에 이틀을 더 유하시고 7 그 후에 제자들에게 이르시되 유대로 다시 가자 하시니

시간 속에서 시간의 지배를 받는 인간은 앞날을 알 수 없다. 그러나 시간을 벗어난 영원의 차원에 계시는 하나님께는 과거와 현재와 미래가 하나이기 때문에 미래를 내다보시면서 뜻하신 일들이 하나님의 방식으로 되게 하신다. 나사로가 병이 들었다는 소식을 들으시고 이틀을 더 묵으신 이유는 정해진 시간을 정확히 맞추시기 위함이다. 하나님께서 직접 개입하신 증거들 중 하나는 시간 맞추기이다. 성경에 보면 이런 이야기들은 생각보다 많이 있다. 엘리야가 하나님의 말씀에 따라 사르밧 성에 도착했을 때 마침 그 과부는 성문 근처에서 나뭇가지를 줍고 있었으며(왕상17:10), 예수님께서 야곱의 우물가에 앉아계실 때 사마리아 여인이 때맞추어 물을 길러 왔다.(요4:6~7) 이런 예는 수없이 많다.

하나님의 일을 하려면 하나님께서 인도하시는 방법을 이해하고 때를 기다려야 한다. 그런데 그 시간을 우리는 알 수가 없다. 하나님께서는 미리 알려주시지 않고 침묵으로 일관하신다. 왜 침묵하실까? 하나님의 침묵, 그 시간은 마냥 기다림이나 시간 허비가 아니라 준비의 시간이다. 모세의 미디안 광야 양치기 40년은 준비의 시간이었다. 기다림의 시간 속에서 하나님의 방법을 깨달으며 준비할 수 있다. 준비가 되었을 때, 어느 날 홀연히 기회가 찾아온다. 그러나

준비가 되어있지 않으면 기회는 그냥 지나가 버리고 침묵의 시간들은 시간 낭비되고 만다. 무엇을 어떻게 준비해야 하는가? 하나님의 마음과 일하시는 방법에서 일치가 되어야 한다.

5. 하나님의 방법

【●】 8 제자들이 말하되 랍비여 방금도 유대인들이 돌로 치려 하였는데 또 그리로 가시려 하나이까 9 예수께서 대답하시되 낮이 열두 시간이 아니냐 사람이 낮에 다니면 이 세상의 빛을 보므로 실족하지 아니하고 10 밤에 다니면 빛이 그 사람 안에 없는 고로 실족하느니라

하나님의 방법은 사람의 방법과 너무 다르다. 예수님께서는 얼마 전에 있었던 수전절에 유대인들이 예수님을 돌로 치려고 해서 지금은 피해 계시는 중이었다. 그런데 또 예루살렘으로 가신다고 하니, 제자들은 도무지 이해가 되지 않았다. 그런데 예수님께서는 바로 지금 이 위기 상황이 일어나서 빛을 발할 때, 즉 하나님의 일을 할 때라고 하셨다. 도대체 무엇을 어떻게 하시겠다는 것일까? 역설과 반전이 하나님의 주요 방법이다.

6. 잠들었다

【●】 11 이 말씀을 하신 후에 또 이르시되 우리 친구 나사로가 잠들었도다 그러나 내가 깨우러 가노라 12 제자들이 이르되 주여 잠들었으면 낫겠나이다 하더라 13 예수는 그의 죽음을 가리켜 말씀하신 것이나 그들은 잠들어 쉬는 것을 가리켜 말씀하심인 줄 생각하는지라 14 이에 예수께서 밝히 이르시되 나사로가 죽었느니라

예수님께서는 왜 죽은 사람을 항상 잠들어 있다고 하셨을까?(마9:24, 막5:39, 눅8:52) 무슨 상징이나 문학적인 표현이 아니라 사실이기 때문이다. 사람이 보기에는 죽은 것이지만 하나님께서 보실 때에는 잠든 것이다.

죽음이 무엇일까? 이는 영원히 알 수 없는 비밀이었다. 죽음을 자세히 관찰해보면 사람이 죽은 다음에 육체는 썩어서 흙으로 돌아

가고 정신은 살아서 다른 어떤 세계로 가는 것처럼 보인다. 이런 연유로 육체는 소멸하고 영혼은 불멸한다는 사상이 생겨났다. 불교의 윤회설도 영혼불멸을 전제로 한다. 그런데 성경은 이런 사상들과 전혀 다르며 '부활'을 말한다. 그런데 자칫 이 부활을 육체에만 국한시키는 경향이 있다. 현세와 달리 내세는 시공간을 초월한 영원한 세계인데, 그 세계를 살려면 현재의 육체와 정신으로는 불가능하다. 영원한 세계를 살 수 있도록 거듭나야 하는데 육체만이 아니라 정신과 영혼도 부활의 대상이다. 따라서 인간이 죽으면 영혼이 육체를 떠나서 곧바로 천국으로 가서 영원히 사는 게 아니라 육체와 더불어 잠든 상태로 있게 된다. 그러다가 예수님의 재림 때 육체와 정신이 같이 영원한 생명으로 부활한다. 부활은 다시 태어나는 재창조인데 인간의 육체와 영혼만이 아니라 이 세상도 다시 태어나서 완성된다. 세상의 종말론에서는 육체와 이 세상이 소멸의 대상이지만 성경에 의하면 이 세상은 심판받아 사라질 대상이 아니라 새 하늘과 새 땅으로 다시 태어날 대상이다. 이런 이유로 예수님께서는 죽은 자를 잠이 들었다고 하셨다.

그런데 육체가 썩거나 화장하여 사라지면 어떻게 다시 부활하는가? 육체는 질료(質料)와 형상(形相)으로 구성되어 있다. 육체의 물질적 재료인 질료는 사라져서 흙으로 돌아가지만 하나님의 모양대로 지음받은 형상은 사라지지 않고 있다가(창1:26) 영혼과 더불어 다시 살아난다. 기독교인들도 간혹 사람이 죽으면 그 영혼이 바로 천국으로 간다고 생각하는 경향이 있다. 이는 세속의 영혼불멸설과 혼동을 일으킨 결과이다. 기독교의 인간 구원은 육체와 영혼의 부활이다. 영혼만이 영원토록 산다고 믿는 영혼불멸이 아니다. 육체와 영혼이 그리스도 안에서 잠들어 있다가 재림하실 때 육체와 영혼이 부활하는 구원이다. 예수님께서 십자가에서 강도에게 "오늘 네가 나와 함께 낙원에 있으리라."(눅23:43)고 말씀하신 낙원은 육체와 영혼이 잠들어 있는 상태를 뜻한다. 나사로가 다시 살아나는 사건은 우리에게 부활을 확인시켜 주시는 사건이다.

예수님의 제자들은 예수님께서 나사로가 잠들었으니 깨우러 가자고 하시는 말씀을 오해하여 평소와 같은 육체의 잠으로 이해했다. 오해와 역설의 한 단면이다.

7. 하나님의 기회

【●】 15 내가 거기 있지 아니한 것을 너희를 위하여 기뻐하노니 이는 너희로 믿게 하려 함이라 그러나 그에게로 가자 하시니 16 디두모라고도 하는 도마가 다른 제자들에게 말하되 우리도 주와 함께 죽으러 가자 하니라

예수님께서는 무엇을 기뻐한다고 하셨는가? 나사로가 병들어 죽은 것이다. 그런데 그게 기뻐할 일인가? 도무지 이해가 되지 않는다. 아니 이해할 수 없는 일이다. 제자들은 도대체 무슨 말씀을 하시는지 영문을 몰랐다. 얼떨결에 도마는 자신도 모르는 말을 했다.

우리도 주와 함께 죽으러 가자.

아마도 도마는 예수님과 함께 예루살렘으로 다시 가는 것은 죽음을 각오하지 않으면 안 된다는 어떤 위기감을 느끼며 동료들을 독려하려고 한 말인 것 같다. 그러나 이 말은 예수님의 의도와는 전혀 상관이 없었다. 하나님께서는 인간에게는 불행이라고 생각되는 일들을 통하여 하나님의 뜻을 실현할 기회로 활용하신다. 세상의 기준에서는 슬퍼할 일들이 신앙의 기준에서는 기뻐할 일들이 될 수 있다. 너무 속단하지 말아야 한다. 계약공동체의 역사를 돌이켜 보면 박해와 고난 등의 위기가 곧 기회였다.

물음 31
나사로 소생, 어떤 역할을 했는가?

본문 〈 11:17~44 〉

17 예수께서 와서 보시니 나사로가 무덤에 있은 지 이미 나흘이라
18 베다니는 예루살렘에서 가깝기가 한 오 리쯤 되매
19 많은 유대인이 마르다와 마리아에게 그 오라비의 일로 위문하러 왔더니
20 마르다는 예수께서 오신다는 말을 듣고 곧 나가 맞이하되 마리아는 집에 앉았더라
21 마르다가 예수께 여짜오되 주께서 여기 계셨더라면 내 오라버니가 죽지 아니하였겠나이다
22 그러나 나는 이제라도 주께서 무엇이든지 하나님께 구하시는 것을 하나님이 주실 줄을 아나이다
23 예수께서 이르시되 네 오라비가 다시 살아나리라
24 마르다가 이르되 마지막 날 부활 때에는 다시 살아날 줄을 내가 아나이다
25 예수께서 이르시되 나는 부활이요 생명이니 나를 믿는 자는 죽어도 살겠고
26 무릇 살아서 나를 믿는 자는 영원히 죽지 아니하리니 이것을 네가 믿느냐
27 이르되 주여 그러하외다 주는 그리스도시요 세상에 오시는 하나님의 아들이신 줄 내가 믿나이다
28 이 말을 하고 돌아가서 가만히 그 자매 마리아를 불러 말하되 선생님이 오셔서 너를 부르신다 하니
29 마리아가 이 말을 듣고 급히 일어나 예수께 나아가매
30 예수는 아직 마을로 들어오지 아니하시고 마르다가 맞이했던 곳에 그대로 계시더라
31 마리아와 함께 집에 있어 위로하던 유대인들은 그가 급히 일어나 나

가는 것을 보고 곡하러 무덤에 가는 줄로 생각하고 따라가더니
32 마리아가 예수 계신 곳에 가서 뵈옵고 그 발 앞에 엎드리어 이르되 주께서 여기 계셨더라면 내 오라버니가 죽지 아니하였겠나이다 하더라
33 예수께서 그가 우는 것과 또 함께 온 유대인들이 우는 것을 보시고 심령에 비통히 여기시고 불쌍히 여기사
34 이르시되 그를 어디 두었느냐 이르되 주여 와서 보옵소서 하니
35 예수께서 눈물을 흘리시더라
36 이에 유대인들이 말하되 보라 그를 얼마나 사랑하셨는가 하며
37 그 중 어떤 이는 말하되 맹인의 눈을 뜨게 한 이 사람이 그 사람은 죽지 않게 할 수 없었더냐 하더라
38 이에 예수께서 다시 속으로 비통히 여기시며 무덤에 가시니 무덤이 굴이라 돌로 막았거늘
39 예수께서 이르시되 돌을 옮겨 놓으라 하시니 그 죽은 자의 누이 마르다가 이르되 주여 죽은 지가 나흘이 되었으매 벌써 냄새가 나나이다
40 예수께서 이르시되 내 말이 네가 믿으면 하나님의 영광을 보리라 하지 아니하였느냐 하시니
41 돌을 옮겨 놓으니 예수께서 눈을 들어 우러러 보시고 이르시되 아버지여 내 말을 들으신 것을 감사하나이다
42 항상 내 말을 들으시는 줄을 내가 알았나이다 그러나 이 말씀 하옵는 것은 둘러선 무리를 위함이니 곧 아버지께서 나를 보내신 것을 그들로 믿게 하려 함이니이다
43 이 말씀을 하시고 큰 소리로 나사로야 나오라 부르시니
44 죽은 자가 수족을 베로 동인 채로 나오는데 그 얼굴은 수건에 싸였더라 예수께서 이르시되 풀어 놓아 다니게 하라 하시니라

예수님의 사역을 보면 대단히 치밀하게 활동하신 것을 알 수 있다. 성경에는 두 베다니가 나오는데, 예수님께서 머물러 계시던 요단강 건너편 베다니에서 나사로가 살던 예루살렘 근교 베다니까지는 대략 80km 정도이며 당시 하루 이동 거리는 약 20km였다. 예수님께서는 이런 것들을 염두에 두시면서 꼭 필요한 시각에 나사로의 집에 당도하셨다.

1. 나흘째 되던 날

【●】 17 예수께서 와서 보시니 나사로가 무덤에 있은 지 이미 나흘이라
18 베다니는 예루살렘에서 가깝기가 한 오 리쯤 되매
19 많은 유대인이 마르다와 마리아에게 그 오라비의 일로 위문하러 왔더니

왜 나사로가 죽은 지 나흘째 되던 날 도착하셨을까? 당시 유대인들의 장례법과 관련이 있다. 유대인들은 사람이 죽으면 그날로 매장했다. 그리고 장례식은 그날부터 7일 동안 계속되는데 상주들은 신발을 신지 않고 문상을 받았다. 또 3일 동안은 죽은 사람의 영혼이 시체 위를 맴돈다고 생각하여 무덤을 지켜보다가 4일이 되면 이제 완전히 죽었다고 생각했다. 4일째 되는 날은 많은 문상객들이 모여 같이 슬픔을 나누는 시간이었다.

이런 상황을 잘 아시는 예수님께서는 바로 이 때에 맞추어 도착하셨다.

2. 현재적 부활

【●】 24 마르다가 이르되 마지막 날 부활 때에는 다시 살아날 줄을 내가 아나이다 25 예수께서 이르시되 나는 부활이요 생명이니 나를 믿는 자는 죽어도 살겠고 26 무릇 살아서 나를 믿는 자는 영원히 죽지 아니하리니 이것을 네가 믿느냐 27 이르되 주여 그러하외다 주는 그리스도시요 세상에 오시는 하나님의 아들이신 줄 내가 믿나이다

마르다는 예수님을 맞아 "주님께서 좀 더 일찍 오셨더라면 내 오라비가 죽지 않았을 텐데!"라며 아쉬움과 서운함을 토로했다. 이에 예수님께서는 "네 오라비가 다시 살리라!"라고 하셨지만, 마르다는 그 말씀을 오해하여 마지막 부활의 날로 받아들였다. 당시 사두개인들은 부활을 거부했지만 바리새인들은 세상 마지막 날의 부활을 믿고 있었다. 마르다는 유대교의 부활을 말했다. 그러자 예수님께서는 그게 아니라며 다시 말씀하셨다.

> 나는 부활이요 생명이니 나를 믿는 자는 죽어도 살겠고 무릇 살아서 나를 믿는 자는 영원히 죽지 아니하리니 이것을 네가 믿느냐

예수님께서는 유대교의 '그때 거기'의 부활이 아니라 '지금 여기'의 부활을 말씀하셨다. 영원한 부활의 삶이 미래가 아니라 현재, 지금 여기서 시작된다는 말씀이다. 이런 말씀은 두 의문을 제기한다. 첫째, 이런 부활은 예수님께서 재림하실 때의 부활과 어떤 관계일까? 이에 대한 대답은 그리 어렵지 않다. 부활의 삶이 지금 여기서 시작되지만 그 완성은 주님의 재림 때 실현되기 때문이다. 그런데 다음의 물음은 쉽지 않다. 둘째, 지금 여기서 부활의 삶을 산다는 것은 구체적으로 무엇이 어떻게 된다는 것일까? 그냥 마음 속으로 구원받았다는 확신을 간직하는 것일까? 아니면 영혼을 구원하기 위하여 전도에 힘쓰며 교회생활을 열심히 하는 것일까? 하나님의 뜻과 말씀대로 사는 것일까? 하나님의 말씀대로 산다는 것은 또 구체적으로 무엇을 말하는가? 물음이 끊임없이 이어진다.

그런데 계약법으로 이해하면 지극히 단순하다. 계약법에는 계약공동체인 교회에서 실천해야 할 구체적인 삶이 들어있다. 공동체에서 계약법을 실천하여 세상에 하나님 나라의 모형을 보여주고, 세상으로 하여금 보고 구원에 이르게 해야 한다. 계약법은 영원한 부활의 삶을 지금 여기서 실천해야 할 법이다. 이 법을 지키는 것이 곧 지금 여기서 부활에 참여하는 것이며 구원받은 삶이다. 결코 막연한 원론이나 피상적인 신앙생활이나 마음의 믿음이 아니다.

예수님의 질문에 마르다는 다음과 같이 신앙고백을 했다.

> 주여 그러하외다 주는 그리스도시요 세상에 오시는 하나님의 아들이신 줄 내가 믿나이다

그러나 마르다의 이 말은 무슨 뜻일까? 죽은 오라비가 다시 살아난다는 것을 믿는 고백이 아니라 원론적인 신앙고백이었을 뿐이다. 공관복음에서는 베드로가 신앙고백자로 등장하지만 요한복음에서는 마르다가 그 역할을 한다.

3. 공감과 동참

【•】 33 예수께서 그가 우는 것과 또 함께 온 유대인들이 우는 것을 보시고 심령에 비통히 여기시고 불쌍히 여기사 34 이르시되 그를 어디 두었느냐 이르되 주여 와서 보옵소서 하니 35 예수께서 눈물을 흘리시더라 … 38 이에 예수께서 다시 속으로 비통히 여기시며 무덤에 가시니

예수님께서는 마르다와 마리아, 그리고 조문 온 사람들이 함께 우는 것을 보시고 같이 마음 아파하셨을 뿐만 아니라 눈물을 흘리셨다. 나사로가 다시 살아날 것을 미리 아셨는데 왜 같이 눈물을 흘리셨을까? "예수님께서는 사랑이 많으시니까!"라고 막연히 생각할 수도 있다. 그러나 하나님의 마음을 직접 경험하면 하나님의 사랑이 전혀 다르게 느껴진다.

영성의 길을 가다보면 성령임재, 즉 성령으로 채워지는 어떤 독특한 상태가 있는데, 그때에는 사람들의 속마음과 생각 뿐만 아니라 그의 과거 행적들과 앞날이 다 보이기도 한다. "저희 생각을 아시고"(마9:4, 12:25, 눅5:22, 6:8, 11:17)라는 구절은 이런 상태를 말한다. 이 상태에서는 각 사람들이 행한 악한 일들도 물론 보인다. 그러나 각 사람들을 볼 때 와 닿는 것은 대부분 그 사람의 못된 행동이 아니라 힘들어하고 아파하는 고통이다. 간음하다가 현장에 붙들려온 여인을 향하여 "나도 너를 정죄하지 아니하노니"(요8:11)라고 말씀하시는 이유도 여기에 있다. 예수님께서 병자들을 고치신 것은 단순히 어떤 능력으로 치료만 하시는 것이 아니라 그 치료 이전에 그 사람이 질병으로 당하는 고통을 가슴으로 느끼셨을 뿐만 아니라 대신 짊어져 주신 것이다.(사53:3~10) 예수님께서는 질병의 고통과 죄악의 형벌, 죽음의 공포와 아픔 등을 모두 대신 받아주셨다. 예수님은 대속(代贖)해주시는 구세주이시다. 예수님의 사랑은 대신 당해주시는 마음이다. 실제로 나사로를 살리시기 위하여 예수님께

서는 대신 죽으셨다.

이런 것들을 경험하고 나면 감히 능력으로 병을 고친다는 신유(神癒)의 은사 등을 쉽게 구할 엄두를 내지 못한다. 왜냐하면 누군가의 질병을 고친다는 것은 그 사람의 질병을 내가 직접 대신 짊어지는 것이기 때문이다. 흔히 말하는 중보기도도 마찬가지이다. 내가 누군가를 위하여 기도한다는 것은 그 사람이 힘들어하는 문제가 내 문제로 여겨져서 그 사람의 고통에 같이 참여하는 것이다. 그러나 마귀의 사주를 받는 사이비들에게는 이런 공감과 동참이 없다. 다만 특별한 계시와 능력을 받았다고 떠벌리며 뭘 들춰내거나 기적을 위한 기적을 추구한다. 이런 기사와 이적은 마귀의 영에 사로잡혔을 때 나타나는 현상이다. 이런데 현혹되지 말아야 한다.

예수님께서는 나사로를 살리시기 이전에 그 유가족들과 지인들이 겪는 마음의 아픔을 같이 나누셨다. 요한복음은 이런 상태를 세밀히 기록하고 있다. 이는 그 기록자가 이런 영성의 경험을 했음을 암시한다. 하나님을 경험한 만큼 성경이 보인다는 것은 이를 뜻한다.

4. 진인사대천명(盡人事待天命)

【•】 38 이에 예수께서 다시 속으로 비통히 여기시며 무덤에 가시니 무덤이 굴이라 돌로 막았거늘 39 예수께서 이르시되 돌을 옮겨 놓으라 하시니 그 죽은 자의 누이 마르다가 이르되 주여 죽은 지가 나흘이 되었으매 벌써 냄새가 나나이다 40 예수께서 이르시되 내 말이 네가 믿으면 하나님의 영광을 보리라 하지 아니하였느냐 하시니

유대인들의 장례법은 독특하다. 동굴 무덤이었는데 동굴의 크기는 길이 1.8m 폭 2.7m, 높이 3m 정도이며, 동굴 안에 여덟 개의 선반을 좌우 3개, 입구 쪽에 2개 만들어 놓고 시신을 선반에 올려놓고 입구는 큰 돌로 막았다. 일종의 가족묘인 셈이다. 그러나 모든 사람들이 다 이렇게 동굴에 장례를 지낸 것은 아니다. 이런 동굴 무덤을 만들기 위해서는 많은 비용이 들어가기 때문에 일반 서민들은

땅에다 묻는 매장을 했다. 나사로의 무덤이 동굴묘였다는 것과 조문객들이 예루살렘에서 많이 몰려와 같이 울고 있었다는 기록은 그가 상당한 재력가였을 뿐만 아니라 많은 사람들에게 좋은 영향을 주었음을 암시한다.

나사로의 무덤에 가신 예수님께서는 무덤 문을 막아놓은 돌을 옮겨 놓으라고 말씀하셨다. 예수님께서는 무덤 문이 저절로 열리게 하지 않으셨다. 사람이 할 수 있는 것은 사람이 해야 하기 때문이다. 계약법에 의하면 사람이 할 일과 하나님께서 하실 일이 구분되는데, 사람이 할 일을 다 한 후에 하나님께서 그 나머지 일을 하신다. 사람이 할 일을 등한히 하면서 하나님께서 특별한 방법으로 다 해주시기를 바라는 것은 기복과 미신에 불과하다. 예수님께서 무덤 문을 열라고 하시자 신앙고백을 했던 마르다는 문 열기를 거부했다. 시체가 이미 썩어서 냄새가 나고 있었기 때문이다. 이에 예수님께서는 책망하셨다.

내 말이 네가 믿으면 하나님의 영광을 보리라 하지 아니하였느냐

하나님의 영광을 본다는 것은 무슨 뜻일까?

5. 소생(蘇生)

【●】 41 돌을 옮겨 놓으니 예수께서 눈을 들어 우러러 보시고 이르시되 아버지여 내 말을 들으신 것을 감사하나이다 42 항상 내 말을 들으시는 줄을 내가 알았나이다 그러나 이 말씀 하옵는 것은 둘러선 무리를 위함이니 곧 아버지께서 나를 보내신 것을 그들로 믿게 하려 함이니이다 43 이 말씀을 하시고 큰 소리로 나사로야 나오라 부르시니 44 죽은 자가 수족을 베로 동인 채로 나오는데 그 얼굴은 수건에 싸였더라 예수께서 이르시되 풀어 놓아 다니게 하라 하시니라

예수님의 책망에 할 수 없이 무덤 문을 열어놓자 예수님께서는 하늘을 우러러 기도하셨다. 그런데 기도가 독특하다. 예수님께서는 기도가 이미 응답 되었음을 아셨는데, 하나님께서 기도를 들어주신 이유는 사람들로 하여금 예수님은 하나님으로부터 보내심을 받은 분,

즉 하나님이심을 믿게 하기 위함이었다. 이를 가리켜 예수님께서는 "네가 믿으면 하나님의 영광을 보리라."라고 하셨다. 요한복음에서 말하는 영광은 하나님의 자기 계시를 뜻하는 경우가 많은데 이 본문도 그중의 하나이다. 기도하신 후 예수님께서는 크게 외치셨다.

나사로야 나오라!

무슨 말씀일까? 깊이 잠들어 있는 사람을 깨우는 음성이다. 살아서 잠든 사람은 사람이 깨울 수 있지만 죽어서 잠든 사람은 오직 하나님만 깨우실 수 있다. 예수님의 음성은 곧 하나님의 음성이었다. 이 음성은 세상의 역사가 완성되는 그날 하늘로부터 온 세상에 울려 퍼질 때 죽어 잠들어 있던 사람들을 다 깨어나게 할 음성인데, 지금 여기서 예수님은 그 음성을 미리 들려주셨다.

죽은 지 나흘이 되어 무덤 속에서 육체가 썩어가던 나사로는 예수님의 음성을 듣고 즉시 일어나 걸어 나왔다. 이 장면을 지켜본 사람들의 반응이 어떠했을지 능히 짐작이 간다. 나사로의 가족뿐만 아니라 조문왔던 예루살렘의 많은 유대인들이 모두 이 장면을 지켜보았다. 그리고 지금은 유월절을 앞두고 있어서 많은 사람들이 예루살렘으로 몰려들고 있었다. 최대의 홍보 효과를 거둘 조건들이 충족되어 있었다. 하나님께서는 어떤 일을 하실 때 이와 같이 가장 효과적인 방법을 사용하신다. 하나님께서 정해놓으신 때란 이런 때를 말한다. 그 때는 오직 하나님만 아실 수 있다.

나사로가 다시 살아난 것은 부활이 아니라 소생이다. 단지 부활을 예시할 뿐이다. 나사로의 소생을 통하여 예수님께서는 생명을 주시는 분이시며인간에게 부활이 있음을 보여주셨다. 요한복음은 12장을 기준으로 전반부와 후반부로 나뉘는데 전반부는 나사로의 소생이 정점을 이루고, 후반부는 예수님의 부활로 막을 내린다. 따라서 요한복음은 두 부활의 이야기를 통하여 현재적인 부활을 증언하고 있다.

나사로의 소생과 같은 중요한 이야기가 왜 공관복음에는 나오지 않을까? 이에 대하여는 여러 의견이 분분하다. 예수님께서 행하신 여러 표적들 중 죽은 자를 살리시는 일이 복음서에 기록된 것 이외에도 많았기 때문에 나사로 사건은 특별하게 느껴지지 않았을 수도 있다. 제자들을 선교 보내실 때에도 죽은 자를 살리라고 말씀하셨다. 복음서마다 기록 목적이 다른데, 현재적인 종말과 부활을 특별히 강조하는 요한복음에는 나사로 사건이 적절해서 기록되었다고 보인다. 요한복음 기록자는 나사로의 이름을 비롯하여 살던 지역인 베다니, 그의 누이들의 이름과 활동 등을 자세하게 기록해 놓았는데 이는 나사로의 소생이 사실이었음을 간접적으로 입증하고 있다. 또 마르다와 마리아 등의 활동은 공관복음에도 기록되어 있다. 이런 사실들은 복음서를 기록할 당시에 이들이 교계에 널리 알려진 인물들이었음을 암시한다.

나사로의 소생은 예수님께서 마지막 유월절에 행하신 가장 중요한 사역과 직접 관련이 있다.

물음 32 유대교에 대한 심판, 어떻게 진행되나?

본문 〈 11:45~57 〉

45 마리아에게 와서 예수께서 하신 일을 본 많은 유대인이 그를 믿었으나
46 그 중에 어떤 자는 바리새인들에게 가서 예수께서 하신 일을 알리니라
47 이에 대제사장들과 바리새인들이 공회를 모으고 이르되 이 사람이 많
은 표적을 행하니 우리가 어떻게 하겠느냐
48 만일 그를 이대로 두면 모든 사람이 그를 믿을 것이요 그리고 로마인
들이 와서 우리 땅과 민족을 빼앗아 가리라 하니

49 그 중의 한 사람 그 해의 대제사장인 가야바가 그들에게 말하되 너희가 아무 것도 알지 못하는도다
50 한 사람이 백성을 위하여 죽어서 온 민족이 망하지 않게 되는 것이 너희에게 유익한 줄을 생각하지 아니하는도다 하였으니
51 이 말은 스스로 함이 아니요 그 해의 대제사장이므로 예수께서 그 민족을 위하시고
52 또 그 민족만 위할 뿐 아니라 흩어진 하나님의 자녀를 모아 하나가 되게 하기 위하여 죽으실 것을 미리 말함이러라
53 이 날부터는 그들이 예수를 죽이려고 모의하니라
54 그러므로 예수께서 다시 유대인 가운데 드러나게 다니지 아니하시고 거기를 떠나 빈 들 가까운 곳인 에브라임이라는 동네에 가서 제자들과 함께 거기 머무르시니라
55 유대인의 유월절이 가까우매 많은 사람이 자기를 성결하게 하기 위하여 유월절 전에 시골에서 예루살렘으로 올라갔더니
56 그들이 예수를 찾으며 성전에 서서 서로 말하되 너희 생각에는 어떠하냐 그가 명절에 오지 아니하겠느냐 하니
57 이는 대제사장들과 바리새인들이 누구든지 예수 있는 곳을 알거든 신고하여 잡게 하라 명령하였음이러라

예루살렘의 많은 유대인들은 나사로가 다시 살아나는 현장을 지켜보면서 예수님을 믿지 않을 수 없었다. 마침 예루살렘에는 유월절을 맞아 250여만 명의 사람들이 모여 있었는데, 이들에게 예수님에 관한 소문은 급속히 퍼져나갔고 소문을 들은 사람들은 예수님에 대하여 지대한 관심을 기울이며 따르기 시작했다. 현장을 지켜본 사람 중에 어떤 자는 바리새인들에게 가서 예수님께서 하신 일을 자세하게 보고했다. 이 놀라운 사실을 접한 유대교 당국자들은 심각한 반응을 보였다.

1. 속수무책

【●】 47 이에 대제사장들과 바리새인들이 공회를 모으고 이르되 이 사람이 많은 표적을 행하니 우리가 어떻게 하겠느냐 48 만일 그를 이대

로 두면 모든 사람이 그를 믿을 것이요 그리고 로마인들이 와서 우리 땅과 민족을 빼앗아 가리라 하니

그들은 어떤 위기 의식을 느끼고 공회를 열어 논의했으나 뾰족한 방법이 없었다. 예수님을 그대로 두면 모두 그를 믿게 될 것이고, 많은 사람이 추종하면 예수님은 틀림없이 왕이 되리라고 예상되었기 때문이다. 당시 사두개인들은 로마제국과 정치적으로 결탁되어 있었는데, 내란이 일어나면 그들의 지위가 박탈당하므로 이를 극히 우려하고 있었다. 하지만 온 백성들이 추종하기 때문에 예수님을 쉽게 제거할 수도 없었고, 누구 하나 어떤 대책을 내놓을 수 없었다. 이 노릇을 어찌해야 하나? 나사로의 소생은 이런 역할을 했다.

예수님께서는 이런 부분까지 치밀하게 미리 내다 보셨다. 이는 오직 하나님만 하실 수 있는 방법이다. 어느 전략가가 감히 이렇게 앞을 내다보며, 또 죽은 자를 살릴 수 있겠는가?

2. 가야바의 예언

【●】 49 그 중의 한 사람 그 해의 대제사장인 가야바가 그들에게 말하되 너희가 아무 것도 알지 못하는도다 50 한 사람이 백성을 위하여 죽어서 온 민족이 망하지 않게 되는 것이 너희에게 유익한 줄을 생각하지 아니하는도다 하였으니 51 이 말은 스스로 함이 아니요 그 해의 대제사장이므로 예수께서 그 민족을 위하시고 52 또 그 민족만 위할 뿐 아니라 흩어진 하나님의 자녀를 모아 하나가 되게 하기 위하여 죽으실 것을 미리 말함이러라

유대인들이 모여 아무리 머리를 쥐어짜도 어떤 묘안이 나오지 않자 대제사장 가야바가 예수님을 죽여야 한다고 결론을 냈다. 그 이유는 대제사장의 입지를 유지하려면 달리 방법이 없었기 때문이다. 결국 자기들의 기득권을 지키기 위한 정치적인 선택을 한 셈이다. 그런데 내세운 명분은 나라와 민족을 지키기 위함이었다. 정치꾼들은 항상 이런 식으로 백성들을 속인다. 그런데 요한복음은 가야바가 한 말을 다음과 같이 전혀 다른 뜻으로 해석했다.

> 예수께서 그 민족을 위하시고 또 그 민족만 위할 뿐 아니라 흩어진 하나님의 자녀를 모아 하나가 되게 하기 위하여 죽으실 것을 미리 말함이러라

요한복음의 해석에 의하면 예수님께서 십자가에서 죽으시는 목적은 흩어진 자녀들을 모아 하나 되게 하기 위함이었다. 이런 해석은 요한복음에서 6번이나 반복된다.(요10:16, 11:52, 17:11, 21, 22, 23) 특히 17장의 마지막 기도는 교회가 하나 되게 하는 것이 결론이며, 예수님께서는 이를 위해 죽으셨다고 말하고 있다. 요한복음에서 이를 특별히 강조하는 이유는 계약공동체가 본래의 목적을 달성하기 위해서는 하나가 되어야 하기 때문이다. 계약공동체인 교회의 큰 적은 분열이다. 우리 개신교가 당면한 가장 큰 문제점은 교단과 교회의 분열이다. 그런데 분열보다 더 심각한 문제는 이에 대하여 아무런 문제의식을 느끼지 못하는 무지이다. 이는 무지몽매의 극치이다. 교회에서 지을 수 있는 가장 큰 범죄는 교회와 교단의 분열이며, 이것은 그 어떤 변명도 용납되지 않을 뿐만 아니라 용서받지 못할 범죄행위이다. 교회와 교단이 분열되는 원인은 서로 주도권을 잡으려는 데에 있다. 교회와 교단의 수장이 되기 위하여 정치 행보를 하며 분열을 일삼는 자들은 더 물을 필요도 없이 마귀의 앞잡이들이며, 지옥의 땔감들이다.

'흩어진 하나님의 자녀'라는 용어는 이스라엘 역사와 관련이 있다. 이스라엘은 왕국이 남북으로 분열되었다가 멸망하면서 세계 각지에 흩어져 살게 되었는데, 계약이 다시 회복되는 시대에는 이들이 다 한곳으로 모인다고 예고했다.[82] 그런데 요한복음에서는 이런 예고를 메시아이신 예수님께서 미래의 교회를 하나로 모으기 위해 죽으셨다고 해석했다. 이에 대해서는 17장에서 한 번 더 다루겠지만 요한복음에서 십자가와 수난은 교회의 하나됨과 직접 관련이 있다.

82) 사 11:12, 43:5, 6, 미 2:12, 렘 23:3, 31:10, 겔 34:16, 37:21

3. 마지막 피정(避靜)

【•】 53 이 날부터는 그들이 예수를 죽이려고 모의하니라 54 그러므로 예수께서 다시 유대인 가운데 드러나게 다니지 아니하시고 거기를 떠나 빈 들 가까운 곳인 에브라임이라는 동네에 가서 제자들과 함께 거기 머무르시니라

대제사장 가야바의 제안에 따라 그날부터 유대인들은 예수님을 죽일 방법을 구체적으로 모의하기 시작했다. 이를 간파하신 예수님께서는 예루살렘에서 북동쪽으로 약 20km 떨어진 에브라임으로 피신하셨다. 에브라임은 빈들과 가까운 곳이어서 유대인의 영향력이 미치지 못하는 곳인데, 이곳에서 제자들과 마지막 피정의 시간을 가지시며 유월절 사역을 준비하셨다.

4. 자충수

【•】 55 유대인의 유월절이 가까우매 많은 사람이 자기를 성결하게 하기 위하여 유월절 전에 시골에서 예루살렘으로 올라갔더니 56 그들이 예수를 찾으며 성전에 서서 서로 말하되 너희 생각에는 어떠하냐 그가 명절에 오지 아니하겠느냐 하니 57 이는 대제사장들과 바리새인들이 누구든지 예수 있는 곳을 알거든 신고하여 잡게 하라 명령하였음이러라

예수님께서 제자들과 잠적하자 유대인들은 예수님에 대한 수배령을 내리고 신고하게 했다. 유월절에는 250여만 명의 사람들이 예루살렘으로 몰려들었는데 단연 화제의 주인공은 예수님이었다. 수배령 때문에 여론은 더 들끓어 올랐고 사람들의 관심은 증폭되었다. 결국 수배령은 예수님을 더 홍보한 결과가 되고 말았다.

인간이 받는 하나님의 심판은 스스로 멸망을 초래하는 자멸이다. 하나님께서는 돌이키도록 끝까지 호소하실 뿐이다. 그런데 그 호소를 거부하고 대적하면 자충수가 되어 자멸에 이른다. 자기 꾀에 자기가 넘어간 셈이다. 하나님이나 누구를 원망하며 탓할 여지가 없

다. 유대교는 스스로 자기 무덤을 팠으며 자멸의 길을 갔다. 하나님께서는 지금도 이런 방식으로 심판하신다.

오늘 우리는 어떤 상황에 놓여 있을까? 같은 길을 가고 있다.

5. 파국 자초

인류 역사에서 지난 500년인 근현대는 인간주의 시대였다. 하나님을 배제하고 인간이 인간의 방법으로 이 땅에 이상적인 나라를 실현할 수 있다고 확신하고 도전했다. 과학기술을 통하여 전염병과 식량문제 등이 해결되자 그 확신은 더확고해져서 낙관주의가 팽배했다. 그러나 지금에 이르러 어떤 결과에 도달했는가? 대멸종, 인류의 멸종 등이 이제는 기정사실화되고 말았다. 지금 전세계를 공포와 두려움으로 몰아넣고 있는 코로나19 바이러스는 대멸종의 전주곡이다. 심판을 자초하고 만 셈이다. 이 노릇을 어찌해야 하나? 어디에 길이 있을까?

오늘 우리가 당면한 위기는 지구의 인구가 포화 상태에 이르러 나타나는 현상이기 때문에 해결할 길이 있을 리가 없다. 현대문명과 인류가 공존하는 것은 불가능하다. 다시 현대문명 이전으로 돌아가지 않는 한 생태환경이 회복될 수 없다. 그러나 현대문명 이전으로 돌아가는 것은 현실성이 없으므로 파국을 피할 방법은 사실상 없다. 이런 결론은 전문가들의 의견 이전에 이제는 누구나 피부로 느끼는 상식이 되고 말았다. 어디에도 파국을 막을 길은 없다.

전통적인 구속사 신앙에서 말하는 것처럼 이제는 예수님께서 재림하실 때가 된 것일까? 예수님께서 다시 오셔서 세상을 심판하여 멸망시키고 신자들은 구원하여 하늘나라로 데리고 가면 될까? 그러나 이런 신앙은 성경과는 상관없으며 오해일 뿐이다. 이 세상이 심판으로 사라진다면 이는 하나님의 창조가 실패한 결과가 된다. 하나님께서 창조하신 이 세상은 완성의 대상이지 파멸의 대상이 아니다.

파멸의 대상이라고 말한다면 이는 모순이며, 하나님을 거부하는 불신앙이다. 세상파멸 종말론은 육체소멸 영혼불멸을 말하는 세속의 종말론이며 성경의 종말론이 아니다. 이를 혼동하지 말아야 한다.

그러면 이제 무엇을 어떻게 해야 하는가? 대멸종이라는 파멸을 속수무책으로 기다려야 하는가? 아니다. 아직 길이 있다. 어떤 길인가? 성경의 계약법이 그 길이다. 성경은 두 계약의 책이다. 이 계약법에 근거하면 아직 길이 남아있다. 계약법에 의하면 사람이 지켜야 할 계약을 충실히 지키고자 하면 하나님께서는 이를 도와주시고, 인간이 하지 못하는 그 나머지를 하나님께서 해 주신다. 사람이 할 수 있는 영역은 이성, 자연의 분야이다. 그러나 하나님께서 개입하시는 영역은 초자연의 영역이다. 성경에 초자연적인 기적의 이야기가 많은 이유는 성경이 계약의 책이기 때문이며, 성경의 기적들은 하나같이 계약과 관련된 하나님의 개입이었다. 다시 말하면 계약의 체결, 갱신, 회복과 성경의 기적들은 관련이 있는데, 계약을 실현하기 위한 하나님의 개입이 곧 초자연적인 현상이다. 마가복음에서는 복음을 전해야 할 대상이 '만물에게'(πάσῃ τῇ κτίσει) 즉 창조 세계라고 말한다.(막16:15)[83] 그 이유는 생태계는 인간의 생존과 뗄 수 없는 관계이기 때문이다. 현대과학의 남용으로 파괴된 생태계 회복이 가장 큰 과제로 대두된 지금, 이제 우리는 만물 즉 생태 세계를 복음의 대상으로 삼아 회복시켜야 한다. 인간이 할 수 있는 데까지 하면 그 나머지는 하나님께서 하신다.

코로나 사태에서 보듯이 오늘 우리는 인류 역사에서 가장 큰 위기를 맞이했다. 오늘 우리가 당면한 가장 큰 과제는 "현대문명과 인류가 어떻게 공존할 것인가?"의 문제다. 지구환경을 오염시키지 않

83) 또 이르시되 너희는 온 천하에 다니며 만민에게 복음을 전파하라(막16:15)
개역개정을 비롯한 대부분의 번역 성경에서 만물(πᾶς κτίσις)을 만민으로 번역했는데 이는 오역이다.

고 인간이 현대문명을 유지하려면 무엇보다도 신개념의 에너지가 개발되어야 한다. 그 에너지는 환경을 파괴하지 않는 무한 청정에너지여야 한다. 이런 에너지는 우주공간에 가득 차 있다. 우주 공간의 변화들과 지구의 자전과 공전 등은 모두가 어떤 보이지 않는 에너지의 활동이며, 대기권에는 전기력과 자기력 등 무한 청정에너지가 활동하고 있다. 이런 에너지를 어떻게 활용할 수 있을까? 우주의 원리를 활용해야 한다. 우주공간을 지배하고 있는 에너지의 원리를 터득하면 생태계를 파괴하지 않는 에너지를 활용할 수 있을 것이다.

우주에는 자연과 초자연이, 물질의 세계와 영성의 세계가 동시에 존재한다. 이성과 과학이 접근할 수 있는 세계는 자연과 물질의 세계이다. 반면 초자연과 영성의 세계는 신앙 경험으로 접근이 가능하다. 그런데 경험에 의하면 영성의 세계에 물질의 세계를 지배하는 힘이 들어있고 두 세계는 같은 원리가 지배하는데, 그것이 바로 내려가는 원리이다. 내려가는 원리는 물질의 세계에서는 중력으로 확인되며 영성의 세계에서는 낮아짐으로 경험된다. 하나님을 뵈오러 가는 길은 낮아짐의 길인데 그 이유는 하나님께서는 가장 낮은 곳에 계시기 때문이다. 낮아짐 속에 물질의 세계와 영성의 세계를 지배하는 힘의 원리가 들어있다.

오늘 우리는 생태계 파괴로 말미암은 대멸종의 위기에 직면해 있는데 인위적으로는 해결 불가능한 상태이다. 유일한 길은 하나님께로 돌아가는 길이다. 돌아가는 방법은 계약신앙을 회복하여 지키는 길이다. 우리가 할 수 있는 데까지 실천하면 나머지는 하나님께서 하나님의 방법으로 해결해 주실 것이다.

계약신앙으로 돌아갈 때에만 오늘 우리가 당면한 최대의 위기를 온 인류가 하나님께로 돌아가는 기회로 만들 수 있다. 이 기회를 놓치지 말아야 한다.

물음 33 하나님의 방식, 어떤 것일까?

본문 〈 12:1~19 〉

1 유월절 엿새 전에 예수께서 베다니에 이르시니 이 곳은 예수께서 죽은 자 가운데서 살리신 나사로가 있는 곳이라

2 거기서 예수를 위하여 잔치할새 마르다는 일을 하고 나사로는 예수와 함께 앉은 자 중에 있더라

3 마리아는 지극히 비싼 향유 곧 순전한 나드 한 근을 가져다가 예수의 발에 붓고 자기 머리털로 그의 발을 닦으니 향유 냄새가 집에 가득하더라

4 제자 중 하나로서 예수를 잡아 줄 가룟 유다가 말하되

5 이 향유를 어찌하여 삼백 데나리온에 팔아 가난한 자들에게 주지 아니하였느냐 하니

6 이렇게 말함은 가난한 자들을 생각함이 아니요 그는 도둑이라 돈궤를 맡고 거기 넣는 것을 훔쳐 감이러라

7 예수께서 이르시되 그를 가만 두어 나의 장례할 날을 위하여 그것을 간직하게 하라

8 가난한 자들은 항상 너희와 함께 있거니와 나는 항상 있지 아니하리라 하시니라

9 유대인의 큰 무리가 예수께서 여기 계신 줄을 알고 오니 이는 예수만 보기 위함이 아니요 죽은 자 가운데서 살리신 나사로도 보려 함이러라

10 대제사장들이 나사로까지 죽이려고 모의하니

11 나사로 때문에 많은 유대인이 가서 예수를 믿음이러라

12 그 이튿날에는 명절에 온 큰 무리가 예수께서 예루살렘으로 오신다는 것을 듣고

13 종려나무 가지를 가지고 맞으러 나가 외치되 호산나 찬송하리로다 주의 이름으로 오시는 이 곧 이스라엘의 왕이시여 하더라

14 예수는 한 어린 나귀를 보고 타시니

15 이는 기록된 바 시온 딸아 두려워하지 말라 보라 너의 왕이 나귀 새끼를 타고 오신다 함과 같더라

16 제자들은 처음에 이 일을 깨닫지 못하였다가 예수께서 영광을 얻으신 후에야 이것이 예수께 대하여 기록된 것임과 사람들이 예수께 이같이 한 것임이 생각났더라

17 나사로를 무덤에서 불러내어 죽은 자 가운데서 살리실 때에 함께 있던 무리가 증언한지라

18 이에 무리가 예수를 맞음은 이 표적 행하심을 들었음이러라

19 바리새인들이 서로 말하되 볼지어다 너희 하는 일이 쓸 데 없다 보라 온 세상이 그를 따르는도다 하니라

에브라임으로 피신하셨던 예수님께서는 유월절 엿새 전에 예루살렘 인근 베다니로 오셔서 마지막 유월절 사역을 시작하셨다. 공관복음과는 달리 독특하게 기록된 요한복음에 따라서 예수님의 마지막 발자취를 따라가 보고자 한다.

1. 장례식 준비

【●】 1 유월절 엿새 전에 예수께서 베다니에 이르시니 이 곳은 예수께서 죽은 자 가운데서 살리신 나사로가 있는 곳이라 2 거기서 예수를 위하여 잔치할새 마르다는 일을 하고 나사로는 예수와 함께 앉은 자 중에 있더라 3 마리아는 지극히 비싼 향유 곧 순전한 나드 한 근을 가져다가 예수의 발에 붓고 자기 머리털로 그의 발을 닦으니 향유 냄새가 집에 가득하더라 … 7 예수께서 이르시되 그를 가만 두어 나의 장례할 날을 위하여 그것을 간직하게 하라

예수님께 향유를 부어드리는 이야기는 네 복음서에 모두 기록되어 있는데(마26:6~13, 막14:3~9, 눅7:36~50, 요12:1~8), 그 이유는 이 사건의 의미가 그만큼 크기 때문일 것이다. 네 복음서의 이야기를 종합해 보면 베다니에 살던 시몬이라는 사람은 문둥병을 치료받았고, 나사로는 죽음에서 다시 살아나서 두 사람이 공동으로 예수님을 위한 잔치를 베푼 것 같다. 이 자리에서 나사로의 누이 마리아는 오라비 나사로를 살려주신 것에 대한 감사의 표시로 예수님

께 귀한 나드 한 옥합을 부어드렸다. 그러자 향유의 가격이 300데나리온이나 되는 큰 액수여서 논란이 일어났다. 노동자 1년 품삯에 버금가는 300데나리온을 이렇게 허비할 것이 아니라 가난한 자들에게 나누어 주었어야 한다는 주장이 설득력을 얻고 있었다. 이에 예수님께서 말씀하셨다.

그를 가만 두어 나의 장례할 날을 위하여 그것을 간직하게 하라

시몬과 나사로 가족은 단지 자신들이 받은 은혜에 감사하는 마음으로 잔치를 베풀고 향유를 부어드렸을 뿐이다. 그런데 그것이 예수님의 예비 장례식이라고는 꿈에도 생각할 수가 없었다. 많이 기도하면서 순수하게 감사하는 마음으로 어떤 일을 섬기다 보면 그 일이 하나님을 대신하는 경우가 허다하다. 지금도 하나님께서는 이런 방식으로 사람을 통해서 하나님의 일을 실현시켜 나가신다. 동시에 마귀는 또 자기를 드러내고자 하는 사람을 통하여 자기의 일을 성취한다. 우리는 우리 자신도 모르는 사이에 하나님의 일을 할 수도 있고, 마귀의 앞잡이가 될 수도 있다.

2. 비열한 음모

【●】 9 유대인의 큰 무리가 예수께서 여기 계신 줄을 알고 오니 이는 예수만 보기 위함이 아니요 죽은 자 가운데서 살리신 나사로도 보려 함이러라 10 대제사장들이 나사로까지 죽이려고 모의하니 11 나사로 때문에 많은 유대인이 가서 예수를 믿음이러라

유대인들에게 한 주간 진행되는 유월절은 가장 큰 행사였는데, 이 절기를 거룩하게 지키기 위하여 미리 한 주일 전부터 정결례를 행하고 있었다.(민9:6~13, 대하30:15~19 참조) 따라서 예루살렘에는 많은 사람들이 이미 모여있었고 나사로 사건은 단연 화제의 대상이었다. 예수님께서 베다니에 오셨다는 소식이 들리자 유대인들이 예수님과 나사로를 보기 위하여 베다니로 몰려들기 시작했다. 군중들은 소문으로만 듣던 나사로를 직접 보고 나니 예수님에 대한 믿

음이 더 확실해졌다. 이에 유대교 당국자들은 나사로까지 죽이려는 계획을 세웠다. 나사로에 대한 소문의 근거를 제거하기 위함이었다. 하나님을 섬기는 유대교 지도자들이 이런 비열한 음모를 세웠다는 것이 믿기지 않는다.

이에 대하여 예수님께서는 어떻게 대처하셨을까?

3. 군중 동원

【•】 12 그 이튿날에는 명절에 온 큰 무리가 예수께서 예루살렘으로 오신다는 것을 듣고 13 종려나무 가지를 가지고 맞으러 나가 외치되 호산나 찬송하리로다 주의 이름으로 오시는 이 곧 이스라엘의 왕이시여 하더라 14 예수는 한 어린 나귀를 보고 타시니 15 이는 기록된 바 시온 딸아 두려워하지 말라 보라 너의 왕이 나귀 새끼를 타고 오신다 함과 같더라

복음서를 보면 예수님께서는 어떤 일을 하실 때 치밀하게 계획을 세우셨지만 그 행보를 미리 말씀하시는 경우가 거의 없었다. 그런데 이번에는 예외였다. 베다니에 계실 때 다음 날 유월절 절기에 맞추어 예루살렘 성에 입성하신다는 소문을 내게 하셨다. 그러자 소문을 들은 사람들은 예수님을 맞이하기 위하여 종려나무 가지를 들고 모여들었다. 종려나무 가지를 들고 환영하는 것은 승리자를 맞이할 때 사용하는 방법인데, 마카비가 시리아군을 물리치고 입성할 때부터 시작되었다.(마카비1서 15:51, 2서14:4)

군중들은 종려나무 가지를 들고 예수님을 승리의 통치자인 왕으로 맞이했다. 예수님께서 사역을 시작하시기 전에 광야에서 40일 금식기도를 할 때부터 마귀는 유대인의 메시아, 즉 왕이 되라고 요청했고 그 이후에도 사람들을 통하여 끈질기게 요청했으나 예수님께서는 그런 마귀의 요청을 물리치셨다. 그런데 마지막 사역을 위하여 예루살렘 성에 입성하실 때 사람들이 왕으로 환영하는 것을 왜 허용하셨을까?

예수님께서는 왕이셨지만 높은 자리에서 지배하고 다스리는 정치적인 왕이 아니라, 낮은 자리에서 섬기는 진리의 왕이셨다. 이를 분명하게 보여주기 위하여 선지자들이 사용하던 상징적인 행동(prophetic performance)을 보여주셨다. 누구도 타본 적이 없는 어린 나귀 등에 겉옷을 안장으로 깔고 타고 가셨다. 진정한 왕의 모습을 본 군중들의 반응은 더 뜨거워질 수 밖에 없었다. 인위적인 방법이라곤 전혀 동원하지 않으면서 자연스럽게 이런 상황을 이끌어 내시는 예수님의 방법은 놀라움 그 자체다. 뭐라고 더 할 말이 없다.

예수님과 나사로를 같이 죽이려던 당국자들은 이 모습을 지켜보며서 어떤 반응을 보였을까?

4. 무용지물

【●】 17 나사로를 무덤에서 불러내어 죽은 자 가운데서 살리실 때에 함께 있던 무리가 증언한지라 18 이에 무리가 예수를 맞음은 이 표적 행하심을 들었음이러라 19 바리새인들이 서로 말하되 볼지어다 너희 하는 일이 쓸 데 없다 보라 온 세상이 그를 따르는도다 하니라

닭 쫓던 개 지붕 쳐다보는 꼴이 된 바리새인들은 너무 놀란 나머지 서로 얼굴을 쳐다보며 자신들의 계획은 아무짝에도 쓸모없이 되었다며 탄식하지 않을 수 없었다. 하나님께서는 언제나 인간의 음모와 잔꾀를 이와 같이 무용지물이 되게 하실 뿐만 아니라 스스로 파멸하게 하신다. 단지 파멸까지 시간이 얼마나 걸리느냐에 달려있을 뿐이다.

나사로의 소생은 예수님께서 유월절을 맞아 행하시는 마지막 한 주일 사역을 가능하게 했다. 예수님의 유월절 사역은 크게 둘로 나뉘어진다.

❶ 성전정화

요한복음에는 성전정화 사건이 예수님의 초기 사역으로 기록되어 있지만, 공관복음에 의하면 갈릴리 사역을 마치고 유월절 절기에 맞추어 예루살렘에 입성하신 직후 일어난 일로 기록되어 있다. 그리고 이것이 사실에 가깝다고 생각된다. 유월절 행사에서 가장 큰 비중은 양을 잡아 바치는 제사였다. 요세푸스의 기록에 의하면 유월절에는 250만 명 이상의 인파들이 모여서 256,500여 마리의 양을 제사로 드렸다고 한다. 유월절 행사를 위하여 유대교 당국자들은 1년 내내 준비를 했다. 유월절이 가까워지면 회당에서는 유월절과 관련된 교육을 시키고, 예루살렘으로 올라가는 길들을 정비하며 길가의 무덤에는 회칠을 했다. 그리고 수만여 명의 제사장과 레위인들, 성전 경비병들을 총동원시켰다. 평소에는 지중해 해안 가이사랴에 주둔하던 총독과 로마 군병들도 만일의 사태에 대비하여 예루살렘에 올라와 대기하고 있었다.

예수님께서 성전에서 환전 상자를 뒤집어엎고 제사용 양들을 내쫓는 일은 결코 쉬운 일이 아니었으며 사람으로서는 누구도 상상할 수 없는 일이었다. 그런데 어떻게 그 일이 가능했을까? 모여있던 군중들의 절대적인 지지 때문에 가능했다. 당시 성전은 강도의 소굴이었다. 성전세와 환전료가 장정 이틀 품삯에 해당되었고, 제사용 짐승은 성전에서 독점 판매했는데 시중가보다 10여 배 이상 비쌌다. 이런 사실을 잘 알고 있던 군중들이 예수님께서 환전 상자를 뒤집어엎고 짐승들을 내어 쫓으시며 유월절 제사를 중단시켰을 때, 어떤 반응을 보였을지 능히 짐작할 만 하다. 군중의 절대 지지가 없었으면 성전정화는 불가능했을 것이다. 그런데 군중들의 이런 지지를 가능하게 한 것이 바로 나사로의 소생이었다. 나사로 사건을 지켜본 군중들은 예수님께서 입성하실 때부터 대대적으로 환영하며 왕의 예를 갖추어 맞아들였다. 그 여세를 몰고 예수님께서는 성전으로 가셔서 거룩한 유월절을 백성들을 착취하는 수단으로 삼은 유대교 당국자들을 엄히 책망하신 후, 채찍을 휘두르시며 장사꾼들과 짐승들을 몰아내셨다. 그러자 군중들은 진정한 왕의 모습을 예수님에게서 발견하고 절대 지지를 보냈던 것이다.

❷ 계약법 교육

30에이커[84] 크기의 성전에서 25만여 마리의 양을 잡아 그 내장과 기름을 태워 제사 드리려면 수많은 임시 제단을 만들어 태워야 했다. 유월절 기간 내내 예루살렘은 짐승의 피가 기드론 골짜기로 흘러넘쳤고 기름과 내장 태우는 연기와 냄새가 자욱했다. 그런데 예수님은 이런 국가 차원의 제사의식을 중단시키고 성전에서 유월절 내내 군중들에게 말씀, 즉 계약법을 가르치셨다. 그러자 백성들은 아침 해 뜰 때부터 모여들어 해 질 때까지 예수님의 말씀에 귀를 기울였다.(마26:55, 눅21:37~38, 요8:2 참조)

속수무책으로 이를 지켜보던 유대인들은 군중들 앞에서 예수님의 위신을 실추시키고 체포할 명분을 얻기 위하여 로마제국에 세금을 납부하는 문제, 부활 이후의 결혼 문제 등 자신들이 영원히 풀 수 없었던 문제들을 가지고 와서 질문공세를 폈다. 그러나 예수님께서는 기다렸다는 듯이 기막힌 답변을 하셨고 동시에 질문한 유대인 당국자들은 반대로 자신들이 판 구덩이에 자신들이 빠지고 말았다.

❸ 무력화(無力化)

이런 일들을 지켜보던 군중들은 예수님의 지혜에 탄복하고 그 가르침에 더 귀를 기울였다. 유대인들은 전전긍긍하면서 어떤 대책을 강구했지만 인간의 잔꾀가 하나님의 지혜를 당해낼 수 없었다. 예수님께 대항하면 할수록 더 궁지에 몰리고 말아서 대경실색, 망연자실, 자포자기 상태에서 넋을 잃고 서로 중얼거렸다.

> 바리새인들이 서로 말하되 볼지어다 너희 하는 일이 쓸 데 없다 보라 온 세상이 그를 따르는도다 하니라

84) 1에이커는 황소가 하루에 갈 수 있는 밭의 넓이인데, 약1,200평(4,000㎡) 이다.

이 모든 것을 가능하게 한 사건이 바로 죽은 나사로의 소생이었다. 베데스다 연못가의 38년 된 병자, 맹인으로 태어난 사람, 병들어 죽었던 나사로 이야기 등은 비극과 재앙이 어떻게 기회로 활용될 수 있는지를 잘 보여준다. 더 좋은 것을 주시는 하나님께서는 우리가 당면하는 위기를 기회로 바꾸어 주신다. 대부분의 경우 하나님께서 베푸시는 은혜와 축복은 이런 반전을 통해서 주어진다. 아무리 절망적인 상황이 되었다 해도 아직 끝이 아니다. 하나님께서는 사람들이 다 끝났다고 생각할 그때 시작하신다. 끝난 것이 아니라 시작할 때가 된 것이다.

물음 34 헬라인 등장, 무엇을 말하는가?

본문 〈 12:20~36 〉

20 명절에 예배하러 올라온 사람 중에 헬라인 몇이 있는데

21 그들이 갈릴리 벳새다 사람 빌립에게 가서 청하여 이르되 선생이여 우리가 예수를 뵈옵고자 하나이다 하니

22 빌립이 안드레에게 가서 말하고 안드레와 빌립이 예수께 가서 여쭈니

23 예수께서 대답하여 이르시되 인자가 영광을 얻을 때가 왔도다

24 내가 진실로 진실로 너희에게 이르노니 한 알의 밀이 땅에 떨어져 죽지 아니하면 한 알 그대로 있고 죽으면 많은 열매를 맺느니라

25 자기의 생명을 사랑하는 자는 잃어버릴 것이요 이 세상에서 자기의 생명을 미워하는 자는 영생하도록 보전하리라

26 사람이 나를 섬기려면 나를 따르라 나 있는 곳에 나를 섬기는 자도 거기 있으리니 사람이 나를 섬기면 내 아버지께서 그를 귀히 여기시리라

27 지금 내 마음이 괴로우니 무슨 말을 하리요 아버지여 나를 구원하여 이 때를 면하게 하여 주옵소서 그러나 내가 이를 위하여 이 때에 왔나

이다
28 아버지여, 아버지의 이름을 영광스럽게 하옵소서 하시니 이에 하늘에 서 소리가 나서 이르되 내가 이미 영광스럽게 하였고 또다시 영광스럽게 하리라 하시니
29 곁에 서서 들은 무리는 천둥이 울었다고도 하며 또 어떤 이들은 천사가 그에게 말하였다고도 하니
30 예수께서 대답하여 이르시되 이 소리가 난 것은 나를 위한 것이 아니요 너희를 위한 것이니라
31 이제 이 세상에 대한 심판이 이르렀으니 이 세상의 임금이 쫓겨나리라
32 내가 땅에서 들리면 모든 사람을 내게로 이끌겠노라 하시니
33 이렇게 말씀하심은 자기가 어떠한 죽음으로 죽을 것을 보이심이러라
34 이에 무리가 대답하되 우리는 율법에서 그리스도가 영원히 계신다 함을 들었거늘 너는 어찌하여 인자가 들려야 하리라 하느냐 이 인자는 누구냐
35 예수께서 이르시되 아직 잠시 동안 빛이 너희 중에 있으니 빛이 있을 동안에 다녀 어둠에 붙잡히지 않게 하라 어둠에 다니는 자는 그 가는 곳을 알지 못하느니라
36 너희에게 아직 빛이 있을 동안에 빛을 믿으라 그리하면 빛의 아들이 되리라 예수께서 이 말씀을 하시고 그들을 떠나가서 숨으시니라

이제 예수님의 사역은 막바지에 다다랐다. 지금까지는 예수님의 때가 아직 오지 않았다고 했다.(요2:4, 7:30, 8:20) 그런데 갑자기 이제 때가 이르렀다고 선언했다.(요12:23) 무엇이 때가 이른 징조였을까?

1. 헬라인의 등장

【•】 20 명절에 예배하러 올라온 사람 중에 헬라인 몇이 있는데 21 그들이 갈릴리 벳새다 사람 빌립에게 가서 청하여 이르되 선생이여 우리가 예수를 뵈옵고자 하나이다 하니 22 빌립이 안드레에게 가서 말하고 안드레와 빌립이 예수께 가서 여쭈니 23 예수께서 대답하여 이르시되 인자가 영광을 얻을 때가 왔도다

헬라인은 어떤 종족을 뜻하는 게 아니다. 알렉산더 대왕 이후 세계화된 고대 그리스 문화를 헬라문화라고 한다. 로마제국 시대에도 헬라어는 공용어였고 헬라문화가 사상적인 지주 역할을 했다. 따라서 헬라인은 헬라문화로 살아가는 이방인들을 말한다.

로마제국 각지에 흩어져 사는 유대인들이 본토에 사는 사람들보다 더 많았는데, 유대인들은 해외에 거주하는 자신들의 거주지에 회당을 지어놓고 율법 공부 중심의 신앙생활을 했다. 또 유대교는 로마제국 내에서 유일하게 고등종교였기 때문에 널리 알려져 있었고 또 진지하게 신앙을 찾는 헬라인들에게 많은 관심을 끌었다. 유대교로 개종한 사람들도 소수 있었지만 각지의 회당에는 이방인들이 유대인과 같이 모여 신앙생활을 했다. 사도행전에는 이들이 '경건한 사람' 이라는 이름으로 등장한다.(행10:7, 13:43, 17:17) 요세푸스의 글에 의하면 경건한 헬라인들 중에는 유대교 최대 명절인 유월절에 예루살렘을 방문하는 사람들이 있었다.

유월절을 맞아 예루살렘에 왔던 헬라인들은 예수님을 처음 만났다. 그리고 그 가르침을 들으면서 유대교 회당에서 듣던 것과는 너무 다르지만 예수님의 말씀이 맞다는 것을 알았다. 이들은 예수님을 믿기로 작정하고 예수님을 만나려고 했다. 본문에서 "선생이여, 뵈옵고자 하나이다."(*Κύριε, θέλομεν τὸν Ἰησοῦν ἰδεῖν*)는 단순하게 만난다는 뜻이 아니라 예수님의 말씀을 깨닫고 믿겠다는 뜻에 가깝다. 그러자 예수님께서는 이들의 방문을 특별하게 받아들이셨다. 왜 예수님께서는 헬라인들이 찾아오자 드디어 때가 이르렀다고 말씀하셨을까?

요한복음은 신약의 신명기로서, 유대인들이 교회의 중심이었던 사도 시대가 마무리되고 이제 이방인, 즉 헬라인 중심의 교회시대가 시작될 무렵에 교회가 가야 할 방향을 제시하고 있다. 이런 이유로 요한복음에는 이방인들에 대해서 자주, 또 중요하게 다루고 있다.[85] 헬라인들의 등장은 복음 사역이 유대인에게서 이방인에게로 확대되는 것을 예고한다. 때가 되었다는 말씀은 이제 옛 계약에서 새 계약으로 넘어가는 때가 되었다는 뜻이다. 헬라인의 등장은 옛 계약의 파기를 알리는 서곡이었다.

헬라인들이 예수님을 만나기 위해 제자들 중 빌립과 먼저 접촉한 이유는 빌립의 이름이 헬라식이고 또 헬라문화에 익숙해서 대화가 통할 수 있었기 때문이다. 빌립이 안드레와 상의한 이유도 안드레 역시 헬라식 이름이며 헬라문화에 대한 이해가 있었기 때문이었던 것 같다. 사도행전에 보면 해외에 살던 교포(Diaspora)들이 헬라인들에게 복음이 확산되는 과정에서 중요한 역할을 한 것을 알 수 있다. 유월절에 예수님과 헬라인들이 만나는 과정에서도 헬라문화에 이해가 있었던 제자들이 가교역할을 했다.

2. 교회가 갈 길

【●】 24 내가 진실로 진실로 너희에게 이르노니 한 알의 밀이 땅에 떨
어져 죽지 아니하면 한 알 그대로 있고 죽으면 많은 열매를 맺느니라
25 자기의 생명을 사랑하는 자는 잃어버릴 것이요 이 세상에서 자기의
생명을 미워하는 자는 영생하도록 보전하리라 26 사람이 나를 섬기려
면 나를 따르라 나 있는 곳에 나를 섬기는 자도 거기 있으리니 사람이
나를 섬기면 내 아버지께서 그를 귀히 여기시리라

공관복음에 의하면 예수님께서는 갈릴리 사역을 마치고 예루살렘을 향하여 올라가시면서 수난을 수차례 반복해서 다음과 같이 예고하셨다.

---

85) 또 이 우리에 들지 아니한 다른 양들이 내게 있어 내가 인도하여야 할 터이니 그들도 내 음성을 듣고 한 무리가 되어 한 목자에게 있으리라(요10:16)
내가 땅에서 들리면 모든 사람을 내게로 이끌겠노라 하시니(요12:32)
내가 비옵는 것은 이 사람들만 위함이 아니요 또 그들의 말로 말미암아 나를 믿는 사람들도 위함이니(요17:20)

무리와 제자들을 불러 이르시되 누구든지 나를 따라오려거든 자기를 부인하고 자기 십자가를 지고 나를 따를 것이니라 누구든지 자기 목숨을 구원하고자 하면 잃을 것이요 누구든지 나와 복음을 위하여 자기 목숨을 잃으면 구원하리라(막8:34~35)

그런데 요한복음에서는 예루살렘에서 때가 이르렀다는 말씀과 더불어 밀알의 비유로 주님을 따르는 자가 가져야 할 제자의 도를 말씀하시고 또 그 길을 간 사람들에게 주어지는 영생을 약속하셨다. 요한복음은 십자가의 길을 헬라인들도 쉽게 알 수 있도록 밀알의 비유를 통해 자기희생과 섬김의 길로 설명했다. 이 길은 이방인 중심의 교회가 가야 할 방향이라고 말하고 있다.

3. 예수님의 통곡

【•】 27 지금 내 마음이 괴로우니 무슨 말을 하리요 아버지여 나를 구원하여 이 때를 면하게 하여 주옵소서 그러나 내가 이를 위하여 이 때에 왔나이다 28 아버지여, 아버지의 이름을 영광스럽게 하옵소서 …

이 말씀은 공관복음에 기록된 겟세마네 기도를 연상하게 하는데 다음과 같다.

베드로와 세베대의 두 아들을 데리고 가실새 고민하고 슬퍼하사 이에 말씀하시되 내 마음이 매우 고민하여 죽게 되었으니 너희는 여기 머물러 나와 함께 깨어 있으라 하시고 조금 나아가사 얼굴을 땅에 대시고 엎드려 기도하여 이르시되 내 아버지여 만일 할 만하시거든 이 잔을 내게서 지나가게 하옵소서 그러나 나의 원대로 마시옵고 아버지의 원대로 하옵소서(마26:37~39)

예수님께서는 왜 그토록 고민하며 무엇을 슬퍼하셨을까? 십자가를 지고 가실 때 당할 고통 때문이었을까? 아니다. 계약파기와 그로 말미암을 심판과 이스라엘이 당할 비극 때문이다. 하나님의 심판의 1차 대상은 세상이 아니라 계약을 맺은 공동체이다. 계약공동체는 계약이 파기되면 가장 비참한 결말을 맞는다. 구약에서 북왕국과 남왕국이 멸망하는 이야기와 AD 70년 유대인들이 로마에 멸망하는 이야기는 수많은 전쟁의 비극 중 가장 처참한 비극이었다.

예수님께서는 이 비극을 막기 위하여 온갖 표적을 보여주시며 또 절기에 맞추어 많은 말씀을 하셨지만 유대인들은 결국 듣지 않았다. 이제 마지막 말씀을 하시는데도 유대인들은 전혀 알아듣지 못하여 심판을 자초하고 있다. 이에 예수님께서는 견딜 수 없는 고통을 느끼셨던 것이다. "이때를 면하게 하여 주옵소서!"는 이스라엘과 맺은 첫 번째 계약이 파기되지 않게 하옵소서라는 말씀이며, "그러나 내가 이때를 위하여 왔나이다."는 새로운 계약을 체결하러 오셨다는 뜻이다.

유대교의 유월절 제사를 중단시키고 성전에서 한 주일 동안 가르치신 말씀은 예수님의 마지막 경고이자 절규였다. 그러나 유대인들은 듣지 않았고 예수님의 고통은 그만큼 더 커서 결국 통곡에 이르셨다.

4. 하늘의 통곡

【●】 28 … 이에 하늘에서 소리가 나서 이르되 내가 이미 영광스럽게 하였고 또다시 영광스럽게 하리라 하시니 29 곁에 서서 들은 무리는 천둥이 울었다고도 하며 또 어떤 이들은 천사가 그에게 말하였다고도 하니 30 예수께서 대답하여 이르시되 이 소리가 난 것은 나를 위한 것이 아니요 너희를 위한 것이니라

땅에서 예수님이 통곡하시자 하늘에서도 통곡의 소리가 들려왔다. 그러나 유대인들은 무슨 천둥소리로 들었다. 하늘로부터 소리가 들린 것은 예수님의 말씀을 사람들이 알아듣지 못하고 또 믿지 못하기 때문에 예수님의 말씀이 사실임을 알려주기 위한 하늘의 확인이었다. 그러나 그들에게는 하늘의 경고가 천둥소리로 들리고 말았다. 예수님의 말씀과 설교를 전혀 알아듣지 못하는 현상은 보아도 보지 못하고 들어도 듣지 못하는 것이며, 이는 계약이 파기된 증거이다. 계약이 파기되면 어떤 결과가 빚어질까?

5. 심판

【•】 31 이제 이 세상에 대한 심판이 이르렀으니 이 세상의 임금이 쫓
겨나리라 32 내가 땅에서 들리면 모든 사람을 내게로 이끌겠노라 하시
니 33 이렇게 말씀하심은 자기가 어떠한 죽음으로 죽을 것을 보이심이
러라

계약을 어기면 그 다음 수순은 심판이다. 예수님의 경고는 곧 심판의 예고이다. 눈과 귀가 먼 유대인들은 예수님을 이단이라고 여겨 십자가에 못박아 죽였고 그 결과 그들은 처참한 심판을 받았다. 이제 새로운 이방인들이 새 계약의 주인공이 되어 구원에 이르게 된다. 땅에서 들리우신 예수님의 십자가는 새로운 계약체결의 길이었다.

5. 마지막 경고

【•】 34 이에 무리가 대답하되 우리는 율법에서 그리스도가 영원히 계
신다 함을 들었거늘 너는 어찌하여 인자가 들려야 하리라 하느냐 이
인자는 누구냐 35 예수께서 이르시되 아직 잠시 동안 빛이 너희 중에
있으니 빛이 있을 동안에 다녀 어둠에 붙잡히지 않게 하라 어둠에 다
니는 자는 그 가는 곳을 알지 못하느니라 36 너희에게 아직 빛이 있을
동안에 빛을 믿으라 그리하면 빛의 아들이 되리라 예수께서 이 말씀을
하시고 그들을 떠나가서 숨으시니라

하늘의 음성까지 들려왔어도 유대인들이 오해하기는 마찬가지였다. 이에 예수님께서는 마지막 시간을 주셨다. 예수님께서 아직 세상에 계시는 동안에는 세상의 빛이기 때문에 아직 어둠에서 벗어날 기회가 있다는 말씀이다.

마지막 설교를 마치신 예수님은 이제 강단에서 내려오시고 잠적하셨다.

물음 35

사역의 결과, 어떻게 되었나?

본문 〈 12:37~50 〉

37 이렇게 많은 표적을 그들 앞에서 행하셨으나 그를 믿지 아니하니

38 이는 선지자 이사야의 말씀을 이루려 하심이라 이르되 주여 우리에게서 들은 바를 누가 믿었으며 주의 팔이 누구에게 나타났나이까 하였더라

39 그들이 능히 믿지 못한 것은 이 때문이니 곧 이사야가 다시 일렀으되

40 그들의 눈을 멀게 하시고 그들의 마음을 완고하게 하셨으니 이는 그들로 하여금 눈으로 보고 마음으로 깨닫고 돌이켜 내게 고침을 받지 못하게 하려 함이라 하였음이더라

41 이사야가 이렇게 말한 것은 주의 영광을 보고 주를 가리켜 말한 것이라

42 그러나 관리 중에도 그를 믿는 자가 많되 바리새인들 때문에 드러나게 말하지 못하니 이는 출교를 당할까 두려워함이라

43 그들은 사람의 영광을 하나님의 영광보다 더 사랑하였더라

44 예수께서 외쳐 이르시되 나를 믿는 자는 나를 믿는 것이 아니요 나를 보내신 이를 믿는 것이며

45 나를 보는 자는 나를 보내신 이를 보는 것이니라

46 나는 빛으로 세상에 왔나니 무릇 나를 믿는 자로 어둠에 거하지 않게 하려 함이로라

47 사람이 내 말을 듣고 지키지 아니할지라도 내가 그를 심판하지 아니하노라 내가 온 것은 세상을 심판하려 함이 아니요 세상을 구원하려 함이로라

48 나를 저버리고 내 말을 받지 아니하는 자를 심판할 이가 있으니 곧 내가 한 그 말이 마지막 날에 그를 심판하리라

49 내가 내 자의로 말한 것이 아니요 나를 보내신 아버지께서 내가 말할 것과 이를 것을 친히 명령하여 주셨으니

50 나는 그의 명령이 영생인 줄 아노라 그러므로 내가 이르는 것은 내 아버지께서 내게 말씀하신 그대로니라 하시니라

본문은 요한복음 전반부의 마지막 말씀이다. 전반부는 예수님께서 주로 예루살렘에서 절기에 맞추어 활동하신 이야기이다. 그런데 그 사역의 결과는 무엇이었을까?

1. 계약파기 선언

【•】 37 이렇게 많은 표적을 그들 앞에서 행하셨으나 그를 믿지 아니하
니 38 이는 선지자 이사야의 말씀을 이루려 하심이라 이르되 주여 우
리에게서 들은 바를 누가 믿었으며 주의 팔이 누구에게 나타났나이까
하였더라 39 그들이 능히 믿지 못한 것은 이 때문이니 곧 이사야가 다
시 일렀으되 40 그들의 눈을 멀게 하시고 그들의 마음을 완고하게 하
셨으니 이는 그들로 하여금 눈으로 보고 마음으로 깨닫고 돌이켜 내게
고침을 받지 못하게 하려 함이라 하였음이더라 41 이사야가 이렇게 말
한 것은 주의 영광을 보고 주를 가리켜 말한 것이라

구약성경 이사야서의 이 말씀은 이스라엘과 맺었던 계약의 파기를 선언한 말씀이다. 네 복음서는 물론 로마에 도착한 바울도 이사야서를 인용하면서 이스라엘과 맺었던 옛 계약의 파기를 선언한다. 이는 계약파기 선언을 가장 크고 중요하게 다루고 있다는 증거이다.

이사야의 예언이 그들에게 이루었으니 일렀으되 너희가 듣기는 들어도 깨닫지 못할 것이요 보기는 보아도 알지 못하리라 이 백성들의 마음이 완악하여져서 그 귀는 듣기에 둔하고 눈은 감았으니 이는 눈으로 보고 귀로 듣고 마음으로 깨달아 돌이켜 내게 고침을 받을까 두려워함이라 하였느니라(마13:14~15)

이는 그들로 보기는 보아도 알지 못하며 듣기는 들어도 깨닫지 못하게 하여 돌이켜 죄 사함을 얻지 못하게 하려 함이라 하시고(막4:12)

이르시되 하나님 나라의 비밀을 아는 것이 너희에게는 허락되었으나 다른 사람에게는 비유로 하나니 이는 그들로 보아도 보지 못하고 들어도 깨닫지 못하게 하려 함이라(눅8:10)

그들의 눈을 멀게 하시고 그들의 마음을 완고하게 하셨으니 이는 그들로 하여금 눈으로 보고 마음으로 깨닫고 돌이켜 내게 고침을 받지 못하게 하려 함이라 하였음이더라(요12:40)

일렀으되 이 백성에게 가서 말하기를 너희가 듣기는 들어도 도무지 깨닫지 못하며 보기는 보아도 도무지 알지 못하는도다 이 백성들의 마음

이 우둔하여져서 그 귀로는 둔하게 듣고 그 눈은 감았으니 이는 눈으로 보고 귀로 듣고 마음으로 깨달아 돌아오면 내가 고쳐 줄까 함이라 하였으니(행28:26~27)

특히 요한복음에서 이 말씀을 전반부의 결산이자 마지막 말씀으로 다루고 있는 이유는 앞으로의 교회는 계약파기의 비극을 반복하지 않기를 바라는 간절한 마음의 표현이다. 그런데 그 이후의 교회는 어떤 길을 갔을까? 요한복음이 기대하는 것과는 정확하게 정반대로 계약파기의 길을 갔다. 그 증거가 무엇일까?

❶ 성경에 대한 무지

요한복음에서 유대인들이 예수님의 말씀을 계속 오해하고 엉뚱한 질문을 늘어놓는 현상은 계약이 파기된 증거, 즉 보아도 보지 못하고 들어도 듣지 못하는 현상이었다. 교회사를 돌이켜 보면 성경에 대한 기본적인 이해와 방향이 잘못되어 있었다. 구속사 위주의 성경해석이 그 오류의 근본 원인이었다. 계약의 시각으로 보아야 하는데 이런 관점은 아예 흔적도 없이 사라지고 말았다. 지금 우리들도 성경을 완전히 오해하면서도 바르게 알고 있고, 구원받았다는 착각에 빠져있다. 유대인이 범했던 오류를 그대로 답습하고 있다.

❷ 정체성 상실

성경에 대한 무지로 말미암아 교회의 역할에 대하여 소경이 되고 말았다. 하나님 나라를 이 땅에 임하게 해야 할 사명을 모른 채, 교회가 해야 할 지상과제는 영혼구원을 위한 선교라고 생각했으며 교회는 영혼구원 받은 사람들의 영혼구원을 위한 모임으로 전락하고 말았다.

❸ 세상의 반발

내세에 치중한 교회의 영혼 구원 행각에 대하여 세상에서는 극도로 민감하게 반발했다. 그 결과 하나님, 내세, 신앙을 거부하는 운동이 대대적으로 일어났는데, 이를 르네상스라고 한다. 이로써 인간, 현세, 이성을 중시하는 인간주의 시대가 열렸고 중세 기독교 시대는 막을 내리고 말았다.

❹ 공멸

하나님과 신앙을 거부한 인간이 인간만의 힘으로 현세에서 지상천국을 시도하여 전염병 퇴치와 기아에서 벗어나는 등 많은 성과를 거두는 듯 했지만 참담한 결과에 도달하고 말았다. 세계대전, 대량살상무기의 개발, 생태계 파괴 등으로 인류는 멸종 위기를 맞았다. 코로나19 바이러스는 대멸종의 서곡일 뿐이다. 교회와 세상은 같이 파국을 맞고 말았다.

이 모든 책임은 누구에게 있는가? 교회에서 성경과 신앙을 잘못 가르친 사람들에게 있다. 그 잘못은 무엇으로도 돌이킬 수 없으며 용서받을 수 없다.

> 뱀들아 독사의 새끼들아 너희가 어떻게 지옥의 판결을 피하겠느냐(마 23:33)

2. 직무유기

> 【●】 42 그러나 관리 중에도 그를 믿는 자가 많되 바리새인들 때문에 드러나게 말하지 못하니 이는 출교를 당할까 두려워함이라 43 그들은 사람의 영광을 하나님의 영광보다 더 사랑하였더라

예수님의 말씀을 들었던 유대교 당국자들 가운데서 예수님의 말씀을 인정하고 받아들이는 사람들이 많이 있었다. 그러나 그들은 끝내 침묵으로 일관하고 말았다. 알고도 말하지 않는 이런 비겁한 행위는 직무유기이자 더 큰 범죄 행위이다. 말씀과 교회의 오류에 대하여 눈을 뜬 자들은 뒷전에서만 맴돌지 말고 앞으로 나서야 한다. 하나님께서 보실 때에는 교회의 사활이 걸린 문제를 알고도 모른 체하는 이런 방관자들이 더 괘씸할 수 있다.

3. 이중 심판

> 【●】 46 나는 빛으로 세상에 왔나니 무릇 나를 믿는 자로 어둠에 거하지 않게 하려 함이로라 47 사람이 내 말을 듣고 지키지 아니할지라도

내가 그를 심판하지 아니하노라 내가 온 것은 세상을 심판하려 함이 아니요 세상을 구원하려 함이로라 48 나를 저버리고 내 말을 받지 아니하는 자를 심판할 이가 있으니 곧 내가 한 그 말이 마지막 날에 그를 심판하리라

빛으로 오신 예수님의 말씀은 지금 여기서 심판의 역할을 하는데 받아들이는 사람에게는 구원이, 거부하는 사람에게는 멸망이 선언된다. 예수님의 말씀은 경고와 책망이며 아직 돌이킬 기회가 있기 때문에 세상을 구원하기 위한 말씀이다. 그러나 이를 끝까지 거부하는 사람들은 이 세상에서는 물론 마지막 날에 영원한 심판의 대상이 된다.

4. 대언(代言)

【•】 49 내가 내 자의로 말한 것이 아니요 나를 보내신 아버지께서 내가 말할 것과 이를 것을 친히 명령하여 주셨으니 50 나는 그의 명령이 영생인 줄 아노라 그러므로 내가 이르는 것은 내 아버지께서 내게 말씀하신 그대로니라 하시니라

예수님께서 유대인들에게 하신 마지막 말씀은 무엇이었을까? 요한복음에 의하면 "나는 하나님으로부터 보내심을 받았으며, 지금까지 내가 한 말은 내 말이 아니라 하나님께서 주신 말씀이었다."였다. 왜 요한복음은 마지막 말씀을 이렇게 기록해 놓았을까?

교회의 지도자는 하나님으로부터 보내심을 받아야 하며, 성경을 가르치는 사람은 하나님으로부터 배워야 하기 때문이다. 유대교의 지도자들은 스스로 나서서 자기 말을 하는 자들이었다. 그런 사람들일수록 거짓 사명감과 구원받은 확신에 차 있다. 요한복음 전반부의 결론은 지금 우리에게 묻고 있다.

나는 누구인가?
하나님으로부터인가?
사람으로부터인가?

제3부 : 새 계약 체결의 길

물음36~43(13:1~17:26)

새
계
약
체
결

물음 36
후반부, 무엇을 말하고 있는가?

요한복음은 크게 전반부(1~12장)와 후반부(13~21장)로 나뉜다. 전반부는 서문(1장, 로고스론 등)과 일곱 표적과 설교가 중심이고 사역의 대상은 제자, 군중, 유대인 등이다. 그러나 후반부는 오직 제자들만을 대상으로 하는 고별설교와 기도, 수난과 부활 등으로 구성되어 있다. 수난과 부활은 공관복음과 맥을 같이하는 부분이 많이 있지만 고별설교와 기도는 공관복음에는 거의 없는 내용들이다. 13장에서 시작되어 17장의 기도문까지 이어지는 유언의 말씀은 분량도 5장이나 되고 중요한 내용들을 담고 있다. 후반부를 시작하기에 앞서 고별설교의 특징을 먼저 간략히 살펴보고자 한다.

1. 신약의 신명기

90년대에 쓰인 요한복음은 전반부도 공관복음에 대한 재해석이지만 후반부의 고별설교는 구약의 신명기와 여러 면에서 비슷하다.

❶ 유언 설교

신명기는 광야 생활을 마치고 가나안에 입주하는 광야 세대에게 모세가 가나안이 내려다보이는 모압 평지에서 행한 유언 설교이다. 모세는 광야에서 태어난 세대들에게 가나안에 들어가서 계약법대로 살도록 부모의 심정으로 유언했다. 이 유언을 들은 이스라엘 사람들은 30일 동안 애곡한 후 가나안으로 들어갔다.

요한복음의 고별설교 역시 예수님께서 제자들에게 행하신 유언설교이다. 3년 반 정도 제자들과 숙식을 같이하시며 교육과 훈련을 시킨 예수님께서는 마지막으로 제자들에게 계약의 말씀대로 살도록 유언으로 당부하셨다.

❷ 세 편의 설교

신명기는 모세의 유언 설교 세 편으로 구성되어 있다.(1:6~4:43, 4:44~28:68, 29:1~30) 요한복음의 고별설교도 세 편이다.[86)]

❸ 교육 강조

쉐마(6:4~9)에서 볼 수 있듯이 신명기는 계약법과 교육의 중요성을 무한 반복하고 있다. 그런데 요한복음은 예수님을 육신이 되신 말씀(로고스)이라는 선언으로 시작하고 있으며 표적과 더불어 긴 설교로 일관하고 있다. 예수님의 말씀을 깨닫는 것이 곧 영생의 길이며 보혜사 성령은 말씀을 깨닫도록 도우신다. 신명기와 요한복음에서 말씀과 교육을 강조하는 이유는 말씀, 즉 계약법 교육이 신앙생활에서 가장 중요하기 때문이다.

❹ 재해석

모세는 이스라엘 사람들에게 가나안에 들어가서는 출애굽기의 계약법전(20:33~23:33)이나 레위기의 성결법전(17~26장)의 말씀이 아니라 지금 자기가 재해석해주는 말씀대로 살아야 함을 누누이 강조하고 있다. 실제로 신명기의 말씀들은 계약법전과 성결법전의 말씀들과는 많은 차이가 있다. 신명기는 그 이전의 율법서들에 대한 재해석이다.

복음서 중에서 가장 늦게 쓰인 요한복음 역시 공관복음에 대한 재해석이기 때문에 공관복음과는 여러 면에서 많은 차이가 난다. 특히 고별설교와 기도문은 공관복음에는 거의 없는 내용들이다. 단어와 문체 등이 공관복음과 다른 이유는 역사적 해석이 아니라 신학적인 재해석이기 때문이다.

86) 구분은 학자들에 따라 차이가 나는데, 대략 13:31~14:31, 15:1~16:4a, 16:4b~33 으로 구분한다.

❺ 절기 강조

레위기에서는 제사에 대한 언급이 많고 또 유월절과 초막절 등의 절기를 지킬 때 무노동을 강조하고 있으나(26장), 신명기에서는 성막이나 제사에 대한 언급이 거의 없고 말씀 교육을 강조하고 있다. 그리고 지방 성소별로 유월절과 초막절 등을 지키되 한 주일 동안 가난한 자들의 삶을 직접 체험하고 마지막 날에는 그들에게 잔치를 베풀며 맏물과 십일조 등의 헌금으로 레위인과 과부, 고아 등의 생계 대책을 세우도록 당부하고 있다.(신명기 16장)

요한복음에서는 예수님의 활동이 유월절과 초막절 등 절기에 맞추어져 있다. 예수님께서는 제사 중심의 유월절 행사를 중단시키고 대신 말씀을 가르치셨으며 고별설교에서는 서로 사랑하라는 새 계명을 주셨다. 새 계명은 신명기의 절기 정신에 대한 재해석이다. 신명기의 절기 정신은 고아, 과부, 나그네, 레위인을 돌보는 것이다.

이상에서 살펴본 바와 같이 요한복음은 신약의 신명기라고 할 수 있다.

2. 새 계약 체결

공관복음에는 없는 고별설교가 요한복음에 길게 기록된 이유는 예수님의 사역이 새로운 계약체결에 해당되기 때문이다. 모세가 이스라엘과 옛 계약을 체결하기 위하여 출애굽할 때에는 열 가지의 이적이 필요했다. 그런데 예수님께서는 새로운 계약을 체결하시기 위하여 일곱 표적을 행하셨다. 모세는 시내산에서 하나님과 이스라엘의 계약체결을 중재한 후 십계명을 비롯한 계약법을 선포했다. 그런데 요한복음에서는 예수님께서 유월절 식사에서 제자들의 발을 닦으시면서 계약법의 정신을 보여주신 후 새 계명, 즉 새 계약법을 주셨다. 모세는 계약을 체결하기 위하여 양의 피를 뿌렸으나 예수님은 자신의 피로 계약을 체결하셨다.

요한복음 전반부에서 예수님은 표적과 설교를 통하여 유대인들의 계약위반을 지적하며 경고하셨지만 유대인들은 이를 거부하고 예수님을 죽이려고 하였다. 이에 예수님께서는 계약파기를 선언하셨다. 유대인들에게 맨 마지막으로 선포하신 다음의 말씀이 계약파기 선언이다.

> 그들의 눈을 멀게 하시고 그들의 마음을 완고하게 하셨으니 이는 그들로 하여금 눈으로 보고 마음으로 깨닫고 돌이켜 내게 고침을 받지 못하게 하려 함이라 하였음이더라(요12:40)

계약파기를 선언하신 예수님께서는 이제 제자들과 새로운 계약공동체를 구성하고 그들과 계약을 체결하셨다. 그리고 유언 설교로 계약의 말씀을 지키도록 당부하고 기도하신 후 십자가에서 돌아가셨다. 그리고 부활을 통해서 새로운 계약이 체결되었음을 확인시켜 주셨다.

요한복음은 전반부에서 옛 계약 파기의 과정을 다루고 후반부에서는 새 계약 체결을 기록하고 있다.

물음 37 성만찬, 왜 발 씻기심일까?

본문 〈 13:1~17 〉

1 유월절 전에 예수께서 자기가 세상을 떠나 아버지께로 돌아가실 때가 이른 줄 아시고 세상에 있는 자기 사람들을 사랑하시되 끝까지 사랑하시니라

2 마귀가 벌써 시몬의 아들 가룟 유다의 마음에 예수를 팔려는 생각을 넣었더라

3 저녁 먹는 중 예수는 아버지께서 모든 것을 자기 손에 맡기신 것과 또 자기가 하나님께로부터 오셨다가 하나님께로 돌아가실 것을 아시고

4 저녁 잡수시던 자리에서 일어나 겉옷을 벗고 수건을 가져다가 허리에

두르시고

5 이에 대야에 물을 떠서 제자들의 발을 씻으시고 그 두르신 수건으로 닦기를 시작하여

6 시몬 베드로에게 이르시니 베드로가 이르되 주여 주께서 내 발을 씻으시나이까

7 예수께서 대답하여 이르시되 내가 하는 것을 네가 지금은 알지 못하나 이 후에는 알리라

8 베드로가 이르되 내 발을 절대로 씻지 못하시리이다 예수께서 대답하시되 내가 너를 씻어 주지 아니하면 네가 나와 상관이 없느니라

9 시몬 베드로가 이르되 주여 내 발뿐 아니라 손과 머리도 씻어 주옵소서

10 예수께서 이르시되 이미 목욕한 자는 발밖에 씻을 필요가 없느니라 온 몸이 깨끗하니라 너희가 깨끗하나 다는 아니니라 하시니

11 이는 자기를 팔 자가 누구인지 아심이라 그러므로 다는 깨끗하지 아니하다 하시니라

12 그들의 발을 씻으신 후에 옷을 입으시고 다시 앉아 그들에게 이르시되 내가 너희에게 행한 것을 너희가 아느냐

13 너희가 나를 선생이라 또는 주라 하니 너희 말이 옳도다 내가 그러하다

14 내가 주와 또는 선생이 되어 너희 발을 씻었으니 너희도 서로 발을 씻어 주는 것이 옳으니라

15 내가 너희에게 행한 것 같이 너희도 행하게 하려 하여 본을 보였노라

16 내가 진실로 진실로 너희에게 이르노니 종이 주인보다 크지 못하고 보냄을 받은 자가 보낸 자보다 크지 못하나니

17 너희가 이것을 알고 행하면 복이 있으리라

요한복음에는 예수님께서 어떤 사역을 하실 때 미리 아셨다는 언급이 많이 나오고 있다.[87] 이제 가장 중요한 마지막 때가 온 것도 미리 아신 예수님께서는 제자들을 사랑하시되 끝까지 사랑하셨다. '끝까지' (εἰς τέλος)는 완전히, 또는 목적을 실현할 때까지를 뜻한다. 예수님께서 끝까지 사랑하신 방법은 무엇이었을까?

87) 1:48; 2:24~25, 5:32, 6:6, 64, 7:29, 8:14, 55, 11:42, 12:50 등

1. 발 씻기심

【●】 3 저녁 먹는 중 예수는 아버지께서 모든 것을 자기 손에 맡기신 것과 또 자기가 하나님께로부터 오셨다가 하나님께로 돌아가실 것을 아시고 4 저녁 잡수시던 자리에서 일어나 겉옷을 벗고 수건을 가져다가 허리에 두르시고 5 이에 대야에 물을 떠서 제자들의 발을 씻으시고 그 두르신 수건으로 닦기를 시작하여

유대인들은 중요한 식사 전에는 발을 씻었다. 정결례식 때문이기도 했지만 샌들을 신기 때문에 발에는 늘 먼지가 묻어 있었고, 서로 비스듬하게 기대 누워 식사하는 자세 때문에 식사 전에 발을 닦아야 했다. 손님이 오면 발을 닦아주는 종이 있었다. 종이 발을 닦을 때는 겉옷을 벗었는데 겉옷을 벗으면 알몸이 드러났다. 혹시 흉기를 숨기고 있을 수 있기 때문에 종은 주인 앞에서 겉옷을 입을 수가 없었다. 발을 닦는 종은 종 가운데서도 가장 천한 종으로 여겼다.

그런데 예수님께서는 제자들과 마지막 식사하실 때 종의 모습을 보여주시며 제자들의 발을 씻어 주셨다. 왜 이런 행동을 하셨을까?

2. 각인(刻印)

【●】 6 시몬 베드로에게 이르시니 베드로가 이르되 주여 주께서 내 발을 씻으시나이까 7 예수께서 대답하여 이르시되 내가 하는 것을 네가 지금은 알지 못하나 이 후에는 알리라

구약의 예언자들은 하나님의 말씀을 효과적으로 선포하기 위하여 몸을 통해 보여주는 독특한 행동(prophetic performance)을 했다. 예레미야는 이스라엘이 계약을 어기면 전쟁포로로 끌려가 노예가 된다는 것을 몸으로 보여주기 위하여 목에 멍에를 메고 다니며 하나님의 말씀을 선포했다.(렘27:2) 에스겔은 계약파기의 참상을 알리기 위하여 390일은 왼편으로, 40일은 오른 편으로 누워지내며 소 똥으로 구운 떡을 먹어야 했다.(겔4장) 세례 요한은 성전 대신 광야에서, 랍비의 옷 대신 낙타털 옷을 입고 가죽띠를 띠고 외쳤다.(마3:4)

예수님께서는 제자들에게 무엇인가를 각인시키기 위하여 종의 모습으로 발을 닦아주시는 행동을 선택하셨다. 무엇을 의도하셨을까?

❶ 하나님 현현

요한복음의 주요 주제는 예수님의 신성, 즉 예수님은 인간으로 오신 하나님이심을 강조하는 것이었다. 일곱 표적은 예수님의 신성을 드러내는 사건이었고 이어지는 설교는 말씀을 통한 입증이었다. 그런데 이번에는 제자들의 발을 직접 닦으시는 행동으로 예수님은 곧 하나님이시라는 것을 드러내셨다. 종의 모습으로 발을 닦으시는 모습이 왜 하나님을 보여주시는 행동일까?

영성의 길에는 하나님을 직접 뵈옵는 단계가 있다. 그런데 말로만 듣던 하나님과 직접 뵈온 하나님은 달라도 너무 다르다. 가장 낮은 곳에 가장 작고 초라한 종으로 계시기 때문이다. 영성의 길에는 많은 신비체험이 있는데, 초자연적인 신비들은 사람의 마음에 어떤 변화를 일으키지 못하지만 종으로 계시는 하나님을 뵈오면 견딜 수 없는 마음이 샘물처럼 솟아오른다. 말로만 들을 때에는 하나님을 하비루(히브리인, 종)를 사랑하시는, 하비루를 위한, 하비루의 하나님으로 알았는데, 그런데 그분을 뵈오니 하비루이신 하나님이었다. 하나님은 가장 높은 곳에서 지배하고 다스리시는 왕인 줄 알았는데, 막상 만나보니 가장 낮은 자리에서 섬기는 종이었다. 영성의 길에서 만나는 가장 큰 신비, 가장 큰 충격은 바로 이 경험이었다. 예수님은 하늘의 열두 영이나 되는 천사를 동원하는 대신 제자들의 발을 닦으시고 십자가의 길을 가셨다. 진정한 하나님의 모습이다.

하나님을 이렇게 만나고 나면 그 다음에는 만물의 원리와 이치를 만나게 된다. 물이 낮은 곳으로 흐르고 물체가 낮은 곳으로 떨어지는 중력의 법칙은 가장 낮은 곳으로 가는 원리이다. 모든 만물이 낮은 곳을 향하는 원리는 하나님께서 가장 낮은 곳에 계시기 때문이다. 즉 하나님을 향하기 때문이다. 먹이사슬의 원리도 마찬가지이다. 모든 생명체는 나의 몸을 너의 먹이로 내어줘야 한다. 너를 먹기만 하고 끝나는 나는 없다. 너를 먹은 나는 나를 너에게 주어야 한다.

종의 모습으로 제자들의 발을 닦으시는 모습이야말로 하나님 실체의 진면목이다.

❷ 기다림

예수님께서 발을 닦아주시자, 안절부절못하던 제자들을 대변하여 베드로가 어찌하여 주님께서 내 발을 닦으시느냐고 사양했다. 그러자 이렇게 말씀하셨다.

내가 하는 것을 네가 지금은 알지 못하나 이 후에는 알리라

철부지 자식을 기르면서 실망하는 부모는 없다. 지금은 철부지이지만 곧 철이 나서 부모의 마음을 알아주리라는 믿음이 있기 때문이다. 자식이 아무리 개망나니 짓을 해도 부모는 그 자식을 끝까지 믿으며 돌아오기를 기다린다. 하나님을 직접 뵈옵는 경험은 눈빛의 마주침으로 다가온다. 그런데 그 눈빛은 몸 둘 바를 모르게 한다. 도무지 의심하지 않고 철석같이 나를 믿으시는 눈빛이기 때문이다. 절대 믿음은 절대 배신할 수 없다. 예수님은 제자들을 그렇게 믿으셨다.

예루살렘으로 가시는 예수님을 따라가는 제자들은 예수님께서 왕이 되신다고 믿으며 서로 높은 자리를 차지하려고 다투고 있었다. 예수님께서 여러 차례 수난 예고를 하셨어도 그런 말은 도무지 귀에 들어오지 않았다. 예수님께서 제자들을 끝까지 사랑하셨다는 말씀은 제자들을 끝까지 믿으셨다는 뜻이다. 그분은 지금 나에게 이렇게 말씀하신다.

나는 너만 믿는다.
너 외에는 믿을 사람이 없다.
네가 나의 유일한 대책이다.

3. 창조원리

【●】 8 … 예수께서 대답하시되 내가 너를 씻어 주지 아니하면 네가 나와 상관이 없느니라 … 12 그들의 발을 씻으신 후에 옷을 입으시고 다시 앉아 그들에게 이르시되 내가 너희에게 행한 것을 너희가 아느냐 … 15 내가 너희에게 행한 것 같이 너희도 행하게 하려 하여 본을 보였노라 … 17 너희가 이것을 알고 행하면 복이 있으리라

들에서 자라는 민들레나 산나물 등은 병이 들지 않는다. 그런데 이것들을 재배하면 병이 들어 약을 주어야 한다. 왜 그럴까? 창조원리를 어겼기 때문이다. 식물은 뿌리로 땅에서 양분을 빨아올린 만큼 배설하게 되어있다. 시간이 지나면서 양분이 떨어지고 배설물이 쌓여 살아갈 수 없다. 그런데 식물마다 영양소가 다르므로, 식물은 옆에 있는 다른 식물의 배설물을 먹이로 살아간다. 식물들은 배설물로 서로 영양분을 만들어 주고받기 때문에 공존할 수 있다. 민들레도 들판에서는 다른 식물과 어울리며 이렇게 살아간다. 그런데 밭에 민들레만 심어놓으면 병이 날 수밖에 없다.

사람은 어떻게 살아야 하는가? 식물들이 서로 먹이를 공급하듯이 그렇게 살아야 한다. 가장 낮은 자리에서 서로 발을 닦아 주어야 한다. 이를 다른 말로 하면 서로 사랑하라는 말씀이 된다. 더 가지고, 더 높아지고, 더 누리려는 자세는 결국 자기 파멸의 길이다. 식물과 사람은 같은 이치로 산다.

성경의 계약법에서 말하는 구원원리는 만물이 존재하는 창조원리와 다르지 않다. 만물에 들어있는 기본적인 원리로 성경을 해석하는 것이 가장 확실하며 성경해석의 최종적인 단계이다.

4. 성만찬 예식사

공관복음에서는 성만찬 시간에 떡과 포도주를 가지고 예식사를 하셨다.(마26:26~29, 막14:22~25, 눅22:14~20) 기독교에서는 이 예식이 구원과 직접 관련이 있다고 생각하여 성찬식을 거행하며 대단히 중요하게 생각한다. 그런데 요한복음에는 이런 예식이 없고 대신 제자들의 발을 씻어 주셨다. 그토록 중요한 성만찬 예식사를 왜 빼놓았을까?

〈물음 18〉에서 살펴본 바와 같이 공관복음의 성만찬 예식사가 요한복음에서는 오병이어 표적 이후의 설교에 들어있다. 그 이유는 성만찬 예식사는 새로운 계약을 체결하는 의식이며 계약법에서는 먹거리 문제의 해결을 가장 중요하게 다루기 때문이다. 즉 성만찬 예식사는 먹거리 문제를 해결하라는 말씀이었다. 사도행전에 의하면 사도들은 먹거리 문제 해결을 집중적으로 가르쳐서 성찬식을 공동식사로 실천했다. 당시에는 끼니를 잇지 못하는 사람들이 태반이었기 때문에 예배는 곧 먹거리 공유였다. 여기서 더 나아가 재산을 공유하게 했다.(행2:42~47, 4:32~37) 그 이후 예배의 공동식사와 재산 공유는 교회의 전통이 되어 박해시대에도 계속되었다.

기독교 신학에서 가장 큰 오류를 빚는 것 중의 하나가 성만찬 신학이다. 이미 누차 언급한 바와 같이 아담이 선악과를 먹어 계약을 위반한 후 주어진 형벌은 먹거리의 자력 해결이었다. 그 이후 인간의 삶에서 가장 힘든 일은 먹거리 해결, 즉 경제 문제이다. 구약의 계약법에 의하면 경제 문제를 해결하는 것이 계약공동체가 실현해야 할 가장 중요한 사역이며 세상을 구원하는 방법이다.

물음 38
유다, 무슨 배반을 어떻게 했을까?

본문 〈 13:18~30 〉

18 내가 너희 모두를 가리켜 말하는 것이 아니니라 나는 내가 택한 자들
이 누구인지 앎이라 그러나 내 떡을 먹는 자가 내게 발꿈치를 들었다
한 성경을 응하게 하려는 것이니라
19 지금부터 일이 일어나기 전에 미리 너희에게 일러 둠은 일이 일어날
때에 내가 그인 줄 너희가 믿게 하려 함이로라
20 내가 진실로 진실로 너희에게 이르노니 내가 보낸 자를 영접하는 자
는 나를 영접하는 것이요 나를 영접하는 자는 나를 보내신 이를 영접
하는 것이니라
21 예수께서 이 말씀을 하시고 심령이 괴로워 증언하여 이르시되 내가
진실로 진실로 너희에게 이르노니 너희 중 하나가 나를 팔리라 하시니
22 제자들이 서로 보며 누구에게 대하여 말씀하시는지 의심하더라
23 예수의 제자 중 하나 곧 그가 사랑하시는 자가 예수의 품에 의지하여
누웠는지라
24 시몬 베드로가 머릿짓을 하여 말하되 말씀하신 자가 누구인지 말하라
하니
25 그가 예수의 가슴에 그대로 의지하여 말하되 주여 누구니이까
26 예수께서 대답하시되 내가 떡 한 조각을 적셔다 주는 자가 그니라 하
시고 곧 한 조각을 적셔서 가룟 시몬의 아들 유다에게 주시니
27 조각을 받은 후 곧 사탄이 그 속에 들어간지라 이에 예수께서 유다에
게 이르시되 네가 하는 일을 속히 하라 하시니
28 이 말씀을 무슨 뜻으로 하셨는지 그 앉은 자 중에 아는 자가 없고
29 어떤 이들은 유다가 돈궤를 맡았으므로 명절에 우리가 쓸 물건을 사라
하시는지 혹은 가난한 자들에게 무엇을 주라 하시는 줄로 생각하더라
30 유다가 그 조각을 받고 곧 나가니 밤이러라

복음서에 의하면 제자 가룟 유다가 예수님을 배반하여 돈 받고 팔았다고 한다. 유다는 무엇을 어떻게 배반한 것일까? 예수님의 거처를 알려준 것일까? 아니면 예수님을 체포하여 넘겨준 것일까? 유대교 당국자들은 예수님을 진작부터 체포하여 죽이고 싶었지만 군중들의 열광적인 지지 때문에 손을 못 대고 있었다. 군중들의 폭동이 일어나면 로마군이 개입하고 대제사장 등 유대교 당국자들은 문책을 당하기 때문에 군중의 폭동을 가장 두려워하고 있었다. 당국자들이 예수님의 거처를 모르지도 않았고 체포할 수 없어서 못 한 것이 아니다. 다만 할 수 없어서 명절이 끝나고 군중들이 흩어진 다음에 제거하려고 벼르고 있었을 뿐이다. 유다는 무슨 배반을 어떻게 한 것일까?

1. 유다의 배반

요한복음에는 유다에 대한 언급이 간단하게 나와 있으므로 공관복음의 기록을 기초로 유다의 배반에 대하여 간략히 정리하면 다음과 같다.[88)]

누가복음은 이렇게 기록하고 있다.

> 열둘 중의 하나인 가룟인이라 부르는 유다에게 사탄이 들어가니 이에 유다가 대제사장들과 성전 경비대장들에게 가서 예수를 넘겨 줄 방도를 의논하매 그들이 기뻐하여 돈을 주기로 언약하는지라(눅22:3~5)

유다가 속수무책이던 대제사장을 찾아가 예수님을 넘겨줄 어떤 방안을 제시하자 그들은 대단히 기뻐하며 돈을 주기로 합의했다. 유다가 받은 은 30을 받았는데(마26:30) 이는 착수금이라고 할 수 있을 것이다. 유다가 무슨 말을 했기에 속수무책이던 당국자들이 기뻐했을까?

---

88) 이 부분에 대해서는 이미 졸저 「마태복음」, 「마가복음」, 「누가복음」에서 다루었기 때문에 여기서는 「누가복음」의 내용을 덧붙이고자 한다.

유다는 군중들의 폭동을 잠재우며 유월절 중에 예수님을 제거할 방도를 제시했기 때문에 당국자들이 기뻐했다. 예수님께서 체포되어 재판받으시는 과정을 보면 유다가 제시한 방도를 알 수 있는데 다음과 같다.

- 열두 제자들이 예수님을 체포하여 이단으로 넘겨주면 군중들이 반발할 이유가 사라진다. 그러나 제자들이 그렇게 할 리가 없다. 그러면 어떻게 해야 하는가?
- 군중들이 보지 않는 한밤중에 군병들이 몰려가서 위협하면 겁에 질린 제자들은 틀림없이 도망갈 것이다. 그러면 내가 예수님을 체포하여 넘겨주겠다. 그러면 제자들이 예수님을 넘겨준 것이 되고 아침에 군중들에게 그렇게 소문을 내라.
- 내가 예수님을 배반하는 이유는 내가 기대하던 메시아와 너무 다르기 때문이다. 거액을 주면 예수님을 체포하여 넘겨주겠다.

이런 제안을 들은 당국자들은 마다할 이유가 없었다. 유다가 말한 대로 되면 더 좋고 실패해도 예수님과 제자 사이에 충돌이 일어나서 예수님의 명예에 치명적인 손상이 가기 때문이다. 기꺼이 거액을 주기로 약속했다.

그러면 유다는 왜 이런 일을 꾸몄을까?

갈릴리 출신이 아닌 유다가 예수님을 따른 이유는 유대인의 독립 때문이었다. 유다는 예수님을 따르면서 예수님은 충분히 유대를 독립시킬 만한 모든 것을 다 갖추고 있음을 알 수 있었다. 특히 유월절을 맞아 예루살렘에 오셔서 250여만 명을 절대 지지자로 만들고 유대교 당국자들을 궁지로 몰아넣는 모습을 보면서 유다는 놀랐다. 그런데 문제는 예수님께서는 왕이 되어 로마를 대적할 생각이 없으시다는 데에 있었다. 예수님께서 왕이 되신다면 지금 모여있는 장정 250여만 명은 예수님을 기꺼이 따라나설 것이고, 신앙으로 무장되어 있으므로 천하무적이 될 수 있다고 유다는 판단했다.

그러면 왕이 될 생각이 없으신 예수님을 어떻게 왕으로 추대할까? 죽음의 극단으로 몰고 가면 가능하다고 본 유다는 유대교 당국자들을 이용하여 예수님을 죽음으로 몰고 가기로 했다. 유다의 이런 기막힌 지략을 누가는 유다에게 사탄이 들어갔기 때문이라고 표현하고 있다.

예수님의 선교 활동은 경제정의 실현이었기에 많은 재산들을 재분배해야 했고 이 일에는 신용과 능력이 요구되었다. 그런데 유다가 이 일을 맡았다는 것은 그가 대단히 명석하고 뛰어났으며 신용이 있었다는 뜻이다. 다른 제자들은 예수님께서 예루살렘에서 왕이 되시리라고 기대했지만 유다는 예수님의 의중을 정확히 읽고 있었다. 열두 제자 중 머리회전이 가장 빠른 제자는 유다였다. 문제는 자기 생각이 너무 앞섰다는 데에 있다. 유다의 계획을 잘 알고 계시는 예수님은 그에게 누차 돌이킬 기회를 주셨으나 그는 받아들이지 않았다. 예수님께서는 "인자는 자기에게 대하여 기록된 대로 가거니와 인자를 파는 그 사람에게는 화가 있으리로다. 그 사람은 차라리 태어나지 아니하였더라면 제게 좋을 뻔하였느니라."(마26:24)라고 탄식하셨다. 무슨 뜻일까? "이렇게 끝나기에는 너무 아까운 사람이다."

유다는 자기가 예수님께서 가시는 십자가의 길에 악역을 맡는다는 생각은 미처 하지 못했다. 뒤늦게 자신의 과오를 깨달은 그는 돌이키기에는 너무 과오가 크다고 생각했다. 그래서 그는 당국자들에게서 받았던 돈을 돌려주고 죽음의 길을 스스로 선택했다.

2. 마귀의 속임수

【•】 2 마귀가 벌써 시몬의 아들 가룟 유다의 마음에 예수를 팔려는 생각을 넣었더라 … 21 예수께서 이 말씀을 하시고 심령이 괴로워 증언하여 이르시되 내가 진실로 진실로 너희에게 이르노니 너희 중 하나가 나를 팔리라 하시니 … 26 예수께서 대답하시되 내가 떡 한 조각을 적

> 셔다 주는 자가 그니라 … 27 조각을 받은 후 곧 사탄이 그 속에 들어간지라 이에 예수께서 유다에게 이르시되 네가 하는 일을 속히 하라 하시니 … 30 유다가 그 조각을 받고 곧 나가니 밤이러라

복음서는 유다가 한 일이 마귀의 사주였다고 말하고 있다. 마귀는 어떻게 속이며, 또 예수님께서는 이에 대하여 어떻게 대처하셨을까?

❶ 예고

예수님께서는 제자들에게 대처하도록 미리 알려주셨고 또 경고하셨다. 사역 초기부터 "내가 너희 열둘을 택하지 아니하였느냐? 그러나 너희 중의 한 사람은 마귀니라."(요6:70)라고 말씀하셨다.

❷ 최선

예수님께서는 유다의 생각을 아시고 그의 마음을 바꾸기 위해 할 수 있는 방법을 다 동원하셨다. 첫 번째 방법으로 발을 씻어 주셨다. 앞에서도 언급한 바와 같이 선생이 제자의 발을 씻어 주는 일은 있을 수 없었다. 예수님은 유다의 발을 씻기시면서 그가 생각을 바꾸기를 간절히 바라셨다. 그러나 유다는 생각을 바꾸지 않았다. 다음으로는 강력한 암시를 주셨다. "너희 중 하나가 나를 팔리라."라는 말씀이 그것이다. 그래도 유다는 자기 생각을 바꾸지 않았다. 그러자 이번에는 구체적으로 지적하셨다. "내가 떡 한 조각을 적셔다 주는 자가 그니라."라고 말씀하신 후 떡을 집어다 유다에게 주셨다. 그래도 유다가 생각을 바꾸지 않자 이에 마귀가 유다 속에 들어갔다.

마귀가 처음에는 생각을 집어 넣어 준다. 마귀에게 생각이 지배당하지 않는 사람은 없다. 마귀를 가까이에서, 실체로 그를 정면으로 부딪히지 않으면, 즉 마귀의 영으로 채워져 보지 않으면 마귀가 어떻게 우리의 마음과 생각을 지배하는지 알지 못한다. 이런저런 생각을 통해서 마귀는 찾아 온다. 마귀를 경험하지 않으면 보편적인

생각이라고 무시하게 된다. 마귀에게 지배당하지 않으려면 생각에서 마귀에게 틈을 주지 말아야 한다. 마귀가 비집고 들어올 생각을 떨쳐버리지 못하고 구체적인 계획을 세우면 마귀에게 지배당하기 시작한다. 이쯤되면 마귀에게 생각이 사로잡혔기 때문에 벗어나기가 어렵다. 이를 성경에서는 마귀가 그 속에 들어갔다고 말한다.

❸ 마지막 호소

유다가 마귀에게 지배당하자 그래도 예수님께서는 포기하지 않으시고 마지막 방법을 사용하셨다. 무엇일까? 다음 말씀이다.

네가 하는 일을 속히 하라

무슨 뜻일까? 문자 그대로 유다가 계획한 것을 빨리 실행에 옮기라는 뜻일까? 그럴 리가 없다. 그러면 무슨 말씀일까? 나는 네가 세운 계획을 다 알고 있다. 그러나 그 생각과 계획은 완전히 잘못된 것이다. 그러니 제발 포기해라. 아직 늦지 않았다. 지금 여기서, 내 앞에서, 빨리 돌이켜라. 이것이 네게 마지막 기회다. 이 기회를 결코 놓치지 마라.

다른 제자들은 무슨 뜻인지 아는 자가 없었으나 유다는 예수님의 말씀을 다 알아들었다. 그러나 그는 결국 돌이키지 않고 일어서서 나갔다. 그리고 그날의 깜깜한 밤은, 마귀에게 지배당하여 그의 앞잡이가 되는 깊은 밤이었다.

유다는 선한 생각, 의로운 마음으로 나라와 민족을 생각하며 계획을 세우고 그에 대하여 추호도 의심하지 않았다. 그러나 그것이 전부가 아니다. 아무리 내 마음이 선하고 순수했다고 해도 그것이 다 옳은 게 아닐 수 있다. 하나님의 방법을 오해하지 말아야 한다. 순진한 마음은 마귀에게 이용당하기 쉽다. 지혜로운 마음이어야 한다. 마귀의 술수를 알아채는 것이 지혜이다. 순진무구가 최선의 방책이나 변명의 구실이 될 수 없다.

물음 39
고별설교, 어떻게 시작하셨나?

본문 〈 13:31~38 〉

31 그가 나간 후에 예수께서 이르시되 지금 인자가 영광을 받았고 하나
님도 인자로 말미암아 영광을 받으셨도다
32 만일 하나님이 그로 말미암아 영광을 받으셨으면 하나님도 자기로 말
미암아 그에게 영광을 주시리니 곧 주시리라
33 작은 자들아 내가 아직 잠시 너희와 함께 있겠노라 너희가 나를 찾을
것이나 일찍이 내가 유대인들에게 너희는 내가 가는 곳에 올 수 없다
고 말한 것과 같이 지금 너희에게도 이르노라
34 새 계명을 너희에게 주노니 서로 사랑하라 내가 너희를 사랑한 것 같
이 너희도 서로 사랑하라
35 너희가 서로 사랑하면 이로써 모든 사람이 너희가 내 제자인 줄 알리
라
36 시몬 베드로가 이르되 주여 어디로 가시나이까 예수께서 대답하시되
내가 가는 곳에 네가 지금은 따라올 수 없으나 후에는 따라오리라
37 베드로가 이르되 주여 내가 지금은 어찌하여 따라갈 수 없나이까 주
를 위하여 내 목숨을 버리겠나이다
38 예수께서 대답하시되 네가 나를 위하여 네 목숨을 버리겠느냐 내가
진실로 진실로 네게 이르노니 닭 울기 전에 네가 세 번 나를 부인하리
라

유다가 나간 후 예수님의 심정은 어떠했을까? 유다의 빈자리는 크게 다가왔다. 견딜 수 없는 텅 빈 마음으로 시작된 예수님의 고별설교는 16장까지 길게 이어진다.

1. 하나님의 영광

【●】 31 그가 나간 후에 예수께서 이르시되 지금 인자가 영광을 받았고 하나님도 인자로 말미암아 영광을 받으셨도다 32 만일 하나님이 그로 말미암아 영광을 받으셨으면 하나님도 자기로 말미암아 그에게 영광을 주시리니 곧 주시리라

유다가 예수님의 거듭된 만류와 호소에도 불구하고 자신의 뜻을 굽히지 않고 나가자 예수님께서는 이제 십자가의 길이 시작된 것을 아시고 이를 받아들이셨다. 그 표현이 "지금 인자가 영광을 받았고 하나님도 인자로 말미암아 영광을 받으셨도다."였다. 이와 같이 요한복음에서 영광이라는 단어는 독특한 의미를 가진다. 십자가의 길, 죽음의 길이 왜 예수님과 하나님께 영광이 될까?

그 이유는 단순하다. 인간을 위함이기 때문이다. 인간을 대신해서, 인간을 위해서 죽으시기 때문에 예수님과 하나님께 영광이 된다. 사람은 하나님께 있어서 존재의 의미이자 이유이다. 성경의 하나님은 단순히 인간을 사랑하시는 분이 아니라 인간을 위해, 인간 때문에 존재하신다. 이를 하나님의 인격이라고 한다. 어린 자식들이 무럭무럭 자라는 것을 바라보면서 그 부모는 모진 시름을 다 잊고 보람을 느끼는 것과 같다. 자식은 부모에게 존재 이유이다. 단순한 사랑의 대상 정도가 아니다. 필요하다면 언제든지 주저하거나 망설이지 않고 심장을 떼어줄 수 있는 게 부모이다. 내가 죽어서 자식이 산다면 이를 마다할 부모는 없다. 부모의 이런 마음은 하나님으로부터 주어진 것이며 하나님과 가장 닮은 마음이다.

2. 새 계명

【●】 34 새 계명을 너희에게 주노니 서로 사랑하라 내가 너희를 사랑한 것 같이 너희도 서로 사랑하라

이 구절이 요한복음의 성만찬 예식사이다. 공관복음의 예식사에

서 예수님의 피는 계약에 초점이 맞추어져 있으며, 새 계약체결의 징표였다.

> 이것은 죄 사함을 얻게 하려고 많은 사람을 위하여 흘리는 바 나의 피 곧 언약의 피니라(마26:28)

> 이르시되 이것은 많은 사람을 위하여 흘리는 나의 피 곧 언약의 피니라(막14:24)

> 저녁 먹은 후에 잔도 이와 같이 하여 이르시되 이 잔은 내 피로 세우는 새 언약이니 곧 너희를 위하여 붓는 것이라(눅22:20)

그런데 요한복음에서는 거두절미하고 '새 계명'이라고 말씀하셨다. 따라서 요한복음의 새 계명은 곧 새로운 계약법이며, 14장부터 이어지는 세 편의 설교는 새 계약의 말씀이다. 예수님께서는 새 계약의 정신과 의미를 각인시키기 위하여 가장 낮고 천한 자리로 내려가셔서 제자들의 발을 닦아 주시는 퍼포먼스를 행하셨다.

3. 보여주는 선교

【●】 35 너희가 서로 사랑하면 이로써 모든 사람이 너희가 내 제자인 줄 알리라

구약의 계약법에서 말하는 선교는 '보여주는 선교'이다. 가나안 일곱 부족과 뒤섞인 채 블레셋, 에돔, 모압, 암몬, 아람, 두로와 시돈 등 여러 나라에 둘러싸인 가나안에서 신분과 지위, 빈부의 격차가 없는 거룩한 삶을 살고 있으면 그 자체가 선교가 된다. 말로 하는 그 어떤 선교보다 말없이 모범적인 삶을 보여주는 침묵의 선교, 계약법은 이런 선교를 추구한다.

"너희가 서로 사랑하면"이라는 추상적이고 관념적인 말씀은 계약법으로 해석해야 그 의미가 명확해지고 구체화 된다. 신분과 지위, 빈부의 격차가 없는 거룩한 삶을 사는 것이 진정한 사랑이다. 성경에서 말하는 사랑은 이런 공의의 실현이다. 사랑과 공의는 결코 반대 개념이 아니다. 반대 개념이 될 수도 없고 되어서도 안 된다.

기독교는 삶으로 변증되어야 한다. 세상 사람들이 교인들이 살아가는 삶을 보고 예수님을 따르는 제자라고 인정해야 한다. 하나님께서 받으시는 영광이 어떤 영광일까? 마태복음은 이렇게 말하고 있다.

> 이같이 너희 빛이 사람 앞에 비치게 하여 그들로 너희 착한 행실을 보고 하늘에 계신 너희 아버지께 영광을 돌리게 하라(마5:16)

세상 사람들이 교인들의 삶을 보고 하늘에 계신 하나님께 영광을 드려야 진정한 영광이다. 이런 삶을 도외시한 채 성전과 교회당에서 찬양과 예배로 영광을 드리려고 한다면 이는 짐승을 태우는 연기와 악취에 불과하다. 또한 찬양과 음악과 박수, 그리고 입술로 영광 받으시라고 외치는 소리들은 시끄러운 소음에 지나지 않는다. 이제는 입술의 말이 아니라 삶의 침묵으로 말해야 한다. 구원받았다는 자기의 확신이 중요한 게 아니라, 세상 사람들로부터 구원받은 사람들이라고 인정받는 것이 훨씬 더 중요하다. 오늘 우리는 어떠한가? 구원받았다는 확신이 넘치는 만큼 세상 사람들로부터의 비난도 넘쳐나고 있다. 특히 코로나 사태를 겪으면서 교회는 세상의 쓰레기로 전락하고 말았다. 구속사에서 그토록 중요하게 여기는 구원받았다는 확신, 그 금과옥조를 다시 검토해 보아야 한다.

구원받았다는 확신이 확실할까?

4. 영광의 길

> 【•】 36 시몬 베드로가 이르되 주여 어디로 가시나이까 예수께서 대답하시되 내가 가는 곳에 네가 지금은 따라올 수 없으나 후에는 따라오리라 37 베드로가 이르되 주여 내가 지금은 어찌하여 따라갈 수 없나이까 주를 위하여 내 목숨을 버리겠나이다

예수님께서 고별설교를 통하여 '가심'을 계속 이야기했지만 제자들은 무슨 말씀인지 전혀 알아듣지 못했다. 그들은 예수님께서 그렇게 십자가에서 돌아가시리라고는 꿈에도 생각지 못했기 때문이다. 비장한 마음으로 예루살렘을 향하여 가시는 예수님을 보면서 왕이

되시려 한다고 생각하고 서로 높은 자리를 탐내고 있었을 뿐이다. 듣다 못한 베드로가 물었다.

> 도대체 어디로 가십니까?
>
> 내가 가는 그곳은 너희가 지금은 따라올 수 없지만 나중에는 따라오리라.

왜 지금은 따라갈 수 없을까? 예수님께서 가시는 곳은 어디였을까? 영광의 길이었다. 사람을 살리기 위하여 대신 죽으시는 길, 십자가의 길이었다. 세상 사람의 영광을 위한 길은 곧 하나님의 영광을 위한 길이다. 그런데 제자들은 아직 그 길을 갈 준비가 되지 않았다. 제자들은 아직 자기 영광을 위하여 예수님을 따르고 있었다. 예수님을 따르면 무슨 수가 나리라고 생각하고 있었다. 제자들은 자기를 위한 자기 확신에 가득 차 있었다. 자신만만했다. 베드로는 지금은 따를 수 없다는 예수님의 말씀에 동의할 수가 없었다.

> 내가 왜 지금은 갈 수가 없습니까? 주님을 위해서라면 목숨을 아끼지 않겠습니다.

주님을 위해서일까, 아니면 자신을 위해서일까? '자신을 위해서'를 감추기 위하여 '주님을 위해서'를 앞세우고 있다. 지금 우리도 마찬가지로 스스로 속고 있는 경우가 많이 있다. 지금 내가 하는 일이 정말로 주님을 위해서일까? 하나님께서는 우리의 속마음을 훤히 들여다보고 계신다. 그분을 속일 생각은 아예 하지 말아야 한다. 그보다 더 어리석은 일은 없다.

자신만만한 베드로에게 말씀하셨다.

4. 자기부정의 길

> 【•】 38 예수께서 대답하시되 네가 나를 위하여 네 목숨을 버리겠느냐 내가 진실로 진실로 네게 이르노니 닭 울기 전에 네가 세 번 나를 부인하리라

스스로 속지 말라. 아직은 아니다, 그러나 그날이 오리라. 그런데 그날은 네가 오늘 밤 닭이 울기 전에 세 번 나를 부인하고 나서야

오리라. 무슨 말씀일까? 자기확신, 자기긍정이 무너져야 한다. 어떻게 무너지는가? 실패를 통해서이다. 실패가 아니고서는 기고만장을 무너뜨릴 방법이 없다. 실패하고, 또 실패하고, 또 실패해야 한다. 거듭된 실패만이, 영원한 실패만이 자기긍정을 무너뜨리고 자기부정으로 들어가게 한다. 그 길은 자기부정의 길이다. 공관복음에서는 이 길을 이렇게 말했다.

> 아무든지 나를 따라오려거든 자기를 부인하고 날마다 자기 십자가를 지고 나를 따를 것이니라

이 길을 가는데에 가장 큰 걸림돌은 '모범생' 의식이다. 세상에서 괜찮은 사람으로 인정받고 스스로도 그렇게 생각하는 사람들이 하나님과는 가장 멀 수 있다. 스스로 자기도 모르는 사이에 자기긍정이 둥지를 틀고있기 때문이다. 조금이라도 무시당하면 견딜 수 없어 하는 마음은 누구에게나 있다. 그런데 이런 마음이 하나님으로부터 멀어지게 한다. 생각으로는, 입술로는 죄인이라고 하지만 속내는 전혀 아닌 경우가 허다하다. 마귀는 이런 사람들을 찾고 있다.

베드로의 질문에 대한 답변과 더불어 이제 고별설교의 서막이 올랐다. 고별설교, 지금 우리에게 무엇을 말하고 있는가?

물음 40 첫 번째 고별설교, 무엇을 말하는가?

본문 〈 14:1~31 〉

1 너희는 마음에 근심하지 말라 하나님을 믿으니 또 나를 믿으라
2 내 아버지 집에 거할 곳이 많도다 그렇지 않으면 너희에게 일렀으리라 내가 너희를 위하여 거처를 예비하러 가노니
3 가서 너희를 위하여 거처를 예비하면 내가 다시 와서 너희를 내게로

영접하여 나 있는 곳에 너희도 있게 하리라
4 내가 어디로 가는지 그 길을 너희가 아느니라
5 도마가 이르되 주여 주께서 어디로 가시는지 우리가 알지 못하거늘 그 길을 어찌 알겠사옵나이까
6 예수께서 이르시되 내가 곧 길이요 진리요 생명이니 나로 말미암지 않고는 아버지께로 올 자가 없느니라
7 너희가 나를 알았더라면 내 아버지도 알았으리로다 이제부터는 너희가 그를 알았고 또 보았느니라
8 빌립이 이르되 주여 아버지를 우리에게 보여 주옵소서 그리하면 족하겠나이다
9 예수께서 이르시되 빌립아 내가 이렇게 오래 너희와 함께 있으되 네가 나를 알지 못하느냐 나를 본 자는 아버지를 보았거늘 어찌하여 아버지를 보이라 하느냐
10 내가 아버지 안에 거하고 아버지는 내 안에 계신 것을 네가 믿지 아니하느냐 내가 너희에게 이르는 말은 스스로 하는 것이 아니라 아버지께서 내 안에 계셔서 그의 일을 하시는 것이라
11 내가 아버지 안에 거하고 아버지께서 내 안에 계심을 믿으라 그렇지 못하겠거든 행하는 그 일로 말미암아 나를 믿으라
12 내가 진실로 진실로 너희에게 이르노니 나를 믿는 자는 내가 하는 일을 그도 할 것이요 또한 그보다 큰 일도 하리니 이는 내가 아버지께로 감이라
13 너희가 내 이름으로 무엇을 구하든지 내가 행하리니 이는 아버지로 하여금 아들로 말미암아 영광을 받으시게 하려 함이라
14 내 이름으로 무엇이든지 내게 구하면 내가 행하리라
15 너희가 나를 사랑하면 나의 계명을 지키리라
16 내가 아버지께 구하겠으니 그가 또 다른 보혜사를 너희에게 주사 영원토록 너희와 함께 있게 하리니
17 그는 진리의 영이라 세상은 능히 그를 받지 못하나니 이는 그를 보지도 못하고 알지도 못함이라 그러나 너희는 그를 아나니 그는 너희와 함께 거하심이요 또 너희 속에 계시겠음이라
18 내가 너희를 고아와 같이 버려두지 아니하고 너희에게로 오리라
19 조금 있으면 세상은 다시 나를 보지 못할 것이로되 너희는 나를 보리니 이는 내가 살아 있고 너희도 살아 있겠음이라
20 그 날에는 내가 아버지 안에, 너희가 내 안에, 내가 너희 안에 있는

것을 너희가 알리라
21 나의 계명을 지키는 자라야 나를 사랑하는 자니 나를 사랑하는 자는 내 아버지께 사랑을 받을 것이요 나도 그를 사랑하여 그에게 나를 나타내리라
22 가룟인 아닌 유다가 이르되 주여 어찌하여 자기를 우리에게는 나타내시고 세상에는 아니하려 하시나이까
23 예수께서 대답하여 이르시되 사람이 나를 사랑하면 내 말을 지키리니 내 아버지께서 그를 사랑하실 것이요 우리가 그에게 가서 거처를 그와 함께 하리라
24 나를 사랑하지 아니하는 자는 내 말을 지키지 아니하나니 너희가 듣는 말은 내 말이 아니요 나를 보내신 아버지의 말씀이니라
25 내가 아직 너희와 함께 있어서 이 말을 너희에게 하였거니와
26 보혜사 곧 아버지께서 내 이름으로 보내실 성령 그가 너희에게 모든 것을 가르치고 내가 너희에게 말한 모든 것을 생각나게 하리라
27 평안을 너희에게 끼치노니 곧 나의 평안을 너희에게 주노라 내가 너희에게 주는 것은 세상이 주는 것과 같지 아니하니라 너희는 마음에 근심하지도 말고 두려워하지도 말라
28 내가 갔다가 너희에게로 온다 하는 말을 너희가 들었나니 나를 사랑하였더라면 내가 아버지께로 감을 기뻐하였으리라 아버지는 나보다 크심이라
29 이제 일이 일어나기 전에 너희에게 말한 것은 일이 일어날 때에 너희로 믿게 하려 함이라
30 이 후에는 내가 너희와 말을 많이 하지 아니하리니 이 세상의 임금이 오겠음이라 그러나 그는 내게 관계할 것이 없으니
31 오직 내가 아버지를 사랑하는 것과 아버지께서 명하신 대로 행하는 것을 세상이 알게 하려 함이로라 일어나라 여기를 떠나자 하시니라

젊은 제자들은 모든 것을 다 버리고 수년 동안 예수님을 따라 다녔다. 그들에게 예수님은 전부였다. 그런데 예수님께서 갑자기 떠나신다면 제자들은 어떨까? 이런 이유로 첫 번째 고별설교는 가심과 다시 오심에 대한 약속으로 시작한다.

1. 거처 약속

【•】 1 너희는 마음에 근심하지 말라 하나님을 믿으니 또 나를 믿으라 2 내 아버지 집에 거할 곳이 많도다 그렇지 않으면 너희에게 일렀으리라 내가 너희를 위하여 거처를 예비하러 가노니 3 가서 너희를 위하여 거처를 예비하면 내가 다시 와서 너희를 내게로 영접하여 나 있는 곳에 너희도 있게 하리라

예수님께서는 가신다는 말씀을 듣고 불안해하는 제자들에게 거처를 준비하러 갔다가 곧 다시 오겠다고 말씀하셨다. '거할 곳'(μοναὶ)과 '거처'(τόπον)는 무엇을 말할까? 전통적으로는 신앙생활을 잘한 사람들에게 보상으로 주어질 하늘나라의 저택으로 생각했다. 그러나 하나님 나라는 어떤 공간의 개념이 아니라 통치의 개념으로 이해해야 한다. 하나님의 통치가 임하는 곳에 하나님 나라가 실현된다. 따라서 거처가 하늘나라의 저택이라는 주장은 하나님 나라를 공간으로 이해한 해석이다. 그러면 어떻게 이해해야 하나? 23절에 그 실마리가 들어있다.

예수께서 대답하여 이르시되 사람이 나를 사랑하면 내 말을 지키리니 내 아버지께서 그를 사랑하실 것이요 우리가 그에게 가서 거처를 그와 함께 하리라

예수님의 말씀을 지키는 사람들이 있는 곳, 즉 계약공동체에 오셔서 거처를 정하신다는 말씀이다. 계약공동체가 하나님께서 거주하시는 집이다. 구약에 의하면 출애굽한 이스라엘 사람들이 계약을 체결한 후 광야에서 계약법에 따라서 성막을 만들고 성막 주변에 12지파가 포진했다. 이스라엘이 성막을 봉헌하자 하나님께서는 성막에 임재하셨다. 이는 계약공동체가 하나님의 집이라는 뜻이다. 사도 바울은 이를 가리켜 교인들은 하나님의 성령이 내주하시는 성전이라고 설명했다.[89] 하늘을 보좌로 땅을 발등상으로 삼으시는 하나님은 어디에 계실까? 이 세상과 다른 공간인 하늘나라의 어디가 아

89) 고전3:16, 고후6:16, 엡2:22, 딤후1:14.

니라 하나님과 맺은 계약을 실천하는 공동체 내에 계신다.

하나님의 통치는 어떤 군주의 권세와 같지 않으며 계약공동체가 계약법을 지키는 실천이 곧 하나님의 권세이다. 계약법 실천에 하나님의 권세와 능력이 함께하시며 통치가 실현된다. 하나님의 통치력은 일방적인 행사가 아니라 계약공동체의 실천 여부에 따라 통치력이 드러난다. 계약법에 의하면 하나님의 통치권은 계약공동체에 주어져 있다.

예수님의 가심과 오심, 즉 죽으심과 부활, 성령강림을 통하여 계약공동체가 결성된다는 말씀으로 고별설교는 시작된다. 이후 세 편의 고별설교는 새로운 계약체결의 말씀이다. 첫 번째 설교는 예수님의 일방적인 말씀이 아니라 베드로(13:36), 도마(14:5), 빌립(14:8), 유다(14:22) 등 제자들의 질문에 대한 예수님의 자상한 대답과 설명으로 전개된다. 이는 하나님과의 계약은 일방적인 계약이 아니라 쌍방계약이라는 것을 잘 보여주고 있다.

2. 도마의 질문

【●】 4 내가 어디로 가는지 그 길을 너희가 아느니라 5 도마가 이르되 주여 주께서 어디로 가시는지 우리가 알지 못하거늘 그 길을 어찌 알겠사옵나이까 6 예수께서 이르시되 내가 곧 길이요 진리요 생명이니 나로 말미암지 않고는 아버지께로 올 자가 없느니라 7 너희가 나를 알았더라면 내 아버지도 알았으리로다 이제부터는 너희가 그를 알았고 또 보았느니라

예수님께서 가심과 오심의 길을 말하자 도마는 무슨 길을 말씀하시는지 도무지 영문을 몰랐다. 성경은 기록자인 사도들의 자화상과 같다. 자신들의 부끄러운 모습들을 감추지 않았을 뿐만 아니라 오히려 치부를 중점적으로 다루고 있다. 이는 그들의 영성이 하나님과의 일치에 이르렀음을 말해주는 증거이다. 하나님께로 가는 길은 자기부정의 길이기 때문이다. 이에 대하여 예수님께서는 제자들의 눈높

이에 맞추어 알아듣기 쉽게 "내가 곧 길이요 진리요 생명이니"(*Ἐγώ εἰμι ἡ ὁδὸς καὶ ἡ ἀλήθεια καὶ ἡ ζωή*) 라고 말씀하셨다. 길, 진리, 생명에는 정관사(*ἡ*)가 있는데, 그 뜻은 예수님은 유일한 길, 유일한 진리, 유일한 생명이시며, 또 길 자체, 진리 자체, 생명 그 자체이시기 때문에 예수님이 아니고는 하나님께 이를 수 없다는 의미이다. 듣기에 따라서는 지극히 배타적인 말씀이어서 기독교인이 아닌 사람들은 받아들이기 어려울 수 있다. 도대체 무슨 뜻이며, 왜 그럴까?

❶ 내가 곧 길이요

예수님께서 말씀하신 길은 무슨 길일까? 이미 앞에서 말한 바와 같이 새로운 계약체결을 위한 가심과 오심의 길이다. 앞에서도 누누이 강조한 바와 같이 예수님께서는 이스라엘과 맺은 옛 계약을 파기하고 새로운 계약을 체결하러 오셨다. 이 계약이 아니고서는 하나님께로 가는 구원의 길은 있을 수가 없다. 왜 예수님만이 유일한 길일까?

인류사는 곧 종교사라고 할 수 있다. 종교의 영향력이 그만큼 크기 때문이다. 그런데 인류 종교사는 곧 오류의 역사라고 해도 과언이 아니다. 고대에는 하등종교 즉 신화적인 종교, 미신종교, 기복종교 등의 시대였다. 고등종교가 등장한 이후에도 겉은 고등종교이지만 속은 하등종교의 그늘을 벗어나지 못했다. 가장 큰 이유는 그 종교를 가르치는 자들의 한계 때문이다. 구약의 율법서를 경전으로 하는 헤브라이즘 종교인 유대교와 기독교의 역사를 보면 오류의 역사였다. 예수님께서는 당시 유대교 지도자들의 오류를 조목조목 지적하시며 심판을 선언하셨다. 그런데 기독교의 역사를 돌이켜봐도 별로 다를 바 없다. 성경해석과 신학은 오류 투성이었으며 지금도 전혀 나아지지 않았다. 예수님께서는 바른 신앙의 길을 제시하러 오셨다. 이를 요한복음에서는 빛이라고 했다.

바른 신앙의 길은 계약신앙이어야 한다. 그 이유는 단순하다. 이 세상의 만물이 창조주와의 계약관계에 있기 때문이다. 인문철학은 자연철학 위에 세워져 있다. 사람이 지켜야 할 인륜의 도(道)는 자연의 원리와 이치에 부합해야 하기 때문이다. 마찬가지로 종교도 만물의 원리와 이치에 맞아야 한다. 만물의 조화는 결코 우연이라고 할 수 없으며, 창조주가 아니고는 설명되지 않는다. 만물의 원리와 신앙의 원리, 우주론과 구원론은 다르지 않다. 같은 원리의 지배를 받고 있기 때문이다.

새로운 계약을 체결하러 오신 예수님께서는 이렇게 말씀하신다. 계약법을 지키지 않고서는 구원받지 못한다. 다른 길은 없다. 그 말씀이 "내가 곧 길이요"이다.

❷ 내가 곧 진리요

진리가 도대체 뭘까? 그런데 본문은 아무런 부연 설명없이 예수님만이 유일한 진리이며 진리 자체라고 선언한다. 진리는 각 분야에 존재한다. 그런데 종교적인 진리에는 다음과 같은 기본적인 조건이 요구된다.

첫째, 인격이다. 다른 분야의 진리는 말만의 가르침이 가능하다. 그러나 윤리와 도덕을 포함하는 종교의 진리는 말만으로는 가르칠 수 없고 인격으로 가르쳐야 한다. 이런 이유로 종교지도자의 삶은 말과 행동의 일치가 요구될 수밖에 없으므로 가장 어려운 길이다. 그런데 예수님께서는 하나님이시기를 포기하고 인간으로 오셔서 대속의 삶을 사셨다. 이는 언행일치 이전에 존재의 일치였으며, 인간을 가장 소중하게 여기기 때문에 가능한 삶이었다. 성경에서 말하는 하나님의 인격은 이런 인격이다.

둘째, 삶이다. 종교는 인간의 육체와 정신의 삶을 다 다룬다. 정신과 영혼만이 대상이 아니다. 창세기에 의하면 정신과 영혼 이전에 육체가 먼저 만들어졌고, 육체가 만들어지기 전에 육체가 살아갈 수 있는 자연환경이 먼저 준비되었다. 종교는 영혼은 물론이고 육체가 살아갈 환경을 온전하게 해야 한다. 계약법은 모든 사람이 행복하게 살아가는 삶을 지향하며 이를 실현하기 위한 구체적인 실천강령이다.

셋째, 보편성이다. 종교적인 진리는 누구나 알 수 있고, 인정하고, 공감해야 한다. 육체 속에 영혼이 깃들어 있듯이, 사람들이 행복하게 살아갈 수 있는 세상을 만드는 법이 진정한 진리이다. 모든 사람이 행복하게 살아가는 세상을 추구하는 계약법은 종교, 이념, 지식의 유무와 상관없이 누구나 공감하고 원하는 바이기 때문에 진리이다. 진리는 상아탑 속에 갇혀있지 않다. 만인의 소유여야 한다.

❸ 내가 곧 생명이니

왜 예수님만이 유일한 생명이며, 생명자체이실까? 진정한 종교는 사람을 살리는 역할을 해야 한다. 그런데 당시 유대교는 사람을 위한 종교가 아니라 종교를 위해 사람을 가르쳤다. 이를 예수님께서는 “안식일이 사람을 위하여 있는 것이요 사람이 안식일을 위하여 있는 것이 아니니”(막2:27)라고 하셨다. 예수님께서는 사람을 살리는 역할을 하셨다. 육체가 죽은 이들을 살리는 표적도 여러 번 기록되어 있다. 또 영원한 생명에 이르는 길을 묻는 이들에게 십계명의 조항들을 지키라고 말씀하셨다.[90] 십계명은 구약의 계약법을 압축한 조항이다. 즉 계약법을 지키는 것이 곧 영원한 생명에 이르는 길이기 때문이다. 예수님만이 유일한 생명의 길인 이유는 예수님으로 말미암아 새로운 계약이 체결되었으며, 그 계약법으로 구원에 이르기 때문이다. 이런 이유로 복음서에 기록된 예수님의 말씀은 계약으로 해석해야 그 의미가 명확해진다.

90) 마19:16~19, 막10:17~19, 눅10:25~28, 18:18~20

예수님께서 유일한 길과 진리와 생명이시라는 것을 신앙 이외에 다른 무엇으로 증명할 수 있을까? '역사'이다. 역사보다 더 명확하고 객관적인 증거는 없다. 구약성경과 이스라엘 역사에서 가장 큰 영향을 끼친 것은 포로기였는데 나라가 멸망하여 없어지고 전쟁포로로 끌려갔던 이스라엘이 다시 돌아와 나라를 회복한다는 것은 사실상 가능성이 전무했다. 그런데 그들이 다시 돌아왔다. 어떻게 가능했을까? 계약법 신앙으로 돌아갔기 때문이다. 당시의 선지자들은 이스라엘이 멸망한 이유는 계약위반이라고 지적하며 늦었지만 지금이라도 계약을 지키면 다시 회복될 길이 열린다고 가르쳤다. 도무지 믿기지 않는 말이었지만 그 이후의 역사는 선지자들의 가르침대로 되었고 이스라엘은 귀환했다. 이스라엘의 귀환은 계약법의 정체성에 대한 역사적인 증거이다.

하나님께서는 지금도 계약법대로 세상 역사를 이끌어 가시는데 그 역사의 주체는 계약공동체이다. 계약공동체가 어떻게 하느냐에 따라 세상 역사가 결정된다. 코로나19가 등장한 이후 인류는 지금 최대의 위기에 직면했다고 전문가들은 입을 모은다. 생태계 파괴로 말미암은 대멸종을 막을 길이 없기 때문이다. 이제는 인류의 멸종을 돌이킬 방법이 없다고 한다. 맞는 말이다. 그런데 계약신앙에서는 아직 가능성이 남아 있다. 교회가 계약신앙을 재발견하여 계약신앙으로 돌아가는 것이 유일한 대안이다.

> 계약법은 유일한 길이요 진리요 생명이니 계약법으로 말미암지 않고는 아버지께로 올 자가 없느니라

도마의 질문에는 이런 중요한 의미들이 들어있었다. 예수님께서는 이어서 이렇게 말씀하셨다.

> 너희가 나를 알았더라면 내 아버지도 알았으리로다 이제부터는 너희가 그를 알았고 또 보았느니라

제자들은 이 말씀을 이해할 수가 없어서 또 물었다.

3. 빌립의 질문

【•】 8 빌립이 이르되 주여 아버지를 우리에게 보여 주옵소서 그리하면 족하겠나이다 9 예수께서 이르시되 빌립아 내가 이렇게 오래 너희와 함께 있으되 네가 나를 알지 못하느냐 나를 본 자는 아버지를 보았거늘 어찌하여 아버지를 보이라 하느냐 … 11 내가 아버지 안에 거하고 아버지께서 내 안에 계심을 믿으라 그렇지 못하겠거든 행하는 그 일로 말미암아 나를 믿으라

빌립은 예수님에게 하나님을 보여 달라고 요청했다. 자고로 신앙에 관심이 있는 사람들은 하나님 보기를 원했다. 모세 역시 하나님 뵈옵기를 청했지만 직접 만날 수가 없었고 지나가시는 그림자만 볼 수 있었다.(출33:18~23) 왜 하나님을 직접 뵈올 수가 없을까? 하나님과 인간은 존재하는 차원이 다르기 때문이다. 하나님은 영으로 계시고 사람은 육체로 존재한다. 단지 하나님의 존재를 의식하면서 온갖 억측과 상상을 쏟아낼 뿐이다.

이에 하나님께서는 사람들이 하나님을 직접 볼 수 있게 하셨는데, 그 방법은 사람의 육체를 입고 세상에 오시는 것이었다. 단지 육체를 입고 계시는 것으로 끝나지 않고 직접 하나님의 일을 하시며 말씀을 들려 주셨다. 예수님께서 하신 일들은 사람으로서는 누구도 할 수 없는 것이었다. 이를 요한복음에서는 표적이라는 독특한 용어로 설명했다. 예수님께서 행하신 표적들은 예수님이 곧 하나님이시라는 증거라고 빌립에게 대답하셨다.

내가 아버지 안에 거하고 아버지께서 내 안에 계심을 믿으라 그렇지 못하겠거든 행하는 그 일로 말미암아 나를 믿으라

요한복음에서 말하는 믿음은 예수님은 곧 하나님이시라고 믿는 믿음이다. 예수님께서는 보이지 않는 하나님의 보이는 형상이시며, 사람의 모양으로 우리 가운데 와 계시는 하나님이셨다. 그런데 제자들은 예수님과 몇 년 동안 같이 지내며서 온갖 표적들을 직접 보고 또 놀라운 지혜의 말씀들을 직접 들었지만, 아직 예수님이 하나님이

시라는 사실을 알지도 믿지도 못하고 있었다. 예수님의 직계 제자들이 보고 듣고도 믿지 못했다면 오늘 우리는 어떻게 예수님께서 하나님이시라는 것을 믿을 수 있을까?

❶ 보혜사

【•】 16 내가 아버지께 구하겠으니 그가 또 다른 보혜사를 너희에게 주사 영원토록 너희와 함께 있게 하리니 17 그는 진리의 영이라 세상은 능히 그를 받지 못하나니 이는 그를 보지도 못하고 알지도 못함이라 그러나 너희는 그를 아나니 그는 너희와 함께 거하심이요 또 너희 속에 계시겠음이라 … 26 보혜사 곧 아버지께서 내 이름으로 보내실 성령 그가 너희에게 모든 것을 가르치고 내가 너희에게 말한 모든 것을 생각나게 하리라

그 비결은 보혜사(保惠師)에 있다. 요한복음에서는 성령을 '보혜사'(παράκλητος)라고 말하는데 돕는 자, 중재자, 변호자, 위안자 등의 뜻이다. '또 다른 보혜사'라는 말은 예수님과 성령은 같은 분이라는 뜻이다. 단지 예수님은 육체로 계시기 때문에 우리 밖에 계시지만 성령은 영으로 계시기 때문에 우리 안에 들어와 계실 수 있다는 것이 다를 뿐이다. 우리 안에 거하시면서 우리로 깨달아 알고 믿게 하신다. 이 보혜사는 계약공동체에게만 주어지기 때문에 세상은 그를 알지 못한다. 보혜사 성령은 우리로 하여금 들을 수 없는 것을 듣게 하시며, 볼 수 없는 것을 보게 하시고, 믿을 수 없는 것을 믿게 하신다. 이런 이유로 부활하신 예수님을 만져보고서야 믿음을 고백하는 도마에게 이렇게 말씀하셨다.

너는 나를 본 고로 믿느냐 보지 못하고 믿는 자들은 복되도다(요20:29)

요한복음에서는 보혜사가 세 편의 설교에 세 번 언급된다.[91] 매번의 설교마다 보혜사가 언급되는 이유는 계약공동체의 역할에 있어서 보혜사 성령의 역할이 절대적이기 때문이다.

보혜사 성령께서는 보고 듣고 믿게 하실 뿐만 아니라 할 수 없는 것을 할 수 있게 하신다.

---

91) ①14:16~17, 26, ②15:26~27, ③16:7~15.

❷ 전권 대행

【●】 12 내가 진실로 진실로 너희에게 이르노니 나를 믿는 자는 내가 하는 일을 그도 할 것이요 또한 그보다 큰 일도 하리니 이는 내가 아버지께로 감이라

이 본문 역시 계약의 관점이 아니고서는 설명이 쉽지 않다. 누가 감히 예수님께서 하신 일, 더 나아가 더 큰 일을 할 수 있겠는가? 그러나 계약관계에서 보면 그 의미가 아주 단순해진다. 하나님께서는 언제나 계약공동체를 통해서 일하시며, 포도나무의 비유에 의하면 열매는 가지, 즉 교회가 맺기 때문이다. 결실을 하나님께서 직접 맺지 않으신다. 이런 사실은 사도들에 의해 시작되어 예루살렘에 세워졌던 초기교회를 보면 알 수 있다. 예수님을 배척했던 유대인들은 사도들이 하는 일을 보고 수천여 명씩 교회에 몰려왔는데, 그중에는 바리새인과(행15:5) 허다한 제사장의 무리들까지 있었다.(행6:7) 하나님의 전권을 행사하셨던 예수님께서는 이제 교회를 통해서 하나님의 전권을 행사하신다. 교회는 하나님의 전권 대행 기관이다.

❸ 기도의 역할

【●】 13 너희가 내 이름으로 무엇을 구하든지 내가 행하리니 이는 아버지로 하여금 아들로 말미암아 영광을 받으시게 하려 함이라 14 내 이름으로 무엇이든지 내게 구하면 내가 행하리라

계약법에 의하면 하나님께서는 맘대로 하시는 하나님이 아니라 법대로 하시는 하나님이시다. 계약을 맺은 계약공동체를 통해서 계약법대로 일을 하신다. 그런데 더 놀라운 것은 하나님께서 명령하시는 대로 교회가 순종하는 게 아니라 교회가 요청하는 대로 하나님께서 따르신다는 것이다. 하나님께서는 일방적으로 어떤 일을 하시지 않고 교회의 기도를 들으시고 기도를 통해서 일하신다. 이런 측면에서 기도의 중요성은 아무리 강조해도 지나치지 않다. 그러나 아무 기도나 다 들으시는 것이 아니라 이 기도에는 전제 조건이 들어있다. 무엇일까?

❹ 기도의 조건

【•】 15 너희가 나를 사랑하면 나의 계명을 지키리라 … 21 나의 계명을 지키는 자라야 나를 사랑하는 자니 나를 사랑하는 자는 내 아버지께 사랑을 받을 것이요 나도 그를 사랑하여 그에게 나를 나타내리라

성경에서 말하는 율법, 계명, 규례, 법도, 율례, 말씀 등은 계약법을 말한다. 계약공동체가 해야 할 기도, 하나님께서 들으시고 응답하시는 기도는 전적으로 계약법을 기초로 해야 한다. 기도하기 위해서는 계약공동체가 계약법에 대하여 먼저 충분히 알고 또 실천해야 한다. 예수님을 사랑하고 또 믿는다는 것은 계약법을 지키는 것을 말한다. 우리에게 보내주시는 보혜사 성령은 공동체로 하여금 계약법을 바르게 알고 지키도록 가르치고 도와주신다.

❺ 다시 오심

【•】 18 내가 너희를 고아와 같이 버려두지 아니하고 너희에게로 오리라 19 조금 있으면 세상은 다시 나를 보지 못할 것이로되 너희는 나를 보리니 이는 내가 살아 있고 너희도 살아 있겠음이라

고별설교에서 예수님은 여러 번 다시 오심에 대하여 말씀하셨는데 무엇을 말할까? 흔히 예수님의 다시 오심을 마지막 종말의 재림으로 이해한다. 그런데 요한복음에 의하면 부활과 보혜사 성령의 강림이 다시 오심이며, 예수님은 이미 지금 우리에게 보혜사로 와 계신다. 그러나 이는 미래적인 종말과 재림이 없다는 뜻이 아니다. 지금 여기서 시작한 하나님 나라가 하나님의 초자연적인 개입으로 완성되는 시기가 미래적인 종말이며 재림이다. 하나님 나라가 계약공동체에서 시작되어 완성을 향해 나아가다가 미래에 완성된다. 우리는 지금 '이미'와 '아직' 사이에 있다. 하나님 나라는 이미 시작되었지만 아직 완성되지 않았다.

❻ 상호 내주

【•】 20 그 날에는 내가 아버지 안에, 너희가 내 안에, 내가 너희 안에 있는 것을 너희가 알리라

'너희가 내 안에, 내가 너희 안에'라는 표현 역시 요한복음에서 자주 나온다. 보혜사 성령으로 말미암아 계약공동체는 하나님 안에, 하나님께서는 계약공동체 안에 상호 내주하게 된다.

4. 다른 유다의 질문

【●】 22 가룟인 아닌 유다가 이르되 주여 어찌하여 자기를 우리에게는 나타내시고 세상에는 아니하려 하시나이까 23 예수께서 대답하여 이르시되 사람이 나를 사랑하면 내 말을 지키리니 내 아버지께서 그를 사랑하실 것이요 우리가 그에게 가서 거처를 그와 함께 하리라 24 나를 사랑하지 아니하는 자는 내 말을 지키지 아니하나니 너희가 듣는 말은 내 말이 아니요 나를 보내신 아버지의 말씀이니라

보혜사로 다시 오실 예수님께서는 왜 세상에는 나타내지 않으실까? 가룟 유다가 아닌 다른 유다의 질문이었다. 보혜사가 오는 이유는 계약을 실천하여 이 땅에서 하나님 나라를 실현하기 위함이다. 그런데 그 일은 오직 계약공동체에서만 가능하다. 예수님께서 자신을 세상에 드러내지 않으시는 게 아니라 세상이 주님을 알아보지 못하기 때문이다. 옛 계약공동체였던 유대인들도 예수님을 알아보지 못하였다. 하물며 세상은 더 말할 필요도 없다. 하늘의 비밀은 감추어진 비밀이 아니라 공개된 비밀이다. 명백하게 공개되어 보여주며 선포되고 있지만 다만 보지도 못하고 듣지도 못할 뿐이다. 자기 욕심과 도그마에 눈과 귀가 멀었기 때문이다. 하나님 나라가 실현되기를 간절히 소망하는 사람들에게만 그 나라는 계시된다.

예수님을 사랑해서 그 계명 즉 계약법을 지키는 공동체에 성삼위 하나님께서 오셔서 거하실 거처로 삼으신다. '거하다'(μένω)라는 단어는 예수님과 제자 공동체의 긴밀한 유대관계를 나타내는 표현인데 15:1~14에서만 10여 회 사용되고 있다. 이는 계약공동체를 그만큼 소중히 여기신다는 말씀이다.

❶ 진리의 영

【•】 17 그는 진리의 영이라 … 26 보혜사 곧 아버지께서 내 이름으로 보내실 성령 그가 너희에게 모든 것을 가르치고 내가 너희에게 말한 모든 것을 생각나게 하리라

세 번의 고별설교마다 보혜사 성령이 언급되는데 그 이유는 각 설교마다 다른 상황과 다른 주제를 말하기 때문이다. 각기 보혜사의 역할이 다르게 언급되지만 공통점이 있다. 그것은 '진리의 영'과 교사의 역할이다.[92] 보혜사는 무엇보다도 계약법을 똑바로 깨달아 알도록 가르치신다. 특히 첫 번째 설교에는 처소, 길과 진리와 생명 등 어려운 주제들이 많이 있다. 이런 이유로 보혜사는 진리에 대하여 가르치시고 깨닫게 하시고 듣고 배운 것을 생각나게 하신다. '가르치시고'는 전승과 전통에 대한 바른 이해이고, '생각나게 하다'(ύπομιμνήσκω)는 경험을 통한 전승의 재해석을 의미한다.[93] 특히 생각나게 한다는 말씀은 단순한 회상이 아니고 성령의 도우심을 통한 올바른 이해를 말한다. 전통은 버릴 대상도, 그대로 답습할 대상도 아니다. 올바른 재해석의 대상이다. 마태복음에서는 이에 대하여 다음과 같이 말했다.

예수께서 이르시되 그러므로 천국의 제자된 서기관마다 마치 새것과 옛것을 그 곳간에서 내오는 집주인과 같으니라(마13:52)

옛 계약공동체였던 이스라엘은 바벨론 포로 기간을 통하여 계약법을 지혜로 새롭게 발견하게 되었다. 그런데 이제 새 계약공동체인 교회에서는 계약법을 진리로 다시 만나게 된 것이다. 계약법에서 말하는 지혜와 진리는 상아탑 속에 있지 않고 실생활 속에 들어있기 때문에, 누구나 알 수 있고 깨달을 수 있는 살아 있는 진리이다.

---

92) 1) 그는 진리의 영이라(4:17절), 2) 진리의 성령이 오실 때에(15:26), 3) 진리의 성령이 오시면 (16:13)

93) 김동수, 「요한복음의 교회론」, 대한기독교서회, 2005, p.122. 헹헨(Haenchen)이 이런 해석을 했다.

❷ 하늘의 평안

【•】 27 평안을 너희에게 끼치노니 곧 나의 평안을 너희에게 주노라 내가 너희에게 주는 것은 세상이 주는 것과 같지 아니하니라 너희는 마음에 근심하지도 말고 두려워하지도 말라

예수님의 계명대로 사는 사람, 계약법을 지키는 공동체에는 세상이 알지 못하는 평안이 주어진다. 예수님께는 자신이 죽은 후에 불안해할 제자들을 염두에 두시면서 평안을 약속하며 두려워하거나 근심하지 말라고 거듭 당부하셨다.

❸ 하늘의 기쁨

【•】 28 내가 갔다가 너희에게로 온다 하는 말을 너희가 들었나니 나를 사랑하였더라면 내가 아버지께로 감을 기뻐하였으리라 아버지는 나보다 크심이라

제자들의 입장에서 예수님의 가심은 근심과 두려운 일이 아니라 기쁜 일이다. 왜냐하면 예수님께서 가심으로 말미암아 또 다른 보혜사인 성령이 오시는데, 그는 우리 안에 영원히 내주하시기 때문에 기뻐해야 할 일이다.

❹ 세상 임금

【•】 30 이 후에는 내가 너희와 말을 많이 하지 아니하리니 이 세상의 임금이 오겠음이라 그러나 그는 내게 관계할 것이 없으니 31 오직 내가 아버지를 사랑하는 것과 아버지께서 명하신 대로 행하는 것을 세상이 알게 하려 함이로라 일어나라 여기를 떠나자 하시니라

첫 번째 고별설교의 마지막에는 세상 임금에 대한 언급이 나온다. 여기서 말하는 세상 임금은 유다 속에 들어가서 예수님을 죽일 음모를 꾸미고 있는 마귀의 세력이다. 그러나 예수님을 죽이려는 마귀의 음모는 그 의도와는 반대로 하나님의 뜻을 실현시키는 역할을 하게 된다. 하나님의 지혜는 마귀의 술수와 모략을 무력화시킬 뿐만 아니라 역이용하여 하나님의 뜻을 실현하신다. 잔꾀를 부리는 자들은 스스로 자멸하게 마련이다.

이로써 예수님의 첫 번째 고별설교는 끝나고 두 번째로 이어진다.

물음 41 두 번째 고별설교, 무엇을 말하는가?

본문 〈 15:1~16:4 〉

1 나는 참포도나무요 내 아버지는 농부라

2 무릇 내게 붙어 있어 열매를 맺지 아니하는 가지는 아버지께서 그것을 제거해 버리시고 무릇 열매를 맺는 가지는 더 열매를 맺게 하려 하여 그것을 깨끗하게 하시느니라

3 너희는 내가 일러준 말로 이미 깨끗하여졌으니

4 내 안에 거하라 나도 너희 안에 거하리라 가지가 포도나무에 붙어 있지 아니하면 스스로 열매를 맺을 수 없음 같이 너희도 내 안에 있지 아니하면 그러하리라

5 나는 포도나무요 너희는 가지라 그가 내 안에, 내가 그 안에 거하면 사람이 열매를 많이 맺나니 나를 떠나서는 너희가 아무 것도 할 수 없음이라

6 사람이 내 안에 거하지 아니하면 가지처럼 밖에 버려져 마르나니 사람들이 그것을 모아다가 불에 던져 사르느니라

7 너희가 내 안에 거하고 내 말이 너희 안에 거하면 무엇이든지 원하는 대로 구하라 그리하면 이루리라

8 너희가 열매를 많이 맺으면 내 아버지께서 영광을 받으실 것이요 너희는 내 제자가 되리라

9 아버지께서 나를 사랑하신 것 같이 나도 너희를 사랑하였으니 나의 사랑 안에 거하라

10 내가 아버지의 계명을 지켜 그의 사랑 안에 거하는 것 같이 너희도 내 계명을 지키면 내 사랑 안에 거하리라

11 내가 이것을 너희에게 이름은 내 기쁨이 너희 안에 있어 너희 기쁨을 충만하게 하려 함이라

12 내 계명은 곧 내가 너희를 사랑한 것 같이 너희도 서로 사랑하라 하는 이것이니라

13 사람이 친구를 위하여 자기 목숨을 버리면 이보다 더 큰 사랑이 없나니

14 너희는 내가 명하는 대로 행하면 곧 나의 친구라

15 이제부터는 너희를 종이라 하지 아니하리니 종은 주인이 하는 것을 알지 못함이라 너희를 친구라 하였노니 내가 내 아버지께 들은 것을 다 너희에게 알게 하였음이라

16 너희가 나를 택한 것이 아니요 내가 너희를 택하여 세웠나니 이는 너희로 가서 열매를 맺게 하고 또 너희 열매가 항상 있게 하여 내 이름으로 아버지께 무엇을 구하든지 다 받게 하려 함이라

17 내가 이것을 너희에게 명함은 너희로 서로 사랑하게 하려 함이라

18 세상이 너희를 미워하면 너희보다 먼저 나를 미워한 줄을 알라

19 너희가 세상에 속하였으면 세상이 자기의 것을 사랑할 것이나 너희는 세상에 속한 자가 아니요 도리어 내가 너희를 세상에서 택하였기 때문에 세상이 너희를 미워하느니라

20 내가 너희에게 종이 주인보다 더 크지 못하다 한 말을 기억하라 사람들이 나를 박해하였은즉 너희도 박해할 것이요 내 말을 지켰은즉 너희 말도 지킬 것이라

21 그러나 사람들이 내 이름으로 말미암아 이 모든 일을 너희에게 하리니 이는 나를 보내신 이를 알지 못함이라

22 내가 와서 그들에게 말하지 아니하였더라면 죄가 없었으려니와 지금은 그 죄를 핑계할 수 없느니라

23 나를 미워하는 자는 또 내 아버지를 미워하느니라

24 내가 아무도 못한 일을 그들 중에서 하지 아니하였더라면 그들에게 죄가 없었으려니와 지금은 그들이 나와 내 아버지를 보았고 또 미워하였도다

25 그러나 이는 그들의 율법에 기록된 바 그들이 이유 없이 나를 미워하였다 한 말을 응하게 하려 함이라

26 내가 아버지께로부터 너희에게 보낼 보혜사 곧 아버지께로부터 나오시는 진리의 성령이 오실 때에 그가 나를 증언하실 것이요

27 너희도 처음부터 나와 함께 있었으므로 증언하느니라

16:1 내가 이것을 너희에게 이름은 너희로 실족하지 않게 하려 함이니

16:2 사람들이 너희를 출교할 뿐 아니라 때가 이르면 무릇 너희를 죽이는 자가 생각하기를 이것이 하나님을 섬기는 일이라 하리라

16:3 그들이 이런 일을 할 것은 아버지와 나를 알지 못함이라

16:4 오직 너희에게 이 말을 한 것은 너희로 그 때를 당하면 내가 너희에게 말한 이것을 기억나게 하려 함이요 처음부터 이 말을 하지 아니한 것은 내가 너희와 함께 있었음이라

두 번째 설교는 포도나무 비유(1~17절)로 시작하는데 비유(1~7절)에서는 상호 내주(거하다)가 중심이며, 공동체 삶(8~17절)에서는 상호 연합(서로 사랑하라)이 주축을 이룬다. 18절부터는 교회공동체와 세상과의 관계와 보혜사 성령의 역할에 대한 말씀이다. 구약성경과 유대교 문헌에서 포도원이나 포도나무는 하나님과 이스라엘의 관계를 나타내는 상징어로 자주 쓰였으며[94] 예수님께서도 비유에서 자주 언급하셨다.[95] 두 번째 고별설교는 무엇을 말하고 있을까?

1. 요한복음의 교회론

요한복음에는 교회라는 단어는 물론 이와 관련된 용어들이 등장하지 않지만 내용은 전적으로 교회론에 부합한다. 왜냐하면 지금까지 살펴본 바와 같이 요한복음은 계약의 관점에서 그 핵심이 명확하게 해석되기 때문이다. 계약공동체는 곧 교회를 말한다. 요한복음에서 교회론이 잘 나타나는 말씀은 10장의 목자와 양의 관계와 15장의 포도나무 비유이다. 포도나무 비유를 교회론으로 해석해보고자 한다.[96]

❶ 참 포도나무

【•】 1 나는 참포도나무요 내 아버지는 농부라

요한복음에서 '참'(ἀληθινός)은 세 번 중요하게 사용되는데, '참되게' 예배하는 자들은(요4:23)과 하늘로부터 온 '참' 떡(요

94) 호10:1, 렘2:21, 사5:1~2, 27, 겔15:1~8, 19:10~14, 시80:8~19, 제2바룩서 39:7, 집회서 24:17. 마카비의 뒤를 이은 하스몬 왕조는 포도송이가 그려진 동전을 주조하여 유통시켰으며, 헤롯이 지은 성전의 예배소 입구에는 황금으로 만든 포도나무 장식이 있었다.

95) 막 12:1~11, 마 20:1~16, 21: 28~32, 눅13:6~9.

96) 우리나라에서 요한복음을 전공한 분들이 많이 있는데, 요한복음의 교회론을 연구한 이는 김동수교수이며, 관련서적은 「요한복음의 교회론」과 「요한신학 렌즈로 본 요한복음』 등이 있다.

6:62)과 '참' 포도나무에서 사용된다. 참 포도나무는 구약의 들 포도나무에 대비된다.(사5장, 렘2장) 우상숭배에 빠져 만신창이로 변해버린 옛 계약공동체인 이스라엘을 예언자들은 들 포도나무로 비유했다. 또 참 포도나무는 예수님 당시에는 들 포도나무가 돼 버린 유대교를 염두에 둔 표현이었다. 10장에서 삯꾼 목자와 선한 목자를 대비시키셨던 예수님께서는 이번에는 스스로를 참 포도나무로 비유하셨다. 이 비유로 무엇을 말씀하시고자 하셨을까?

❷ 가지의 중요성

【•】 2 무릇 내게 붙어 있어 열매를 맺지 아니하는 가지는 아버지께서 그것을 제거해 버리시고 무릇 열매를 맺는 가지는 더 열매를 맺게 하려 하여 그것을 깨끗하게 하시느니라 3 너희는 내가 일러준 말로 이미 깨끗하여졌으니 … 6 사람이 내 안에 거하지 아니하면 가지처럼 밖에 버려져 마르나니 사람들이 그것을 모아다가 불에 던져 사르느니라

포도 열매는 가지에서 맺는다. 열매 맺지 않는 가지는 유대교를 일컫는 비유이다. 예수님께서는 계약실천이 실종된 유대교와의 옛 계약을 파기하셨다. 그리고 제자들을 모으시고 가르치셔서 새 계약을 체결할 수 있도록 준비시키셨는데, 이를 깨끗해졌다고 하셨다. 포도나무 비유는 열매를 맺는 가지의 중요성을 강조하기 위한 비유이다. 포도나무는 가지를 위하여 있고, 가지의 필요를 공급해 주는 역할을 한다.

❸ 상호내주

【•】 4 내 안에 거하라 나도 너희 안에 거하리라 가지가 포도나무에 붙어 있지 아니하면 스스로 열매를 맺을 수 없음 같이 너희도 내 안에 있지 아니하면 그러하리라

가지와 나무는 뗄 수 없는 관계인데 이런 관계를 '거하다'(μένω) 라는 단어로 설명한다. 이 단어는 앞에서도 이미 사용되었는데 포도나무 비유에서 다시 사용되고 있다. 그리고 '나는 너희 안에, 너희는 내 안에'라는 표현도 고별설교에서 다시 반복되고 있다. 하나님과 계약공동체의 긴밀한 관계를 이보다 더 생생하게 표현할 방법이

있을까? 요한복음의 공동체는 가족관계이다. 하나님을 아버지로 부르며 하나님의 자녀, 형제, 친구 등은 가족관계를 표현하는 용어들이다.

❹ 상호의존

【•】 5 나는 포도나무요 너희는 가지라 그가 내 안에, 내가 그 안에 거하면 사람이 열매를 많이 맺나니 나를 떠나서는 너희가 아무 것도 할 수 없음이라

바울은 교회를 몸의 비유로 설명했는데(고전12:12~27, 롬12:3~11, 엡4:7~12) 몸의 비유는 교인들의 관계에 중점을 둔 비유였다. 교회에서 자칫 질서가 무너지고 분쟁이 일어날 수 있으므로 이를 염두에 두면서 지체인 교인들은 예수님을 머리로 받들며 각자의 역할에 충실해야 한다고 했다. 그러나 요한복음은 하나님과 계약공동체의 관계에 초점을 맞추었다. 하나님은 농부이고 예수님은 포도나무이며 공동체는 가지로 비유했다. 이 비유는 우리에게 많은 것들을 시사해 주는데 하나님과 우리의 관계가 상하 관계가 아니라 상호의존 관계라고 말하고 있다.

농부나 포도나무는 열매를 직접 맺을 수 없고 가지를 통해서만 맺을 수 있다. 따라서 하나님과 예수님에게는 교회공동체가 반드시 필요하다. 교회와 하나님은 상호 절대의존 관계이다. 가지는 나무와 농부가 없으면 생존 자체가 불가능하듯이, 교회는 하나님과 예수님께서 계시지 않으면 이미 교회라고 할 수가 없다.

이런 상호의존 관계는 하나님과 교회의 관계를 잘 표현해 준다. 하나님께서는 계약의 대상인 교회공동체를 통해서 일을 하신다. 결코 일방적으로 혼자 하실 수 없다. 또 교회는 하나님 없이는 아무일도 할 수 없음은 물론 존재 자체가 불가능하다. 이런 쌍방계약 관계는 곧 인격 관계이다. 하나님과 교회의 상호 절대의존 관계는 곧 상호 존재이유이다. 이와 같이 계약의 시각으로 보면 하나님에게 있

어서 인간은 단지 사랑이나 구원의 대상 정도가 아니라, 하나님의 존재의미이며 존재이유이다.

그러나 구속사로 보면 사람은 하나님의 영광을 위하여 창조되었고 하나님을 위하여 존재하며, 사람은 사랑과 구원의 대상일 뿐이다. 구원받은 인간이 할 일은 한없는 하나님의 사랑에 한없이 감사하며 그 크신 사랑을 널리 전하고 그분의 뜻과 명령에 순종하는 삶을 살아야 한다. 구속신앙에서는 하나님과 인간의 관계를 종속관계로 보기 때문에 인간의 진정한 자유와 그 어떤 주체성을 찾아보기 어렵다.

성경에서 본래 말하는 신앙은 어떤 것인가? 어떤 신앙이어야 하는가? 구속신앙인가? 계약신앙인가? 무엇이 옳은지 어떻게 알 수 있을까?

자연 만물을 보면 알게 된다. 동식물의 세계는 물론이고 우주의 천체들은 서로 연관성과 의존성을 지니고 있다. 태양은 여러 행성들이 있음으로써 태양계를 이루고 자기 위치를 확보하며, 지구와 지구 생명체는 태양을 통해서 존재에 필요한 것들을 공급받고 있다. 태양계와 먹이사슬 등은 우주의 존재 원리의 한 단면인데 그 원리는 종속관계가 아니라 상호의존 관계이다. 우주 만물은 우리에게 말하고 있다.

서양기독교는 잘못된 구속신앙의 길을 왔다.
계약신앙으로 가라. 그 길에 생명이 있다.

2. 계약공동체의 역할

포도나무 가지인 계약공동체의 역할은 최상품의 포도송이를 맺는 일이다. 농부이신 하나님과 포도나무이신 예수님은 이를 위하여 최선의 지원을 아끼지 않으신다. 잘 가꾼 포도나무에서 좋은 열매 맺지 않는 가지란 있을 수 없다. 그런데 계약공동체인 포도나무 가지는 옛 계약공동체 2천 년 역사와 새 계약공동체 2천 년 역사에서 제대로 된 열매를 지속해서 맺어본 적이 없다. 도대체 뭐가 문제였을까?

❶ 바른 이해

【•】 7 너희가 내 안에 거하고 내 말이 너희 안에 거하면 무엇이든지 원하는 대로 구하라 그리하면 이루리라

계약공동체가 바른 길을 가기 위해서는 무엇보다도 먼저 계약법에 대한 바른 이해가 있어야 한다. 그런데 어떻게 된 노릇인지 두 계약공동체에서는 계약법에 대한 이해가 빈약한 것이 아니라 계약법 자체가 실종되고 말았다. 옛 계약공동체에서는 다윗과 솔로몬 이후 성전-제사 신앙에 치우쳐서 계약신앙이 실종되었다. 다윗과 솔로몬은 계약신앙을 통째로 말아먹은 장본인이다. 그런데 개신교에서는 그들을 참 신앙과 그로 말미암은 축복의 표본으로 보고 있다. 이는 무지를 넘어서 우스개 수준이다. 그러나 세상을 망하게 했으니 웃을 수도 없는 노릇이다. 설교자들이 설교 강단에서, 다윗과 솔로몬이 군대를 양성해서 주변 나라를 약탈해다가 누린 부귀영화를 하나님의 축복이라고 우겨대니 당해낼 장사가 없다. 무식이 판을 치고 있으며 지옥불로 직행하고 있으면서도 구원의 확신이 있다니 이보다 더한 가관이 있을 리가 없다. 이 노릇을 어찌할꼬!

계약법을 똑바로 알고 똑바로 구해야 할 텐데, 똑바로 알지를 못하니 똑바로 구할 리가 없다. 떠드는 설교는 넘쳐나는데 정신 나간 소리뿐이고, 기도 소리는 드높은데 응답 될 기도는 없으니 시끄러운 소리에 불과하다. 위 본문에서 '너희가 내 안에 거하고 내 말이 너희 안에 거하면'은 계약에 대한 바른 이해가 우선임을 강조하는 말씀이다. 신앙생활에 있어서 바른 이해의 중요성은 아무리 강조해도 지나치지 않다. 그런데 교회는 그동안 이해보다 믿음을 강조했고 신앙에 대한 물음을 의심으로 치부했다. 화를 자초한 셈이다.

❷ 좋은 열매

【●】 8 너희가 열매를 많이 맺으면 내 아버지께서 영광을 받으실 것이
요 너희는 내 제자가 되리라 9 아버지께서 나를 사랑하신 것 같이 나
도 너희를 사랑하였으니 나의 사랑 안에 거하라 10 내가 아버지의 계
명을 지켜 그의 사랑 안에 거하는 것 같이 너희도 내 계명을 지키면
내 사랑 안에 거하리라 11 내가 이것을 너희에게 이름은 내 기쁨이 너
희 안에 있어 너희 기쁨을 충만하게 하려 함이라 12 내 계명은 곧 내
가 너희를 사랑한 것 같이 너희도 서로 사랑하라 하는 이것이니라

농부가 포도나무를 아끼며 극진히 가꾸는 이유는 포도나무가 결실을 많이 맺게 하기 위함이다. 농부에게는 풍성한 수확보다 더 큰 기쁨은 없다. 교회가 하나님께 맺어 드려야 할 결실은 무엇일까? 하나님께 예배를 성대하게 또 자주 드리는 것일까? 좋은 음악으로 찬양을 드리는 것일까? 아니면 헌금을 많이 바치는 것일까? 구원의 확신을 잘 간직하다가 죽은 다음에 하늘나라에 가서 행복하게 살라고 하는 것일까? 참 하나님은 이런 것들을 기뻐 받으실 리가 없다. 무엇으로 하나님께 영광을 돌려드려야 할까?

하나님을 섬기는 교인들끼리 서로 사랑하고 도우며, 신분과 지위, 빈부의 격차가 없이 모두가 공평하고 행복하게 사는 삶이다. 그 삶을 보고 아직 교회에 다니지 않는 사람들이 부러워하며 하늘에 계신 하나님을 믿고 교회에 나와 그 삶에 동참하게 하는 것이 하나님께서 바라시는 영광이다.(마5:16) 이것이 진정한 전도이며, 이런 삶이 진정한 구원이다. 계약법에서 추구하는 선교 방식은 보여주는 선교이다.

계약법의 말씀들을 다시 해석한 요한복음의 새 계명은 이런 뜻이다. 예수님께서 하나님의 사랑 안에 거하셨다는 말씀은 예수님은 새 계명을 실현하러 오셨다는 뜻이며, 우리도 이 계명을 실천하면 하나님의 사랑 안에 거하고 하나님께서 우리 공동체 안에 거하신다는 말씀이다.

열매는 농부나 포도나무가 아니라 가지가 맺는다. 농부와 포도나무는 가지가 열매를 맺기 위해 필요한 것들을 빠짐없이 공급해줄 뿐이다. 가지가 나무와 농부에게 맞추는 게 아니라 농부가 나무와 가지에게 맞춘다. 이런 이유로 무엇이든지 원하는 대로 구하라, 그리하면 이루리라는 말씀이 성립되며, "나를 믿는 자는 내가 하는 일을 그도 할 것이요 또한 그보다 큰 일도 하리니"라는 말씀이 가능해 진다.

❸ 친구

【•】 13 사람이 친구를 위하여 자기 목숨을 버리면 이보다 더 큰 사랑이 없나니 14 너희는 내가 명하는 대로 행하면 곧 나의 친구라 15 이제부터는 너희를 종이라 하지 아니하리니 종은 주인이 하는 것을 알지 못함이라 너희를 친구라 하였노니 내가 내 아버지께 들은 것을 다 너희에게 알게 하였음이라

예수님께서는 하나님과 교회의 관계를 종과 친구의 비유로 말씀하셨다. 종은 주인이 시키는 대로 할 뿐, 주인이 비밀을 말해주지 않는다. 그러나 친구에게는 누구에게도 말 못 할 속사정을 말하고 모든 비밀을 공유하며 또 서로 상의한다. 하나님께서는 교회를 친구처럼 대해주시고 친구인 교회를 위하여 대신 죽으시겠다고 약속하신다. 이보다 더 긴밀한 관계를 표현하는 방법은 없다. 그런데 이게 끝이 아니다. 여기서 한 발자국 더 나아간다.

❹ 예정과 선택

【•】 16 너희가 나를 택한 것이 아니요 내가 너희를 택하여 세웠나니 이는 너희로 가서 열매를 맺게 하고 또 너희 열매가 항상 있게 하여 내 이름으로 아버지께 무엇을 구하든지 다 받게 하려 함이라

선택과 예정론은 무엇을 말하는 것일까? 문자가 말하듯이 하나님께서 특정한 사람들을 미리 구원과 멸망으로 예정하셨다는 뜻일까? 이런 예정론은 상식과 이치에 맞지 않는다. 전도는 단지 예정된 사람을 찾는 일이라는 식의 해명도 궁색하기 짝이 없는 문자 놀음에 불과하다. 그런데 왜 본문은 하나님께서 먼저 선택하셨다고 말씀하시는가?

예수님께서 너희는 나의 친구라고 하신 말씀은 “너희는 내 친구가 되기에 조금도 부족함이 없을 뿐만아니라 나의 일을 충분히 대신할 수 있다.”라는 뜻이다. 완전한 인격을 지니신 하나님께서는 우리를 친구로 받아주시고 무조건 믿으시며 조금도 의심하지 않으신다. 하나님께서는 우리의 과거를 다 잊으시고 묻지 않으시며 지금 이렇게 말씀하신다.

나는 너만 믿는다.
내게는 너 밖에 없다.
네가 나의 유일한 대책이다.

3. 교회와 세상

예수님께서 아무리 유대인들을 사랑하셨어도 그들은 이를 알지 못했을 뿐만 아니라 그들에게 해가 된다고 생각하여 십자가에 매달고 못 박아 죽였다. 아무리 선한 마음으로 대해주어도 돌아오는 것은 정반대의 결과가 되는 경우가 허다하다. 이를 어찌해야 하나? 예수님께서는 두 번째 설교의 마지막 부분에서 이에 대하여 말씀해 주셨다.

❶ 전례(前例)

【•】 18 세상이 너희를 미워하면 너희보다 먼저 나를 미워한 줄을 알라
19 너희가 세상에 속하였으면 세상이 자기의 것을 사랑할 것이나 너희
는 세상에 속한 자가 아니요 도리어 내가 너희를 세상에서 택하였기
때문에 세상이 너희를 미워하느니라 20 내가 너희에게 종이 주인보다
더 크지 못하다 한 말을 기억하라 사람들이 나를 박해하였은즉 너희도
박해할 것이요 내 말을 지켰은즉 너희 말도 지킬 것이라 21 그러나 사
람들이 내 이름으로 말미암아 이 모든 일을 너희에게 하리니 이는 나
를 보내신 이를 알지 못함이라

없는 길을 새로 낸다는 것은 사람에게는 사실상 불가능하다. 그러나 길이신 예수님께서는 먼저 길을 만들어 놓으시고 그 길로 오라고 말씀하신다. 예수님은 아무런 까닭없이 먼저 박해와 미움을 받으

셨다. 이제 예수님을 따르려면 이를 감수해야 한다. 초대교회는 박해시대에 온갖 모함을 받았고 또 가장 참혹한 죽음의 길을 걸어야 했다. 그래도 교회는 굴하지 않았다. 왜냐하면 예수님께서 먼저 그 십자가의 길을 가셨기 때문이다. 그 시기의 교인들은 그런 죽음의 길을 가면서 주님께서 가신 길을 따라갈 기회를 주셨다고 감사했을 뿐만 아니라 과분한 영광으로 받아들였다.

세상은 왜 그토록 예수님과 교회를 미워했을까? 빛을 싫어하는 어둠의 세력이 배후에서 조종하기 때문이다. 마귀는 스스로 자기를 내세우려는 자들을 꼬드겨서 빛의 세력에 극력 대항하게 한다. 마귀의 앞잡이가 되지 않으려면 마귀의 꼬드김에 넘어가지 말아야 한다. 성경과 교리와 신학에 대하여 안다고 생각하지만 기본과 핵심조차 모르는 무지, 정통교리와 교권을 지키려는 도그마, 이미 확보한 이권을 포기하지 못하는 욕심 등은 마귀가 이용하기 딱 좋은 먹잇감들이다.

스스로 마귀의 표적이 되지 말아야 한다.

❷ 공개

【●】 22 내가 와서 그들에게 말하지 아니하였더라면 죄가 없었으려니와 지금은 그 죄를 핑계할 수 없느니라 23 나를 미워하는 자는 또 내 아버지를 미워하느니라 24 내가 아무도 못한 일을 그들 중에서 하지 아니하였더라면 그들에게 죄가 없었으려니와 지금은 그들이 나와 내 아버지를 보았고 또 미워하였도다 25 그러나 이는 그들의 율법에 기록된 바 그들이 이유 없이 나를 미워하였다 한 말을 응하게 하려 함이라

예수님께서는 세상에 계시는 동안 누구도 할 수 없는 표적을 행하셨고 또 빛에 대하여 충분히 말씀하셨다. 선택에 필요한 모든 것을 다 공개해 놓으셨다. 빛과 어두움은 명확하게 드러났으며 이제는 선택권이 사람들에게 주어져 있다. 심판과 구원은 하나님께서 결정하실 일이 아니라 사람들이 스스로 선택하고 결정할 문제가 되었다. 누구도 변명할 여지가 없다.

그러나 마귀는 준비된 자들을 동원하여 빛을 가리려고 온갖 방법

과 구실을 동원한다. 죄의 지배를 받는 세상에서는 마귀의 앞잡이가 되어 까닭없이 선을 싫어하며 어둠을 좇는 자들이 있게 마련이다. 이에 대해서도 예수님께서는 미리 예고해 놓으셨다.

❸ 보혜사

【●】 26 내가 아버지께로부터 너희에게 보낼 보혜사 곧 아버지께로부터 나오시는 진리의 성령이 오실 때에 그가 나를 증언하실 것이요 27 너희도 처음부터 나와 함께 있었으므로 증언하느니라

첫 번째 고별설교에 이어 두 번째에서도 보혜사에 대하여 말씀하셨다. 각 설교마다 보혜사가 언급되는 이유는 계약공동체에는 보혜사 성령의 도우심이 반드시 필요하며, 세 번의 유언 설교마다 말하는 배경과 상황이 다르기 때문이다. 지금 여기의 주제는 교회가 앞으로 당면할 박해의 상황이며, 또 실제로 각 교회마다 다양한 방법으로 박해를 받았다. 요한복음이 쓰이던 90년대는 극심한 박해상황이었다. 이런 위기의 때에 교회는 무엇을 말하며 어떻게 대처해야 하는가? 보혜사 성령께서 할 말과 지혜를 주시며 구체적으로 인도하시리라고 약속하셨다. 실제로 각 교회에서는 성령의 도우심으로 박해를 영광으로 받아들이며 이겨냈을 뿐만 아니라 로마제국의 국교회로 가는 길을 열어놓았다. 박해상황에서 성령의 역할은 대단히 중요했다. 요한복음의 교회론은 성령 교회론이다.

❹ 예고

【●】 16:1 내가 이것을 너희에게 이름은 너희로 실족하지 않게 하려 함이니 16:2 사람들이 너희를 출교할 뿐 아니라 때가 이르면 무릇 너희를 죽이는 자가 생각하기를 이것이 하나님을 섬기는 일이라 하리라 16:3 그들이 이런 일을 할 것은 아버지와 나를 알지 못함이라 16:4 오직 너희에게 이 말을 한 것은 너희로 그 때를 당하면 내가 너희에게 말한 이것을 기억나게 하려 함이요 처음부터 이 말을 하지 아니한 것은 내가 너희와 함께 있었음이라

예수님께서는 교회공동체가 잘못된 길을 가지 않도록 세심한 배려를 하셨다. 먼저 겪으시면서 길을 만드셨고 표적과 말씀으로 누구

나 다 알 수 있게 하셨으며, 또 앞으로 일어날 일에 대하여 예고해 놓으셨다. 그 이유는 교회가 가야 할 길은 가시밭길이지만, 그럼에도 불구하고 하나님 나라를 이 땅에 임하게 하여 세상을 구원해야 하기 때문이다.

교회사를 돌이켜보면 박해상황에 기적이라고 밖에는 설명이 안 될 만큼 잘 대처하여 박해상황에서 교인이 급증했고, 급기야 기독교가 로마제국의 국교가 되기에 이르렀다. 그런데 문제는 그다음이었다. 국교가 된 교회가 무엇을 해야 할지 길을 잃어버리고 말았다. 그 이유는 당시 교회의 지도자들이 계약법에 무지하여 성경을 해석하는 관점에서 계약사가 실종되고 그 자리를 구속사가 차지했기 때문이다. 안식년과 희년을 비롯한 계약법을 로마제국 차원에서 법과 제도로 운영할 기회를 놓치고 말았다. 교회사에서 가장 안타깝고 아쉬운 부분이 바로 여기이다.

요한복음에서 보혜사가 진리의 영인 이유는 계약법에 대한 바른 이해가 무엇보다도 중요하기 때문이다. 그런데 교회사에서는 계약법을 잘못 해석한 것이 아니라 계약법이 아예 배제되어 버리고 말았다. 마귀의 가장 큰 무기는 속임수인데, 교회사에서 마귀에게 속은 확실한 실례는 계약법 실종이다. 마귀에 대하여 무지하면 백전백패하게 마련이다. 마귀는 성경해석자들에게 잘못된 확신을 심어주어 잘못 가면서도 전혀 알아차리지 못하게 한다. 마귀의 영에 취해서 분별력을 상실한 까닭이다.

영성의 시각에서 이스라엘사와 교회사를 뒤돌아보면 마귀에게 스스로 무장 해제하고 백기투항한 것과 같다. 지금도 그 여파는 지속되고 있다. 빨리 여기서 벗어나야 한다. 정신 나간 신학에서 빨리 돌이키고, 나간 정신을 다시 찾아와야 한다. 그리고 정신이 또 나가지 않도록 정신 똑바로 차리고 제정신 든 신학을 다시 시작해야 한다.

물음 42 세 번째 고별설교, 무엇을 말하는가?

본문 〈 16:5~33 〉

5 지금 내가 나를 보내신 이에게로 가는데 너희 중에서 나더러 어디로 가는지 묻는 자가 없고

6 도리어 내가 이 말을 하므로 너희 마음에 근심이 가득하였도다

7 그러나 내가 너희에게 실상을 말하노니 내가 떠나가는 것이 너희에게 유익이라 내가 떠나가지 아니하면 보혜사가 너희에게로 오시지 아니할 것이요 가면 내가 그를 너희에게로 보내리니

8 그가 와서 죄에 대하여, 의에 대하여, 심판에 대하여 세상을 책망하시리라

9 죄에 대하여라 함은 그들이 나를 믿지 아니함이요

10 의에 대하여라 함은 내가 아버지께로 가니 너희가 다시 나를 보지 못함이요

11 심판에 대하여라 함은 이 세상 임금이 심판을 받았음이라

12 내가 아직도 너희에게 이를 것이 많으나 지금은 너희가 감당하지 못하리라

13 그러나 진리의 성령이 오시면 그가 너희를 모든 진리 가운데로 인도하시리니 그가 스스로 말하지 않고 오직 들은 것을 말하며 장래 일을 너희에게 알리시리라

14 그가 내 영광을 나타내리니 내 것을 가지고 너희에게 알리시겠음이라

15 무릇 아버지께 있는 것은 다 내 것이라 그러므로 내가 말하기를 그가 내 것을 가지고 너희에게 알리시리라 하였노라

16 조금 있으면 너희가 나를 보지 못하겠고 또 조금 있으면 나를 보리라 하시니

17 제자 중에서 서로 말하되 우리에게 말씀하신 바 조금 있으면 나를 보지 못하겠고 또 조금 있으면 나를 보리라 하시며 또 내가 아버지께로 감이라 하신 것이 무슨 말씀이냐 하고

18 또 말하되 조금 있으면이라 하신 말씀이 무슨 말씀이냐 무엇을 말씀
하시는지 알지 못하노라 하거늘
19 예수께서 그 묻고자 함을 아시고 이르시되 내 말이 조금 있으면 나를
보지 못하겠고 또 조금 있으면 나를 보리라 하므로 서로 문의하느냐
20 내가 진실로 진실로 너희에게 이르노니 너희는 곡하고 애통하겠으나
세상은 기뻐하리라 너희는 근심하겠으나 너희 근심이 도리어 기쁨이
되리라
21 여자가 해산하게 되면 그 때가 이르렀으므로 근심하나 아기를 낳으면 세
상에 사람 난 기쁨으로 말미암아 그 고통을 다시 기억하지 아니하느니라
22 지금은 너희가 근심하나 내가 다시 너희를 보리니 너희 마음이 기쁠
것이요 너희 기쁨을 빼앗을 자가 없으리라
23 그 날에는 너희가 아무 것도 내게 묻지 아니하리라 내가 진실로 진실
로 너희에게 이르노니 너희가 무엇이든지 아버지께 구하는 것을 내 이
름으로 주시리라
24 지금까지는 너희가 내 이름으로 아무 것도 구하지 아니하였으나 구하
라 그리하면 받으리니 너희 기쁨이 충만하리라
25 이것을 비유로 너희에게 일렀거니와 때가 이르면 다시는 비유로 너희
에게 이르지 않고 아버지에 대한 것을 밝히 이르리라
26 그 날에 너희가 내 이름으로 구할 것이요 내가 너희를 위하여 아버지
께 구하겠다 하는 말이 아니니
27 이는 너희가 나를 사랑하고 또 내가 하나님께로부터 온 줄 믿었으므
로 아버지께서 친히 너희를 사랑하심이라
28 내가 아버지에게서 나와 세상에 왔고 다시 세상을 떠나 아버지께로
가노라 하시니
29 제자들이 말하되 지금은 밝히 말씀하시고 아무 비유로도 하지 아니하
시니
30 우리가 지금에야 주께서 모든 것을 아시고 또 사람의 물음을 기다리
시지 않는 줄 아나이다 이로써 하나님께로부터 나오심을 우리가 믿사
옵나이다
31 예수께서 대답하시되 이제는 너희가 믿느냐
32 보라 너희가 다 각각 제 곳으로 흩어지고 나를 혼자 둘 때가 오나니
벌써 왔도다 그러나 내가 혼자 있는 것이 아니라 아버지께서 나와 함
께 계시느니라
33 이것을 너희에게 이르는 것은 너희로 내 안에서 평안을 누리게 하려
함이라 세상에서는 너희가 환난을 당하나 담대하라 내가 세상을 이기
었노라

본문은 세 번째 마지막 고별설교이다. 예수님께서 이제 곧 떠나실 때가 가까워지면서 제자들은 근심과 불안에 시달려야 했다. 이에 대하여 예수님께서는 마지막 말씀을 하셨다. 무슨 말씀일까?

1. 보혜사 재 언급

예수님께서는 마지막 설교를 보혜사로 시작하셨다. 예수님께서는 아버지를 알리려고 아버지의 이름으로 오셨고 아버지의 대리자이셨으며(5:43, 10:25), 보혜사 성령은 예수님을 알리려고 예수님의 이름으로 오시며 예수님의 대리자이시다.

❶ 가심이 유익

【●】 7 그러나 내가 너희에게 실상을 말하노니 내가 떠나가는 것이 너희에게 유익이라 내가 떠나가지 아니하면 보혜사가 너희에게로 오시지 아니할 것이요 가면 내가 그를 너희에게로 보내리니

예수님과의 헤어짐으로 불안해하는 제자들에게 예수님께서는 떠나가시는 것이 오히려 제자들에게 유익하다고 말씀하셨다. 보혜사이신 예수님께서 가심으로 또 다른 보혜사 성령이 오시기 때문이다.(요14:16) 육체로 오신 보혜사 예수님께서는 육체로 함께 계셨지만 영으로 오실 보혜사 성령은 영으로, 즉 제자들의 마음속에 오셔서 떠나지 않고 영원히 머무신다. 그러므로 예수님께서 떠나시는 것이 더 유익하다고 하셨다. 그러나 제자들은 아직 이 말씀이 무엇인지를 실감하지 못하고 있었다. 이에 예수님께서는 또 다른 보혜사가 와서 할 일에 대하여 자세하게 이르셨다.

❷ 보혜사의 역할

【●】 8 그가 와서 죄에 대하여, 의에 대하여, 심판에 대하여 세상을 책망하시리라 9 죄에 대하여라 함은 그들이 나를 믿지 아니함이요 10 의에 대하여라 함은 내가 아버지께로 가니 너희가 다시 나를 보지 못함이요 11 심판에 대하여라 함은 이 세상 임금이 심판을 받았음이라

보혜사 성령의 역할은 세 설교에서 조금씩 다른데 마지막 설교에

서의 역할은 세상에 대한 책망이다.

첫째, 죄에 대한 책망이다.

무엇이 죄일까? 예수님을 믿지 않는 것이 죄다. 예수님을 믿지 않는 것이 왜 죄가 될까? 성경에서 말하는 죄는 세상의 윤리와 도덕, 또는 사회법에서 말하는 죄와 그 개념이 다르다. 성경은 계약의 책이고 이스라엘은 하나님과 계약을 맺은 사람들이다. 따라서 성경에서 말하는 죄는 계약위반죄이다. 포로기 이전 선지자들인 아모스, 호세아, 미가, 예레미야 등은 이스라엘이 성전에서 제사로 하나님을 섬기는 것은 범죄 행위라고 고발했는데 그 근거는 신명기의 계약갱신 법이었다. 신명기에서는 성전이나 제사를 배제하고 계약법 교육과 절기, 헌금 등으로 거룩한 나라를 만드는데 역점을 두고 있기 때문이다. 포로기에 활동한 선지자들이 이스라엘 역사를 배교–징계–회개–구원의 도식으로 해석했는데 이때의 배교는 계약위반을 말한다. 세례 요한과 예수님께서 "회개하라, 천국이 가까이 왔느니라!"라고 선언한 말씀에서 회개하라는 것은 계약위반을 회개하라는 뜻이며, 천국이 가까이 왔다는 말씀은 옛 계약을 파기하고 새 계약을 통하여 이 땅에 하나님 나라를 다시 시작하겠다는 말씀이다.

성경을 계약의 입장에서 보지 않으면 회개해야 할 죄가 막연해지며 예수님을 통해서 죄를 용서받는다고 말하지만 예수님께서 무슨 죄를 어떻게 용서해 주시는지에 대해서는 더 모호해진다. 그냥 윤리, 도덕 수준에서의 죄라고 생각하며, 십자가를 통해 모든 죄가 용서받는다고 말한다. 성경해석에서 계약을 배제하면 윤리, 도덕 종교로 전락해버리고 만다.

예수님을 믿는다는 것은 무엇을 말하는가? 구속사 관점으로 본다면 나의 모든 죄를 짊어지시고 십자가에서 대신 죽으셔서 그 앞에 죄를 고백하면 다 용서받을 수 있다고 믿는 것을 말한다. 죄에 대한 개념이 이렇게 잘못되면 예수님에 대한 믿음도 잘못된다. 첫 번째 계약공동체인 유대인의 계약위반으로 인해 계약이 파기되어 이제는 더 이상 인간이 구원받을 길 자체가 사라지고 말았다. 남은 유일한 방법은 하나님께서 인간으로 오셔서 이스라엘의 계약위반 죄에 대한 형벌을 대신 받으시고 다시 한번 인간과 계약맺을 길을 열어놓는 것뿐이다. 이를 위하여 오신 분이 예수님이시다. 요한복음에서 예수님은 하나님과 동일한 분이라고 계속 강조하는 이유는 하나님께서 대신 죽으시지 않으면 새 계약체결은 불가능하기 때문이다.

이스라엘 역사가 계약 개념이 상실된 역사였다면 교회 역사도 다르지 않다. 예수님을 구세주로 고백하는 기독교는 박해가 끝나고 기독론 등의 신학을 전개하면서부터 예수님께서 무슨 일을 하셨는지에 대한 기본적인 이해가 잘못되어 있었다. 그 근본 원인은 당시의 교부들이 헬레니즘에는 익숙했지만 헤브라이즘, 즉 구약의 율법에 대하여 아무런 이해가 없었기 때문이다.[97] 이 책에서 기독교 신학을 정신 나간 신학이라고 고약하게 비꼬는 이유는 계약의 관점에서 보면 서양기독교는 그 기초부터가 잘못되었는데 그 관점이 상실된 채 구속사 일변도로만 보았기 때문이다.

둘째, 의(義)에 대한 책망이다.

의(義)란 무엇일까? 의(義)가 왜 예수님께서 가심과 관련이 있을까? 의(義) 역시 계약에서 보아야 그 의미가 명확해진다. 계약공동체인 유대인들은 계약법 실천을 상실한 채 안식일법, 정결례법, 할례법 등 유대교의 조항 율법을 지키면 하나님으로부터 의롭다함을 받는다고 생각했다. 그들은 율법 조항을 지키고 있기 때문에 스스로 의롭다고 생각했다. 복음서는 이런 유대인과 예수님의 충돌을 핵심으로 다루고 있다. 안식일 논쟁으로 예수님과 유대교 당국이 첨예하

97) 졸저 「마가복음」에서는 교부들이 성경에 대하여 어떻게 오해했는지를 세밀하게 설명했다.

게 대립된 경우가 그렇게 많은 이유는 여기에 있다. 하나님 앞에서의, 즉 구원을 얻는 방법은 계약법을 지키는 것이다. 다른 길은 없다. 그런데 그 계약 자체가 파기되어 버려서 더 이상 계약을 지켜 의에 이를 방법이 사라지고 말았다. 이에 예수님께서 인간으로 오셔서 계약 불이행의 죄를 대신 받아주시고 십자가에서 죽으심으로 새 계약이 체결되었으며 이제 새 계약을 지켜 의에 이를 수 있게 되었다. 하나님께 의를 얻는 구원의 길은 예수님의 오심과 가심에 있다.

보혜사 성령이 오시면 이와같이 죄와 의, 즉 계약법에 대하여 자세히 가르쳐 주시며 유대인의 잘못된 의를 책망하시리라는 말씀이다. 기독교에서 영혼 구원을 그토록 강조하며 선교에 전력을 다했지만 속죄와 구원에 대한 기본 개념 자체가 잘못되었다는 것을 어떻게 설명해야 할까? 이를 인정할 수 있을까?

들에 자라는 들꽃에게 물어보라.
공중나는 새에게 물어보라.
구원의 법을.
자명한 이치를.

셋째, 심판에 대한 책망이다.

무엇이 심판이며 세상 임금은 누구일까? 정통 종말론에 의하면 심판과 멸망의 대상은 세상이라고 한다. 그러나 이는 세속적인 종말론과 다르지 않다. 성경에서 말하는 심판의 대상은 계약법을 지키지 않는 계약공동체이다. 계약공동체에는 세상이 멸망 당하지 않도록 구원해야 할 책임이 주어져 있다. 그런데 우리는 믿음으로 구원을 받았고 세상은 믿지 않아서 심판을 당한다고 말하면 이는 계약위반 이전에 계약 모르기이며, 더 나아가 계약 회피이자 계약 모독이다. 어떻게 그 긴 시간 동안, 그 많은 사람들이 성경에 대하여 다 까막눈이었을까? 까막눈도 이런 까막눈일 수가 있나? 왜 그럴까?

세상 임금, 즉 마귀 때문이다. 마귀에게 씌워 그 속임수에 넘어갔기 때문이다. 마귀에게 넘어가도 깡그리 넘어가 버리고 말았다. 마귀의 가장 무서운 무기는 속임수다. 그런데 이제 보혜사 성령이 오심으로 말미암아 마귀가 설 자리가 없게 되었다. 그런데 왜 여태껏 마귀의 속임수에서 벗어나지 못하고 있을까? 이치는 단순하다.

아직 보혜사 성령을 받지 못했기 때문이다. 이 말을 들으면서 의문이 든다면 선입견을 버리고 진지하게 하나님께 엎드려 진리의 영 보혜사를 구해보라. 그러면 틀림없이 성령이 진리의 영으로 임하리라. 진리의 영이 임하면 눈이 밝아져서 비로소 도그마에서 벗어나 똑바로 보리라. 마귀는 거짓의 영이다. 빛이 임하는 곳에 어둠이 설 자리가 없듯이, 진리의 영이 임하는 곳에 거짓의 영은 들통이 나서 설 자리가 없어진다. 보혜사는 밝은 빛으로 오신다. 예수님께서는 마지막으로 제자들에게 이렇게 말씀하셨다.

성령을 받으라!(요20:22)

2. 조금 있으면

예수님께서는 이제 가셨다가 삼 일 후에 부활하셔서 다시 오심과, 사십 일 동안 세상에 계시다가 승천하셨다가 열흘 후에 보혜사로 다시 오심을 염두에 두면서 조금 있으면 나를 보지 못하고, 또 조금 있으면 나를 보리라고 말씀하셨다.

❶ 무슨 뜻인가?

【●】 16 조금 있으면 너희가 나를 보지 못하겠고 또 조금 있으면 나를 보리라 하시니 17 제자 중에서 서로 말하되 우리에게 말씀하신 바 조금 있으면 나를 보지 못하겠고 또 조금 있으면 나를 보리라 하시며 또 내가 아버지께로 감이라 하신 것이 무슨 말씀이냐 하고 18 또 말하되 조금 있으면이라 하신 말씀이 무슨 말씀이냐 무엇을 말씀하시는지 알지 못하노라 하거늘

그러나 제자들은 도무지 무슨 말씀인지 알아들을 수가 없어 서로 수군거렸다. 도대체 무슨 말씀을 하시는 걸까?

이에 예수님께서는 비유로 말씀하셨다.

❷ 해산의 고통과 기쁨

【●】 19 예수께서 그 묻고자 함을 아시고 이르시되 내 말이 조금 있으면 나를 보지 못하겠고 또 조금 있으면 나를 보리라 하므로 서로 문의하느냐 20 내가 진실로 진실로 너희에게 이르노니 너희는 곡하고 애통하겠으나 세상은 기뻐하리라 너희는 근심하겠으나 너희 근심이 도리어 기쁨이 되리라 21 여자가 해산하게 되면 그 때가 이르렀으므로 근심하나 아기를 낳으면 세상에 사람 난 기쁨으로 말미암아 그 고통을 다시 기억하지 아니하느니라 22 지금은 너희가 근심하나 내가 다시 너희를 보리니 너희 마음이 기쁠 것이요 너희 기쁨을 빼앗을 자가 없으리라

예수님께서는 그날 밤에 일어날 일, 즉 체포되어 가실 일을 염두에 두시면서 비유로 말씀하셨다. 잠시 후에 제자들은 근심하지만 세상, 즉 예수님을 제거한 세력들은 기뻐하리라. 그러나 제자들의 근심은 기쁨이 될 것이요, 세상의 기쁨은 심판의 재앙이 될 것이다. 이는 마치 여자가 산고를 치를 때는 힘들지만 출산 후 자식을 보면서 모든 고통이 사라지고 무엇과도 비교할 수 없는 기쁨이 주어지는 것과 같다. 예수님께서는 알아듣기 쉽게 설명하신 후 이어서 말씀하셨다.

3. 그 날

【●】 23 그 날에는 너희가 아무 것도 내게 묻지 아니하리라 내가 진실로 진실로 너희에게 이르노니 너희가 무엇이든지 아버지께 구하는 것을 내 이름으로 주시리라 24 지금까지는 너희가 내 이름으로 아무 것도 구하지 아니하였으나 구하라 그리하면 받으리니 너희 기쁨이 충만하리라

유대인들에게는 묵시적인 종말인 '그 날' 신앙이 있었다. 그 날에 여호와께서는 이스라엘을 제국의 식민지배에서 해방시키고 이스라엘이 대신 지배하게 하신다고 생각했다. 메시아의 출현은 이와 관련이 있다. 예수님께서 말씀하신 그 날은 어떤 날일까?

제자들이 예수님의 이름으로 하나님께 구하면 하나님께서 그 기

도를 들어주시는 날이다. 예수님의 이름으로 기도를 하면 하나님께서 들어주신다는 말씀은 요한복음에만 나오는데, 고별설교 두 번째에 이어[98] 여기에서 좀 더 구체적으로 말씀하셨다. 기도할 때 왜 예수님의 이름으로 기도하며, 또 예수님의 이름으로 기도하면 왜 하나님께서 들어주실까? 기도에서 예수님의 이름은 도대체 어떤 역할을 할까? 그리고 왜 제자들이 지금까지는 예수님의 이름으로 하나님께 구하지 않았고 왜 그 날부터 들어주실까?

4. 그 이름

【●】 25 이것을 비유로 너희에게 일렀거니와 때가 이르면 다시는 비유로 너희에게 이르지 않고 아버지에 대한 것을 밝히 이르리라 26 그 날에 너희가 내 이름으로 구할 것이요 내가 너희를 위하여 아버지께 구하겠다 하는 말이 아니니 27 이는 너희가 나를 사랑하고 또 내가 하나님께로부터 온 줄 믿었으므로 아버지께서 친히 너희를 사랑하심이라

뭐라고 대답을 해야 하나? 설명이 쉽지 않다. 그러나 계약의 입장에서 보면 단순하다. 이제 예수님께서 가심으로 보혜사가 오고, 보혜사가 옴으로써 새 계약공동체의 활동이 시작되었다. 새 계약은 예수님의 가심으로 말미암아 체결되었기에 예수님이 새 계약의 중심이다. 요한복음의 교회론이 전적으로 기독론적인 교회론인 이유도 여기에 있다. 새 계약공동체에서 예수님의 이름은 마치 계정의 비밀번호와 같다. 그 이름이 아니고서는 기도할 수도 없고, 그 이름이 아니고서는 계약공동체에 들어 올 수도 없고, 그 이름 아니고는 구원받을 수도 없다. 그 이름으로만 길과 진리와 생명에 이를 수 있다. 그 이름이 전부이다.

반복하건대 왜 그럴까? 예수님으로 말미암아 새 계약이 체결되었기 때문이다. 더 나아가 예수님은 계약법 그 자체, 즉 로고스(말씀)

---

98) 너희가 나를 택한 것이 아니요 내가 너희를 택하여 세웠나니 이는 너희로 가서 열매를 맺게 하고 또 너희 열매가 항상 있게 하여 내 이름으로 아버지께 무엇을 구하든지 다 받게 하려 함이라(요15:16)

이며, 창조주 하나님이시며, 계약공동체 그 자체이시다. 요한복음은 독특한 기독론을 전개할 뿐만 아니라 기독론이 중심이다. 또 동시에 요한복음은 보혜사 성령이 중심이다. 예수님도 보혜사였으며, 성령은 또 다른 보혜사이고 오셨던 예수님께서 가신 다음에는 보혜사가 예수님을 대신하기 때문이다.

내 이름으로 구하라, 그러면 다 시행하리라는 말씀이 요한복음에서 누차 반복되는 이유는 포도나무 비유에서 본 바와 같이 계약공동체를 통해서만 열매가 맺혀지기 때문이다. 하나님께서는 어떤 일을 직접 하시지 않고 계약공동체를 통하여, 좀 더 구체적으로 말하면 계약공동체의 기도를 통하여 일하신다. 하나님의 명령대로 교회가 행하는 게 아니라 계약공동체의 기도대로 하나님께서 행하신다. 아마도 이런 말이 황당하게 들릴 수 있다.

이런 관계가 되기 위해서는 하나님의 명령과 교회의 기도가 서로 일치해야 한다. '내 말이 너희 안에 거하면'은 계약법을 충분히 이해하여 하나님의 뜻과 기도가 하나가 되는 단계를 말한다. 성경에서 말하는 신앙의 원리는 '하나 됨' 즉 일치에 있다. 성경은 일원론이다. 육체와 영, 현세와 내세 등을 나누지 않고 하나로 본다. 더 나아가 하나님과 계약공동체는 상호내재, 상호의존, 상호연합의 관계이다. 요한복음에서 '거하다'라는 단어는 이런 관계를 가능하게 하는 관계어이다.

5. 이제는

【●】 28 내가 아버지에게서 나와 세상에 왔고 다시 세상을 떠나 아버지께로 가노라 하시니 29 제자들이 말하되 지금은 밝히 말씀하시고 아무 비유로도 하지 아니하시니 30 우리가 지금에야 주께서 모든 것을 아시고 또 사람의 물음을 기다리시지 않는 줄 아나이다 이로써 하나님께로부터 나오심을 우리가 믿사옵나이다

예수님께서 이렇게 설명하시자 제자들은 그제서야 알아듣고 깨달았다고 생각하며 믿음을 고백했다. 그런데 그에 대하여 예수님께서는 전혀 의외의 반응을 보이셨다.

6. 아직 아니

【•】 31 예수께서 대답하시되 이제는 너희가 믿느냐 32 보라 너희가 다 각각 제 곳으로 흩어지고 나를 혼자 둘 때가 오나니 벌써 왔도다 그러나 내가 혼자 있는 것이 아니라 아버지께서 나와 함께 계시느니라

이제는 뭘 좀 알 것 같고, 또 뭐가 좀 믿어진다는 제자들에게 예수님께서는 '아직 아니' 라고 하시면서, 이제 곧 너희가 나를 버려두고 다 흩어지리라고 하셨다. 하나님께로 가는 길은 부정의 길이다. 안다고 하면 아직 모르고, 갈 수 있다고 하면 아직 갈 수 없고, 올라가려면 내려가고, 살려고 발버둥 치면 죽음의 나락으로 떨어지는 길이다. 죽음으로써 살고, 내려감으로 올라가고, 버림으로써 얻고, 낮아짐으로 높아지는 자기부정의 길이다.

7. 시작할 때

【•】 33 이것을 너희에게 이르는 것은 너희로 내 안에서 평안을 누리게 하려 함이라 세상에서는 너희가 환난을 당하나 담대하라 내가 세상을 이기었노라

예수님의 사역을 막기 위하여 마귀는 수단과 방법을 가리지 않았다. 유대교 당국자들은 마귀의 충실한 앞잡이 노릇을 했고 막판에는 가룟유다가 가세해서 예수님을 유월절 기간에 제거하는 데 성공했다. 그리고 승리의 축배를 들며 기쁨을 나눴다. 모든 것이 다 끝났다고 생각하고 제자들도 각기 제 갈 길을 갔다. 그런데 그 순간 누구도 믿을 수 없는 소식이 무덤을 찾아갔던 여인들을 통해서 들려왔다. 하나님의 시작은 인간의 모든 것이 다 끝났을 때이다.

400년 종살이, 더 이상의 가망성이 없었다. 그런데 그때 이제 시

작할 때라고 말하며 지팡이를 짚고 등장한 한 노인이 있었다. 바벨론에 포로로 끌려갔을 때 사실상 모든 것이 끝났다. 그런데 그때 이제 시작할 때라고 울부짖는 사람들이 있었다. 생태계 파괴로 인한 대멸종, 인류 멸종의 시작, 코로나19는 그 전주곡이며 모든 것을 돌이키기에는 이미 늦었다. 어찌해야 하나? 대책이 나올 수가 없다. 그런데 계약신앙에서는 아직 할 말이 남아있다.

온 세상이 두려움과 공포에 떨고 있는 이 때,
온 세상에 하나님 나라를 임하게 할 때다.
이제 시작할 때다.

물음 43 마지막 기도, 무엇을 위한 기도인가?

본문 〈 17:1~26 〉

1 예수께서 이 말씀을 하시고 눈을 들어 하늘을 우러러 이르시되 아버지여 때가 이르렀사오니 아들을 영화롭게 하사 아들로 아버지를 영화롭게 하게 하옵소서

2 아버지께서 아들에게 주신 모든 사람에게 영생을 주게 하시려고 만민을 다스리는 권세를 아들에게 주셨음이로소이다

3 영생은 곧 유일하신 참 하나님과 그가 보내신 자 예수 그리스도를 아는 것이니이다

4 아버지께서 내게 하라고 주신 일을 내가 이루어 아버지를 이 세상에서 영화롭게 하였사오니

5 아버지여 창세 전에 내가 아버지와 함께 가졌던 영화로써 지금도 아버지와 함께 나를 영화롭게 하옵소서

6 세상 중에서 내게 주신 사람들에게 내가 아버지의 이름을 나타내었나이다 그들은 아버지의 것이었는데 내게 주셨으며 그들은 아버지의 말씀을 지키었나이다

7 지금 그들은 아버지께서 내게 주신 것이 다 아버지로부터 온 것인 줄 알았나이다

8 나는 아버지께서 내게 주신 말씀들을 그들에게 주었사오며 그들은 이 것을 받고 내가 아버지께로부터 나온 줄을 참으로 아오며 아버지께서 나를 보내신 줄도 믿었사옵나이다

9 내가 그들을 위하여 비옵나니 내가 비옵는 것은 세상을 위함이 아니요 내게 주신 자들을 위함이니이다 그들은 아버지의 것이로소이다

10 내 것은 다 아버지의 것이요 아버지의 것은 내 것이온데 내가 그들로 말미암아 영광을 받았나이다

11 나는 세상에 더 있지 아니하오나 그들은 세상에 있사옵고 나는 아버지께로 가옵나니 거룩하신 아버지여 내게 주신 아버지의 이름으로 그들을 보전하사 우리와 같이 그들도 하나가 되게 하옵소서

12 내가 그들과 함께 있을 때에 내게 주신 아버지의 이름으로 그들을 보전하고 지키었나이다 그 중의 하나도 멸망하지 않고 다만 멸망의 자식 뿐이오니 이는 성경을 응하게 함이니이다

13 지금 내가 아버지께로 가오니 내가 세상에서 이 말을 하옵는 것은 그들로 내 기쁨을 그들 안에 충만히 가지게 하려 함이니이다

14 내가 아버지의 말씀을 그들에게 주었사오매 세상이 그들을 미워하였사오니 이는 내가 세상에 속하지 아니함 같이 그들도 세상에 속하지 아니함으로 인함이니이다

15 내가 비옵는 것은 그들을 세상에서 데려가시기를 위함이 아니요 다만 악에 빠지지 않게 보전하시기를 위함이니이다

16 내가 세상에 속하지 아니함 같이 그들도 세상에 속하지 아니하였사옵나이다

17 그들을 진리로 거룩하게 하옵소서 아버지의 말씀은 진리니이다

18 아버지께서 나를 세상에 보내신 것 같이 나도 그들을 세상에 보내었고

19 또 그들을 위하여 내가 나를 거룩하게 하오니 이는 그들도 진리로 거룩함을 얻게 하려 함이니이다

20 내가 비옵는 것은 이 사람들만 위함이 아니요 또 그들의 말로 말미암아 나를 믿는 사람들도 위함이니

21 아버지여, 아버지께서 내 안에, 내가 아버지 안에 있는 것 같이 그들도 다 하나가 되어 우리 안에 있게 하사 세상으로 아버지께서 나를 보내신 것을 믿게 하옵소서

22 내게 주신 영광을 내가 그들에게 주었사오니 이는 우리가 하나가 된

것 같이 그들도 하나가 되게 하려 함이니이다

23 곧 내가 그들 안에 있고 아버지께서 내 안에 계시어 그들로 온전함을 이루어 하나가 되게 하려 함은 아버지께서 나를 보내신 것과 또 나를 사랑하심 같이 그들도 사랑하신 것을 세상으로 알게 하려 함이로소이다

24 아버지여 내게 주신 자도 나 있는 곳에 나와 함께 있어 아버지께서 창세 전부터 나를 사랑하시므로 내게 주신 나의 영광을 그들로 보게 하시기를 원하옵나이다

25 의로우신 아버지여 세상이 아버지를 알지 못하여도 나는 아버지를 알았사옵고 그들도 아버지께서 나를 보내신 줄 알았사옵나이다

26 내가 아버지의 이름을 그들에게 알게 하였고 또 알게 하리니 이는 나를 사랑하신 사랑이 그들 안에 있고 나도 그들 안에 있게 하려 함이니이다

요한복음의 고별설교와 고별기도 등은 공관복음에는 나와 있지 않다. 공관복음에는 예수님의 마지막 기도가 다음과 같이 간략하다.

> 아빠 아버지여 아버지께는 모든 것이 가능하오니 이 잔을 내게서 옮기시옵소서 그러나 나의 원대로 마옵시고 아버지의 원대로 하옵소서(막 14:36)

그런데 요한복음의 긴 기도는 어떻게 기록될 수 있었을까? 예수님의 기도인가? 아니면 기록자의 기도인가? 질문이 잘못되었다. 예수님의 기도이면서 동시에 기록자의 기도이기 때문이다. 어떻게 그런 일이 가능한가?

이에 대해서는 이미 〈물음05〉의 일인칭 화법에서 설명했다. 마지막 기도문과 고별설교를 비롯한 설교들이 공관복음에는 전혀 등장하지 않는 이유는 영성에서의 일일칭 화법 경험으로 설명된다. 구약의 예언자들과 예수님의 사도들은 이런 영성 경험의 소유자들이었다. 성경은 이런 영감으로 기록되었기 때문에 해석에서도 같은 영감이 필요하다.

1. 고별기도

고별기도는 흔히 대제사장의 기도라고 말하는데, 그 내용은 요한복음 전체와 특히 고별설교(13~16장)의 요약이라고 할 수 있다. 주제를 다음과 같이 구분하여 그 의미를 생각해 보고자 한다.

- 영광을 위한 기도(1~5절)
- 현재의 제자를 위한 기도(6~19절)
- 미래의 교회를 위한 기도(20~23절)
- 마무리(24~26절)

2. 영광을 위한 기도(1~5절)

예수님께서는 눈을 들어 하늘을 우러러 보시며 고별기도를 시작하셨다.

❶ 때

【•】 1 예수께서 이 말씀을 하시고 눈을 들어 하늘을 우러러 이르시되 아버지여 때가 이르렀사오니 …

요한복음에서는 첫 표적에서부터 때에 대한 언급이 시작되었는데, 전반부에서는 때가 아직 이르지 않았다고 말하다가 후반부에 접어들면서는 때가 이르렀다고 했다. 그런데 이제 마지막 때가 이르렀다. 이 때는 예수님께서 돌아가실 때를 말한다.

❷ 영광

【•】 1 … 아들을 영화롭게 하사 아들로 아버지를 영화롭게 하게 하옵소서

요한복음에서 중요한 개념을 가진 네 단어는 사랑, 영생, 영광, 진리이다. 그중에서도 영광은 독특하게 쓰이는데 하나님을 드러내는 계시의 의미로 많이 쓰인다. 본문의 '영화'는 '영광'(δοξάζω)의 다른 번역이다. 십자가의 죽음을 목전에 두신 예수님께서는 십자가

사건이 하나님을 보여주는 계시의 사건이 되게 해달라고 기도하셨다. 예수님께서 보여주신 여러 표적들은 나름대로 하나님을 드러내는 계시였지만 십자가야말로 하나님 계시의 절정이다. 예수님의 십자가보다 하나님을 더 명확하게 드러내 보여주는 계시는 없다.

십자가에는 모든 사람을 구원하는 능력이 들어있다. 또 예수님께서 행하신 사역의 완성이다. 예수님께서도 십자가를 통해서 모든 사람을 구원하겠다는 말씀을 누차 하셨다.(요3:15, 12:32) 예수님의 십자가는 곧 하나님의 십자가였다.

❸ 영생

【•】 2 아버지께서 아들에게 주신 모든 사람에게 영생을 주게 하시려고 만민을 다스리는 권세를 아들에게 주셨음이로소이다 3 영생은 곧 유일하신 참 하나님과 그가 보내신 자 예수 그리스도를 아는 것이니이다

예수님에게 주어진 권세는 만민에게 영원한 생명을 주는 권세이다. 그리고 요한복음에서는 아는 것과 믿는 것이 같은 의미이다. 하나님과 예수님을 알되 지식으로 아는 것이 아니라, 하나님과의 인격적인 관계를 통한 체험으로 얻어진 지식이며 계약법을 실천하는 지식이다.

❹ 영광 회복

【•】 4 아버지께서 내게 하라고 주신 일을 내가 이루어 아버지를 이 세상에서 영화롭게 하였사오니 5 아버지여 창세 전에 내가 아버지와 함께 가졌던 영화로써 지금도 아버지와 함께 나를 영화롭게 하옵소서

예수님 자신의 정체성을 위한 기도는 영광으로 시작하여 창세 전의 영광을 회복하는 것으로 마치셨다. 하나님으로부터 오셨던 예수님, 하나님이셨던 예수님께서는 이제 십자가에서 죽으심을 통하여 다시 하나님께로, 하나님으로 회귀하셨다.

3. 제자들을 위한 기도

이어서 예수님께서는 남겨두고 가시는 제자들을 위하여 길게 기

도하셨다. 먼저 예수님께서는 그간의 사역으로 말미암아 제자공동체, 즉 새 계약공동체가 구성되었음을 보고하셨다. 예수님께서는 사역을 시작하실 때부터 제자들과 숙식을 같이하시며 가족공동체의 삶을 시작하셨다.

❶ 하나님의 이름

【•】 6 세상 중에서 내게 주신 사람들에게 내가 아버지의 이름을 나타내었나이다 …

하나님의 이름을 나타내는 것은 곧 계약체결이나 파기된 계약이 회복될 때 나타나는 표징이다.[99] 모세는 하나님과 계약을 체결하면서 하나님의 이름을 '여호와'(יְהוָה YHWH)로 선포했다.[100] 옛 계약에서는 "나는 나다."(אֶהְיֶה אֲשֶׁר אֶהְיֶה)로 스스로를 나타내셨는데, 예수님께서도 동일하게 "나는 나다."(Ἐγώ εἰμι)로 나타내셨다. 예수님께서는 제자들을 위하여 기도하실 때 그들과 계약을 체결했음을 말씀하셨다. 이스라엘 사람들은 하나님의 이름을 거룩하다 하여 감히 부르지 못하고 아도나이(나의 주님)라고 했다. 그런데 예수님께서는 제자들에게 하나님을 아버지라고 가르치셨다. 아버지, 자녀 등은 가족적인 계약공동체의 이름이다.

❷ 계약준수

【•】 6 그들은 아버지의 것이었는데 내게 주셨으며 그들은 아버지의 말씀을 지키었나이다 7 지금 그들은 아버지께서 내게 주신 것이 다 아버지로부터 온 것인 줄 알았나이다 8 나는 아버지께서 내게 주신 말씀들을 그들에게 주었사오며 그들은 이것을 받고 내가 아버지께로부터 나온 줄을 참으로 아오며 아버지께서 나를 보내신 줄도 믿었사옵나이다

99) 그러므로 내 백성은 내 이름을 알리라 그러므로 그 날에는 그들이 이 말을 하는 자가 나인 줄을 알리라 내가 여기 있느니라(사52:6)

100) 모세가 돌판 둘을 처음 것과 같이 깎아 만들고 아침에 일찍이 일어나 그 두 돌판을 손에 들고 여호와의 명령대로 시내 산에 올라가니 여호와께서 구름 가운데에 강림하사 그와 함께 거기 서서 여호와의 이름을 선포하실새 여호와께서 그의 앞으로 지나시며 선포하시되 여호와라 여호와라 자비롭고 은혜롭고 노하기를 더디하고 인자와 진실이 많은 하나님이라(출34:4~6)

말씀 즉 계약법을 지키는 것이 곧 예수님을 하나님으로부터 오신 분으로 아는 것이며, 또 하나님께서 보내셨음을 믿는 것이다. 계약법 실천이 앎이고 믿음이다.

❸ 한 마음 한 뜻

【●】 9 내가 그들을 위하여 비옵나니 내가 비옵는 것은 세상을 위함이 아니요 내게 주신 자들을 위함이니이다 … 11 나는 세상에 더 있지 아니하오나 그들은 세상에 있사옵고 나는 아버지께로 가옵나니 거룩하신 아버지여 내게 주신 아버지의 이름으로 그들을 보전하사 우리와 같이 그들도 하나가 되게 하옵소서

세상이 아닌 제자들을 위한 예수님의 기도는 구체적으로 어떤 기도였을까? 하나가 되게 해달라는 기도였다. 이 기도는 마지막 부분에 가서 다시 한번 더 길게 반복된다. 왜 하나 됨을 위하여 그토록 길게 또 반복해서 기도하셨을까?

첫째, 다양한 사람들이 모인 공동체에서 한 마음과 한 뜻이 되기란 사실상 불가능할 만큼 어렵다. 죄의 지배를 받는 인간은 자기 생각과 자기 뜻을 버리지 못하며 서로 주도권을 잡으려고 한다. 예수님의 제자들도 예수님을 따르면서 서로 다투었다는 이야기가 공관복음서에는 여러 번 기록되어 있다.

둘째, 계약공동체의 정체성은 하나 됨에 있다. 예수님께서 반복해서 "나는 아버지 안에, 아버지는 내 안에", "저희도 우리와 같이"라고 말씀하신 이유는 일치가 하나님의 본질이며 실존이기 때문이다. 분열이 있는 교회에는 하나님께서 거하실 수가 없다. 분열은 교회이기를 포기하는 것이며, 분열된 교회는 더이상 교회라고 할 수 없다.

개신교의 교단 분열과 특히 한국교회의 분열은 이미 그 도를 넘어선 지 오래다. 세상에 나가서 구원을 운운하려면 먼저 내적인 일치부터 보여주어야 한다. 교인끼리의 반목, 교인과 목회자의 갈등,

교회 간의 대립과 경쟁 등은 교회이기를 포기하는 작태이다.

❹ 오점

【●】 12 내가 그들과 함께 있을 때에 내게 주신 아버지의 이름으로 그들을 보전하고 지키었나이다 그 중의 하나도 멸망하지 않고 다만 멸망의 자식뿐이오니 이는 성경을 응하게 함이니이다

예수님께서는 유다의 실족을 가슴 아프게 받아들이며 말씀하셨다. 비록 유다의 배반으로 말미암아 예수님의 십자가 대속이 성취되었다고 하더라도 예수님에게 유다는 가장 아픈 손가락이었다.

❺ 까닭 없는 미움

【●】 13 지금 내가 아버지께로 가오니 내가 세상에서 이 말을 하옵는 것은 그들로 내 기쁨을 그들 안에 충만히 가지게 하려 함이니이다 4 내가 아버지의 말씀을 그들에게 주었사오매 세상이 그들을 미워하였사오니 이는 내가 세상에 속하지 아니함 같이 그들도 세상에 속하지 아니함으로 인함이니이다 15 내가 비옵는 것은 그들을 세상에서 데려가시기를 위함이 아니요 다만 악에 빠지지 않게 보전하시기를 위함이니이다

예수님께서는 현실을 그대로 인정하고 또 직시하셨다. 예수님께서 까닭 없는 미움을 당하셨듯이 교회도 그러할 것을 내다 보셨다. 예수님에 대한 까닭 없는 미움은 하나님과 상관없는 세상을 통해서가 아니라, 유대인들을 통해서 주어졌다. 초기교회도 마찬가지였다. 예루살렘에서 박해가 일어나 교인들이 이방 지역으로 흩어져야 했다. 그러다가 교회가 이방인 중심으로 뿌리를 내릴 즈음 이번에는 로마제국으로부터의 정치적인 박해가 가해졌다.

이런 까닭 없는 미움은 무엇을 말하는가? 그 근원은 마귀이다. 마귀는 까닭 없이 미워하게 한다. 그러나 하나님께서는 마귀의 술수를 역이용하셔서 하나님의 뜻이 실현되게 하신다. 유다의 배반은 십자가 대속을 완성시켰고, 유대인의 박해는 복음이 이방인 지역으로 확산되게 했으며, 로마제국의 박해는 기독교가 국교로 가는 길이었다. 마귀의 방법은 까닭 없는 미움이고, 하나님의 방법은 반전과 역

이용이다. 미움과 어려움이 왔을 때 기뻐해야 할 이유는 여기에 있다.

❻ 파송

【•】 18 아버지께서 나를 세상에 보내신 것 같이 나도 그들을 세상에 보내었고

제자들을 위한 마지막 기도는 파송의 말씀이며, 부활하신 예수님의 마지막 말씀도 파송이다.

아버지께서 나를 보내신 것 같이 나도 너희를 보내노라(요20:21)

왜 파송의 말씀일까? 예수님께서 하나님이시기를 포기하고 인간으로 오신 목적, 오셔서 심혈을 기울여 제자들로 계약공동체를 결성하신 목적은 세상을 구원하시기 위함이었기 때문이다. 계약공동체를 거처로 삼으시고 함께하시는 이유도 계약공동체를 위해서가 아니라 세상을 위해서다. 예수님께서 세상이 아닌 제자들을 위해서 기도하신 이유도 세상을 미워해서가 아니라 사랑하시기 때문이다. 계약공동체가 우선인 이유는 계약공동체를 통해서 세상을 구원하시기 때문이다. 계약공동체는 하나님을, 하나님 나라를 세상에 보여주어야 하기 때문이다. 계약공동체를 위한 계약공동체가 아니라 세상을 위한 계약공동체이다.

하나님께서 계약공동체를 통해서 세상을 구원하시는 구체적인 방법은 무엇일까?

❼ 보여주는 선교

【•】 17 그들을 진리로 거룩하게 하옵소서 아버지의 말씀은 진리니이다 … 19 또 그들을 위하여 내가 나를 거룩하게 하오니 이는 그들도 진리로 거룩함을 얻게 하려 함이니이다

진리로 제자들을 거룩하게 한다는 말씀은 무슨 뜻일까? 앞에서도 언급한 바와 같이 구약에서는 율법 즉 계약법을 지혜라고 했으며, 신약의 요한복음에서는 계약법을 진리라고 했다. '진리로'는 '계약

법으로'를 말한다. 거룩하게 한다는 것은 무엇일까? 거룩함은 하나님의 전형적인 속성을 말하는데 그 거룩함은 신분, 지위, 빈부의 격차가 없는 평등한 삶을 말한다. 계약법은 이런 거룩한 삶을 지향하는 구체적인 법이다.

신분, 지위, 빈부의 격차가 없는 거룩한 삶, 누구나 바라고 원하지만 이런저런 이유로 실현되지 못하는 영원한 이상, 그런데 예수님께서는 계약공동체가 그런 삶을 살아서 세상을 구원할 수 있기를 마지막으로 기도하셨다. 그런 계약공동체로 세상에 파송하셨다.

네가 나를 보여주어라!
네가 나를 대신 해라!

4. 미래 교회를 위한 기도

【•】 20 내가 비옵는 것은 이 사람들만 위함이 아니요 또 그들의 말로 말미암아 나를 믿는 사람들도 위함이니

예수님께서는 당시 제자들뿐만 아니라 그들을 통해서 믿게 될 사람들을 위해서도 기도하셨다. 미래의 교회를 위하여 무슨 기도를 하셨을까? 같은 기도를 세 번 반복하셨다.

❶ 첫째도 하나

【•】 21 아버지여, 아버지께서 내 안에, 내가 아버지 안에 있는 것 같이 그들도 다 하나가 되어 우리 안에 있게 하사 세상으로 아버지께서 나를 보내신 것을 믿게 하옵소서

예수님께서 하나님과 하나인 것을 제자들에게 보여주신 것 같이 교회공동체도 하나가 되어 세상에 하나님을 보여 줄 수 있도록 첫 번째로 기도하셨다.

❷ 둘째도 하나

【•】 22 내게 주신 영광을 내가 그들에게 주었사오니 이는 우리가 하나가 된 것 같이 그들도 하나가 되게 하려 함이니이다

두 번째도 같은 기도였다. 예수님께서 표적과 말씀을 통해 하나

님과 예수님이 하나라는 것을 보여주신 것 같이 교회도 하나가 되게 해 달라고 기도하셨다.

❸ 셋째도 하나

【•】 23 곧 내가 그들 안에 있고 아버지께서 내 안에 계시어 그들로 온전함을 이루어 하나가 되게 하려 함은 아버지께서 나를 보내신 것과 또 나를 사랑하심 같이 그들도 사랑하신 것을 세상으로 알게 하려 함이로소이다

세 번째도 또 같은 기도를 하셨다. 22절과 23절에서는 세상에 보여 주어야 할 모습이 교회의 하나 된 모습이라고 강조하고 있다.

5. 마무리 기도

❶ 영원한 하나

【•】 24 아버지여 내게 주신 자도 나 있는 곳에 나와 함께 있어 아버지께서 창세 전부터 나를 사랑하시므로 내게 주신 나의 영광을 그들로 보게 하시기를 원하옵나이다 25 의로우신 아버지여 세상이 아버지를 알지 못하여도 나는 아버지를 알았사옵고 그들도 아버지께서 나를 보내신 줄 알았사옵나이다 26 내가 아버지의 이름을 그들에게 알게 하였고 또 알게 하리니 이는 나를 사랑하신 사랑이 그들 안에 있고 나도 그들 안에 있게 하려 함이니이다

예수님의 고별기도에서 제자들을 위한 기도는 '창세 전'으로 시작해서(5절), '창세 전'으로 마치셨다.(24절) 창세 전부터 우리에게 나타내 보여주신 것은 무엇일까? 하나님을 안다는 것이 무엇일까? 예수님을 믿는다는 것이 무엇일까? 교회에 다닌다는 것이 무엇일까? 예수님께서 알게 하신 하나님의 이름은 무엇일까? 성경, 특히 요한복음이 결론적으로 말하는 것이 무엇일까?

예수님의 마지막 기도에 의하면 교회공동체는 분열없이 한 마음과 한뜻으로 화합하며, 하나된 모습을 세상에 보여주는 깃이다. 한 분이신 하나님을 믿는 교회는 무엇보다도 하나가 되어야 한다. 성경은 한 하나님, 한 성전, 한 율법, 한 교회를 말하고 있다. 기독교 신앙에서 하나됨은 처음이자 마지막이다.

이제 예수님께서는 마지막 기도를 마치시고 십자가의 길을 가셨다. 요한복음에서 말하는 십자가, 수난의 길은 무엇을 위함이었을까?

❷ 죽으신 목적

【●】 11 나는 세상에 더 있지 아니하오나 그들은 세상에 있사옵고 나는 아버지께로 가옵나니 거룩하신 아버지여 내게 주신 아버지의 이름으로 그들을 보전하사 우리와 같이 그들도 하나가 되게 하옵소서

예수님께서 이 세상을 떠나 아버지께로 가시는 목적은 교회로 하여금 하나 되게 하기 위함이었다. 대제사장 가야바가 예수님을 죽여야 한다고 한 말에 대한 요한복음의 해석은 흩어진 하나님의 자녀들을 모아 하나가 되게 하기 위하여 예수님께서 죽으실 것을 예언했다고 해석했다.

이 말은 스스로 함이 아니요 그 해의 대제사장이므로 예수께서 그 민족을 위하시고 또 그 민족만 위할 뿐 아니라 흩어진 하나님의 자녀를 모아 하나가 되게 하기 위하여 죽으실 것을 미리 말함이러라(11:51~52)

이제 18장부터는 예수님의 수난을 다뤄야 한다. 예수님께서 십자가에서 돌아가신 목적이 무엇일까? 요한복음에 의하면 교회공동체로 하여금 하나 되게 하시기 위하여 십자가의 길을 영광으로 여기시며 기꺼이 그 길을 가셨다. 하나님과 예수님, 계약공동체인 교회는 어떤 관계일까? 내재적 일치, 관계적 일치, 기독론적 일치, 교회론적 일치 등 일치를 빼놓고는 설명이 되지 않는다.

예수님의 십자가에 가장 역행하는 배반의 길,

모독의 길, 지옥으로 가는 지름길은 무엇일까?

교회의 분열이다.

제4부 : 죽으심과 부활

물음44~53(18:1~21:25)

영광의 길

물음 44 요한복음의 수난 이야기, 무엇을 말하는가?

요한복음에서 예수님의 사역과 설교 등은 문체와 단어, 표현방식 등이 공관복음과 판이하게 다르고 서로 병행되는 이야기가 거의 없었다. 역사적인 사실보다는 신학적인 해석에 치중한 결과였다. 그러나 수난으로 넘어오면 적지 않은 차이가 있지만 사건의 순서, 표현방식 등에서 공관복음과 많은 부분에서 유사하다. 요한복음에서는 무엇에 초점을 맞추어 예수님의 수난과 부활을 기록했을까?

1. 영광의 길

공관복음에서는 예수님께서 갈릴리 사역을 마치고 유월절에 맞추어 예루살렘으로 올라가시면서 제자들에게 수난에 대한 예고를 하셨다. 그러나 요한복음에서는 첫 사역인 가나 혼인 잔치 참석에서부터 때가 예고되었고(요2:4), 전반부(요1~12장)에서는 고비의 순간마다 아직 때가 이르지 않았다고 말하다가 후반부(요13~21장)로 접어들면서 때가 이르렀다고 한다. 예수님께서 가시는 길은 선재 - 오심 - 거하심 - 가심으로 이미 정해져 있었으며, 예수님께서도 이 사실을 잘 알고 계셨다.

또 십자가와 죽으심은 본래 계시던 자리로 돌아가시는 영광의 길이어서 예수님께서는 이를 적극적으로 받아들이셨다. 체포와 재판, 수난 등의 과정에서 예수님은 수동적인 위치에 계시지 않고 전 과정을 주도하셨으며, 마지막으로 하신 말씀은 “다 이루었다.”였다.(요19:30) 요한복음에서 수난당하시는 예수님의 모습은 진정한 승리자이다.

요한복음에서 '영광'은 하나님을 계시하는 사건인데, 십자가의 죽으심은 살아계시는 하나님을 보여주시는 가장 큰 영광의 길이었다. 죽으심을 통하여 새로운 계약이 체결되어 인간 구원의 길이 열렸으며 부활을 통해 참 생명이 무엇인지를 보여주셨기 때문이다.

2. 왕의 길

요한복음에 그려진 예수님의 또 다른 모습은 '왕'이다. 예수님을 처음 만난 나다나엘은 예수님을 왕으로 고백했다.(요1:49) 그리고 유월절을 맞아 예루살렘에 모여있던 군중들은 입성하시는 예수님을 왕으로 영접했다.(요12:13) 또한 유대교 당국자들은 예수님을 반란죄 즉 군중을 선동하여 왕이 되려고 했다는 죄목으로 로마당국에 고발했다.(요19:12), 총독 빌라도는 예수님을 신문하면서 예수님이야말로 진정한 왕임을 발견하고 석방하기 위하여 무진 애를 썼다.(요18:33~19:16) 빌라도는 자신의 이런 마음을 '나사렛 예수, 유대인의 왕'이라는 패에 담아 라틴어, 헬라어, 히브리어로 써서 십자가에 걸어 놓았다.(요19:19~20) 이 패를 통해 빌라도는, 예수님께서 왕이심을 알아보지 못하고 사형을 언도하도록 압박을 가한 유대인들을 조롱함과 동시에 예수님이야말로 온 세상의 왕이라는 사실을 공포하였다. 비록 급히 치러졌지만 아리마대 요셉과 니고데모는 돌로 판 새 무덤에 침향 100리트라(34kg)로 장례식을 거행했는데 이는 왕에 준하는 장례식이었다.

요한복음은 왜 이렇게 예수님을 왕이라고 말하고 있을까?

예수님은 새로운 계약을 통하여 이 땅에 하나님 나라를 실현하러 오신 왕이기 때문이다. 앞에서 거듭 말했지만 요한복음의 독특한 내용들은 계약의 관점으로 볼 때 명확하게 해석된다. 서문의 로고스는 우주를 지배하는 원리, 즉 자연과 맺은 계약법이며, 표적에 이어지는 많은 설교들은 계약의 말씀이다. 마지막 식사에서 제자들에게 주신 새 계명은 새 계약법 말씀이다. 유월절에 유월절 양으로 돌아가시며 십자가에서 흘리신 피는 새 계약체결을 위한 피였다.

요한복음의 하나님 나라는 미래가 아니라 현재, 지금 여기의 계약공동체에 임하며 예수님께서는 보혜사 성령으로 그 공동체에 거하시며 왕권을 행사하신다. 하나님 나라는 하나님의 통치가 임하는 곳이다. 예수님께서는 지금도 교회에서 하나님 나라의 통치권을 행사하시는 왕이시다.

3. 유월절 양의 길

요한복음은 서두에서 세례 요한을 통하여 예수님은 세상 죄를 지고 가는 하나님의 어린 양, 즉 유월절 양이라고 선포하고 있다.(요 1:29, 36) 예수님께서는 유월절을 중심으로 활동하시다가 유월절 양을 잡는 시각에 맞추어 유월절 양으로 돌아가셨다. 요한복음은 왜 예수님을 유월절 양이라고 할까? 출애굽기의 유월절 시작은 시내산 계약을 체결하러 가는 출발점이기 때문이다. 유월절 양이신 예수님께서는 새로운 계약을 체결하기 위하여 유월절 양으로 돌아가셨다.

4. 하나 되게 하시는 길

요한복음에서는 가야바가 예수님을 죽이기 위한 명분으로 제시한 말을 중요하게 다루며 독특하게 해석했다. 요한복음 저자는 그 해의 대제사장이었던 가야바가 한 말은 예수님의 죽으심이 흩어진 백성들을 모아 하나 되게 하기 위한 죽으심을 예언한 것이라고 말하고 있다.

> 그 중의 한 사람 그 해의 대제사장인 가야바가 그들에게 말하되 너희가 아무 것도 알지 못하는도다 한 사람이 백성을 위하여 죽어서 온 민족이 망하지 않게 되는 것이 너희에게 유익한 줄을 생각하지 아니하는도다 하였으니 이 말은 스스로 함이 아니요 그 해의 대제사장이므로 예수께서 그 민족을 위하시고 또 그 민족만 위할 뿐 아니라 흩어진 하나님의 자녀를 모아 하나가 되게 하기 위하여 죽으실 것을 미리 말함이러라(요 11:49~52)

안나스에 이어 가야바가 예수님을 신문할 때 또 가야바가 한 말을 18:14에서 인용하고 있다.

> 가야바는 유대인들에게 한 사람이 백성을 위하여 죽는 것이 유익하다고 권고하던 자러라

고별기도(17장)에서는 마지막으로 교회로 하여금 하나가 되도록 세 번이나 반복해서 기도하셨다. 요한은 선교 2세기를 내다보면서 교회가 하나 되는 것이 무엇보다도 중요하다고 생각하여 예수님의 유언으로 남겨 놓았다. 십자가의 길을 걸어가신 예수님의 발자국에 뜨거운 피로 선명하게 찍혀 있는 유언은 교회의 일치였다.

물음 45 체포와 가야바 법정, 어떤 모습이었나?

본문 〈 18:1~27〉

1 예수께서 이 말씀을 하시고 제자들과 함께 기드론 시내 건너편으로 나가시니 그 곳에 동산이 있는데 제자들과 함께 들어가시니라

2 그 곳은 가끔 예수께서 제자들과 모이시는 곳이므로 예수를 파는 유다도 그 곳을 알더라

3 유다가 군대와 대제사장들과 바리새인들에게서 얻은 아랫사람들을 데리고 등과 횃불과 무기를 가지고 그리로 오는지라

4 예수께서 그 당할 일을 다 아시고 나아가 이르시되 너희가 누구를 찾느냐

5 대답하되 나사렛 예수라 하거늘 이르시되 내가 그니라 하시니라 그를 파는 유다도 그들과 함께 섰더라

6 예수께서 그들에게 내가 그니라 하실 때에 그들이 물러가서 땅에 엎드러지는지라

7 이에 다시 누구를 찾느냐고 물으신대 그들이 말하되 나사렛 예수라 하거늘

8 예수께서 대답하시되 너희에게 내가 그니라 하였으니 나를 찾거든 이 사람들이 가는 것은 용납하라 하시니

9 이는 아버지께서 내게 주신 자 중에서 하나도 잃지 아니하였사옵나이다 하신 말씀을 응하게 하려 함이러라

10 이에 시몬 베드로가 칼을 가졌는데 그것을 빼어 대제사장의 종을 쳐

서 오른편 귀를 베어버리니 그 종의 이름은 말고라
11 예수께서 베드로더러 이르시되 칼을 칼집에 꽂으라 아버지께서 주신 잔을 내가 마시지 아니하겠느냐 하시니라
12 이에 군대와 천부장과 유대인의 아랫사람들이 예수를 잡아 결박하여
13 먼저 안나스에게로 끌고 가니 안나스는 그 해의 대제사장인 가야바의 장인이라
14 가야바는 유대인들에게 한 사람이 백성을 위하여 죽는 것이 유익하다고 권고하던 자러라
15 시몬 베드로와 또 다른 제자 한 사람이 예수를 따르니 이 제자는 대제사장과 아는 사람이라 예수와 함께 대제사장의 집 뜰에 들어가고
16 베드로는 문 밖에 서 있는지라 대제사장을 아는 그 다른 제자가 나가서 문 지키는 여자에게 말하여 베드로를 데리고 들어오니
17 문 지키는 여종이 베드로에게 말하되 너도 이 사람의 제자 중 하나가 아니냐 하니 그가 말하되 나는 아니라 하고
18 그 때가 추운 고로 종과 아랫사람들이 불을 피우고 서서 쬐니 베드로도 함께 서서 쬐더라
19 대제사장이 예수에게 그의 제자들과 그의 교훈에 대하여 물으니
20 예수께서 대답하시되 내가 드러내 놓고 세상에 말하였노라 모든 유대인들이 모이는 회당과 성전에서 항상 가르쳤고 은밀하게는 아무 것도 말하지 아니하였거늘
21 어찌하여 내게 묻느냐 내가 무슨 말을 하였는지 들은 자들에게 물어보라 그들이 내가 하던 말을 아느니라
22 이 말씀을 하시매 곁에 섰던 아랫사람 하나가 손으로 예수를 쳐 이르되 네가 대제사장에게 이같이 대답하느냐 하니
23 예수께서 대답하시되 내가 말을 잘못하였으면 그 잘못한 것을 증언하라 바른 말을 하였으면 네가 어찌하여 나를 치느냐 하시더라
24 안나스가 예수를 결박한 그대로 대제사장 가야바에게 보내니라
25 시몬 베드로가 서서 불을 쬐더니 사람들이 묻되 너도 그 제자 중 하나가 아니냐 베드로가 부인하여 이르되 나는 아니라 하니
26 대제사장의 종 하나는 베드로에게 귀를 잘린 사람의 친척이라 이르되 네가 그 사람과 함께 동산에 있는 것을 내가 보지 아니하였느냐
27 이에 베드로가 또 부인하니 곧 닭이 울더라

공관복음에서는 예수님께서 마지막 식사 후 제자들과 겟세마네 동산에 가셔서 기도하셨으나, 요한복음에서는 식사하시고 제자들에

게 고별설교에 이어 고별기도를 하신 후 기드론 시내 건너편 동산으로 가셔서 체포되신 것으로 기록되어 있다. 체포되실 때 어떤 일들이 일어났을까?

1. 로마 군대와 유대교 경비병들 동원

【•】 3 유다가 군대와 대제사장들과 바리새인들에게서 얻은 아랫사람들을 데리고 등과 횃불과 무기를 가지고 그리로 오는지라 … 12 이에 군대와 천부장과 유대인의 아랫사람들이 예수를 잡아 결박하여

요한복음에는 로마 군병과 천부장이 예수님의 체포에 동원되었다고 기록되어 있다. 본문의 군대(σπεῖρα)는 로마 보병대를 뜻하는데, 한 군단(legion)의 십분의 일(약 600명), 또는 외인 부대인 경우 500명 또는 천 명에 해당되는 병력이다. 예수님 체포에 천부장이 지휘하는 로마 대군이 왜 동원되었을까? 로마 군병들은 평소에는 유대인들을 자극하지 않기 위하여 지중해 연안 가이사랴에 주둔했는데, 군중이 많이 모이는 절기에는 만일의 사태에 대비해 예루살렘에 와서 비상대기 하고 있었다. 요한복음에 의하면 유대교 당국자들은 예수님을 심야에 체포하면서 만일의 경우를 대비해 로마당국의 협조를 요청했던 것으로 보인다.

유대인들은 대제사장 휘하에 성전 경비병을 두었고 산헤드린에도 치안을 위한 병력이 별도로 있었다. 예수님의 체포를 위해 로마 군병, 대제사장의 성전 경비병, 바리새인이 지휘하는 치안대 등이 연합작전을 한 셈이다. 유다는 이들을 이끌고 예수님이 계신 곳으로 왔다. 예수님께서는 횃불과 무기를 들고 오는 이런 어마어마한 군병들을 어떻게 대하셨을까?

2. 내가 그니라

【•】 4 예수께서 그 당할 일을 다 아시고 나아가 이르시되 너희가 누구를 찾느냐 5 대답하되 나사렛 예수라 하거늘 이르시되 내가 그니라 하시니라 그를 파는 유다도 그들과 함께 섰더라 6 예수께서 그들에게 내가 그니라 하실 때에 그들이 물러가서 땅에 엎드러지는지라

예수님께서는 전면에 나서서 군병들을 직접 맞으시며 누구를 찾느냐고 먼저 물으셨다. 왜 먼저 물으셨을까? 나사렛 예수님을 찾는다는 대답에 "내가 그니라."라는 말씀을 하시기 위함이었다. 이 말씀이 무슨 뜻일까? 왜 이 말씀을 하실 때 그 많은 군병들이 한순간 다 땅바닥에 엎드러졌을까? 아마도 이런 구절들은 해석하기 대단히 어렵기 때문에 해석에 앞서 "사실이었을까?"라는 생각부터 들 것이다. 사도 요한은 왜 이런 믿기 어려운 구절을 써 놓았을까? 왜 이 구절을 중요하게 기록하고 있을까?

〈물음05〉에서 살펴본 바와 같이 "내가 그니라."(Ἐγώ εἰμι)는 구약의 '스스로 있는 자'((אֶהְיֶה אֲשֶׁר אֶהְיֶה)에 대한 헬라어 번역인데, 하나님께서 모습을 직접 나타내실 때 하신 말씀이다. 하나님의 이름을 이렇게 나타내 주신 사람들은 하나님을 직접 만날만한 준비가 된 사람들이었다. 구약에서는 모세에게 이 이름으로 나타내셨으며, 예언자들은 하나님을 직접 뵈옵고 이 이름을 일인칭 화법으로 사용한 사람들이다. 요한복음에서는 첫 번째는 사마리아 여인에게(요4:26), 두 번째는 제자들에게(요6:20), 그리고 이제 직접 이 말씀을 하셨다. 그런데 준비된 사람들에게만 나타내시는 거룩하신 이름을 왜 예수님을 체포하려는 군병들에게 나타내셨을까?

❶ 경고였다.

예수님께서 "내가 그니라."라고 말씀하실 때 군병들이 모두 땅바닥에 엎드러진 이유는 하나님 면전에서 나타나는 현상이다. 하나님 면전을 경험할 때는 누구나 엎드러질 뿐만 아니라 죽은 자 같이 된다. 이런 경험은 하나님을 직접 뵈올 만한 준비가 된 사람들에게만 나타난다. 그런데 예수님께서 군병들에게 이렇게 스스로를 드러내신 이유는 마지막 경고였다. 특히 유다에 대해서 그러했다. 본문에서 "내가 그니라."라고 하실 때 유다도 군병들과 같이 서 있었다고 기록한 부분이 이를 뒷받침 한다.

❷ 호소였다.

"내가 그니라."라는 구절이 18장 5~8절에서 세 번이나 반복된다. 적대자들에게 이렇게 거듭 하나님의 이름을 드러내신 이유는 무엇일까? 경고에 이은 간절한 호소였다. 예수님을 체포하려던 군병들은 예수님에게서 발산되는 거룩한 힘 앞에서 자신들이 무장한 무기들이 아무짝에도 쓸모없음을 직접 경험으로 확인했다. 특히 유다가 그러했다. 그러나 그들은 돌이키지 않았다. 왜 그랬을까?

❸ 미혹

마귀에게 미혹되면 눈과 귀가 멀어서 보아도 보지 못하고 들어도 듣지 못하며, 직접 경험해도 소용이 없다. 한번 마귀에게 현혹되면 벗어나기가 대단히 어렵다. 거짓 확신 때문에 이런저런 명분으로 스스로를 무장하며 더 견고해진다. 우리는 이와 비슷한 모습을 이단에 현혹된 사람들에게서 보게 된다.

예수님께서는 자신을 체포하려는 군병들에게도 끝까지 최선을 다하시며 멸망을 자초하지 않도록 호소하셨다.

3. 왕의 모습

【•】 8 예수께서 대답하시되 너희에게 내가 그니라 하였으니 나를 찾거든 이 사람들이 가는 것은 용납하라 하시니 9 이는 아버지께서 내게 주신 자 중에서 하나도 잃지 아니하였사옵나이다 하신 말씀을 응하게 하려 함이러라

예수님께서 하나님의 실체를 드러냈어도 군병들이 포기하지 않자 예수님께서는 제자들은 체포하지 말라고 하셨다. 이는 요청이나 부탁이라기 보다는 명령이었다. 땅바닥에 엎드러지는 경험을 한 군병들의 지도자들은 예수님의 말씀을 거역할 수가 없었기 때문이다. 이 과정을 보면 예수님께서는 체포되어 가시는 게 아니라 스스로 그 길을 선택하여 가셨음을 알 수 있다. 위기의 상황에서 제자들을 지켜주고 체포하러 온 군병들까지 거룩한 힘으로 다스리시는 모습은 진정한 왕의 모습 그 자체였다. 단지 지배하고 다스리는 세상의 왕이 아니라 낮아져서 섬기며 대신 죽으시는 하늘나라 왕의 모습이었다.

4. 베드로의 통곡

【●】 11 예수께서 베드로더러 이르시되 칼을 칼집에 꽂으라 아버지께서 주신 잔을 내가 마시지 아니하겠느냐 하시니라 … 17 문 지키는 여종이 베드로에게 말하되 너도 이 사람의 제자 중 하나가 아니냐 하니 그가 말하되 나는 아니라 하고 18 그 때가 추운 고로 종과 아랫사람들이 불을 피우고 서서 쬐니 베드로도 함께 서서 쬐더라 … 27 이에 베드로가 또 부인하니 곧 닭이 울더라

베드로는 예수님을 세 번이나 모른다고 부인하며 배반했다고 생각한다. 얼핏 보기에는 그런 것 같다. 그러나 자세히 살펴보면 그와 반대다. 유다의 안내를 받은 군병들이 베드로를 몰랐을 리 없다. 그런데 왜 그들은 베드로를 체포하지 않았을까? 또 여종을 비롯한 군병들이 법정 안에 있는 베드로에게 거듭 반복하여 예수님의 제자가 아니냐고 확인만하고 체포하여 법정에 세우지 않은 까닭은 무엇일까?

예수님께서는 예수님을 따르는 제자 베드로를 두 번 포기시키셨다. 첫 번째는 칼을 들고 맞설 때 "네 칼을 도로 칼집에 꽂으라. 칼을 가지는 자는 다 칼로 망하느니라."(마26:52)라고 하시며 저항을 포기시키셨다. 두 번째는 새벽에 닭이 우는 소리를 통해서였다. 닭이 우는 소리를 들으며 통곡한 베드로의 통곡은 어떤 뜻이었을까?

〈물음38〉에서 본 바와 같이 유다의 의도는 예수님으로 하여금 유대인들이 기대하던 메시아가 되게 하려는 데에 있었고, 이를 위해서는 예수님만 체포하고 다른 제자들은 다 도망가거나 포기하게 해야 했다.[101] 공관복음에 의하면 한밤중에 성전 경비병을 몰고 와 위협하자 졸고 있던 제자들은 놀라고 무서워 다 도망가버리고 말았다. 이들은 예수님을 배반했다는 자책감 때문에, 또는 두려워서 숨어 나타나지도 않았다. 그런데 문제는 베드로였다. 그는 혼자 칼을 들고 끝까지 맞서다가 예수님의 만류로 물러났으나 예수님을 따라 재판정까지 들어왔다. 수제자인 베드로가 끝까지 예수님 곁에 남아있으면 낭패였다. 어찌하든지 날이 새기 전에 그를 위협하여 예수님 곁

101) 이하 베드로에 관한 이야기는 졸저 「누가복음」의 내용을 옮긴 것임.

을 떠나게 해야 했다. 군병들이 예수님만 체포하고 제자들을 도망가게 했으며, 베드로를 체포하지 않고 끝까지 위협한 이유는 유다의 전략이었다. 베드로가 예수님의 제자가 아니라고 부인한 이유는 예수님 옆에 남아 있기 위한 방법이었다. 당국자들은 베드로를 체포할 수도 쫓아낼 수도 없었다. 스스로 포기하고 돌아가게 해야만 했다.

> 주께서 돌이켜 베드로를 보시니 베드로가 주의 말씀 곧 오늘 닭 울기 전에 네가 세 번 나를 부인하리라 하심이 생각나서 밖에 나가서 심히 통곡하니라(눅22:61~62)

어느덧 새벽이 오고 닭이 울었다. 그러자 예수님은 재판정 안에 있는 베드로를 바라보셨고, 베드로는 예수님과 눈빛이 마주쳤다. 그 순간 베드로는 닭이 울기 전에 세 번 부인하리라던 예수님의 말씀이 생각났다. 이 구절은 무엇을 말하는가?

예수님께서는 눈빛으로 베드로에게 말씀하셨다.

> 베드로야, 이제 그만 돌아가라. 네가 여기 계속 남아있으면 내가 가야 할 그 길을 갈 수가 없다. 네가 나를 따르는 것은 여기까지이다. 너는 돌아가서 자책과 두려움에 떨고 있을 형제들을 돌보거라. 너에게는 지금 나와 함께 죽음의 길을 가는 것 보다 더 크고 중요한 일이 남아있다. 너는 죽기까지 나를 따른 나의 수제자였다.

후일 베드로는 이 일을 돌이켜 보면서 무어라고 말을 했을까? 나는 죽기까지 예수님을 따라갔다고 했을까? 아니다. 자신은 감히 예수님을 따를 자가 못되며 닭이 울기 전에 두려워서 세 번이나, 그것도 예수님을 저주하며 모른다고 했다고 고백했다. 예수님의 사도들이 쓴 마태복음, 마가복음, 요한복음에서는 사도들이 자신들은 다 예수님을 배반했다고 말하고 있다. 그런데 예수님의 사도가 아니었을 뿐만 아니라 이방인인 누가는 복음서를 쓰면서 사도들의 실상을 사실대로 적고 있다. 누가복음에서는 예수님께서 체포되실 때 제자들이 다 같이 대항했다고 기록했으며, 베드로의 이야기를 예수님의 신문 이전에 먼저 기록해 놓고 있다.(눅22:47~62)

예수님께서 부활 승천하신 후 예루살렘에서 교회를 시작하자 수천여 명을 모여들었고, 땅끝까지 복음이 전파되는 데에는 사도들의 역할이 지대했으며 사도들은 하나같이 순교의 길을 갔다. 그들은 결코 비겁하지도, 용렬하지도 않은 그 시대의 영웅들이었다. 누가는 교회에서 사도들을 위대한 스승이자 지도자로 만났다. 그리고 사도들의 실상을 사실대로 기록해 놓고 있다.

성경은 운문처럼 은폐, 함축, 암시의 기법으로 기록되어 있어서 문자대로만 해석하면 본래의 의미와 전혀 다르게 해석될 수 있다. 그 당시의 상황과 전체의 의미, 사건과 문맥의 흐름, 행간의 의미 등을 종합하여 해석해야 한다.

5. 가야바의 역할

【●】 12 이에 군대와 천부장과 유대인의 아랫사람들이 예수를 잡아 결박하여 13 먼저 안나스에게로 끌고 가니 안나스는 그 해의 대제사장인 가야바의 장인이라 14 가야바는 유대인들에게 한 사람이 백성을 위하여 죽는 것이 유익하다고 권고하던 자러라

공관복음에서는 군병들이 예수님을 체포하여 가야바에게로 끌고 가서 밤샘 재판을 했다. 그러나 요한복음에서는 안나스가 신문했다. 안나스는 BC 6~AD 15까지 대제사장으로 있다가 총독 그라터스에 의해 해임되었지만, 유대교에서는 대제사장은 종신제이기 때문에 안나스는 사실상 대제사장으로 인정받고 있었다. 로마는 대제사장의 권력을 약화시키기 위하여 매년 대제사장을 임명했다. 가야바는 안나스의 사위였는데, 가야바 이후에는 안나스의 다섯 아들들이 대제사장이 되었다.

요한복음에서는 그 해의 대제사장 가야바의 신문에 대하여서는 침묵하는 대신 그가 예수님께서 체포되기 이전에 했던 말을 또 인용하고 있다. 요한복음 11:52에서는 가야바가 한 말이 예수님의 죽으심은 계약공동체로 하여금 하나 되게 하기 위함이었다고 해석했다. 요한복음에서 가야바의 신문의 자리에 가야바의 예언을 다시 언급하는 이유는 교회공동체의 일치를 위하여 예수님께서 재판을 받고 죽음의 길을 가셨음을 강조하기 위함이다.

6. 안나스의 재판

【•】 19 대제사장이 예수에게 그의 제자들과 그의 교훈에 대하여 물으
니 20 예수께서 대답하시되 내가 드러내 놓고 세상에 말하였노라 모든
유대인들이 모이는 회당과 성전에서 항상 가르쳤고 은밀하게는 아무
것도 말하지 아니하였거늘 21 어찌하여 내게 묻느냐 내가 무슨 말을
하였는지 들은 자들에게 물어 보라 그들이 내가 하던 말을 아느니라
22 이 말씀을 하시매 곁에 섰던 아랫사람 하나가 손으로 예수를 쳐 이
르되 네가 대제사장에게 이같이 대답하느냐 하니 23 예수께서 대답하
시되 내가 말을 잘못하였으면 그 잘못한 것을 증언하라 바른 말을 하
였으면 네가 어찌하여 나를 치느냐 하시더라 24 안나스가 예수를 결박
한 그대로 대제사장 가야바에게 보내니라

안나스는 제자들과 가르침에 대하여 물었으나 예수님께서는 제자들에 대해서는 아무런 언급을 하지 않으시고, 가르침에 대해서만 말씀하셨는데 대단히 공격적이었다. 예수님의 말씀인즉, 모든 가르침을 수많은 사람들 앞에서 공개적으로 했으니 필요한 게 있으면 들은 자들에게 물어보라고 하셨다. 이렇게 말씀하신 이유는 내가 무슨 말을 했는지, 또 그 말이 옳은 말인지 아닌지는 당신이 더 잘 알고 있으며, 유월절에 군중들 앞에서 이미 옳다는 것이 입증되지 않았느냐라는 뜻이다. 이는 사실상 안나스에 대한 책망이었다. 예수님의 이 말씀에 안나스는 할 말이 없었다. 쩔쩔매는 안나스를 보다 못한 측근이 나서서 대제사장을 무례하게 대한다며 폭력을 휘둘렀다. 이에 예수님께서는 폭력을 사용하지 말고 무엇을 잘못했는지를 지적하라고 또 책망하셨다. 가야바를 비롯한 재판관들은 뭐라고 더 할 말이 없었다. 이로써 유대 당국자들은 서둘러 재판을 끝내고 예수님을 결박한 채로 그 해의 제사장 가야바에게 보내 빌라도에게 넘기게 했다.

요한복음에서는 유대교의 재판은 이렇게 간단하게 다룬 반면 로마 총독 빌라도의 재판은 길고 자세하게 다루고 있다. 무엇을 말하고자 함일까?

물음

본디오 빌라도, 어떤 재판을 했나?(1) 46

본문 〈 18:28~40 〉

28 그들이 예수를 가야바에게서 관정으로 끌고 가니 새벽이라 그들은 더럽힘을 받지 아니하고 유월절 잔치를 먹고자 하여 관정에 들어가지 아니하더라

29 그러므로 빌라도가 밖으로 나가서 그들에게 말하되 너희가 무슨 일로 이 사람을 고발하느냐

30 대답하여 이르되 이 사람이 행악자가 아니었더라면 우리가 당신에게 넘기지 아니하였겠나이다

31 빌라도가 이르되 너희가 그를 데려다가 너희 법대로 재판하라 유대인들이 이르되 우리에게는 사람을 죽이는 권한이 없나이다 하니

32 이는 예수께서 자기가 어떠한 죽음으로 죽을 것을 가리켜 하신 말씀을 응하게 하려 함이러라

33 이에 빌라도가 다시 관정에 들어가 예수를 불러 이르되 네가 유대인의 왕이냐

34 예수께서 대답하시되 이는 네가 스스로 하는 말이냐 다른 사람들이 나에 대하여 네게 한 말이냐

35 빌라도가 대답하되 내가 유대인이냐 네 나라 사람과 대제사장들이 너를 내게 넘겼으니 네가 무엇을 하였느냐

36 예수께서 대답하시되 내 나라는 이 세상에 속한 것이 아니니라 만일 내 나라가 이 세상에 속한 것이었더라면 내 종들이 싸워 나로 유대인들에게 넘겨지지 않게 하였으리라 이제 내 나라는 여기에 속한 것이 아니니라

37 빌라도가 이르되 그러면 네가 왕이 아니냐 예수께서 대답하시되 네 말과 같이 내가 왕이니라 내가 이를 위하여 태어났으며 이를 위하여 세상에 왔나니 곧 진리에 대하여 증언하려 함이로라 무릇 진리에 속한 자는 내 음성을 듣느니라 하신대

38 빌라도가 이르되 진리가 무엇이냐 하더라 이 말을 하고 다시 유대인들에게 나가서 이르되 나는 그에게서 아무 죄도 찾지 못하였노라

39 유월절이면 내가 너희에게 한 사람을 놓아 주는 전례가 있으니 그러

면 너희는 내가 유대인의 왕을 너희에게 놓아 주기를 원하느냐 하니
40 그들이 또 소리 질러 이르되 이 사람이 아니라 바라바라 하니 바라바
는 강도였더라

빌라도는 재판을 맡기 이전부터 예루살렘에서 무슨 일이 어떻게 돌아가고 있는지 잘 알고 있었다. 유월절 행사는 국내외 유대인들이 250여만 명 이상 모이는 큰 행사여서 평소에는 가이사랴에 있던 로마 총독과 군대는 로마에 저항하는 폭동에 대비하여 예루살렘에서 비상대기하며 촉각을 곤두세우고 있었다. 빌라도는 시시각각으로 돌아가는 상황에 대하여 자세하게 보고를 받고 있었다. 그런데 이번 유월절 행사는 파행으로 치닫고 있었다. 예수님이 등장하여 유월절의 주요 행사이던 제사를 중단시키고 성전에서 군중들에게 말씀 즉 계약법을 가르치시는데 모든 군중이 예수님의 말씀을 경청하며 절대 지지를 보내고 있었다. 평소에는 서슬이 시퍼렇던 대제사장을 비롯한 바리새인 등 유대교 당국자들은 속수무책으로 당하고 있을 뿐만 아니라 점점 더 궁지에 몰리고 있었다. 빌라도도 궁금하여 관심을 가져 본 즉 예수님의 말씀이 백번 옳다고 생각됐다. 이런 사실은 빌라도의 처가 남편에게 사람을 보내어 예수님의 재판을 기각시키라고 요청했다는 기록에서 확인된다.(마27:19)

모든 사안을 정확하게 파악했고 또 예수님에 대하여 호의를 가지고 있던 빌라도는 어떻게 재판을 진행했을까?

1. 새벽 재판정

【●】 28 그들이 예수를 가야바에게서 관정으로 끌고 가니 새벽이라 그
들은 더럽힘을 받지 아니하고 유월절 잔치를 먹고자 하여 관정에 들어
가지 아니하더라

유대교 당국자들은 밤을 새워 예수님을 재판했는데 이는 불법이었다. 유대교 법에 의하면 재판은 낮에 산헤드린 법정에서 해야 했는데 그들은 밤에 안나스와 가야바의 집에서 재판했다. 또 사형을

선고한 경우에는 하루를 지나서 집행해야 했는데 이런 것들이 다 무시되었다. 군중들의 반발을 잠재우기 위해서 속전속결로 처리한 후 새벽에 빌라도에게 사형 선고와 함께 즉시 집행을 요구했다. 로마인의 법정은 보통 해 뜰 때 시작하여 해 질 때 닫았다. 그러나 유월절 기간은 비상대기 중이었고, 또 유대교 당국자들이 특별히 요청했기 때문에 새벽 법정을 열었다. 유대교의 밤샘 불법 재판과 로마 총독부의 새벽 법정은 예수님을 재판하기 위하여 열린 특별 법정이었다.

유대인들은 정결례 규정에 의하여 이방인과 직접 접촉하지 않았다. 빌라도에게 기소했지만 원고들이 법정에는 들어가지 않고 밖에서 대기했다. 빌라도는 법정 안에서는 피고인 예수님을 신문하고 밖으로 나와서는 원고와 대화해야 하는 기이한 재판을 진행했다.

2. 행악자

【•】 29 그러므로 빌라도가 밖으로 나가서 그들에게 말하되 너희가 무슨 일로 이 사람을 고발하느냐 30 대답하여 이르되 이 사람이 행악자가 아니었더라면 우리가 당신에게 넘기지 아니하였겠나이다 31 빌라도가 이르되 너희가 그를 데려다가 너희 법대로 재판하라 유대인들이 이르되 우리에게는 사람을 죽이는 권한이 없나이다 하니

빌라도는 원고들에게 피고를 고발한 죄목을 물었다. 그들은 '행악자'(κακὸν ποιῶν)라고 대답했다. 여기서 말하는 행악자란 군중을 선동하여 로마제국에 항거한 자라는 뜻이다. 공관복음에 의하면 유대인들은 예수님에게 성전과 하나님 모독죄로 사형을 선고했다. 그런데 로마 총독에게는 폭동죄로 고발했다. 예수님 재판에는 거짓과 불법이 난무했다. 유대인들은 수단과 방법을 가릴 겨를이 없을 만큼 궁지에 몰려 있었다.

이런 사실을 누구보다 잘 아는 빌라도는 고소를 기각하며, 이는 종교적인 문제이므로 유대인의 법으로 재판하라고 했다. 당시 로마는 식민지에 자치권을 주고 종교문제 등에 대하여는 일절 관여하지 않았다. 빌라도는 예수님의 재판을 맡고 싶지 않았다. 이런 상황을 잘 아는 유대교 당국자들은 자기 측근들을 대거 동원하여 빌라도를

압박하며 재판을 요구했다.

이에 할 수 없이 빌라도는 피고 예수님에 대해 재판을 시작했다.

3. 왕이신 예수님(1)

【●】 33 이에 빌라도가 다시 관정에 들어가 예수를 불러 이르되 네가 유대인의 왕이냐 34 예수께서 대답하시되 이는 네가 스스로 하는 말이냐 다른 사람들이 나에 대하여 네게 한 말이냐 35 빌라도가 대답하되 내가 유대인이냐 네 나라 사람과 대제사장들이 너를 내게 넘겼으니 네가 무엇을 하였느냐

빌라도는 다짜고짜 예수님에게 왕이냐고 물었다. 유대인들은 예수님을 자칭 왕 그리스도라는 죄목으로 고발했기 때문이다.(눅 23:2) 이에 빌라도는 예수님에게 무슨 일을 했기에 자칭 왕이라는 죄목으로 고발당했는지 물었다. 요한복음에 의하면 빌라도의 신문은 왕이신 예수님의 정체성에 대한 신문이었다.

4. 왕이신 예수님(2)

【●】 36 예수께서 대답하시되 내 나라는 이 세상에 속한 것이 아니니라 만일 내 나라가 이 세상에 속한 것이었더라면 내 종들이 싸워 나로 유대인들에게 넘겨지지 않게 하였으리라 이제 내 나라는 여기에 속한 것이 아니니라 37 빌라도가 이르되 그러면 네가 왕이 아니냐 예수께서 대답하시되 네 말과 같이 내가 왕이니라 내가 이를 위하여 태어났으며 이를 위하여 세상에 왔나니 곧 진리에 대하여 증언하려 함이로라 무릇 진리에 속한 자는 내 음성을 듣느니라 하신대 38 빌라도가 이르되 진리가 무엇이냐 하더라 …

빌라도의 질문에 예수님께서는 자신은 왕이며 왕이 되려고 이 세상에 왔노라고 명확하게 대답하셨다. 단지 그 나라는 이 세상의 나라와는 다른 하나님 나라이며 자신은 그 나라의 왕이라고 하셨다. 진리에 속한 자, 즉 계약법에 대하여 이해가 있는 자는 예수님께 속한 자이며, 예수님은 그들에게 진리인 계약법을 가르치고 새 계약을 체결하러 오셨다고 말씀하셨다. 그러나 이방인인 빌라도는 이런 말씀을 알아들을 수 없었고 도대체 진리가 무엇이냐고 반문했다.

빌라도는 예수님에게 사형을 선고할 만한 죄가 없다는 것을 확인하고 유대인들에게 이를 알리기 위하여 밖으로 나갔다.

5. 무죄 선고(1)

【•】 38 … 이 말을 하고 다시 유대인들에게 나가서 이르되 나는 그에게서 아무 죄도 찾지 못하였노라 39 유월절이면 내가 너희에게 한 사람을 놓아 주는 전례가 있으니 그러면 너희는 내가 유대인의 왕을 너희에게 놓아 주기를 원하느냐 하니 40 그들이 또 소리 질러 이르되 이 사람이 아니라 바라바라 하니 바라바는 강도였더라

예수님의 무죄를 확인한 빌라도는 법정 밖으로 나가서 예수님의 무죄를 선고하고, '유대인의 왕'이라는 칭호를 사용하며 예수님을 유월절 특사로 석방하겠다고 알렸다. 그러나 이에 대하여 미리 대비하고 있던 유대인들은 극력 반발하며, 특사로 갇혀있던 강도 바라바를 석방하라고 외쳤다. 이미 다 준비하고 있던 대응이었다.

이에 난감해진 빌라도는 유대인들의 압박에 밀리고 말았다.

물음 47 본디오 빌라도, 어떤 재판을 했나?(2)

본문 〈 19:1~16 〉

1 이에 빌라도가 예수를 데려다가 채찍질하더라
2 군인들이 가시나무로 관을 엮어 그의 머리에 씌우고 자색 옷을 입히고
3 앞에 가서 이르되 유대인의 왕이여 평안할지어다 하며 손으로 때리더라
4 빌라도가 다시 밖에 나가 말하되 보라 이 사람을 데리고 너희에게 나오나니 이는 내가 그에게서 아무 죄도 찾지 못한 것을 너희로 알게 하려 함이로라 하더라
5 이에 예수께서 가시관을 쓰고 자색 옷을 입고 나오시니 빌라도가 그들에게 말하되 보라 이 사람이로다 하매

6 대제사장들과 아랫사람들이 예수를 보고 소리 질러 이르되 십자가에 못 박으소서 십자가에 못 박으소서 하는지라 빌라도가 이르되 너희가 친히 데려다가 십자가에 못 박으라 나는 그에게서 죄를 찾지 못하였노라

7 유대인들이 대답하되 우리에게 법이 있으니 그 법대로 하면 그가 당연히 죽을 것은 그가 자기를 하나님의 아들이라 함이니이다

8 빌라도가 이 말을 듣고 더욱 두려워하여

9 다시 관정에 들어가서 예수께 말하되 너는 어디로부터냐 하되 예수께서 대답하여 주지 아니하시는지라

10 빌라도가 이르되 내게 말하지 아니하느냐 내가 너를 놓을 권한도 있고 십자가에 못 박을 권한도 있는 줄 알지 못하느냐

11 예수께서 대답하시되 위에서 주지 아니하셨더라면 나를 해할 권한이 없었으리니 그러므로 나를 네게 넘겨 준 자의 죄는 더 크다 하시니라

12 이러하므로 빌라도가 예수를 놓으려고 힘썼으나 유대인들이 소리 질러 이르되 이 사람을 놓으면 가이사의 충신이 아니니이다 무릇 자기를 왕이라 하는 자는 가이사를 반역하는 것이니이다

13 빌라도가 이 말을 듣고 예수를 끌고 나가서 돌을 깐 뜰(히브리 말로 가바다)에 있는 재판석에 앉아 있더라

14 이 날은 유월절의 준비일이요 때는 제육시라 빌라도가 유대인들에게 이르되 보라 너희 왕이로다

15 그들이 소리 지르되 없이 하소서 없이 하소서 그를 십자가에 못 박게 하소서 빌라도가 이르되 내가 너희 왕을 십자가에 못 박으랴 대제사장들이 대답하되 가이사 외에는 우리에게 왕이 없나이다 하니

16 이에 예수를 십자가에 못 박도록 그들에게 넘겨 주니라

빌라도는 예수님을 군병들에게 넘겨주었다. 그러자 로마 군병들은 마치 기다렸다는 듯이 예수님에 대하여 특별의식을 거행했다. 무슨 일을 했는가?

1. 거룩한 바보 왕

【•】 1 이에 빌라도가 예수를 데려다가 채찍질하더라 2 군인들이 가시나무로 관을 엮어 그의 머리에 씌우고 자색 옷을 입히고 3 앞에 가서 이르되 유대인의 왕이여 평안할지어다 하며 손으로 때리더라

가시나무로 관을 만들어 예수님의 머리에 씌워드리고 또 황제가

입는 홍포를 구해다가 입혀드렸다. 그리고 그 앞에 엎드려 왕의 예를 갖추며 절을 한 후 손으로 치며 침을 뱉는 등 온갖 조롱을 하며 채찍질했다. 로마 군병들은 도대체 왜 이런 행동을 했으며, 또 어떤 의미가 있기에 복음서에서 자세하게 기록해 놓았을까?

로마 군병들은 매년 유월절 기간 내내 예루살렘에 머물며 유대인들의 동향을 세밀하게 관찰하고 있었다. 그런데 이번 유월절에는 예년에 찾아볼 수 없었던 진기한 광경이 연출되었다. 유월절이 시작되기 전부터 예수님에 대한 소문이 자자하면서 250만 명의 군중들이 예수님의 열렬한 지지자가 되었다. 예수님께서 유월절에 맞추어 나귀를 타고 입성하시자 누가 시키지도 않았으나 군중들은 종려나무 가지를 흔들며 왕으로 맞으며 환영했다. 입성하신 예수님께서 제일 먼저 하신 일은 강도의 소굴이 된 성전을 정화시키고, 착취의 수단으로 전락한 유월절 제사를 폐지시키고 대신 군중들을 모아놓고 아침 해 뜰 때부터 해 질 때까지 성경을 가르치신 것이었다. 군중들은 새벽부터 몰려들어 예수님의 말씀에 귀를 기울였다.

속수무책으로 당하던 사두개인, 바리새인, 헤롯당은 추락한 위신을 만회하려고 온갖 어려운 문제를 들고나와 질문을 퍼부었지만 예수님의 적수가 될 수 없었다. 말을 하면 할수록 무식이 탄로나고 궁지로 몰렸다. 예수님의 기가 막힌 답변들은 유월절 기간 내내 화제의 대상이 되었다. 유대교 당국자들을 일거에 무력화시키는 놀라운 지도력, 초자연을 다스리는 능력, 누구도 따라갈 수 없는 지혜의 말씀, 백성들에 대한 진정한 사랑, 군중들의 절대적인 지지, 예수님은 왕이 꿈꾸는 모든 것을 다 갖추고 있었다. 누구도 넘볼 수 없는 진정한 왕의 풍모, 그 자체였고 자타가 공인하는 제왕이었다. 로마 군병들은 예수님의 이런 면모와 예루살렘에서 벌어지는 일에 대하여 숨을 죽이고 지켜보고 있었다.

그런데 전혀 예상치 못한 일이 벌어졌다. 그 대단한 능력과 주도권을 지닌 그분이 그 모든 것을 스스로 포기하고 힘없는 죄수가 되어 온갖 수모를 받으며 말없이 재판을 받고 있었다. 로마 군인들은 도무지 이해가 되지 않았다. 그들의 눈에 예수님은 왕은 왕인데 바보 왕이었다. 로마인들이 예수님에게 왕의 예우를 갖추며 희롱한 이유는 여기에 있었다. 이런 해석이 아니고서는 그들의 돌출적인 행동은 설명되지 않는다.

복음서 기자들은 왜 이 장면을 대서특필했을까? 예수님께서 지금 보여 주시는 모습이 진정한 왕의 풍모였기 때문이다. 누구도 이해하지 못하는 바보 같은 왕, 거룩한 바보 왕이었다. 거룩한 바보가 가는 길, 그 길이 십자가의 길이다. 십자가는 거룩한 바보가 아니고서는 갈 수 없는 길이다.

가시면류관을 쓰시고 홍포를 입으신 모습, 온갖 조롱과 멸시를 당하시는 모습, 그러면서도 평온을 잃지 않고 온갖 수모를 받아들이는 모습, 말도 안 되는 모함과 험담에도 불구하고 침묵으로 일관하시는 모습. 하나님 나라를 다스리시는 진정한 왕의 모습이다.

요한복음은 예수님의 이런 왕권을 다루고 있다. 지배하고 다스리는 왕에 익숙해 있던 로마의 군병들은 이런 바보 왕의 모습을 비웃었지만, 예수님을 따르는 거룩한 바보들은 후일 로마제국의 국교가 되어 제국을 다스리는 위치에 서게 되었다.

살아계신 하나님께서는 지금도 거룩한 바보를 찾고 계신다. 하나님께서는 그 바보에게 전권을 맡기시며 그 바보를 통하여 세상을 다스리신다. 본문은 이렇게 말하고 있다.

바보, 거룩한 바보가 되어라!

2. 빌라도의 안간힘

【●】 4 빌라도가 다시 밖에 나가 말하되 보라 이 사람을 데리고 너희에게 나오나니 이는 내가 그에게서 아무 죄도 찾지 못한 것을 너희로 알게 하려 함이로라 하더라 5 이에 예수께서 가시관을 쓰고 자색 옷을 입고 나오시니 빌라도가 그들에게 말하되 보라 이 사람이로다 하매

빌라도는 누구보다 실상을 잘 알고 있었다. 예수님이야말로 진정

한 왕이었다. 빌라도는 예수님을 데리고 밖으로 나가 유대인들에게 보이며 다시 말했다. 이 사람에게 무슨 죄가 있는가? 그에게는 아무런 죄가 없다는 것을 너희도 잘 알고 있지 않느냐? 무슨 죄가 있는지 어디 말해봐라!

유대인들은 뭐라고 답변했나?

3. 막무가내

【•】 6 대제사장들과 아랫사람들이 예수를 보고 소리 질러 이르되 십자가에 못 박으소서 십자가에 못 박으소서 하는지라 빌라도가 이르되 너희가 친히 데려다가 십자가에 못 박으라 나는 그에게서 죄를 찾지 못하였노라 7 유대인들이 대답하되 우리에게 법이 있으니 그 법대로 하면 그가 당연히 죽을 것은 그가 자기를 하나님의 아들이라 함이니이다

모여있는 유대인들은 대제사장과 그 수하 패거리들이었다. 그들은 빌라도의 말에 할 말이 없었다. 단지 막무가내로 억지를 부렸다.

십자가에 못 박으소서! 십자가에 못 박으소서!

빌라도는 다시 말했다. 무엇 때문이냐? 나는 아무리 찾아 보아도 십자가에 못 박을 죄를 찾을 수가 없다. 유대인들은 또 억지를 부렸다. 자기들의 법에 의하면 예수님께서 하나님의 아들이라고 하기 때문에 사형시켜야 한다고 했다. '하나님의 아들'이라는 말을 유대인들은 하나님 모독으로 받아들였지만 이방인인 빌라도는 어떻게 들었을까?

4. 두려움

【•】 8 빌라도가 이 말을 듣고 더욱 두려워하여 9 다시 관정에 들어가서 예수께 말하되 너는 어디로부터냐 하되 예수께서 대답하여 주지 아니하시는지라 10 빌라도가 이르되 내게 말하지 아니하느냐 내가 너를 놓을 권한도 있고 십자가에 못 박을 권한도 있는 줄 알지 못하느냐 11 예수께서 대답하시되 위에서 주지 아니하셨더라면 나를 해할 권한이 없었으리니 그러므로 나를 네게 넘겨 준 자의 죄는 더 크다 하시니라 13 빌라도가 이 말을 듣고 예수를 끌고 나가서 돌을 깐 뜰(히브리 말로 가바다)에 있는 재판석에 앉아 있더라

빌라도는 예수님께서 스스로 '하나님의 아들'이라고 했다는 말을 듣고 두려워 했다. 왜 두려웠을까? 소문으로만 듣던 예수님을 직접 만나 이야기를 나눠보니 그는 평범한 사람이 아니라, 오히려 뭔가 특별한 사람이었으며 아무런 혐의도 없었다. 단지 유대교 당국자들이 그를 정적으로 여겨 제거하려고 함을 알고 불의한 사람을 사형시키고 싶지 않았을 뿐이다. 그런데 '하나님의 아들'이라는 단어를 듣는 순간 빌라도는 예수님이 정말로 하나님의 아들일 수도 있겠다는 생각이 들었다. 예수님에게서는 말로는 표현하기 어렵지만 그 어떤 신성이 풍기고 있었기 때문이다. 하나님을 직접 대할 때는 항상 어떤 두려움과 전율이 느껴진다. 빌라도는 지금 그것을 느끼고 있었다.

이런 느낌을 가지고 그는 예수님에게 진지하게 물었다. "당신은 도대체 누구입니까? 어디로부터 왔습니까?" 그러나 이 질문에 예수님께서는 침묵으로 일관하셨다. 왜 침묵이었을까? 말로 할 필요가 없었기 때문이다. 빌라도는 이미 느낌으로 예수님이 누구인지를 알고 있었기 때문이다. 하나님께서는 대부분의 경우 말로 설명하지 않으신다. 대신 직감으로 느끼게 하신다. 하나님의 침묵을 받아들이기는 쉽지 않다. 이런 침묵을 경험할 때 사람은 어떤 설명을 듣고 싶어한다.

빌라도는 자신에게 예수님에 대한 생사여탈권이 주어져 있음을 내비치며 대답을 요구했다. 그러나 예수님께서는 전혀 다른 대답을 하셨다. 내가 지금 이 자리에 피고로 서 있는 것은 내가 피할 수 없어서가 아니다. 나는 이를 얼마든지 피할 수 있었다. 십자가의 길을 가는 것이 하나님의 뜻이기에 지금 여기에 서 있다. 그러나 나를 이 자리에 세운 사람들, 나를 재판하는 자들의 죄는 결코 용서받을 수 없다.

이 말을 들은 빌라도는 어떤 마음이었을까? 자기를 두고 하는 말 같았다. 무죄한 이를 죽이는 일에 동참하고 싶지 않았다.

5. 재차 석방 시도

【●】 12 이러하므로 빌라도가 예수를 놓으려고 힘썼으나 유대인들이 소리 질러 이르되 이 사람을 놓으면 가이사의 충신이 아니니이다 무릇 자기를 왕이라 하는 자는 가이사를 반역하는 것이니이다

본문의 '이러하므로'는 빌라도의 이런 착잡한 심정을 뜻한다. 어찌하든지 빌라도는 예수님을 석방하려고 했다. 그런데 영악한 유대인들, 이골난 정치인인 그들은 이런 빌라도를 어떻게 다뤄야 하는지를 너무나 잘 알고 있었다. 그들은 마지막 카드를 꺼내 들었다. 당신이 이 사람을 석방한다면 우리는 당신을 황제에게 고발하겠다. 죄목은 로마제국에 항거한 반역자를 용납하고 동조한 죄이다. 실제로 유대인들은 유대에 부임한 총독들을 고발하여 파면시키거나 심지어 사형시킨 전력을 가지고 있었다. 유대인들은 빌라도의 약점을 물고 늘어지며 정곡을 찌른 것이다.

총독 빌라도는 정치력에서 이런 유대인 집단을 혼자서 당해낼 재간이 없었다. 유대교 당국자들은 하속들을 동원하여 빌라도를 압박하여 빠져나가지 못하게 했다. 이제 빌라도는 재판석에 앉아서 마지막 판결을 해야 했다. 무슨 판결을 했을까?

6 유대인의 왕

【●】 14 이 날은 유월절의 준비일이요 때는 제육시라 빌라도가 유대인들에게 이르되 보라 너희 왕이로다 15 그들이 소리 지르되 없이 하소서 없이 하소서 그를 십자가에 못 박게 하소서 빌라도가 이르되 내가 너희 왕을 십자가에 못 박으랴 대제사장들이 대답하되 가이사 외에는 우리에게 왕이 없나이다 하니

빌라도는 가바다라는 재판석에 앉아서 유대인들에게 정식으로 선고했다.

보라, 너희 왕이다.

공관복음과 달리 요한복음에 의하면 예수님을 신문한 빌라도는 예수님에게서 하나님의 아들이시며, 유대인의 왕을 발견했다. 빌라

도는 유대인들에게 말했다. "예수님이야말로 진정한 왕이다. 이 사람을 왕으로 받아들여라."

그러나 유대인들이 이를 받아들일 리가 없었다. 동원된 일당들은 결사적으로 악을 쓰며 아우성을 쳤다.

없이 하소서! 없이 하소서! 그를 십자가에 못 박게 하소서!

그래도 빌라도는 물러서지 않고 타일렀다. 십자가는 가장 흉악한 자들을 죽이는 형벌인데 당신들의 왕을 어떻게 십자가에 못 박으라고 하느냐? 이 사람은 당신들의 왕이다.

빌라도의 이 말에 이번에는 대제사장들이 합세하여 나섰다.

가이사 외에는 우리에게 왕이 없나이다.

로마의 식민지배를 받던 유대인들은 로마 황제를 인정하지 않았다. 어쩔 수 없이 받아들이고 있었을 뿐이다. 유대인들은 오직 하나님만이 그들의 왕이라고 생각했었다. 그런 그들이 평소에 자신들의 입으로 하던 말을 일거에 뒤집고 가이사만이 그들의 왕이라고 우겼다. 그리고 민란을 일으켜 투옥되어 있었던 바라바를 유월절 특사로 석방하라고 요구했다. 유대교 당국자들은 물불을 가리지 않고 결사적으로 나왔다.

7. 이에

【●】 16 이에 예수를 십자가에 못 박도록 그들에게 넘겨 주니라

본문의 '이에'는 무엇을 말하는가? 빌라도가 예수님을 왕으로 인정하고 무죄를 선고한다면 이는 로마황제에 대한 반란을 용인한 죄로 빌라도를 고발하겠다는 최후 통첩이었다. 마태복음에는 당시의 상황이 좀 더 자세하게 나와 있다. 빌라도는 유대인들이 황제에게 고발하기에 앞서 당장 민란을 일으킬 태세인 것을 보고 할 수 없이 물러섰고, 유대인들이 보는 앞에서 손을 씻으며 예수님에게 내린 사형선고에 대하여 자신은 무죄하다고 했다. 그러자 유대인들은 반색하며 그 죄는 자신들과 후손들이 받겠다고 했다.[102]

이로써 예수님에 대해 십자가형이 선고되었다. 빌라도는 예수님께서 무죄하며 진정한 왕이라고 확신했지만 예수님을 지키기 위해 자신의 정치생명을 걸지는 않았다. 본디오 빌라도, 그는 여기까지였다.

나는 어디까지인가? 겨우 예배당에 와서 예배에나 참석하여 헌금에 부담을 느끼는 데까지인가? 나름대로 하나님과 교회를 위하여 열심을 내지만 자신을 드러내며 생색내기에 급급한 데까지인가? 소명감을 느끼고 목회자가 되었지만 하나님의 뜻을 따르기 보다는 큰 목회가 곧 하나님의 뜻이라고 애써 스스로를 안심시키며 큰 교회를 만들거나 큰 교회로 가기 위하여 안간힘을 다하는 데까지인가? 하나님의 뜻이 무엇인지를 고민하며 그 뜻을 실현하기 위하여 모든 것들을 포기하는 데까지인가?

나는 어디까지인가?
어디까지여야 하는가?
계속 이대로여도 되는가?

물음 48 십자가의 길, 어떻게 가셨는가?

본문 〈 19:17~30 〉

17 그들이 예수를 맡으매 예수께서 자기의 십자가를 지시고 해골(히브리 말로 골고다)이라 하는 곳에 나가시니

18 그들이 거기서 예수를 십자가에 못 박을새 다른 두 사람도 그와 함께

102) 빌라도가 이르되 그러면 그리스도라 하는 예수를 내가 어떻게 하랴 그들이 다 이르되 십자가에 못 박혀야 하겠나이다 빌라도가 이르되 어찜이냐 무슨 악한 일을 하였느냐 그들이 더욱 소리질러 이르되 십자가에 못 박혀야 하겠나이다 하는지라 빌라도가 아무 성과도 없이 도리어 민란이 나려는 것을 보고 물을 가져다가 무리 앞에서 손을 씻으며 이르되 이 사람의 피에 대하여 나는 무죄하니 너희가 당하라 백성이 다 대답하여 이르되 그 피를 우리와 우리 자손에게 돌릴지어다 하거늘 이에 바라바는 저희에게 놓아 주고 예수는 채찍질하고 십자가에 못 박히게 넘겨 주니라(마27:22~26)

좌우편에 못 박으니 예수는 가운데 있더라
19 빌라도가 패를 써서 십자가 위에 붙이니 나사렛 예수 유대인의 왕이라 기록되었더라
20 예수께서 못 박히신 곳이 성에서 가까운 고로 많은 유대인이 이 패를 읽는데 히브리와 로마와 헬라 말로 기록되었더라
21 유대인의 대제사장들이 빌라도에게 이르되 유대인의 왕이라 쓰지 말고 자칭 유대인의 왕이라 쓰라 하니
22 빌라도가 대답하되 내가 쓸 것을 썼다 하니라
23 군인들이 예수를 십자가에 못 박고 그의 옷을 취하여 네 깃에 나눠 각각 한 깃씩 얻고 속옷도 취하니 이 속옷은 호지 아니하고 위에서부터 통으로 짠 것이라
24 군인들이 서로 말하되 이것을 찢지 말고 누가 얻나 제비 뽑자 하니 이는 성경에 그들이 내 옷을 나누고 내 옷을 제비 뽑나이다 한 것을 응하게 하려 함이러라 군인들은 이런 일을 하고
25 예수의 십자가 곁에는 그 어머니와 이모와 글로바의 아내 마리아와 막달라 마리아가 섰는지라
26 예수께서 자기의 어머니와 사랑하시는 제자가 곁에 서 있는 것을 보시고 자기 어머니께 말씀하시되 여자여 보소서 아들이니이다 하시고
27 또 그 제자에게 이르시되 보라 네 어머니라 하신대 그 때부터 그 제자가 자기 집에 모시니라
28 그 후에 예수께서 모든 일이 이미 이루어진 줄 아시고 성경을 응하게 하려 하사 이르시되 내가 목마르다 하시니
29 거기 신 포도주가 가득히 담긴 그릇이 있는지라 사람들이 신 포도주를 적신 해면을 우슬초에 매어 예수의 입에 대니
30 예수께서 신 포도주를 받으신 후에 이르시되 다 이루었다 하시고 머리를 숙이니 영혼이 떠나가시니라

예수님께서는 이런 재판 과정을 거쳐서 결국 십자가의 길을 가시게 되었다. 십자가의 길을 가시는 예수님에게 빌라도는 마지막 배웅을 했다. 무엇으로 어떻게 배웅했을까?

1. 나사렛 예수님, 유대인의 왕

【•】 19 빌라도가 패를 써서 십자가 위에 붙이니 나사렛 예수 유대인의 왕이라 기록되었더라 20 예수께서 못 박히신 곳이 성에서 가까운 고로 많은 유대인이 이 패를 읽는데 히브리와 로마와 헬라 말로 기록되었더

라 21 유대인의 대제사장들이 빌라도에게 이르되 유대인의 왕이라 쓰
지 말고 자칭 유대인의 왕이라 쓰라 하니 22 빌라도가 대답하되 내가
쓸 것을 썼다 하니라

빌라도는 '나사렛 예수, 유대인의 왕'이라는 패를 히브리어, 라틴어, 헬라어로 써서 예수님의 십자가 위에 걸어 드렸다. 이를 본 대제사장들이 언짢게 여겨 항의하며 자칭 유대인의 왕으로 고치라고 했다. 그러자 빌라도는 단호하게 말했다.

내가 쓸 것을 썼다.

빌라도가 말한 이 구절은 무슨 뜻일까? 빌라도의 마음을 그대로 담고 있다. 예수님은 진짜 왕이다. 이스라엘과 헬라와 로마에서 배출한 수많은 왕들과는 그 차원이 다르다. 요한복음은 빌라도의 입을 빌어 이렇게 선언하고 있다.

나사렛 예수님, 그는 진정한 왕이시다.

진정한 왕이신 예수님께서 죽음을 맞이하는 모습은 어떠했을까?

2. 가족공동체

【●】 25 예수의 십자가 곁에는 그 어머니와 이모와 글로바의 아내 마리
아와 막달라 마리아가 섰는지라 26 예수께서 자기의 어머니와 사랑하
시는 제자가 곁에 서 있는 것을 보시고 자기 어머니께 말씀하시되 여
자여 보소서 아들이니이다 하시고 27 또 그 제자에게 이르시되 보라
네 어머니라 하신대 그 때부터 그 제자가 자기 집에 모시니라

십자가 주변에는 예수님의 어머니 마리아와 요한복음의 저자가 있었다. 십자가에 매달려 계시는 예수님께서는 어머니에게 제자를 가리키며, "이 제자가 이제는 어머니의 아들입니다."라고 하시고, 또 제자에게는 "보라, 네 어머니이다."라고 하셨다. 이 말을 들은 제자는 마리아를 자기 어머니로 여기며 자기 집으로 모시고 갔다. 마리아에게는 다른 아들들과 가족이 있었다. 그런데도 저자 요한을 아들로 여기며 요한을 따라가 같이 살았다. 요한은 마리아를 어머니로 여기며 모셨다. 이 역시 요한복음에만 나오고 있다. 무엇을 말하는가?

예수님의 사역은 가족공동체로 시작해서(요1:37~39) 가족공동

체로 마치고 있다. 예수님을 따르는 첫 제자들과 숙식을 같이 하는 가족공동체를 만드시고, 그들과 같이 가나 혼인 잔치에 참석하셨다. 그리고 십자가상에서는 어머니에게 제자들의 공동체에 참석하도록 권유했다. 이후 마리아와 예수님의 동생들은 제자들과 함께 교회공동체에 동참했다.(행1:14) 요한복음에서 주로 사용하는 아버지, 자녀, 형제, 제자, 친구 등은 가족공동체를 지향하는 용어들이다.

3. 다 이루었다.

【◉】 28 그 후에 예수께서 모든 일이 이미 이루어진 줄 아시고 성경을 응하게 하려 하사 이르시되 내가 목마르다 하시니 29 거기 신 포도주가 가득히 담긴 그릇이 있는지라 사람들이 신 포도주를 적신 해면을 우슬초에 매어 예수의 입에 대니 30 예수께서 신 포도주를 받으신 후에 이르시되 다 이루었다 하시고 머리를 숙이니 영혼이 떠나가시니라

복음서마다 십자가 사건을 가장 중요하게 다루고 있으며 각기 마지막으로 하시는 말씀들이 다르다. 그런데 요한복음에서의 마지막 말씀은 “다 이루었다!”였다. 뭘 다 이루셨다는 것일까? 성경말씀이다. 요한복음은 생각보다 구약성경의 말씀을 많이 인용하며 구약성경과의 연속성을 중요하게 여기고 있다. 그런데 그 연결고리가 단순한 예언이 아니라 계약이다. 또 계약공동체도 가족 수준의 계약공동체를 지향하고 있다. 어머니와 제자에게 서로 어머니와 아들처럼 여기라는 말씀이 이를 증거하고 있다.

얼핏 볼 때에는 요한복음이 교회나 계약과 관련된 용어들을 사용하고 있지 않아서 이와는 거리가 먼 것처럼 느껴진다. 그러나 그 내용을 분석해보면 다른 어떤 복음서보다도 계약에 충실함을 알 수 있다. 요한복음뿐만 아니라 네 복음서는 각기 그 성격은 좀 다르지만 계약에 충실하다는 면에서는 서로 공통점을 가지고 있다. 신약성경은 새 계약의 책이기 때문에 어쩌면 당연한 일이다. 그런데 왜 이 당연한 것을 못 볼까? 보이는 것을 보지 못하고 들리는 것을 듣지 못하는 현상을 어떻게 설명해야 할까?

이런 현상은 계약이 파기되었을 때 나타나는 전형적인 특징이다.

이에 대하여 네 복음서는 같은 대답을 내놓고 있다. 오늘 우리의 신앙은 어떠한가? 계약이 파기된 상태이다. 네 복음서가 동일하게, 또 가장 중요하게 인용하는 구절은 유대교를 향한 계약파기를 선언하는 구절이었다. 이천 년이 지난 오늘 우리에게도 딱 들어맞는 구절이다.

> 가서 이 백성에게 이르기를 너희가 듣기는 들어도 깨닫지 못할 것이요 보기는 보아도 알지 못하리라 하여 이 백성의 마음을 둔하게 하며 그들의 귀가 막히고 그들의 눈이 감기게 하라 염려하건대 그들이 눈으로 보고 귀로 듣고 마음으로 깨닫고 다시 돌아와 고침을 받을까 하노라(사 6:9~10)

물음 49 예수님의 죽으심과 장례식, 어떤 의미가 있는가?

본문 〈 19:31~42 〉

31 이 날은 준비일이라 유대인들은 그 안식일이 큰 날이므로 그 안식일에 시체들을 십자가에 두지 아니하려 하여 빌라도에게 그들의 다리를 꺾어 시체를 치워 달라 하니

32 군인들이 가서 예수와 함께 못 박힌 첫째 사람과 또 그 다른 사람의 다리를 꺾고

33 예수께 이르러서는 이미 죽으신 것을 보고 다리를 꺾지 아니하고

34 그 중 한 군인이 창으로 옆구리를 찌르니 곧 피와 물이 나오더라

35 이를 본 자가 증언하였으니 그 증언이 참이라 그가 자기의 말하는 것이 참인 줄 알고 너희로 믿게 하려 함이니라

36 이 일이 일어난 것은 그 뼈가 하나도 꺾이지 아니하리라 한 성경을 응하게 하려 함이라

37 또 다른 성경에 그들이 그 찌른 자를 보리라 하였느니라

38 아리마대 사람 요셉은 예수의 제자이나 유대인이 두려워 그것을 숨기더니 이 일 후에 빌라도에게 예수의 시체를 가져가기를 구하매 빌라도가 허락하는지라 이에 가서 예수의 시체를 가져가니라

39 일찍이 예수께 밤에 찾아왔던 니고데모도 몰약과 침향 섞은 것을 백

리트라쯤 가지고 온지라

40 이에 예수의 시체를 가져다가 유대인의 장례 법대로 그 향품과 함께 세마포로 쌌더라

41 예수께서 십자가에 못 박히신 곳에 동산이 있고 동산 안에 아직 사람을 장사한 일이 없는 새 무덤이 있는지라

42 이 날은 유대인의 준비일이요 또 무덤이 가까운 고로 예수를 거기 두니라

유대인들은 나름대로 율법을 철저하게 지키려고 무진 애를 썼다. 그 중 하나가 안식일법이다. 안식일을 거룩하게 지키기 위하여 온갖 심혈을 기울였다. 계약이 파기될 때 나타나는 현상의 하나는 신앙생활을 등한히 하거나 하나님을 멀리하는 게 아니라, 반대로 신앙에 대한 잘못된 열심이 극에 달하는 기현상이다. 예루살렘이 로마군에 포위되기 직전의 전쟁 중에도 유월절을 지키기 위하여 국내외에서 평소와 다름없거나 아니면 더 많은 인파가 몰려들었다. 지금도 유대인들은 안식일의 무노동 원칙과 먹거리 구분 등을 믿기지 않을 만큼 철저하게 지키고 있다.

유대인들은 신명기에 근거하여 사람이 나무에 매달려 죽는 것은 하나님의 저주라고 생각해서 그날을 넘기지 않았고[103] 이런 것들을 철저하게 지켰다. 마침 예수님께서 돌아가신 날은 금요일인데 안식일은 금요일 저녁 해질 때부터 시작되었다. 이런 이유로 유대인들은 빌라도에게 십자가에 매달려 있는 죄수들을 안식일이 시작되기 전에 치워달라고 요구했다. 그러나 십자가에 매달린 사람들은 금방 죽지 않으며, 어떤 사람들은 며칠씩 견딘다고 한다. 아직 죽지 않은 사람들은 망치로 그 다리를 쳐서 뼈를 부러뜨려 죽이는 게 관례였다. 예수님 좌우에 있던 죄수들은 아직 살아 있어서 그렇게 죽였다. 그런데 예수님은 몇 시간 만에 이미 돌아가셨기 때문에 다리를 꺽지

103) 그 시체를 나무 위에 밤새도록 두지 말고 그 날에 장사하여 네 하나님 여호와께서 네게 기업으로 주시는 땅을 더럽히지 말라 나무에 달린 자는 하나님께 저주를 받았음이니라(신21:23)

않고 군병 하나가 예수님의 옆구리를 창으로 찔러 사망을 확인하는 것으로 대신했다.

1. 하나님의 어린양

【•】 33 예수께 이르러서는 이미 죽으신 것을 보고 다리를 꺾지 아니하
고 34 그 중 한 군인이 창으로 옆구리를 찌르니 곧 피와 물이 나오더
라 35 이를 본 자가 증언하였으니 그 증언이 참이라 그가 자기의 말하
는 것이 참인 줄 알고 너희로 믿게 하려 함이니라 36 이 일이 일어난
것은 그 뼈가 하나도 꺾이지 아니하리라 한 성경을 응하게 하려 함이
라

요한복음은 이 사건에 특별한 의미를 부여하여 역시 구약의 말씀을 이루기 위함이었다고 해석했다. 또 이 사건은 기록자가 직접 목격한 것이기 때문에 진실이며 믿어야 한다고 했다. 왜 요한복음은 예수님께서 뼈가 꺾이지 않고 돌아가신 사건에 이토록 중요한 신학적인 의미를 부여하고 있을까?

❶ 유월절 양

요한복음 서두에서는 예수님을 유월절 양이라고 거듭 소개하고 있다.(요1:29, 36) 예수님께서는 유대교의 명절 중에서도 유월절에 주로 활동하셨고 유월절 절기에 맞추어 돌아가셨다. 공관복음에서는 유월절 당일에 돌아가셨지만 요한복음에서는 유월절 전날, 곧 유월절 양을 잡는 날에 돌아가셨다고 기록하고 있다. 이런 이유로 전문가들은 요한복음을 유월절 복음서라고도 하며, 돌아가신 날에 대하여 공관복음과 요한복음의 차이가 연구의 대상이 되고 있다.

예수님께서 돌아가실 때 옆구리에서 물과 피가 나왔다는 요한복음의 기록 역시 유월절 양과 직접 관련이 있다. 유월절 양을 잡을 때는 피를 빼냈기 때문이다. 또 유월절 양을 잡을 때에는 뼈를 상하게 하지 않았다.(민9:11~12) 요한복음은 예수님께서 유월절 양으로 돌아가신 사실을 중요하게 여겨 기록자가 직접 목격했다고 강조한다. 요한복음은 예수님께서 유월절 양으로 돌아가셨다는 사실을 왜 이토록 강조하고 있을까?

❷ 계약체결

예수님의 죽으심은 계약체결을 위함이라는 사실을 말하기 위해서이다. 출애굽 당시의 유월절은 시내산으로 계약을 체결하러 가는 출발이었다. 또 계약을 체결할 때는 양의 피를 뿌렸다. 요한복음 서두에서 예수님은 계약을 체결하기 위한 하나님의 어린 양이었음을 거듭 밝히고 죽으심에서는 하나님의 어린양으로 돌아가셨다고 말하고 있다. 그리고 이를 믿게 하기 위하여 저자가 직접 목격한 사실임을 특별히 강조하고 있다.

성경은 일일이 알려주는 설명문이 아니다. 은폐, 함축, 암시의 기법을 사용하는 고난도의 운문과 같다. 이를 해석하기 위해서는 문자에 매이지 말고 성경 전반에 대한 이해와 당시의 역사, 문화, 사회적인 정황, 영성의 경험 등을 기초로 상상력을 발휘하여 성경이 말하고자 하는 바를 읽어내야 한다.

2. 왕의 장례식

【•】 38 아리마대 사람 요셉은 예수의 제자이나 유대인이 두려워 그것을 숨기더니 이 일 후에 빌라도에게 예수의 시체를 가져가기를 구하매 빌라도가 허락하는지라 이에 가서 예수의 시체를 가져가니라 39 일찍이 예수께 밤에 찾아왔던 니고데모도 몰약과 침향 섞은 것을 백 리트라쯤 가지고 온지라 40 이에 예수의 시체를 가져다가 유대인의 장례 법대로 그 향품과 함께 세마포로 쌌더라 41 예수께서 십자가에 못 박히신 곳에 동산이 있고 동산 안에 아직 사람을 장사한 일이 없는 새 무덤이 있는지라 42 이 날은 유대인의 준비일이요 또 무덤이 가까운 고로 예수를 거기 두니라

예수님의 장례식을 치러줄 사람들은 따로 있었다. 산헤드린 공회원이었던 아리마대 요셉과 니고데모, 그들은 갑작스럽게 예수님의 장례식을 치렀지만 왕의 예우에 맞추어 거행했다. 먼저 빌라도에게 매장 허가서를 요청했다. 예수님을 왕으로 인정한 빌라도가 거절할 이유가 없었다. 니고데모는 몰약과 침향을 백 리트라(34kg)나 가지고 왔다. 이 정도의 향품은 왕의 장례식에나 사용되는 양이었다. 장

례를 주도한 아리마대 요셉은 자신을 위해 준비해 두었던 새 돌무덤을 가지고 있었는데, 이 무덤을 기꺼이 예수님께 내어 드렸다. 장례식에는 갈릴리로부터 십자가와 죽으심까지 따르던 몇 명의 여인들이 참석하여 오열하며 지켜보았다. 왕이신 예수님의 장례식은 이처럼 왕의 장례식에 준하여 치러졌다.

예수님은 진정한 메시아적 왕이셨다. 그런데 그 왕의 면모는 세상의 왕과는 전혀 다르다. 가장 낮은 곳에서 섬기시는 왕, 버림받은 죄인들과 계약을 맺기 위하여 대신 죽으신 왕이시다. 어떤 왕이신가? 거룩한 왕, 거룩한 바보들의 왕이시다.

요한복음은 예수님의 생애를 왕으로 고백하는 제자의 이야기로 시작하여(1:49), 예수님을 왕으로 장례 치르는 이야기로 마치고 있다. 왜 이렇게 왕으로 그려놓았을까? 예수님은 새 계약을 통해서 이 땅에 하나님 나라를 실현하러 오셨으며 세상에 보이지 않게 임하여 있는 하나님 나라의 왕이시기 때문이다. 하나님 나라는 하나님의 통치력이 임하는 곳인데 예수님을 통하여 하나님의 통치가 실현된다. 그 나라는 지금 어디에 있는가? 계약공동체이다. 교회가 곧 계약공동체여야 하는데, 그런데 교회는 지금 계약공동체로서의 정체성을 상실하고 말았다. 계약공동체의 정체성을 상실한 교회에는 예수님께서 계실 자리가 없다. 예수님이 계신다고 믿는 공허한 믿음, 예수님으로 구원받았다는 공허한 확신, 요란한 설교와 찬양으로 이름만 떠들어 대는 공허한 예배가 있을 뿐이다.

오늘 우리의 과제는 교회를 계약공동체로 거듭나게 해서 떠나신 예수님을 다시 오시게 해야 한다. 물이 낮은 곳으로 흐르듯이 계약공동체의 정체성이 회복되는 곳에는 예수님께서 다시 오신다.

물음 50 예수님의 부활, 어떻게 확인되었는가?

본문 〈 20:1~18 〉

1 안식 후 첫날 일찍이 아직 어두울 때에 막달라 마리아가 무덤에 와서
돌이 무덤에서 옮겨진 것을 보고

2 시몬 베드로와 예수께서 사랑하시던 그 다른 제자에게 달려가서 말하
되 사람들이 주님을 무덤에서 가져다가 어디 두었는지 우리가 알지 못
하겠다 하니

3 베드로와 그 다른 제자가 나가서 무덤으로 갈새

4 둘이 같이 달음질하더니 그 다른 제자가 베드로보다 더 빨리 달려가서
먼저 무덤에 이르러

5 구부려 세마포 놓인 것을 보았으나 들어가지는 아니하였더니

6 시몬 베드로는 따라와서 무덤에 들어가 보니 세마포가 놓였고

7 또 머리를 쌌던 수건은 세마포와 함께 놓이지 않고 딴 곳에 쌌던 대로
놓여 있더라

8 그 때에야 무덤에 먼저 갔던 그 다른 제자도 들어가 보고 믿더라

9 (그들은 성경에 그가 죽은 자 가운데서 다시 살아나야 하리라 하신 말
씀을 아직 알지 못하더라)

10 이에 두 제자가 자기들의 집으로 돌아가니라

11 마리아는 무덤 밖에 서서 울고 있더니 울면서 구부려 무덤 안을 들여
다보니

12 흰 옷 입은 두 천사가 예수의 시체 뉘었던 곳에 하나는 머리 편에,
하나는 발 편에 앉았더라

13 천사들이 이르되 여자여 어찌하여 우느냐 이르되 사람들이 내 주님을
옮겨다가 어디 두었는지 내가 알지 못함이니이다

14 이 말을 하고 뒤로 돌이켜 예수께서 서 계신 것을 보았으나 예수이신
줄은 알지 못하더라

15 예수께서 이르시되 여자여 어찌하여 울며 누구를 찾느냐 하시니 마리
아는 그가 동산지기인 줄 알고 이르되 주여 당신이 옮겼거든 어디 두
었는지 내게 이르소서 그리하면 내가 가져가리이다

16 예수께서 마리아야 하시거늘 마리아가 돌이켜 히브리 말로 랍오니 하니 (이는 선생님이라는 말이라)
17 예수께서 이르시되 나를 붙들지 말라 내가 아직 아버지께로 올라가지 아니하였노라 너는 내 형제들에게 가서 이르되 내가 내 아버지 곧 너희 아버지, 내 하나님 곧 너희 하나님께로 올라간다 하라 하시니
18 막달라 마리아가 가서 제자들에게 내가 주를 보았다 하고 또 주께서 자기에게 이렇게 말씀하셨다 이르니라

복음서 모두가 예수님의 부활을 기록하고 있는데, 요한복음이 가장 길고 자세하게 다루고 있다. 요한복음은 예수님의 부활 사건을 통하여 무엇을 말하고 있을까?

1. 빈 무덤

【•】 1 안식 후 첫날 일찍이 아직 어두울 때에 막달라 마리아가 무덤에 와서 돌이 무덤에서 옮겨진 것을 보고 2 시몬 베드로와 예수께서 사랑하시던 그 다른 제자에게 달려가서 말하되 사람들이 주님을 무덤에서 가져다가 어디 두었는지 우리가 알지 못하겠다 하니

예수님께서 부활하셨다는 소식은 여인들을 통해서 제자들에게 전해졌다. 공관복음에 의하면 예수님의 장례식 현장을 지켜본 몇 명의 여인들은 안식일이 지난 새벽 예수님의 무덤을 찾았다. 그녀들이 무덤을 찾은 이유는 부활을 확인하기 위해서가 아니라 급작스럽게 당한 예수님의 장례식에 아무것도 해드린 것이 없어서 뒤늦게나마 향품을 넣어드리기 위함이었다. 새벽에 무덤을 찾아가면서 큰 돌로 막아놓은 무덤 문을 어떻게 열어야 할지 걱정했다. 부활에 대한 기대나 믿음과는 상관이 없었다.

본문 1절에는 막달라 마리아가 혼자 찾아간 것처럼 기록되어 있지만 2절의 '우리가'는 혼자가 아니라 다른 여인과 같이 갔음을 암시한다. 어쨌든 여인들은 무덤 문이 열려있고 예수님의 시신이 사라진 것을 보고 놀라 누군가가 예수님의 시신을 가져갔다고 제자들에게 알렸다.

2. 빈 수의(壽衣)

【•】 3 베드로와 그 다른 제자가 나가서 무덤으로 갈새 4 둘이 같이 달음질하더니 그 다른 제자가 베드로보다 더 빨리 달려가서 먼저 무덤에 이르러 5 구부려 세마포 놓인 것을 보았으나 들어가지는 아니하였더니 6 시몬 베드로는 따라와서 무덤에 들어가 보니 세마포가 놓였고 7 또 머리를 쌌던 수건은 세마포와 함께 놓이지 않고 딴 곳에 쌌던 대로 놓여 있더라 8 그 때에야 무덤에 먼저 갔던 그 다른 제자도 들어가 보고 믿더라 9 (그들은 성경에 그가 죽은 자 가운데서 다시 살아나야 하리라 하신 말씀을 아직 알지 못하더라) 10 이에 두 제자가 자기들의 집으로 돌아가니라

막달라 마리아를 통해 소식을 들은 후 베드로와 다른 제자가 무덤으로 달려갔다.(눅24:12, 24 참조) 확인한 결과 여인들의 말처럼 예수님의 시신은 보이지 않았고 단지 수의만이 남아 있었다. 이 수의는 무엇을 말하고 있을까? 첫째, 예수님의 시신을 누군가가 가져간 게 아니라는 증거였다. 만일 누군가가 시신을 가져갔다면 수의를 벗겨두고 시체만 가져 갔을 리가 없기 때문이다. 둘째, 부활은 단순히 죽은 육체의 소생이 아니라는 증거였다. 나사로가 소생했을 때에는 수의를 입은 채로 걸어 나왔다. 그러나 예수님은 수의를 그대로 놔둔 채 몸만 나오셨다. 부활하신 예수님은 세상의 옷을 입으신 게 아니라 천사처럼 흰옷을 입고 계셨다. 부활하신 예수님께서 수의를 그대로 놔두고 나오시거나 문이 닫힌 방에 들어오실 수 있었던 이유는 부활의 몸은 육체와 달리 시공간을 초월하기 때문이다.

빈 무덤과 빈 수의를 발견했지만 아직 그들은 예수님께서 부활하셨으리라고는 전혀 생각할 수 없었다. 예수님을 따르던 이들 가운데 예수님의 부활을 믿고 있었던 이는 아무도 없었던 것 같다.

3. 막달라 마리아

【•】 11 마리아는 무덤 밖에 서서 울고 있더니 울면서 구부려 무덤 안을 들여다보니 12 흰 옷 입은 두 천사가 예수의 시체 뉘었던 곳에 하나는 머리 편에, 하나는 발 편에 앉았더라 13 천사들이 이르되 여자여 어찌하여 우느냐 이르되 사람들이 내 주님을 옮겨다가 어디 두었는지

내가 알지 못함이니이다 14 이 말을 하고 뒤로 돌이켜 예수께서 서 계
신 것을 보았으나 예수이신 줄은 알지 못하더라 15 예수께서 이르시되
여자여 어찌하여 울며 누구를 찾느냐 하시니 마리아는 그가 동산지기
인 줄 알고 이르되 주여 당신이 옮겼거든 어디 두었는지 내게 이르소
서 그리하면 내가 가져가리이다 16 예수께서 마리아야 하시거늘 마리
아가 돌이켜 히브리 말로 랍오니 하니 (이는 선생님이라는 말이라)

본문에는 울고, 울면서, 우느냐, 울며 등 울음을 뜻하는 단어가 계속 반복된다. 두 제자와 다른 사람들은 집으로 돌아갔지만 막달라 마리아는 빈 무덤을 떠나지 못하고 울고 있었다. 예수님의 시신이라도 다시 찾아와야 한다는 안타까운 마음 때문이었다. 그리고 그녀의 눈에서 흘러내리는 순수한 눈물은 그녀의 눈을 맑게 해서 무덤 안에 있는 천사를 보게 했다. 아마도 천사는 처음부터 그 자리에 있었을 것이다. 단지 아직 천사를 직접 볼 수 있는 상태가 아니었을 뿐이다. 그런데 계속된 눈물이, 못 보던 것을, 안 보이던 것을 보게 했다. 눈물이 막달라 마리아의 눈을 밝게 하여 부활하신 예수님께서 곁에 서 계시는 것을 보게 했다.

하나님께로 가는 길은 눈물로 가는 길이다. 눈물이 아니고는 그분을 뵈올 수가 없다. 왜 그리도 눈물이 한없이 쏟아져 나오는지, 내 눈에 눈물이 그렇게도 많이 있었던지, 눈물, 눈물, 눈물로 가는 길이다. 눈물로 그분을 뵈옵고 나면 그 다음에는 눈물 없이는 성경을 읽을 수 없게 된다. 성경에는 하나님의 눈물이, 그것도 피눈물이 서려 있다. 하나님의 어떤 눈물일까? 보시기에 좋도록 지음 받은 세상이 사람이 살 수 없게 되었기에, 자식으로 지음 받은 사람이 죄의 지배를 받으며 불행하게 살다가 허무하게 죽어가기에, 이것을 보고 가슴 아파하는 눈물이다. 불행해진 자식을 바라보며 눈물짓지 않는 부모는 없다.

성경에 기록된 하나님의 사람들은 하나님의 이 눈물을 만난 사람들이다. 그리고 하나님의 심정으로 세상을 바라보면서 평생 동안 하나님의 눈물을 대신 흘려야 했다. 성경은 하나님의 말씀을 대언하고 기록한 사람들의 눈물로, 그것도 피눈물로 쓰였다. 하나님을 믿고

그 신앙을 지키기 위하여 형극의 길을 간 수많은 사람들의 눈물과 흘린 피가 성경에 강같이 흐르고 있다. 성경은 다른 책과는 다르다. 성경을 읽으면서는 눈물을 만나야 한다. 피눈물에 젖어 들어야 한다.

눈물은 보지 못하던 것을 보게 하고, 듣지 못하던 것을 듣게 하고, 알지 못하던 것을 알게 하고, 믿지 못하던 것을 믿게 하고, 느끼지 못하던 것을 느끼게 하고, 할 수 없던 것을 하게 하고, 될 수 없던 것을 되게 한다. 하나님의 눈물을 대신 흘리는 눈물은 그런 눈물이다.

4. 유일한 목격자

【●】 17 예수께서 이르시되 나를 붙들지 말라 내가 아직 아버지께로 올라가지 아니하였노라 …

부활하신 주님을 눈물로 만난 막달라 마리아는 부활의 첫 목격자가 되었다. 그런데 부활하신 주님에게는 왜 손을 댈 수 없었을까? 아직 아버지께로 올라가지 아니하였노라는 말씀은 무슨 뜻일까?

요한복음은 예수님의 생애를 독특하게 그리고 있다. 예수님은 본래 선재하신 하나님이신데 하나님으로부터 보내심을 받아 세상에 오셔서 육체로 우리 가운데 거하셨다. 그리고 십자가에서 죽으심과 부활하심을 통하여 다시 하나님께로 돌아가셨다. 하나님께로 돌아가신 주님은 다른 보혜사로 다시 우리 가운데 오셔서 거하신다. 요약하면 선재 - 오심 - 거하심 - 가심이 예수님의 생애다.

그런데 십자가에서 돌아가신 주님께서는 부활하신 후 아직 아버지께로 가시기 전에 무덤에서 막달라 마리아와 만나셨다. “아직 아버지께로 올라가지 아니하였노라.”는 이런 뜻이며, 제자들에게 보이시기 전에 하나님께로 먼저 가셨다가 부활의 몸 상태로 다시 오셔야 했다. 이런 이유로 막달라 마리아는 부활하신 예수님께 손을 댈 수가 없었다.

막달라 마리아는 단순히 부활의 첫 증인이 아니라, 부활하신 후 하나님께로 올라가시기 전의 예수님을 만난 유일한 목격자이다. 무엇이 그것을 가능하게 했는가? 눈물이었다.

5. 내 형제, 내 하나님 곧 너희 하나님

【●】 17 … 너는 내 형제들에게 가서 이르되 내가 내 아버지 곧 너희 아버지, 내 하나님 곧 너희 하나님께로 올라간다 하라 하시니 18 막달라 마리아가 가서 제자들에게 내가 주를 보았다 하고 또 주께서 자기에게 이렇게 말씀하셨다 이르니라

예수님께서 부활하신 이후에는 제자들에 대한 칭호와 하나님에 대한 관계가 완전히 새로워졌다. 예수님께서는 하나님을 늘 아버지라고 부르셨는데, 이제는 제자들에게 '내 아버지 곧 너희 아버지', '내 하나님 곧 너희 하나님'이라고 하셨고 제자들을 '내 형제'라고 부르셨다. 이제는 제자들과 하나님과의 관계가 예수님과 하나님의 관계처럼 바뀌었다. 왜 이렇게 칭호와 관계가 바뀌었을까?

이제는 제자들 즉 계약공동체가 예수님의 역할을 대신해야 하기 때문이다. 계약공동체는 하나님을 대신하는 기관이며, 하나님께서는 계약공동체를 통하여 일하신다. 성경의 하나님은 '통해서' 일하시는 하나님이시다. 하나님께서 원하시는 바는 절대명령에 대한 절대순종이 아니다. 그런 관계는 인간과 로봇의 관계처럼 기계적일 뿐이다. 하나님은 인간과 인격의 관계를 원하신다. 계약공동체는 시키는 대로가 아니라 계약법에 따라 하나님을 대신해야 한다.

막달라 마리아는 예수님께서 이르신 대로 제자들에게 전했다.

물음 51 다시 오심, 무엇을 말하는가?

본문 〈 20:19~31 〉

19 이 날 곧 안식 후 첫날 저녁 때에 제자들이 유대인들을 두려워하여
모인 곳의 문들을 닫았더니 예수께서 오사 가운데 서서 이르시되 너희
에게 평강이 있을지어다
20 이 말씀을 하시고 손과 옆구리를 보이시니 제자들이 주를 보고 기뻐
하더라
21 예수께서 또 이르시되 너희에게 평강이 있을지어다 아버지께서 나를
보내신 것 같이 나도 너희를 보내노라
22 이 말씀을 하시고 그들을 향하사 숨을 내쉬며 이르시되 성령을 받으라
23 너희가 누구의 죄든지 사하면 사하여질 것이요 누구의 죄든지 그대로
두면 그대로 있으리라 하시니라
24 열두 제자 중의 하나로서 디두모라 불리는 도마는 예수께서 오셨을
때에 함께 있지 아니한지라
25 다른 제자들이 그에게 이르되 우리가 주를 보았노라 하니 도마가 이
르되 내가 그의 손의 못 자국을 보며 내 손가락을 그 못 자국에 넣으
며 내 손을 그 옆구리에 넣어 보지 않고는 믿지 아니하겠노라 하니라
26 여드레를 지나서 제자들이 다시 집 안에 있을 때에 도마도 함께 있고
문들이 닫혔는데 예수께서 오사 가운데 서서 이르시되 너희에게 평강
이 있을지어다 하시고
27 도마에게 이르시되 네 손가락을 이리 내밀어 내 손을 보고 네 손을
내밀어 내 옆구리에 넣어 보라 그리하여 믿음 없는 자가 되지 말고 믿
는 자가 되라
28 도마가 대답하여 이르되 나의 주님이시요 나의 하나님이시니이다
29 예수께서 이르시되 너는 나를 본 고로 믿느냐 보지 못하고 믿는 자들
은 복되도다 하시니라
30 예수께서 제자들 앞에서 이 책에 기록되지 아니한 다른 표적도 많이
행하셨으나
31 오직 이것을 기록함은 너희로 예수께서 하나님의 아들 그리스도이심
을 믿게 하려 함이요 또 너희로 믿고 그 이름을 힘입어 생명을 얻게
하려 함이니라

요한복음에 의하면 부활하신 예수님께서 바로 제자들에게 나타나신 것이 아니라 하나님께로 가셨다가 제자들에게 다시 오셨다. 요한복음은 부활하신 예수님의 현시를 왜 이렇게 말하고 있을까?

1. 오사

【•】 19 이 날 곧 안식 후 첫날 저녁 때에 제자들이 유대인들을 두려워하여 모인 곳의 문들을 닫았더니 예수께서 오사 가운데 서서 이르시되 너희에게 평강이 있을지어다 20 이 말씀을 하시고 손과 옆구리를 보이시니 제자들이 주를 보고 기뻐하더라

예수님께서는 고별설교에서 갔다가 곧 다시 오심에 대하여 누차 반복해서 약속하셨는데(요14:18~19, 28, 16:16) 그 약속은 부활 후 오심과 성령강림으로 실현되었다. 예수님께서 돌아가신 후 숨어 지내며 두려움에 떨던 제자들은 부활하신 주님을 만나자 두려움이 기쁨으로 바뀌었는데 이 역시 미리 말씀하셨던 대로였다.(요14:27, 16:20, 22) 부활하신 주님께서 제자들에게 두 번 나타나셨는데(요20:19, 26) 매번 평안을 빌어주신 이유는 그들이 불안에 떨고 있었기 때문이다.

부활하신 주님께서 제자들에게 나타나실 때 사용한 단어 '오사'(에르코마이 ἔρχομαι)는 특별한 의미를 가지고 있다. 이 단어가 공관복음에서는 인자가 구름 타고 다시 오시는 종말론적 재림을 말할 때 쓰였다.(막13:26, 마24:30, 눅21:27) 그런데 요한복음에서는 부활하신 주님께서 제자들에게 오실 때 이 단어(ἔρχομαι)가 쓰였다. 다시 말하면 요한복음에서는 예수님께서 부활하여 나타나시는 것을 예수님의 종말론적인 다시 오심으로 보았다는 뜻이다. 요한복음의 종말론을 실현된 종말론, 또는 현재적 종말론이라고 말하는 이유는 여기에 있다. 예수님의 재림을 부활현시와 성령강림과 동일시했다. 그렇다면 미래적인 종말은 어떻게 되는가? 없다는 것인가? 아니다.

❶ 이미와 아직

요한복음의 종말론은 이미와 아직으로 설명할 수 있다. 예수님의 부활과 성령강림으로 말미암아 하나님 나라가 지금 여기에서 시작되었지만 그 완성은 아직 이루어지지 않았다. 요한복음에서 예수님을 왕이라고 강조하는 이유는 지금 여기에 하나님 나라의 통치가 예수님의 왕권을 통하여 실현되기 때문이다. 하나님 나라는 하나님의 통치가 실현되는 곳이기 때문이다. 지금 여기 이 세상 속에서 하나님 나라가 시작되었지만 그 완성은 예수님께서 구름 타고 다시 오시는 마지막 종말의 재림에서 실현된다. 이 종말은 역사와 세상에 대한 파멸이 아니라 지금 여기서 시작된 하나님 나라의 완성이다. 세상의 파멸을 말하는 종말론은 영혼불멸을 말하는 타종교나 세속의 종말론이다. 이런 종말론과 혼동하지 말아야 한다.

❷ 현재적 부활

나사로를 다시 살리실 때 하신 말씀 “나는 부활이요 생명이니 나를 믿는 자는 죽어도 살겠고 무릇 살아서 나를 믿는 자는 영원히 죽지 아니하리니 이것을 네가 믿느냐?”(요11:25~26)는 무슨 뜻일까? 부활의 삶이 지금 여기서 시작된다는 뜻이다. 그러나 미래의 부활이 없다는 뜻은 아니다. 현재적 종말과 마찬가지로 부활의 삶 역시 지금 여기서 시작되어 미래의 재림에서 완성된다는 뜻이다.

그렇다면 지금 여기에서의 하나님 나라는 어디에 있으며 부활의 삶은 어디서 어떻게 살아가는가?

❸ 계약공동체

계약공동체에 하나님 나라가 임하며, 계약공동체의 삶이 곧 부활의 삶이다. 계약법이 온전히 실천된다면 계약공동체의 삶은 세상의 삶과는 판이하게 구별될 것이다. 현재의 교회가 계약공동체이기는 하지만 계약법과는 무관하기 때문에 그 삶에서 세속의 삶을 살아가는 사람들과 별로 구별되지 않는다. 계약법은 신분, 지위, 빈부의 차이가 없는 삶을 추구하며, 이를 거룩한 삶이라고 한다. 거룩함이란 구별을 뜻한다. 세상 사람들의 삶과는 전혀 다른 삶이다. 가나안에 입주한 이후의 삶과 사도행전에서 시작된 교회의 모습 속에서 이런 구별된 삶을 발견하게 된다.

❹ 보여주는 선교

성경, 즉 계약법에는 무슨 선교 프로그램이 따로 있지 않다. 구별된 삶을 사는 것이 곧 선교이다. 계약공동체가 살아가는 구별된 삶은 세상 모든 사람들이 꿈꾸고 바라는 삶이기 때문이다. 이런 이상적인 삶은 어떤 인간주의 운동이나 사회혁명으로는 실현되지 못한다. 이런 사실을 우리는 지난 근현대에 있었던 사회주의나 공산주의 운동의 실패를 통해서 확인했다. 계약법이 실현되는 공동체는 여호와를 하나님으로, 예수님을 구세주로 믿는 신앙 공동체에서만 기대할 수 있다. 이는 종교의 차원에서, 종교적인 교육을 철저하게 실행할 때만 가능하기 때문이다. 누구나 바라는 그런 삶을 살고 있으면 선교는 저절로 되게 마련이다. 무슨 선교를 따로 하느라고 애쓸 필요가 없다. 아무리 선교를 해도 삶이 뒷받침되지 않으면 아무짝에도 소용이 없다. 구약의 계약법에 선교에 대한 언급이 전혀 없는 이유는 여기에 있다.

계약법에서 말하는 선교는 거룩한 삶을 보여주는 선교이다.

❺ 신학 개혁

개신교 내에서는 종교개혁 500주년(2017년 10월 31일)을 맞으면서 교회개혁을 요구하는 아우성이 빗발쳤다. 그리고 교회가 사회의 지탄 대상이 되어가고 있는 지금도 개혁의 필요성은 누구나 절감하고 있다. 그런데 무엇을 어떻게 하는 게 개혁인지는 명확하지 않고 단지 윤리, 도덕 수준의 개혁을 요구하는 목소리가 대부분이다. 지금뿐만 아니라 과거에 기독교가 세상을 지배할 때도 그 삶은 세속의 삶과 별로 다르지 않았다. 무엇을 말하는가?

전통적인 기독교 신학, 그 자체가 문제였다는 얘기이다. 신학의 기초가 잘못되었으니 그 결과가 잘못되는 것은 당연한 이치이다. 기독교 신학의 기초가 왜 잘못되었을까? 신학의 기초를 이교문화인 헬레니즘에 두었기 때문이다.[104] 서양기독교는 헬레니즘 기독교이다. 이를 성경에 기초를 두는 헤브라이즘 기독교로 환원시키는 것이 신학 개혁이며, 무엇보다도 시급하다. 서양기독교는 구속사 일변도로 치달았다. 헤브라이즘 기독교는 계약사 속에서 구속사를 전개해야 한다. 이것이 교회가 가야 할 방향이다.

2. 대행

공관복음과 마찬가지로 부활하신 예수님께서는 제자들에게 당부의 말씀을 하셨다. 요한복음에서는 어떤 말씀을 하셨을까?

❶ 아버지께서 나를 보내신 것 같이

【●】 21 … 아버지께서 나를 보내신 것 같이 …

요한복음에서는 예수님은 창조주 하나님이심에도 불구하고 하나님으로부터 보내심을 받았다고 누누이 강조하고 있다.[105] 왜 이를 그토록 강조할까? 예수님께서는 이 세상에 계시는 동안 구원과 심판 등 하나님의 모든 일을 대행하셨기 때문이다. 하나님께서는 예수님을 전권 대행자로 보내셨다. 그런데 요한복음에서 진짜 말하려는 것은 예수님이 하나님의 대행자라는 게 아니다. 그다음 때문에 이를 강조할 뿐이다. 그다음이 무엇일까?

❷ 나도 너희를 보내노라

【●】 21 … 나도 너희를 보내노라

예수님께서 가지셨던 전권이 계약공동체에 주어졌다는 사실이다. 다음의 구절들은 이를 말한다.

> 내가 진실로 진실로 너희에게 이르노니 나를 믿는 자는 내가 하는 일을 그도 할 것이요 또한 그보다 큰 일도 하리니 이는 내가 아버지께로 감이라(요14:12)

> 너희가 내 이름으로 무엇을 구하든지 내가 행하리니 이는 아버지로 하

104) 이에 대해서는 졸저 「마가복음」에서 교부들의 성경해석을 예로 들며 이유를 설명하려고 했다.

105) 3:17, 5:36, 6:29, 8:42, 10:36, 11:42, 17:3 등

여금 아들로 말미암아 영광을 받으시게 하려 함이라(요14:13)

내 이름으로 무엇이든지 내게 구하면 내가 행하리라(요14:14)

너희가 내 안에 거하고 내 말이 너희 안에 거하면 무엇이든지 원하는 대로 구하라 그리하면 이루리라(요15:7)

너희가 나를 택한 것이 아니요 내가 너희를 택하여 세웠나니 이는 너희로 가서 열매를 맺게 하고 또 너희 열매가 항상 있게 하여 내 이름으로 아버지께 무엇을 구하든지 다 받게 하려 함이라(요15:16)

우리는 이런 말씀이 어떻게 실현되었는지를 사도행전의 초기교회에서 확인할 수 있다. 갈릴리 출신의 제자들로 구성된 교회가 예루살렘에서 유대교의 근간을 뒤흔드는 일들을 해냈다. 그 이후 교회는 오랫동안 박해를 받았지만 오히려 교인은 급증했고 결국 로마제국의 국교가 되어 나라를 다스리는 전권을 행사하게 되었다. 이런 전권은 세상을 다스리시는 하나님의 통치권이 교회에 주어졌음을 말한다.

이런 일이 어떻게 가능했을까?

❸ 성령을 받으라

【•】 22 이 말씀을 하시고 그들을 향하사 숨을 내쉬며 이르시되 성령을 받으라

어떻게 예수님께서 하신 일을 하며, 그보다 더 큰 일을 할 수 있을까? 이치는 단순하다. 예수님을 대신하는 또 다른 보혜사가 계약공동체에 내주하시며 도와주시기 때문이다. 이런 이유로 요한복음은 성령을 보혜사라고 부른다. 사도행전의 예루살렘 교회가 예수님을 대신할 수 있었던 이유는 보혜사 성령의 도우심 때문이었다.

부활하신 주님께서는 제자들을 향하여 숨을 내쉬며 성령을 받으라고 말씀하셨다. 숨이 곧 성령을 뜻하기 때문이다. 성령이 구체적으로 제자들에게 임한 것은 예수님께서 승천하신 이후 오순절 때였다. 예수님께서 승천하신 이후 보혜사를 보내셨다.

❹ 사죄

【•】 23 너희가 누구의 죄든지 사하면 사하여질 것이요 누구의 죄든지 그대로 두면 그대로 있으리라 하시니라

십자가에서 대속의 죽음을 죽으신 예수님에게 죄 사함의 권세가 있다. 그런데 그 죄 사함의 권세까지 교회에 위임하셨다. 이런 사실은 공관복음에서도 확인된다.

> 우리가 우리에게 죄 지은 자를 사하여 준 것 같이 우리 죄를 사하여 주시옵고(마6:12)
>
> 너희가 사람의 잘못을 용서하면 너희 하늘 아버지께서도 너희 잘못을 용서하시려니와 너희가 사람의 잘못을 용서하지 아니하면 너희 아버지께서도 너희 잘못을 용서하지 아니하시리라(마6:14~15)
>
> 무리가 보고 두려워하며 이런 (죄사함의) 권능을 사람(들)에게 주신 하나님께 영광을 돌리니라(마9:8)
>
> 또 내가 네게 이르노니 너는 베드로라 내가 이 반석 위에 내 교회를 세우리니 음부의 권세가 이기지 못하리라 내가 천국 열쇠를 네게 주리니 네가 땅에서 무엇이든지 매면 하늘에서도 매일 것이요 네가 땅에서 무엇이든지 풀면 하늘에서도 풀리리라 하시고(마16:18~19)
>
> 진실로 너희에게 이르노니 무엇이든지 너희가 땅에서 매면 하늘에서도 매일 것이요 무엇이든지 땅에서 풀면 하늘에서도 풀리리라(마18:18)

죄 사함의 권세가 사람들에게도 주어진 이유는 단순하다. 우리가 짓는 죄들은 대부분 사람에게 짓는다. 그 죄를 하나님께 용서받으려면 먼저 우리가 피해를 준 사람에게서 용서받아야 한다. 이를 무시하고 하나님께만 용서받으려고 하면 이는 이치에 맞지 않을 뿐 아니라 모순이다.

하나님께서는 세상에 대한 심판과 죄 사함의 권세까지 교회에 위임하셨다. 교회가 살아가는 거룩한 삶을 외면하는 것이 곧 심판을 받는 것이다. 예수님을 거부하는 것이 곧 심판이었던 이치와 같다. (요3:18, 5:24, 27, 29)

3. 도마

공관복음에는 도마가 사도들의 명단에서만 확인되는데 반하여 요한복음에서는 도마가 중요한 신앙고백을 한다. 요한복음에서는 도마의 신앙고백으로 복음서를 마무리 짓는데 도마가 그 고백에 이르는 과정은 다음과 같다.

부활하신 주님께서는 제자들에게 두 번 나타나셨는데, 첫 번째 나타나셨을 때 도마는 그 자리에 없었다. 나중에 제자들이 예수님께서 부활하셨다고 전해주자 도마는 믿을 수 없다고 했다. 기록에 의하면 예수님께서 한 번 더 나타나신 이유는 믿지 못하는 도마 때문이었다.

❶ 의문

【•】 24 열두 제자 중의 하나로서 디두모라 불리는 도마는 예수께서 오셨을 때에 함께 있지 아니한지라 25 다른 제자들이 그에게 이르되 우리가 주를 보았노라 하니 도마가 이르되 내가 그의 손의 못 자국을 보며 내 손가락을 그 못 자국에 넣으며 내 손을 그 옆구리에 넣어 보지 않고는 믿지 아니하겠노라 하니라

도마의 신앙은 불신에서 출발한다. 먼저 예수님의 부활을 경험한 동료들이 아무리 확신있게 말해도 도마는 믿지 않았다. 부활이란 쉽게 믿어지지 않으며, 직접 경험하지 않으면 믿을 수 없기 때문이다. 도마는 우리 모두의 대변자다. 신앙의 세계란 말만 전해 듣고는 믿어질 수가 없다. 누구든지 신앙은 직접 경험해야만 가능하다. 이런 사실을 하나님께서는 더 잘 아신다. 진지하게 묻는 사람, 정말로 믿으려는 사람에게는 믿을 수 있게 하신다.

❷ 경험

【•】 26 여드레를 지나서 제자들이 다시 집 안에 있을 때에 도마도 함께 있고 문들이 닫혔는데 예수께서 오사 가운데 서서 이르시되 너희에게 평강이 있을지어다 하시고 27 도마에게 이르시되 네 손가락을 이리 내밀어 내 손을 보고 네 손을 내밀어 내 옆구리에 넣어 보라 그리하여 믿음 없는 자가 되지 말고 믿는 자가 되라

신앙의 세계에서 진지한 물음은 반드시 필요하다. 묻지 않고 믿는 믿음은 모래성과 같아서 한순간에 허물어질 수 있다. 그러나 진지한 물음으로 도달한 신앙은 그 어떤 경우에도 흔들리지 않는다. 하나님께서는 진지하게 묻는 사람을 찾으신다. 하나님에게 제일 곤란한 사람은 묻지 않는 사람이다. 묻지 않으면 뭘 어떻게 해 볼 수 없다. 바른 신앙은 바른 물음에서 싹이 튼다.

예수님께서는 도마를 위해 다시 한번 더 나타나셨다. 그리고 눈

으로 보고, 손으로 만져보고, 직접 확인해 보고 믿는 자가 되라고 하셨다. 도마는 드디어 진실한 신앙에 도달했다. 어떤 신앙일까?

4. 나의 주, 나의 하나님

어린 아이들이 크는 과정을 보면 처음 보는 것을 신기해하며 눈여겨보고 만져보고 확인하고 또 확인한다. 말을 하기 시작하면 처음 보는 것마다 "이게 뭐야?"라고 묻는다. 물음은 사람이 되는 필수 과정이다. 물음 없는 믿음은 허상에 불과하며, 마귀에게 이용당하기 딱 좋다. 마귀는 물음 없이 확신하려는 자들을 찾는다. 그런 자들은 이단에 넘어갈 준비가 잘 된 사람들이다. 복음서는 우리에게 다음과 같은 믿음의 단계를 말하고 있다.

❶ 그리스도

【●】 주는 그리스도시요 살아계신 하나님의 아들이시니이다.(마16:16)

공관복음에서는 예수님이 그리스도이심을 강조한다. 위의 성경 구절은 베드로가 대변한 신앙고백이다. 회심, 중생, 거듭남, 신생 등은 예수님을 개인의 구주(救主)로 경험하는 체험이다. 이 경험은 기독교인이 되는 과정에서 대단히, 아니 가장 중요하다고 할 수 있다. 특히 종교개혁 이후 등장한 복음주의 신앙에서는 이를 중요하게 여겼으며 구원과 연결지었다. 그러나 이 경험이 전부는 아니다. 그 다음 단계가 있다. 무엇일까?

❷ 하나님

【●】 28 도마가 대답하여 이르되 나의 주님이시요 나의 하나님이시니이다

요한복음의 독특한 기독론은 예수님의 신성, 즉 예수님은 곧 하나님이시라는 것을 강조하고 있다. 그런데 도마는 그 신앙에 도달하여 예수님을 향하여 "나의 주님이시요 나의 하나님이시니이다."라고 고백했다. 무엇이 그것을 가능하게 했는가? 물음을 통한 경험이었다. 사람은 누구나 물음을 물은 만큼 경험하고, 경험을 한 만큼 믿을 수 있다. 그 이상도 이하도 아니다. 도마는 참 믿음의 표상이다.

❸ 로고스, 진리

【•】 29 예수께서 이르시되 너는 나를 본 고로 믿느냐 보지 못하고 믿는 자들은 복되도다 하시니라

예수님을 그리스도로 경험하면 사람의 영혼이 보이지만 예수님을 하나님으로 경험하면 하나님의 창조 세계가 보인다. 그다음에는 만물의 원리와 이치, 진리 등에 관심이 생기면서 이 분야에 대하여 서서히 눈을 뜨게 된다. 보이는 세계를 지배하는 자연의 법과 보이지 않는 세계를 지배하는 초자연의 법이 같은 원리의 지배를 받고 있으며, 성경의 계약법과 만물을 지배하는 법의 원리도 서로 다르지 않음을 알게 된다. 우주 만물은 한 하나님으로부터 지음받았기 때문에 한 원리가 모든 분야에 들어있다.

❹ 요한복음

신약성경 기록 과정에서 마지막 시점에 기록된 요한복음은 이제 선교 2세기를 맞아 이방인 중심의 교회가 어떤 방향으로 가야 하는지를 말하고 있다. 요한복음은 바울서신과 공관복음 등에 대한 재해석이기에 신약성경의 신명기라고 할 수 있다.

지금 여기서 하나님의 통치가 실현되고 있는 교회, 보이지 않는 하나님과 하나님 나라를 보여주는 교회, 하나님의 역할을 대신하는 계약공동체로서의 교회, 가족공동체와 같은 교회, 만물의 원리와 이치인 로고스와 진리를 터득한 교회, 이런 교회를 제시하고 있다. 그런데 그 이후의 교회는 요한복음의 이런 당부를 저버리고 구속사 일변도의 교회로 치닫고 말았다. 이를 돌이키는 것이 우리의 과제다.

5. 기록 목적

【•】 30 예수께서 제자들 앞에서 이 책에 기록되지 아니한 다른 표적도 많이 행하셨으나 31 오직 이것을 기록함은 너희로 예수께서 하나님의 아들 그리스도이심을 믿게 하려 함이요 또 너희로 믿고 그 이름을 힘입어 생명을 얻게 하려 함이니라

요한복음 20장 마지막 부분에서는 요한복음의 기록 목적을 말하는데, 구세주이신 예수님을 믿고 그 이름으로 생명을 얻게 하기 위

함이라고 원론적으로 말하고 있다. 그런데 여기가 끝이 아니라 아직 한 장 더 남아 있다. 마지막 장에서는 무엇을 말하고 있을까?

물음 52 21장, 무엇을 말하며, 왜 중요한가?

본문 〈 21:1~25〉

1 그 후에 예수께서 디베랴 호수에서 또 제자들에게 자기를 나타내셨으
니 나타내신 일은 이러하니라
2 시몬 베드로와 디두모라 하는 도마와 갈릴리 가나 사람 나다나엘과 세
베대의 아들들과 또 다른 제자 둘이 함께 있더니
3 시몬 베드로가 나는 물고기 잡으러 가노라 하니 그들이 우리도 함께 가
겠다 하고 나가서 배에 올랐으나 그 날 밤에 아무 것도 잡지 못하였더니
4 날이 새어갈 때에 예수께서 바닷가에 서셨으나 제자들이 예수이신 줄
알지 못하는지라
5 예수께서 이르시되 얘들아 너희에게 고기가 있느냐 대답하되 없나이다
6 이르시되 그물을 배 오른편에 던지라 그리하면 잡으리라 하시니 이에
던졌더니 물고기가 많아 그물을 들 수 없더라
7 예수께서 사랑하시는 그 제자가 베드로에게 이르되 주님이시라 하니
시몬 베드로가 벗고 있다가 주님이라 하는 말을 듣고 겉옷을 두른 후
에 바다로 뛰어 내리더라
8 다른 제자들은 육지에서 거리가 불과 한 오십 칸쯤 되므로 작은 배를
타고 물고기 든 그물을 끌고 와서
9 육지에 올라보니 숯불이 있는데 그 위에 생선이 놓였고 떡도 있더라
10 예수께서 이르시되 지금 잡은 생선을 좀 가져오라 하시니
11 시몬 베드로가 올라가서 그물을 육지에 끌어 올리니 가득히 찬 큰 물
고기가 백쉰세 마리라 이같이 많으나 그물이 찢어지지 아니하였더라
12 예수께서 이르시되 와서 조반을 먹으라 하시니 제자들이 주님이신 줄
아는 고로 당신이 누구냐 감히 묻는 자가 없더라
13 예수께서 가셔서 떡을 가져다가 그들에게 주시고 생선도 그와 같이
하시니라
14 이것은 예수께서 죽은 자 가운데서 살아나신 후에 세 번째로 제자들

에게 나타나신 것이라

15 그들이 조반 먹은 후에 예수께서 시몬 베드로에게 이르시되 요한의 아들 시몬아 네가 이 사람들보다 나를 더 사랑하느냐 하시니 이르되 주님 그러하나이다 내가 주님을 사랑하는 줄 주님께서 아시나이다 이르시되 내 어린 양을 먹이라 하시고

16 또 두 번째 이르시되 요한의 아들 시몬아 네가 나를 사랑하느냐 하시니 이르되 주님 그러하나이다 내가 주님을 사랑하는 줄 주님께서 아시나이다 이르시되 내 양을 치라 하시고

17 세 번째 이르시되 요한의 아들 시몬아 네가 나를 사랑하느냐 하시니 주께서 세 번째 네가 나를 사랑하느냐 하시므로 베드로가 근심하여 이르되 주님 모든 것을 아시오매 내가 주님을 사랑하는 줄을 주님께서 아시나이다 예수께서 이르시되 내 양을 먹이라

18 내가 진실로 진실로 네게 이르노니 네가 젊어서는 스스로 띠 띠고 원하는 곳으로 다녔거니와 늙어서는 네 팔을 벌리리니 남이 네게 띠 띠우고 원하지 아니하는 곳으로 데려가리라

19 이 말씀을 하심은 베드로가 어떠한 죽음으로 하나님께 영광을 돌릴 것을 가리키심이러라 이 말씀을 하시고 베드로에게 이르시되 나를 따르라 하시니

20 베드로가 돌이켜 예수께서 사랑하시는 그 제자가 따르는 것을 보니 그는 만찬석에서 예수의 품에 의지하여 주님 주님을 파는 자가 누구오니이까 묻던 자더라

21 이에 베드로가 그를 보고 예수께 여짜오되 주님 이 사람은 어떻게 되겠사옵나이까

22 예수께서 이르시되 내가 올 때까지 그를 머물게 하고자 할지라도 네게 무슨 상관이냐 너는 나를 따르라 하시더라

23 이 말씀이 형제들에게 나가서 그 제자는 죽지 아니하겠다 하였으나 예수의 말씀은 그가 죽지 않겠다 하신 것이 아니라 내가 올 때까지 그를 머물게 하고자 할지라도 네게 무슨 상관이냐 하신 것이러라

24 이 일들을 증언하고 이 일들을 기록한 제자가 이 사람이라 우리는 그의 증언이 참된 줄 아노라

25 예수께서 행하신 일이 이 외에도 많으니 만일 낱낱이 기록된다면 이 세상이라도 이 기록된 책을 두기에 부족할 줄 아노라

요한복음 21장은 논란이 많은 장이다. 그 이유는 20장 마지막에 기록 목적이 나오면서 책을 마무리 지은 후, 다시 21장이 나오기 때문이다. 21장을 부록으로 보는 경향이 다수의 의견이며 본문도

다양하게 해석되고 있다. 여기서는 현재의 요한복음 그대로를 인정하여 21장을 요한복음의 마무리로 보면서 그 내용을 영성의 시각에서 이야기로 해석하고자 한다.

1. 세 번째 오심

【•】 14 이것은 예수께서 죽은 자 가운데서 살아나신 후에 세 번째로 제자들에게 나타나신 것이라

본문은 왜 부활 후 세 번째 제자들에게 나타나신 이야기라며 횟수를 구태여 기록해 놓았을까? 첫 번째와 두 번째 오셨을 때에는 무슨 일을 하셨는가? 20장의 기록을 보면 두 번 다 사명을 주시는 이야기였다.

첫 번째(요20:19~23) 오셨을 때에는 부활을 확인시켜 주신 후 다음과 같은 사명을 주셨다.

- 아버지께서 나를 보내신 것 같이 나도 너희를 보내노라.
- 성령을 받으라
- 죄의 문제를 해결해라.

두 번째 오셨을 때(요20:26~29)에는 주로 도마와 대화를 나누셨지만 다른 제자들에게도 해당되는 말씀을 하셨다.

- 너희는 나를 본 고로 부활을 믿느냐? 보지 못하고 믿는 자가 더 복되다.

부활하신 예수님을 이렇게 만난 후 제자들이 보인 반응에 대해서는 아무런 언급없이 요한복음의 기록 목적이 나온 후 20장은 끝이 난다. 예수님의 부활을 경험으로 확인한 제자들은 어떤 마음이었을까? 단지 기뻐하기만 했을까? 21장에서 이를 엿볼 수 있다.

2. 갈릴리에서

【•】 1 그 후에 예수께서 디베랴 호수에서 또 제자들에게 자기를 나타내셨으니 나타내신 일은 이러하니라

요한복음에 의하면 예수님은 주로 예루살렘에서 활동하셨는데,

부활하신 후에도 예루살렘에서 제자들을 만나셨다. 그런데 베드로를 포함한 일곱 명의 제자들은 고향 갈릴리 바닷가로 다시 돌아갔다. 왜 그랬을까? 디베랴 호수는 갈릴리 호수의 다른 이름이다.

❶ 물고기 잡으러 가노라

【●】 2 시몬 베드로와 디두모라 하는 도마와 갈릴리 가나 사람 나다나엘과 세베대의 아들들과 또 다른 제자 둘이 함께 있더니 3 시몬 베드로가 나는 물고기 잡으러 가노라 하니 그들이 우리도 함께 가겠다 하고 나가서 배에 올랐으나 그 날 밤에 아무 것도 잡지 못하였더니

"나는 물고기 잡으러 가노라."라는 베드로의 말은 다시 어부로 돌아가겠다는 뜻이다. 예수님의 부활을 확인하고 또 간곡한 당부까지 받았는데, 왜 이를 거부하고 어부로 돌아가려고 했을까? 베드로의 이 말에 왜 다른 제자들도 흔쾌히 동조했을까? 아무런 언급이 없기에 그 이유를 찾아낸다는 것은 어려울 수 있다. 그러나 영성의 경험에서 보면 그 이유가 명확해진다. 영성의 경험에서 얻어지는 주요 결과 중 하나가 자기 내면 성찰이다. 내면 성찰은 하나님의 거룩하신 빛이 내면을 비추어서 거울로 얼굴을 보듯이 자기 내면을 봄으로써 가능해진다. 평소에는 자기 자신을 잘 안다고 생각하지만 거룩한 빛에 자신을 비추어 보면 내 본성과 악마의 본성이 일치함을 알고 소스라치게 놀라게 된다. 자기 내면 속에서 가장 큰 죄인, 악마적인 본성을 보고 나면 비로소 자기 자신이 아무것도 아님을 자각하고 자기긍정을 포기하고 자기 자신을 부정하게 된다. 자기부정은 자포자기와는 전혀 다르다. 자기 신뢰나 공로를 버리고 하나님만을 진심으로 신뢰하는 상태다.

흰옷을 입고 밝은 빛 가운데 등장하시는 부활하신 예수님의 모습은 제자들에게 마치 거룩한 거울처럼 자기 자신을 보게 했다. 부활하신 예수님을 만나기 전에는 죽기까지 예수님을 따를 수 있다며 자신만만했고 서로 높은 자리를 차지하고자 욕심을 냈다. 그런데 부활하신 예수님을 만나고 난 후에야 비로소 자기 자신에 대하여 눈을 떴다. 자기들이 무슨 소리를 하는지도 모르고 있었음을 알게 되었

다. 감히 예수님의 제자가 되겠다는 생각을 할 수가 없었고, 그간의 행동들이 너무 부끄러워 얼굴을 들 수조차 없었다. 이제 뭘 어떻게 해야 하나? 다시 고향으로 돌아가서 어부가 되는 수밖에 없었다. 달리할 수 있는 게 없었다. "물고기 잡으러 가노라."는 이를 말한다. 베드로만 이런 생각을 한 게 아니다. 다른 제자들이 흔쾌히 동의한 것은 다 같은 경험이 일어났기 때문이다.

이런 해석은 주관적인 무슨 소설이 아니다. 영성의 경험으로 들어가면 누구에게나 나타나는 명료한 경험이다. 21장을 영성으로 해석한다는 것은 이런 해석을 말한다. 요한복음을 비롯한 복음서 기록자들은 최고의 영성가들이다. 성경이 영감으로 기록되었다는 말은 이런 영성을 경험한 사람들이 영성의 관점에서 기록했다는 뜻이다. 제자들은 자기부정의 마음을 가지고 수년 전에 버리고 떠났던 그물을 챙겨 고기잡이를 다시 시작했다. 그런데 무슨 일이 일어났을까?

❷ 없나이다.

【●】 4 날이 새어갈 때에 예수께서 바닷가에 서셨으나 제자들이 예수이신 줄 알지 못하는지라 5 예수께서 이르시되 얘들아 너희에게 고기가 있느냐 대답하되 없나이다

배를 저어 고기가 있을 만한 곳을 찾아다니며 그물을 던졌지만 밤새도록 빈 그물이었다. 새벽녘까지 빈 그물을 들어 올리면서 제자들은 무슨 생각을 했을까? 바닷가에서 자랐고 어릴 때부터 배운 게 고기 잡는 일이었기에 어부로 돌아가는 것은 언제든지 가능하다고 생각했다. 그런데 그게 아니었다. 예전 같으면 오늘은 고기가 안 잡히는 날이라고 생각했겠지만 지금은 아니었다. 또 한 번 자기부정이 일어났다. 고기는 언제든지 잡을 수 있다는 생각이 얼마나 어리석었던가! 이런 마음을 안고 어스름한 새벽 바닷가로 다가갔다. 그런데 어디선가 그들의 마음을 찌르는 목소리가 들려왔다.

너희에게 고기가 있느냐?

무슨 뜻으로 들렸을까? 고기는 언제든지 잡을 수 있느냐? 어부는 자신이 있느냐? 이구동성으로 대답했다.

없나이다.

무슨 대답일까? 아닙니다. 잘못 생각했습니다. 고기잡이, 어부, 우리는 그 어느 것에도 자격이 없습니다. 완전 초보, 완전 무자격자, 완전 자기부정의 대답이었다. 그러자 어둠 속에서 다시 음성이 들려왔다.

❸ 그물을 배 오른편에 던지라

【•】 6 이르시되 그물을 배 오른편에 던지라 그리하면 잡으리라 하시니 이에 던졌더니 물고기가 많아 그물을 들 수 없더라

그물을 다시 한번 던져보라는 음성은 텅 빈 배, 텅 빈 그물, 텅 빈 마음에 공명을 일으켜서 제자들은 뭔가에 이끌리듯이 그물을 던졌다. 그러자 놀라운 일이 벌어졌다. 텅 비었던 그물 속에 물고기가 가득 차 있었다.

이 이야기는 무엇을 말하는가? 그물을 던지라는 하나님의 음성은 아무 때나 들려오지 않는다. 자기부정, 그것도 완전 자기부정에 도달했을 때 들려온다. 자기부정을 통한 하나님의 긍정은 이렇게 경험된다.

한순간에 홀연히 일어난 일에 제자들은 어리둥절했다. 그런데 몇 년 전 어부 생활을 접고 예수님을 따를 때 비슷한 경험이 있어서(눅 5:1~11), 음성의 주인공이 예수님이라는 것을 알아차렸다.

❹ 숯불

【•】 7 예수께서 사랑하시는 그 제자가 베드로에게 이르되 주님이시라 하니 시몬 베드로가 벗고 있다가 주님이라 하는 말을 듣고 겉옷을 두른 후에 바다로 뛰어 내리더라 8 다른 제자들은 육지에서 거리가 불과 한 오십 칸쯤 되므로 작은 배를 타고 물고기 든 그물을 끌고 와서 9 육지에 올라보니 숯불이 있는데 그 위에 생선이 놓였고 떡도 있더라

예수님께서 찾아오셨음을 직감하자 성미 급한 베드로는 겉옷을 찾아 두르고 바다로 뛰어들어 100여 미터를 헤엄쳐 먼저 바닷가로 갔고 그 뒤를 이어 다른 제자들도 예수님 주변으로 몰려들었다. 새벽 바닷가에서 예수님은 숯불을 피워놓고 제자들을 기다리고 계셨다. 예수님께서는 무슨 말씀을 하셨을까?

❺ 지금 잡은 고기를 좀 가져오라

【●】 10 예수께서 이르시되 지금 잡은 생선을 좀 가져오라 하시니 11 시몬 베드로가 올라가서 그물을 육지에 끌어 올리니 가득히 찬 큰 물고기가 백쉰세 마리라 이같이 많으나 그물이 찢어지지 아니하였더라

왜 이런 말씀을 하셨을까? 제자들은 고기가 가득 찬 그물을 끌고 바닷가까지 왔으나 그물을 미처 끌어 올릴 생각조차 못하고 예수님 주변으로 경황없이 몰려왔다. 밤새도록 수고하여 잡은 고기를 그냥 내버려 두지 말고 끌어 올려라. 하나님께서는 우리에게 세속을 초월한 뜬구름을 잡으라고 요구하지 않으신다. 누구나 당면하는 현실적인 문제를 현실적으로 해결하라고 하신다. 고기 숫자 153마리에 대하여 구구한 해석이 난무한다. 그러나 영성으로 보면 그 숫자는 현실문제에 대하여 현실적으로 해결하시는 하나님의 방법을 의미한다. 계약공동체가 하나님의 뜻에 따라 해결 불가능해 보이는 문제에 도전하면 하나님께서 되게 하시겠다는 약속의 말씀이다.

3. 조반(早飯)을 먹으라

밤을 새워 그물을 던진 제자들, 추위와 배고픔에 시달린 그들에게 필요한 것이 무엇이었을까? 무슨 특별한 게 아니다. 만선(滿船), 언 몸을 녹일 온기, 정성이 담긴 따뜻한 조반(早飯)이었다.

❶ 삼고초려

【●】 14 이것은 예수께서 죽은 자 가운데서 살아나신 후에 세 번째로 제자들에게 나타나신 것이라

예수님의 부활을 확인하고도 간곡한 당부를 저버리고 떠나버린 제자들, 주님께서는 그들을 어떻게 대하셨을까? 세 번째는 새벽 바닷가로 찾아가셨다. 삼고초려를 어떻게 하셨을까?

❷ 조반준비

【●】 9 육지에 올라보니 숯불이 있는데 그 위에 생선이 놓였고 떡도 있더라

밤새도록 허탕치는 제자들을 바라보시면서 예수님께서는 조반을 준비하셨다. 먼저 숯불을 피웠다. 숯불이 어떻게 만들어지는가? 가게에서 숯을 사다가 피우셨을까? 그 당시는 그런 가게, 그런 숯이 없었

다. 왜 모닥불이 아니고 숯불일까? 모닥불을 피워놓으면 연기가 바람에 따라 날리기 때문에 둘러앉을 수가 없고, 모닥불에는 떡과 생선을 구울 수가 없다. 겉은 불길에 그을리고 타기 때문이다. 숯불을 만들려면 어떻게 해야 하는가? 많은 양의 통나무를 오래 태워서 불덩어리만 남겨 놓아야 한다. 예수님까지 여덟 명이 둘러앉을 만한 숯불을 만들려면 상당히 많은 통나무가 필요했다. 예수님께서는 숯불 만드는 수고를 아끼지 않으셨다. 통나무가 주변에 널려있었을 리는 없고 어쨌든 쉽지 않은 일이었다. 본문의 "숯불이 있는데"라는 구절은 "숯불을 만들어 놓는 것은 대단히 어려운 일인데"라는 뜻이다.

제자들이 왔을 때는 떡과 생선이 이미 구워져 있었다. 어떻게 가능했을까? 떡과 생선을 준비해 놓고 각자 구워 먹는 것은 수월하지만 미리 구워놓는 것은 대단히 어렵다. 불 위에 올려놓으면 타고 꺼내놓으면 금방 식고, 어찌해야 하나? 혼자서 밤새 중노동에 시달린 장정 일곱 명이 배부르게 먹을 양의 떡과 생선을 먹기 좋게 미리 구워놓으려면 대단히 어려운 일이다. 어떻게 해 놓으셨을까? 한 가지 방법밖에는 없다. 넓적한 돌을 일곱 개 구해다가 숯불 가장자리에 둘러 놓고, 떡과 생선을 노릇하게 구워 올려놓으면 타지도 않고 식지도 않는다. 아마도 예수님께서는 틀림없이 이렇게 준비해 놓으셨을 것이다.

떡과 고기는 어디서 구하셨을까? 능력이 많으시니 초자연적인 기적을 동원하셨을까? 성령의 불이 아닌 숯불을 손수 피워놓으신 것을 보면 떡도 직접 만드시고 생선도 같은 방법으로 구하셨을 것이다. 하나님께서는 아무 때나 초자연을 남발하지 않으신다.

❸ 조반을 먹으라

【●】 12 예수께서 이르시되 와서 조반을 먹으라 하시니 제자들이 주님이신 줄 아는 고로 당신이 누구냐 감히 묻는 자가 없더라 13 예수께서 가셔서 떡을 가져다가 그들에게 주시고 생선도 그와 같이 하시니라

제자들이 평생 잊지 못할 예수님의 말씀을 한 구절 찾는다면 무엇이었을까?

조반을 먹으라!

이 말씀이었을 것이다. 지금까지 이런 조반상을 받아본 적이 없어서, 누구 한 사람 감히 떡과 생선을 가져다 먹을 수도 얼굴을 들 수도 없었다. 예수님께서는 떡과 생선을 일일이 손에 쥐어 주시며 먹게 하셨다. 이보다 더한 설교, 이보다 더한 가르침, 이보다 더한 당부, 이보다 더한 퍼포먼스는 있을 수 없었다.

❹ 조반을 먹은 후에

【•】 15 그들이 조반 먹은 후에 …

육체를 가진 인간에게 맛있는 음식을 배부르게 먹을 때 느끼는 행복보다 더 큰 것은 없다. 아무리 중요한 일이라도 굶으면서 할 수는 없다. 이런 사실을 하나님께서는 누구보다 잘 아신다.

곡식 떠는 소에게 망을 씌우지 말지니라(신25:4)

예수께서 떡을 가져 축사하신 후에 앉아 있는 자들에게 나눠 주시고 물고기도 그렇게 그들의 원대로 주시니라(요6:11)

밤새 추위와 배고픔에 시달린 제자들에게 숯불가에 둘러 앉아 배불리 조반을 먹게 하셨다. 그리고 다음 순서를 진행하셨다.

4. 네가 나를 사랑하느냐?

제자들에게 예수님은 무엇을 다시 당부하셨을까?

❶ 내 양을 먹이라

【•】 15 그들이 조반 먹은 후에 예수께서 시몬 베드로에게 이르시되 요한의 아들 시몬아 네가 이 사람들보다 나를 더 사랑하느냐 하시니 이르되 주님 그러하나이다 이르시되 내 어린 양을 먹이라 하시고

제자들이 조반을 먹은 후 예수님께서는 베드로에게 세 번 반복해서 물으셨다. 그러나 이는 베드로에게만 해당되는 말씀이 아니다. 베드로에게만 어떤 사명을 주셨을 리가 없다. 단지 베드로는 제자들의 대표성을 띄고 있을 뿐이다.

네가 나를 더 사랑하느냐?(ἀγαπᾷς με)

제자들에게 왜 이런 질문을 하셨을까? 공관복음에 의하면 제자들

은 서로 높은 자리를 차지하려고 했고, 또 예수님을 죽기까지 따를 수 있다고 장담했었다. 이에 예수님께서는 이를 다시 확인하셨다. 너희는 지금도 죽기까지 나를 따를 수 있다고 생각하느냐? 이때 사랑하느냐고 물으신 동사는 잘 아는 아가페였다. 즉 아가페 사랑, 원수를 사랑하는 사랑, 하나님을 위하여 죽을 수 있는 사랑으로 나를 사랑하느냐는 뜻이었다. 베드로는 무어라고 대답했을까?

내가 주님을 사랑하는 줄 주님께서 아시나이다(Ναί, κύριε, φιλῶ σε)

베드로가 무슨 대답을 한 것일까? 원문을 참고하면 베드로는 이렇게 대답했다. 주님, 제 마음을 이미 다 아시지 않습니까? 제가 마음으로는 주님을 아가페 사랑으로 따르고 싶습니다. 또 한때 그렇게 할 수 있다고 생각했습니다. 그런데 그게 아니었습니다. 저는 주님을 아가페 사랑이 아니라 친구의 사랑인 필리아로 사랑할 뿐입니다. 이에 주님께서는 말씀하셨다.

내 어린 양을 먹이라(Βόσκε τὰ ἀρνία μου)

내 어린 양을 먹이라는 게 무슨 뜻일까? 제자들이 해야 할 일을 예수님께서 직접 몸으로 보여주셨다. 예수님께서는 제자들에게 무엇을 보여주셨을까?

• 조반을 주어라

지금 내가 너희에게 숯불을 피워 떡과 생선을 구워 준 것처럼 그렇게 해라. 그게 너희가, 교회가, 계약공동체가 반드시 해야 할 사명이다. 먹는 문제를 어떻게 해결해야 하는가?

• 고기를 잡게 해 주어라.

고기를 나눠주지 말고 고기 잡는 방법을 알려주라는 말씀이다. 누구에게 고기를 잡게 해 주어야 하는가? 밤새도록 포기하지 않고 그물을 던지는 사람이다. 계약법 정신을 잘 보여주는 비유의 말씀이 포도원 품꾼의 비유이다.(마20:1~16) 하루 한 데나리온은 한 가족의 최저 생계비였다. 이런 사실을 잘 아는 포도원 주인은 한 데나리온을 보장해주기 위하여 아침부터 저녁까지 품꾼을 찾으러 다녔다.

어떤 품꾼을 찾았는가? 일하려고 하지만 일자리가 없어서 저녁까지 일자리를 찾으러 다니는 사람이었다. 포기하고 돌아간 사람을 찾으러 가지 않았다. 저녁까지 포기하지 않은 그 사람에게 일자리를 주고 일한 시간과는 상관없이 한 데나리온을 주었다. 최저 생계비 한 데나리온이 필요한 사람은 얼마든지 있다. 그런데 그냥 나눠주는 게 아니라 일하려는 사람에게 일자리를 마련해 주고 일당을 주었다. 이게 계약법 정신이다.

고기만 나눠주는 것은 계약법 정신과 상관없을 뿐만 아니라 어긋난다. 사도바울은 일하기 싫어하거든 먹지도 말게하라고 했으며(살후3:10), 자기 먹을 것은 자기가 해결해야 한다고 가르쳤다. 그는 이런 모범을 보이기 위하여 50이 넘은 나이에 부두에서 노동하며 선교비를 자력으로 해결했다. 가난한 사람에게 양식을 그냥 나눠주는 것은 하나님의 사랑을 실천하는 것과는 거리가 멀다.

❷ 내 양을 치라

【•】 6 또 두 번째 이르시되 요한의 아들 시몬아 네가 나를 사랑하느냐 하시니 이르되 주님 그러하나이다 내가 주님을 사랑하는 줄 주님께서 아시나이다 이르시되 내 양을 치라 하시고

두 번째 질문도 첫 번째와 같다. 예수님께서는 아가페 사랑으로 질문하셨고 베드로는 아가페 사랑이 아니라 필리아 사랑으로 대답을 했다. 이에 내 양을 치라고 같은 당부를 하셨다.

❸ 내 양을 먹이라

【•】 17 세 번째 이르시되 요한의 아들 시몬아 네가 나를 사랑하느냐 하시니 주께서 세 번째 네가 나를 사랑하느냐 하시므로 베드로가 근심하여 이르되 주님 모든 것을 아시오매 내가 주님을 사랑하는 줄을 주님께서 아시나이다 예수께서 이르시되 내 양을 먹이라

세 번째의 질문과 대답은 그 의미가 많이 다르다. 예수님께서 먼저 두 번이나 아가페 사랑의 헌신을 요구했고 베드로는 필리아로 대답을 했다. 그러자 이렇게 물으셨다.

네가 나를 사랑하느냐?(φιλεῖς με)

예수님께서 이번에는 필리아로는 나를 사랑하느냐고 물으셨다.

이 질문을 받은 베드로는 근심했다. 왜 근심했을까? 필리아로 예수님을 사랑하고 싶지만 그렇게 하지 못하리라는 것을 잘 알기 때문이다. 이에 솔직하게 대답했다. 주님, 친구의 사랑으로라도 주님을 사랑하고 싶지만 마음일 뿐 제가 할 수 없다는 것을 주님께서 저보다 더 잘 아시지 않습니까? 이에 예수님께서는 다시 말씀하셨다.

내 양을 먹이라.

내 양을 먹이라는 세 번째 말씀은 어떤 의미를 가질까?

❹ 이제 되었다.

【•】 18 내가 진실로 진실로 네게 이르노니 네가 젊어서는 스스로 띠 띠고 원하는 곳으로 다녔거니와 늙어서는 네 팔을 벌리리니 남이 네게 띠 띠우고 원하지 아니하는 곳으로 데려가리라

왜 베드로에게 비슷한 질문을 세 번 하셨을까? 베드로가 세 번 주님을 부인했기 때문일까? 아니면 중차대한 일을 맡길 때에는 세 번 다짐을 받던 당시의 관례 때문일까? 아니다. 결코 아니다. 어떻게 아니라고 단언할 수 있는가?

영성의 길에서는 실제로 하나님께 사명을 부여받는 경험이 있을 수 있다. 그런데 이 경험에는 반드시 필요한 전제 조건이 있다. 무엇일까? 자기부정이다. 자기부정도 절대 자기부정이어야 한다. 베드로는 세 번째 이르러서야 비로소 온전한 자기부정의 대답을 했다. 예수님의 질문은 온전한 자기부정의 대답을 할 때까지였다. 그런데 베드로는 세 번째에 그 대답을 했다.

이에 예수님께서는 베드로가 순교의 길을 가리라는 것을 암시해주셨다. 베드로뿐만 아니라 요한을 제외한 모든 제자들이 순교의 길을 갔다. 이 질문이 베드로에게만 주어진 게 아닌 이유는 여기에 있다.

지금까지 살펴본 바와 같이 요한복음은 공관복음과 그 성격을 전혀 달리하여 독특하게 재해석하면서 사도시대 이후, 즉 교회시대에 교회가 갈 길을 제시하고 있다. 다시 말하면 요한복음은 신약의 신명기 역할을 하고 있다.

물음 53 요한복음, 오늘 우리에게 무엇을 말하는가?요한복음,

본문 〈 21:20~24 〉

【●】 20 베드로가 돌이켜 예수께서 사랑하시는 그 제자가 따르는 것을 보니 그는 만찬석에서 예수의 품에 의지하여 주님 주님을 파는 자가 누구오니이까 묻던 자더라 21 이에 베드로가 그를 보고 예수께 여짜오되 주님 이 사람은 어떻게 되겠사옵나이까 22 예수께서 이르시되 내가 올 때까지 그를 머물게 하고자 할지라도 네게 무슨 상관이냐 너는 나를 따르라 하시더라 … 24 이 일들을 증언하고 이 일들을 기록한 제자가 이 사람이라 우리는 그의 증언이 참된 줄 아노라

요한복음에서 저자는 '주님께서 사랑하시는 그 제자'로 소개되고 있다. 그는 예수님의 제자로서 마지막 식사 때 예수님 가장 가까이 있었다. 많은 학자들은 그가 누구인지 알 수 없다고 의문을 표시하지만, 교회 전승이 증언하는 바와 같이 사도 요한일 가능성이 높다. 이 본문은 저자가 순교하지 않고 자연사하리라는 암시이다. 전승에 의하면 그는 순교하지 않고 90세가 넘도록 살았다고 한다.

그런데 사도 요한은 복음서의 마무리를 왜 이런 말로 끝내고 있을까? 저자의 입장에서 생각해 볼 필요가 있다. 동료 사도들은 일찌감치 다 순교의 길을 갔는데, 자기만 혼자 남아서, 그것도 장수하면서 무슨 생각을 했을까? 사도 요한, 그가 순교하지 않는 이유는 순교보다 더 중요한 사명이 그에게 있었기 때문이다. 무엇일까? 그는 그 이유를 복음서 마지막 부분에서 암시하고 있다. 요한복음을 기록하기 위함이었다. 하나님께서는 요한에게 1세기 말까지 살면서 예수님과 사도 시대를 총정리하는 복음서를 쓰도록 배려하셨다.

요한복음, 오늘 우리에게 말하는 것은 무엇일까?

❶ 예수님을 말해라.

공관복음은 예수님을 따르면서 직접 보고 들은 것들을 기초로 전달해주고 있다. 공관복음도 나름대로 해석을 했지만 역사성에 기초하여 역사적으로 전달해주는 예수님에 관한 증언이다. 그런데 요한복음은 예수님에 관해서가 아니라 예수님을 말하는 증언이다.

구약의 예언자들은 "여호와께서 가라사대"라는 직접화법 형식으로 선언했다. 그런데 요한은 이 형식을 삭제하고 직접 예수님께서 말씀하시는 형식을 선택했다. 요한복음에 들어있는 예수님의 설교가 문체나 표현방식 등에서 공관복음과 판이하게 다른 이유는 바로 여기에 있다. 공관복음이 예수님에 관한 증언이자 해석이라면, 요한복음은 예수님을 말하는 해석이다. 이런 이유로 요한복음의 설교는 예수님의 설교이자 요한의 설교이다.

예수님을 말하기 위해서는 곳간에서 새것과 옛것을 꺼내와야 한다.[106] 이를 위해서는 옛 계약과 새 계약을 알아야 하며, 영성의 경험으로는 하나님 면전에 이르러야 한다.

이런 사실은 오늘의 신학자와 설교자들에게 많은 것들을 시사한다. 설교는, 하나님과 예수님에 관한, 성경에 관한 해석이 아니라, 하나님과 예수님을 말하는, 성경을 말하는 해석이어야 한다. 이런 설교는 영성의 경험에서 일치를 경험해야 하는데, 구약의 신명기와 예언서들은 이런 해석과 설교였다. 요한복음에는 하나님과 예수님은 하나라는 설교가 끊임없이 이어지고 있다. 그 이유는 하나님과 성경에 관해서가 아니라 하나님과 성경을 말하라는 권고이다.

❷ 재해석을 말해라.

성경은 재해석의 책이다. 모세는 출애굽기와 레위기, 민수기를 신명기에서 재해석했으며, 각 시대에 등장한 예언자들은 자기 시대에 맞추어 다시 해석했다. 바울 서신은 예수님에 대한 최초의 재해

106) 예수께서 이르시되 그러므로 천국의 제자 된 서기관마다 마치 새것과 옛것을 그 곳간에서 내오는 집주인과 같으니라(마13:52)

석이며 이어서 공관복음과 요한복음으로 재해석이 이어졌다. 재해석을 위해서는 하나님과 하나가 되는 영성 경험과 더불어 물려받은 전통과 역사, 성경 전체, 창조의 원리에 기초한 우주론 등에 대하여 기본적인 이해가 있어야 가능해진다. 요한복음은 설교자들에게 무엇을 말하는가?

전통과 교리, 성경해석을 답습하지 말고 재해석하라고 말하고 있다. 서기관과 바리새인들의 오류는 재해석을 차단하고 물려받은 것은 지키는 데에 있었다.

❸ 갈 길을 말해라.

요한복음은 선교 2세기, 이방인 시대, 교회 시대를 내다보면서 갈 길을 제시해 주었다. 가족과 같은 계약공동체가 가야 할 길이었다. 그런데 교회는 요한의 기대와는 달리 정반대로 가고 말았다. 날씨는 분별하지만 시대를 분별하지 못했기 때문이다. 교회는 시대가 갈 방향을 말해야 한다. 21세기, 현대 이후, 대멸종 위기를 맞은 오늘 우리는 어디로 가야 하는가? 뭐라고 말하고 있는가? 시대 인식이 있기는 한가?

2천 년 전의 요한복음, 오늘 우리에게 이렇게 말하고 있다.

하나님과 예수님이 하나인 것처럼 너희도 하나가 되어라
예수님에 관해서 말하지 말고 예수님을 말해라.
앵무새가 되지 말고 네 말을 말해라.
온 길을 돌아보며 갈 길을 말해라.

말씀이 계시었네

민요풍으로

길동무 작사
김춘수 작곡

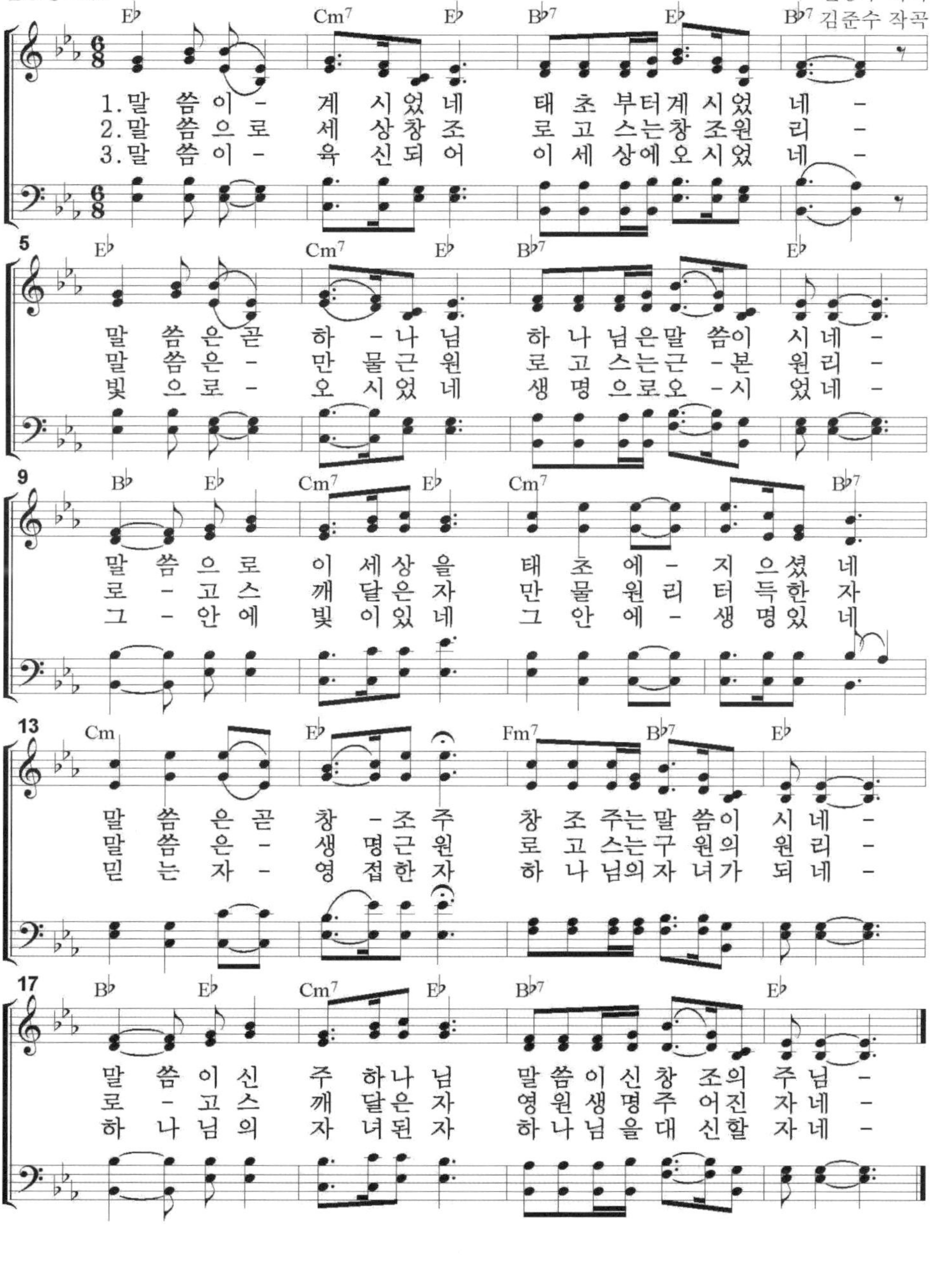

케노시스영성원 안내

새로운 패러다임을 요구하는 2천 년대의 시대적 요청을 직시하면서 케노시스 영성원은 다음과 같은 목표를 추구합니다.

- 계약의 관점에서 성경과 역사와 영성 해석
- 보여주는 선교를 위한 새로운 신명기운동
- 대멸종 위기를 기회로 바꾸기 위한 실천운동

소재지 : 경기도 군포시 둔대로 11번길 16(둔대동 433~2)

Homepage www.kenosis.or.kr, www.kenosis.kr

Email kenosis@hanmail.net

세미나 안내

15주 세미나(년 2회) : 매주 수요일 오전 10시 ~ 오후 4시

2박3일 세미나(년 2회) : 동계(1월), 하계(8월)

도서/DVD안내

도서 : **영성의 시각으로 본 성경, 역사, 교리, 신학**

하비루의 길(구약/이스라엘 역사)　　죄인의 길(신약/교회사)

비움의 길(수도원영성 재해석), 창세기,

마태복음, 마가복음, 누가복음, 요한복음, 요한계시록,

복음서신학 用 대조서, 십계명 & 주기도문,

사도신경 다시 고백하기, 성서로 본 우리역사

3.1운동과 한국사 재조명

DVD : **녹화/녹음**

자기비움의 길(1,2,3부), 창세기, 율법서, 사무엘상하(다윗재해석)

열왕기상하(솔로몬~엘리사), 역대기, 역사서&예언서, 소예언서,

지혜서(욥기 잠언 전도서), 시편, 복음서, 요한복음,

사도행전&바울서신, 요한계시록, 역사/헤브라이즘에 길을 묻다

구입방법

홈페이지 구입안내 : www.kenosis.or.kr

전화 : 0502-111-1937/ 010-3311-1937

계좌 : **농협 211044-51-040266 케노시스영성원**